L'ESPRIT DE SOCIÉTÉ
Vers une anthropologie sociale du sens

sous la direction de Anne Decrosse

 *PHILOSOPHIE ET LANGAGE*

l'esprit de société

vers une anthropologie sociale du sens

Sous la direction de
Anne Decrosse

Préface de Paul Ricœur

MARDAGA

Mes remerciements vont à la Maison des Sciences de l'Homme et à l'Ecole des Hautes Etudes en Sciences Sociales, qui ont favorisé le développement intellectuel de ce travail collectif, et accordé leur soutien à toutes les étapes de la pré-publication.

A.D.

© 1993, Pierre Mardaga, éditeur
Rue Saint-Vincent 12 - 4020 Liège
D. 1993-0024-12

ns à faire actuellement, en
Préface

Paul RICŒUR

On peut dire que tout ce que nous tendons à faire actuellement, en donnant à l'ordre des signes et à celui de l'interprétation une validation par l'objectivation, résulte d'un effort pour maintenir toujours vivant le lien entre une compréhension langagière qui appartient à la pratique quotidienne et une scientificité qui va constituer une rationalité de second ordre, dont la fonction fondamentale est de permettre une simulation (entendue au sens de la cybernétique et des sciences informatiques), laquelle est une simulation de ce que, dans un premier mouvement, nous avons déjà compris de la vie. C'est peut-être là que se situe le statut fondamental des sciences humaines : elles instituent un rapport de simulation entre un discours de second ordre qui a ses règles propres, ses canaux spécifiques, et la compréhension inhérente à la pratique elle-même, en tant que cette pratique est celle des sujets parlants, des sujets dont l'échange des signes est une partie même de leur praxis. Il s'agit d'ailleurs là probablement de l'un des points où une certaine forme de marxisme — l'opposition infrastructure/superstructure — ne peut plus fonctionner. En effet cette opposition fonctionne comme si dans l'infrastructure se trouvait la praxis pure, tandis que des interprétations, constituant les idéologies, seraient comme plaquées dessus. Cela fut un moment polémique de *l'idéologie allemande*, ouvrage dans lequel Marx disait que les hommes vivent d'abord puis se donnent des représentations, lesquelles sont suspectes dès le début, précisément parce qu'elles ne sont que des représentations. Mais nous comprenons mieux maintenant, car nous ne connaissons aucun état de la praxis humaine qui la saisirait comme muette, c'est-à-dire dans laquelle ne seraient pas déjà infiltrés des signes, et, donc, dont la substructure ne serait pas de l'ordre symbolique au sens large du mot. Autrement dit une certaine pratique des signes est absolument incorporée à la pratique de l'agir humain. Qu'il y ait un problème idéologique au sens marxiste n'est pas douteux. Ces constructions de signes peuvent s'automatiser jusqu'au point d'exercer des fonctions de dissimulation, de distorsion. Cette problématique est parfaitement légitime ; mais elle ne le devient qu'à partir du moment où l'on a compris que l'action était elle-même symboliquement structurée : l'action est déjà médiatisée par l'ordre des signes. C'est bien parce qu'il y a cette médiation qu'il peut y avoir falsification dans la symbolisation et c'est parce que la symbolisation est absolument primitive et immanente par rapport à l'agir humain qu'il peut y avoir ces distorsions fondamentales dont Habermas a parlé notamment dans *Connaissance et intérêt*.

Après le développement de la sémiologie structurale (Jakobson, Hjelmslev, Saussure, Greimas), on ne peut plus dire que *l'explication* soit un emprunt aux sciences de la nature, comme si le domaine de la compréhension était par définition celui des signes, et, celui de l'explication, le domaine des faits. Ceci est tout à fait fondamental, car avec la sémiologie, nous possédons une science explicative des signes. Le système de deux équations [1) Signe = Esprit - 2) Fait = Nature] a été ainsi brisé. Ce n'est pas le lieu ici de refaire l'histoire du modèle sémiologique ; je rappellerai simplement que, avec Saussure[1] (plus familier aux Français que Hjemslev ou Chomsky), la distinction langue/parole a joué un rôle décisif dans la mesure où la langue est l'ensemble des codes qui constituent l'institution même du langage. Avant même, en dehors, mais aussi, bien sûr, au travers des sujets parlants. Nous ne pouvons penser actuellement le rapport langue/parole que dans une dimension de complémentarité et d'articulation constitutive. Les sujets parlants, en prenant la parole sont les opérateurs de systèmes de signes qu'aucun d'entre eux, pris individuellement, n'a constitué. Nous habitons la langue selon un ou plusieurs des trois systèmes fondamentaux qui la constituent — système phonologique, système lexical ou système syntaxique — et ce, avant de la pratiquer. A l'époque de Saussure, le problème était d'isoler entièrement la langue de la parole. Des arguments forts étaient employés : ainsi la parole ne pouvait constituer un objet homogène, car elle relevait de trop de disciplines scientifiques — physiologie du son, psychologie des intentions, sociologie des communications. Par opposition, la langue était un objet homogène, objet d'une science unique. Cet argument est très durkheimien : le social est cohérent, la psychologie est un objet dispersé dans trop de champs pour permettre une cohérence ; par contre, le problème du code, des codes permet de produire des explications.

La première unité de communication est la phrase[2]. Au niveau de la sémiotique, les signes en tant que tels, sont des atomes de sens à partir desquels une combinatoire est possible. Mais la phrase elle-même relève d'un autre régime, d'une autre constitution, l'acte prédicatif qui n'est pas un système combinatoire, mais un rapport entre l'identification de quelque chose et sa caractérisation. Le rapport entre *identifier* et *caractériser* constitue l'opération prédicative et cette opération prédicative demande toujours un sujet qui s'implique dans un dire. Le système des pronoms personnels, celui des adverbes de lieu et de temps, celui des temps verbaux, marquent la place du locuteur dans le discours. Il y a donc bien dans ce cas un exemple de récupération d'un «expliquer/comprendre», lequel agit au niveau du fonctionnement de la phrase. Dans le même sens que Benveniste, Chomsky, qui lui aussi part de la phrase, dit toujours qu'il faut partir de l'intuition de linguisticalité — une phrase est une phrase correcte dans la langue que l'on parle — avant d'en faire la théorie, dans la mesure où, précisément, la pratique du langage est essentiellement la phrase. Les codes, eux, sont dans les dictionnaires — code lexical — ou dans des ouvrages savants de phonétique, ou encore dans des grammaires ; mais tous ces ouvrages sont muets — les dictionnaires ne parlent pas. C'est pourquoi Benveniste avait préféré employer le mot discours plutôt que celui de parole, ce dernier étant en quelque sorte frappé d'intuitionnisme, tandis que le discours marque la reprise articulée du sens par un locuteur. Un autre exemple de cette coordination nouvelle entre *l'expliquer* et *le comprendre* est donné par l'examen du caractère essentiellement dialogal du fonctionnement du langage. A l'adjectif dialogal il faut d'ailleurs préférer celui de dialogue, car l'idée d'un dialogue — le dialogal — laisse supposer que les gens s'entendent et s'aiment bien, alors que le dialogique peut être parfaitement conflictuel. L'essentiel est en effet que l'interlocution est partie essentielle de la constitution du sens. Grice insiste beaucoup sur le fait que signifier, dire quelque chose, c'est inclure dans son intention l'intention qu'elle sera reconnue pour ce qu'elle est par un autre[3]. Si je dis quelque chose, il y a l'attente d'une réception de ce que je dis telle que l'intention — mon intention — implique l'intention de l'autre de me reconnaître. C'est un circuit de *recognition*, de reconnaissance. Il faut noter le retour étonnant d'un mot hegelien, caractéristique de la période de Iéna. Pour Hegel, la reconnaissance est l'acte fondamental de l'esprit. Toutefois, pour ce qui nous préoccupe, cette connotation hegelienne est plutôt de second plan, l'idée fondamentale étant que la reconnaissance du sens fait partie de la constitution du sens. Cette idée de la mutualité de la reconnaissance dans la constitution de sens a fait également son chemin dans le domaine de la critique littéraire : la réception du texte fait partie de la constitution du sens du texte[4]. Dès lors, un texte n'est achevé *dans son sens* que dans le parcours par lequel il est repris par un lecteur, dans une sorte de rapport dialogique. Ces dernières années l'émergence de Mikhaïl Bakhtine[5] dans le champ de la critique littéraire a permis d'explorer le problème en montrant que les grandes œuvres sont elles-mêmes constituées par une structure dialogique, dialogale dont l'œuvre de Dostoïevski est un cas exemplaire. Ce qui est constitutif du *texte* est ainsi une polyphonie de voix narratives à laquelle se joint le lecteur comme acteur. Ce grand interchange est constitutif du sens.

Le dernier exemple que je voudrais donner de la reconstitution d'une unité épistémologique et méthodologique entre l'ordre de l'expliquer et celui du comprendre dans l'ordre de la sémiologie, se situe dans le développement de la théorie des actes de langage telle qu'elle fut proposée par Austin, puis par Searle. Cette théorie s'accorde avec le travail de Benveniste dans lequel parler constitue bien une espèce d'action. Il s'agit de souligner que l'on fait quelque chose en parlant, ce qui est marqué par le mot même de *illocution*, d'acte illocutoire — *il = in*; *in = en*; *in saying = en parlant, on fait quelque chose*. Dans une première formulation de sa théorie, Austin avait limité l'illocution à des actes très déterminés qu'il appelait performatifs, c'est-à-dire à des actes qui manifestement «font» quelque chose, tel le fait de dire : «la séance est ouverte» ou bien «je baptise ce bateau ou cet enfant», telles surtout les paroles de promesses qui constituent, entre tous, des exemples privilégiés — par le fait même que je promets, je suis engagé, je me place dans l'obligation de faire ce que j'ai dit que je ferai. Autrement dit, dans ce cas, la parole fait quelque chose. Pour ce qui nous préoccupe, cette théorie est très intéressante, car si nous disons d'une part qu'il y a toujours des signes dans la parole et que d'autre part il est des paroles qui sont des actions, alors la jonction entre l'agir et le parler se fait réciproquement. Autrement dit, si dans l'agir il y a toujours des médiations linguistiques, sémiotiques, inversement, le parler, c'est de l'agir. Ce dont rend bien compte le titre que j'ai proposé pour *How to do things* : «Quand dire, c'est faire»[6]. Par la suite, il est apparu que les performatifs ne sont pas les seuls éléments d'action du langage, les seuls actes de langage. En fait, dès qu'il y a une phrase, quelle que soit sa forme, il y a une action. Si l'on considère par exemple ce qui, pour Austin était l'inverse des performatifs, à savoir les constatifs, l'opposition tenait à ce que, avec les premiers on fait quelque chose tandis qu'avec les seconds on ne fait rien. Or cette opposition ne tient pas car, lors même que l'on constate quelque chose, on affirme et, en affirmant, on suggère que l'on tient pour vrai ce que l'on dit. Ce phénomène a été repris par Habermas dans son dernier livre, grâce d'ailleurs à la langue allemande. Il se trouve en effet qu'en allemand, le mot croyance se dit «tenir pour vrai». Autrement dit, dès que l'on affirme, on croit; et quand on croit ce que l'on dit, on le tient pour vrai; par conséquent on s'offre à la discussion d'autrui. Habermas se place ici dans le cadre de la règle du meilleur argument, et donc dans un rapport d'intersignification, d'interlocution, par le seul fait de l'affirmation par quelqu'un de quelque chose. Affirmer quelque chose s'est se soumettre finalement à la critique de l'autre; c'est offrir son tenir pour vrai à la reconnaissance d'autrui. La différence entre un constatif et un impératif ou un performatif est une différence qualitative du oui : disant «la porte est fermée», je constate que, oui, elle est bien fermée et j'attends un «oui, elle l'est», ce qui est une reconnaissance de ce que je dis. Mais si je dis «fermez la porte», j'attends un «oui, je la ferme». Il y a alors un acquiescement qui est lui-même soit performatif, soit constatif. L'acquiescement est en quelque sorte constitutif de la réception. Dès lors, si, en théorie littéraire, une si grande place est faite maintenant à la réception du texte, c'est que la réception fait aussi partie, dans le quotidien, de la structure même de la signification. Il semble qu'il y ait là un très bon exemple de la façon dont la coupure entre l'explication de la langue d'une part, la compréhension de la parole d'autre part a été surmontée par une *compréhension explicative* — expression de Max Weber qui disait de manière très frappante que «le comprendre est explicatif».

C'est d'abord dans l'action que fonctionnent les signes, tandis que la pratique des signes est une espèce d'action. Aussi, pour beaucoup d'auteurs, et non sans fondement, la théorie de l'action englobe d'une certaine manière la sémiotique elle-même. Tout au moins la théorie des actes de langage est-elle comprise comme un segment de la théorie de l'action. Il est dans ce cas très intéressant de passer de la dichotomie entre l'expliquer et le comprendre à leur complémentarité. En effet on pourrait s'installer dans une certaine dichotomie par le fait d'une réaction anti-physicaliste bien légitime qui place l'action tout à fait à l'écart de l'ordre de la nature. Cette position a été prise, surtout en Angleterre et aux Etats-Unis, sous l'influence de la théorie des jeux de langage proposé par Wittgenstein[7]. C'est par des jeux de langage différents que l'on évoque l'action humaine d'une part, un comportement animal ou un mouvement physique d'autre part. Si l'on commence à parler le jeu de langage de l'action, on emploiera des mots qui forment système, on entrera dans une constellation conceptuelle comportant des mots tels que intention, vouloir, motif, circonstances, obstacles, aides ou dans les catégories greimassiennes de l'adjuvant et de l'opposant qui font partie de l'action. Mais si l'on parle le langage de la physique, ce sont des mots comme mouvement, comme molécule, ou tout autre terme de même ordre physicaliste qui seront employés. Mais l'on ne rencontrera jamais des mots tels que agent, raison d'agir, motif, motivation.

Les deux langages sont incommunicables. Cette imperméabilité a été développée essentiellement par les élèves de Wittgenstein autour de Miss Anscombe, Peter Minch, G. Malcolm, etc.[8] La bataille, chose curieuse et peut-être typiquement britannique (en tout cas nous ne sommes jamais entrés dans cette problématique), s'est jouée à propos de l'emploi du mot cause. En effet la pensée anglo-saxonne a toujours été dominée par Hume. Or, pour ce dernier, une relation causale est essentiellement constituée par une relation non logique qui repose simplement sur la consécution régulière d'éléments distincts. Par exemple, si une allumette met le feu à une botte de paille, l'allumette comme la botte de paille seront considérées comme des entités ayant chacune telle ou telle propriété. Mais l'événement «mettre le feu» pour Hume, est à construire sur le modèle de la loi des chocs, laquelle avait dominé la physique newtonienne et sa transposition dans le domaine psychique. Il n'y a donc pas de lien d'implication entre une cause et un effet, mais seulement un rapport externe de consécution. L'idée de causalité ne peut donc être appliquée au domaine de l'action parce que, dans celui-ci, il existe une loi d'implication entre une raison, un motif, une raison d'agir et une action. Bergson avait dit la même chose (d'une autre façon) dans *Les Données immédiates de la conscience* soulignant le fait que les raisons d'agir changent avec les intentions d'agir. Il y aurait donc un lien intime, une implication intime entre une raison d'agir qui fait partie de l'action et une action. L'action s'appuie sur des raisons. Entre la raison de faire et faire, il y aurait donc, pour cette école, une implication logique tandis que la causalité serait simplement contingente. Par conséquent, dans cette analyse qui repose beaucoup sur l'emploi des mots, à un seul «pourquoi», sont proposés en réponse deux «parce que». L'un sera un «parce que» causal, l'autre un «parce que» motivationnel, l'un étant exclusif de l'autre. En fait, la distinction, il faut le remarquer en passant, appartient à une très vieille histoire. Platon, dans un très beau texte de Phédon soulève la question suivante : mais pourquoi, Socrate, ne t'enfuies-tu pas alors qu'on te propose de t'évader? Il fait alors dire à Phédon : je pourrais donner deux réponses. Je pourrais dire que Socrate est assis ici parce que ses muscles, ses nerfs et ses os font qu'il est assis. Mais je peux dire autrement que Socrate ne fuit pas parce qu'il respecte les lois de la cité et que son amour de la cité fait qu'il a une dette et cette dette l'empêche de fuir. Dans le deuxième cas une raison est invoquée; dans le premier, c'est une cause. Platon a usé de deux vocabulaires différents, rendant incommunicables l'ordre de la causalité et celui de la motivation.

Concernant la théorie de l'action, le débat moderne a aussi porté sur la notion d'agent (*agency*). Ce mot est très difficile à traduire; de plus il comporte une autonomie qui, dans ce cas, est de type kantien. Il peut être employé dans le cadre d'une interrogation sur l'auteur d'une action («qui a fait ceci?») étant entendu que la réponse désignant tel ou tel met un terme à l'enquête. Mais l'enquête est aussi ouverte sur les motifs. Or si l'on peut trouver sans fin des motifs, il n'y a qu'un agent, lequel a un nom propre. Par conséquent entre le caractère terminal — comme l'on dit — de l'*agency* et le caractère interminable de la causalité il y a discontinuité épistémologique. Miss Anscombe insiste sur le fait que je comprends des motifs *by acquaintance* — par familiarité — tandis que je connais les causes *by observation* — par observation. Le mot observation, en anglais signifie toujours enquête scientifique. Je vois donc pourquoi j'ai fait quelque chose, non pas en m'observant moi-même comme s'il s'agissait d'un objet, mais en reprenant réflexivement un cours de motivation, c'est-à-dire un ensemble homogène issu de motivations. Mais alors, ce fossé entre la cause et le motif, s'il est considéré comme une pierre de touche, ne serait-il pas en réalité toujours franchi d'une façon ou l'autre?

Dans un travail que j'avais fait autrefois sur Freud[9], j'avais proposé une interprétation, selon laquelle ce qu'il y a d'intéressant dans la psychanalyse, c'est qu'elle est la réfutation constante de cette alternative de la cause et du motif, puisque le propre même des pulsions est de fonctionner à la fois sur un mode motivationnel et sur un mode causal. Le grand intérêt de la psychanalyse est en effet d'avoir créé un langage mixte : Freud se réfère alternativement à une analyse textuelle du rêve — le rêve est à interpréter, il a un double sens, c'est un texte (Freud emploie même le mot de hiéroglyphe) — et à des phénomènes de caractère quasi causal tel que le refoulement, la censure, etc. Le langage de Freud est un langage mixte, ce qui n'est pas un hasard : il y a une part de nous-mêmes, un niveau de nous-mêmes qui est précisément entre la nature et l'esprit, c'est l'ordre du désir. L'ordre du désir peut être lu à la fois dans une grille causale et dans une grille motivationnelle. Il peut en être de même pour le corps, lequel est une partie de la nature, mais aussi un sujet, une partie de notre *agency*, de notre situation d'agent. Autrement dit, le défaut de réflexion, selon l'expression de Merleau-Ponty, sur le corps propre, explique peut-être que l'on ait manqué cette connection entre l'explication causale et la compréhension en termes de raison d'agir et de motifs. En somme, on pourrait dire que l'action humaine présente une sorte de gamme, d'éventail ouvert, où l'on a, à l'un des extrêmes, des phénomènes que l'on peut appeler purement causaux — comme le réflexe ou ce que Aristote appelait violence en général; il s'agit en tout cas de l'ordre de la contrainte — tandis qu'à l'autre extrême se trouvent des phénomènes qui se situent dans le domaine de la raison d'agir, dans l'ordre d'agir. Ce dernier domaine est actuellement du ressort de la théorie des jeux, de la logique de la décision. Il relève de modèles extrêmement abstraits qui supposent un agent économique absolument rationnel dont tous les choix sont absolument rationnels et à partir duquel s'organisent les raisonnements. Un exemple typique est celui de la loi des minimax qui est construite sur une rationalité de ce type. Quant à la vie concrète de notre agir, elle se tient pour l'essentiel dans l'entre-deux de la causalité contrainte et de la rationalité (que Max Weber appelait *Zweckrationalität* — rationalité finalisée). Elle se tient entre la rationalité finalisée et la pulsion quasi causale qui fait de nous des êtres de la nature. Ainsi, on peut dire que tout le modèle de l'agir humain se place dans l'interférence entre des modèles stratégiques et ce que Freud appelait un travail — travail de deuil, travail de rêve, travail quasi mécanique mais aussi quasi motivationnel.

Le modèle de von Wright dans son livre *Explanation and understanding*[10] est dans une autre perspective très intéressant car il appartient à la fois à une tradition anglo-saxonne très marquée par Wittgenstein, et donc sensible à la théorie des jeux de langage, et à la tradition interprétative. Cette double filiation selon von Wright réfère à Bacon, comme l'ancêtre de la tradition explicative, et Vico comme celui de la tradition interprétative (si l'on ne veut pas remonter jusqu'à Aristote). Donc, dans notre classissisme, Bacon et Vico constitueraient pour von Wright l'alternative, l'épistémologie responsable des sciences humaines étant invitée, sinon condamnée, à une sorte de « va et vient » entre ces deux personnages. Lui-même a tenté une synthèse dans le cadre de la théorie des systèmes, par ailleurs très développée en Allemagne avec l'Ecole d'Erlangen et N. Luhmann notamment. Si les aspects sociaux de la théorie des systèmes sont très inquiétants (la théorie des systèmes de Luhmann consacre la mort du sujet politique responsable), l'exemple de von Wright s'en dégage par ce que von Wright appelle l'intervention. En quoi consiste le fait d'intervenir dans le cours des choses — ce que nous faisons tous les jours par exemple en ouvrant une porte, ou ce que fait le savant dans son laboratoire lorsqu'il appuie sur un bouton et fait apparaître une numération, etc.? Intervenir consiste toujours à déterminer l'état initial d'un système d'ordre objectif construit sur un enchaînement causal, du fait de l'un de nos pouvoirs, de quelque chose que nous savons faire parce que nous pouvons le faire. Cette notion d'état initial est décisive pour von Wright. Et nous retrouvons ici Miss Anscombe et le savoir sans observation, *by acquaintance* = par familiarité, par accointance. Agir c'est toujours faire arriver quelque chose dans un état de système, de façon telle que, par mon faire qui n'est pas l'objet d'un savoir mais d'une pratique, soit déterminée la clôture du système, soit donné un état initial et un état terminal. Or, ajoute von Wright, il ne peut y avoir de théorie que celle des systèmes clos. Il n'est donc pas possible de procéder à des applications concernant l'ensemble de l'univers, comme le faisait Laplace par exemple, lequel posait l'hypothèse suivante : si, connaissant l'état du monde, je peux me constituer observateur extérieur au temps, toutes les causes étant en jeu, je peux déterminer ce qu'il en sera au temps $t+1$. Ceci n'est pas possible en effet parce que, s'étant placé hors du jeu, il y a élimination de l'agent et qu'il n'est pas possible d'être un pur observateur sans être un agent. C'est parce qu'un agent existe, c'est parce qu'il exerce un pouvoir, que tel ou tel événement advient comme un état initial d'un système. Von Wright se sert dans son argumentation d'une notion développée par Arthur Danto, dans sa théorie analytique de l'action, qui permet de distinguer des actions de base (*basio action*) de l'action stratégique [11]. Dans une action stratégique, il faut que quelqu'un fasse quelque chose pour que quelque chose d'autre arrive. Le faire stratégique est lié au «en sorte que» (*in order that*) et le faire de base est fait parce qu'il est possible de le faire. Ceci se rapproche de la notion du «je peux» de Merleau-Ponty, dans laquelle le corps est constitué par un ensemble de pouvoirs et de non-pouvoirs. C'est en tant que corps propre que j'interfère avec les corps, que je fais qu'un système fonctionne. Ce mode d'interférence est très intéressant car il oblige à penser des interférences semblables au plan méthodologique et notamment entre ce que l'on peut appeler la théorie des systèmes et la théorie de l'action.

L'interaction suppose en effet une relation mutuelle, et, donc, savoir faire ce que je peux faire est nécessaire pour identifier l'état initial du système, pour isoler celui-ci et en définir les conditions de clôture. Pour von Wright, il est en conséquence impossible de poser le déterminisme comme un phénomène universel. Seuls les déterminismes partiels dans des systèmes limités peuvent être définis — ce sont «des fragments de l'histoire du monde». Il y a toujours quelqu'un qui fait arriver quelque chose quelque part, mettant en jeu ce qu'il sait faire. Cet exemple permet de tourner définitivement le dos à la dichotomie expliquer/comprendre. En effet, si l'explication est du ressort de la théorie des systèmes et la compréhension est du côté de la motivation et de l'action intentionnelle, ces deux éléments — le cours des choses et l'agir — sont imbriqués dans la notion d'intervention. En outre, d'un point de vue épistémologique (notamment pour une problématique anglo-saxonne) est ainsi réouvert le débat sur l'idée de cause. Rien ne dit en effet que Hume a épuisé la notion de cause avec celle de succession régulière, suivi en cela par Kant. Il y a une bien plus vieille idée de cause, celle qui est constituée par nous-mêmes. Quand Hérodote cherchait ce qu'était la cause de la guerre, il cherchait un responsable et cette idée de cause est bien plus vieille que celle d'antécédent constant. Il faut toutefois noter que la réouverture du dossier de la cause avait déjà été amorcée par Collingwood[12]. En effet dans sa théorie de l'histoire (*The Idea of History*) celui-ci distingue deux ou trois concepts de cause. L'un d'entre eux se définit comme *handle* (poignée); il s'agit de ce sur quoi j'ai prise pour faire changer les choses — saisir des poignées, agir par leurs intermédiaires. C'est par exemple ce qui est en jeu lorsque l'on prend un train; il faut que l'action du voyageur coïncide à peu près avec le passage du train. Le système de la SNCF ne tient pas compte de la diversité des intentions.

La notion d'intervention est à cet égard une notion absolument quotidienne et caractéristique de l'agir humain; elle consiste toujours à insérer des projets humains dans des systèmes extérieurs qui ont des régularités propres. Il faut noter que ceci constitue une solution très élégante au problème de la troisième antinomie kantienne, laquelle est posée de la manière suivante : y a-t-il une cause première dans l'action? Non, puisqu'il y a toujours une cause qui est l'effet d'une autre cause; oui, parce qu'il y a quelqu'un qui commence quelque chose. En effet, la notion d'intervention est exactement le troisième terme manquant de l'antinomie kantienne : action humaine et causalité physique sont, si l'on peut dire, entrelacées dans cette expérience tout à fait primitive de l'intervention d'un agent tout à fait responsable dans le cours des choses.

NOTES

[1] F. de SAUSSURE, *Linguistique générale*, Paris, Payot, 1964; réédition 1984.
[2] E. BENVENISTE, *Problèmes de linguistique générale*, Paris, Gallimard, 1966; réédition 1974.
[3] P. GRICE, «Utterer's meaning and intentions», *Philosophical Review 78*, 1969, pp. 147 à 177.
[4] A ce sujet, cf. les articles de Iser et de Jauss rédigés pour le numéro de *Critique : Vingt ans de pensée allemande*, octobre 1981, n° 413. Cf. le rôle très important de l'école de Constance, laquelle avec Jauss, Wolfgang Iser, insiste beaucoup sur cette espèce de réciprocité.
[5] M. BAKHTINE, *La Poétique de Dostoïevski*, Paris, Maspero, 1970; *Esthétique et Théorie du Roman*, Paris, Gallimard, 1978.
[6] J.L. AUSTIN, *How to do things with words*, Oxford, 1962. Traduction française, *Quand dire, c'est faire*, Paris, Seuil, 1970.
[7] L. WITTGENSTEIN, *Philosophical Investigations*, New York, McMillan, 1970.
[8] G.E.M. ANSCOMBE, *Intention*, Oxford, 1957; P. WINCH, *The idea of social science and its relation to philosophy*, New York, 1958.
[9] P. RICŒUR, *De l'Interprétation. Essai sur Freud*, Paris, Seuil, 1965.
[10] G.H. von WRIGHT, *Explanation and Understanding*, New York, 1971.
[11] A. DANTO, *Analytical Philosophy of Action*, Cambridge, Cambridge University Press, 1973.
[12] R.G. COLLINGWOOD, *The Idea of History*, Oxford, 1956.

A la mémoire de Louis MARIN

Introduction

L'évolution des théories de la communication, propre à la linguistique générale, et l'approfondissement d'une théorie générale de la signification, par les diverses sémiotiques et pragmatiques, ont contribué, différemment, mais de façon connexe depuis quelques années, à constituer un nouveau mode d'approche du langage. L'objet d'étude de la linguistique structurale s'est donc transformé devenant, d'ailleurs, plus un champ qu'un objet. Il semble en effet qu'il s'agisse, désormais, de comprendre moins la structure de la langue que les fonctionnements de l'activité de langage et, selon le point de vue que l'on adoptera sur ce champ, d'en établir des dispositifs de faits et de régularités : acte de langage, praxème, interaction, pré-supposé, espaces mentaux, etc. Bien que les points de vue et les types d'analyse soient plus que foisonnants, on peut remarquer qu'un consensus méthodologique s'en dégage cependant. Le système linguistique n'est plus, en effet, que rarement envisagé comme une circulation de signes ou de messages, abstraits de leur dimension locale ou de leur détermination socio-culturelle. Au contraire, la question générale de l'activité de langage suppose une triple organisation, laquelle articule la construction du rapport social, la compétence cognitive, et l'ordre linguistique, qui peut lui-même être subdivisé en système linguistique, en sous-systèmes constitués par diverses propriétés grammaticales ou relations argumentatives, ou, encore, en systèmes pragmatiques et modules discursifs.

Si la notion d'activité de langage présuppose donc que tout n'est pas purement linguistique dans le langage, la question du modèle s'en trouve considérablement complexifié. Tout d'abord, si le langage et la vie sociale sont un «tout», des activités de langage sont donc, non seulement en œuvre dans d'autres systèmes signifiants que la langue, mais l'activité linguistique elle-même ne peut s'exercer (et donc ne peut être comprise) hors des liens, interfaces ou réglages avec ces différents systèmes sémiotiques[1]. Deuxièmement, l'activité de langage en tant qu'activité communicante et signifiante, constitue, dans ce cadre théorique, une opérativité socio-symbolique que l'on peut envisager en tant qu'efficacité psychosociale, mais aussi en tant que construction sémio-réflexive du sens où l'organisation des valeurs (socio-culturelles) peut se modifier constamment. Un modèle général de l'activité de langage, s'il doit voir le jour donc, ne peut que tendre à théoriser ensemble le social et le sens, puisque le fonctionnement langagier transforme constamment l'état des rapports sociaux[2], contribue à des micro ou macro-dynamiques, tout en perpétuant de la signification — et non un état stable des significations.

Accéder à comprendre l'activité de langage comme un fait social du sens est un objectif certain des sciences actuelles du langage et du signe, tout comme c'est l'objectif des sciences cognitives. On remarquera cependant que peu de sociologues, hormis ceux formés à la sémiotique s'intéressent à cette problématique. Pourtant les faits sociologiques ordinaires ne cessent d'aborder des relations entre activité de langage, relations sociales et sens. L'opinion publique en est un cas exemplaire[3]. Quant au champ des sciences du langage, de façon générale, des études nombreuses s'y sont développées, avec des pôles forts comme l'ethnométhodologie et l'ethnologie de la communication, la sociolinguistique, la pragmatique, l'analyse de discours, et bien sûr, la sociosémiotique, dont la conséquence a été de déplacer radicalement le système d'opposition de la langue et de la parole. Dans ces types de conceptions du langage, où la situation est partie prenante du modèle d'analyse, et implique des programmes de faire sous-jacents, on peut remarquer que deux questions, celle de l'intersubjectivité formelle et celle de l'action, ont introduit définitivement la dimension du temps et celle de l'espace dans l'investigation linguistique.

«Le temps et l'espace sont d'ordinaire considérés comme des facteurs extérieurs en relation avec le langage; ils en sont en fait de véritables constituants internes», remarquait déjà Roman Jakobson en 1962. Il est désormais devenu courant d'inclure dans les règles intrinsèques d'étude du langage, celles relatives au contexte et à la situation, aux stratégies interactives, aux conditions énonciatives, ou encore celles des pré-supposés et des co-références. Or toutes ces règles impliquent des opérations énonciatives ou argumentatives constituées par des maniements de symboles dont certaines relations symboliques, afférentes au temps et à l'espace, et irréductibles au simple lieu ou aux interlocuteurs en présence. La double nature de ces opérations, à la fois fonctions linguistiques générales, et, valeur construite en situation, complique bien évidemment leur modélisation. Ce problème est un des points crucial de toute réflexion sur l'activité de langage. Il se double d'un second problème de formalisation, tout aussi résistant, lorsque l'on considère que langage et socius font un tout. Ce problème est celui que l'on peut globaliser, bien que des termes différents le recouvrent, sous la conception des rôles sociolangagiers. Ces rôles langagiers sont de grandes constantes qui réalisent socialement le sens et dont il faut tenter de comprendre l'inter-relation et l'intrication au matériau linguistique. Il est bien évident que si, longtemps dans l'épistémologie structuraliste, cette inter-relation a pu être envisagée à partir des simples traces combinatoires motivées par des poids psycho-sociologiques extérieurs, telles la variation ou la connotation de la linguistique générale, ce type de conception ne suffit plus à un projet de recherche qui élargit la description de la communauté linguistique à celle de l'échange symbolique du sens. On approche donc actuellement ces questions du social, et du psycho-socio-culturel, par l'observation d'opérations et de régulations complexes, intrinsèques à l'activité de langage, laquelle englobe d'autres niveaux que ceux du linguistique pur : construction d'images énonciatives, évaluation des conditions de vérité ou de félicité d'un énoncé, acte de langage, construction des pré-supposés.

Bien que nous pensions toujours que l'activité de langage agit sur des formes — et c'est ce que nous a enseigné le structuralisme — il est bien évident que l'évolution des connaissances des divers champs disciplinaires ne permet plus d'appréhender un objet d'étude assez compact pour évacuer le questionnement et la formalisation du fonctionnement général de cette activité de langage, et, notamment, le problème des modes de relations entre des structures de nature différente (socius, psyché, langue). Or, dans la mesure où, dans et par cette activité de langage va s'exercer à tout moment des mouvements de référenciation suscitant des transformations constantes de l'ensemble des compétences socio-sémio-cognitives du sujet, on est amené à penser que les structures en question «bougent» trop pour conserver un statut isomorphe. Il semble donc préférable de poser la problématique du modèle en termes de systèmes simultanément constitutifs de l'échange du sens et des relations sociales.

La reconnaissance de grands programmes sous-jacents, dont la sémiotique a donné de nombreuses descriptions, a d'ailleurs largement avancé la compréhension de ces systèmes actantiels et narratifs et celle de leur sémio-genèse. Par ailleurs, de nombreux travaux, sociolinguistiques, ont développé un système complexe de paramétrage des programmes de sens, et ont permis d'engager une réflexion d'ensemble sur les composantes identitaires ou sociales profondes en relation avec l'acte langagier. Les investigations des conditions de possibilités de l'activité langagière ont très vite été confrontées méthodologiquement à la question de la dialogie du sens, avec, notamment, le problème de repérage des opérateurs linguistiques activés dans la production et dans l'interprétation du sens. La diversité des objets d'étude — actes de parole, analyse narrative, pratiques sociolinguistiques, pour ne citer que trois grandes orientations du champ — montre bien que la question transcendantale du langage, la question du «dire» fait définitivement retour, après avoir été occultée par une épistémé structuraliste, plus attentive aux relations entre forme et sens qu'à celles entre activité et sens. Ainsi, du fait des approches de plus en plus complexes du langage en tant qu'activité, l'intelligibilité de l'objet langue, c'est-à-dire son autonomie, s'est considérablement ternie alors que s'éclairait davantage la compréhension des dispositifs de cohérence des «discours» ainsi que la compréhension des «forces» du sens.

Dans ce climat théorique sensible à l'intersémioticité de l'activité de langage, tout autant qu'aux dispositifs formels de l'intersubjectivité, la conception de la communication et de la signification ont évolué d'une conception de l'arbitraire du signe et de la valeur traditionnellement envisagés à l'intérieur d'un système de langue, vers une conception des opérations modales sur les valeurs et les marques d'emplois, et vers une modélisation de leurs conditions de production et d'interprétation. On est ainsi passé, souvent insensiblement, parfois par saut, au cours de ces quinze dernières années, d'une attention au corpus ou au fait linguistique comme accès au système linguistique, — d'une problématique donc du recueil, témoin de la véracité et de l'exhaustivité des données —, à des recherches sur les modes d'être de l'activité linguistique, et à la constitution d'exempla. «Le langage a pour fonction de dire quelque chose» annonçait en 1954, Benveniste. Cette fonction est pour Benveniste sans aucun doute formelle, et a trait à la signification. Mais, déjà, cette proposition montre combien les limites structurales, qui ne s'intéressent guère à l'activité du dire, gênaient le linguiste. La grande utopie de Saussure, la constitution d'une sémiologie générale, réapparaît d'ailleurs dans cette proposition de Benveniste. Cependant, l'évolution d'une conception de l'ipséité du signe vers un modèle du dire, ne va pas «linguistiquement» de soi. De nombreux problèmes relatifs au modèle linguistique s'en sont suivis. Ils sont loin d'être résolus. La question fondamentale de la modélisation de l'interne et de l'externe, envisagée un moment du point de vue des co-variations, a repris une nouvelle ampleur et ouvert de nombreux débats, notamment autour des notions de pratiques et d'interaction. La modélisation des inférences entre le verbal et le non-verbal a ouvert un large débat sur la morpho-genèse et la sémio-genèse, et la discussion va se poursuivre de façon très serrée avec les neuro-sciences[4] dans les années à venir. Enfin le problème de l'activité linguistique en propre est loin d'être résolu, même si les outils se sont affinés autour des modèles de l'énonciation, et que l'on ait pu intégrer des principes de la théorie de l'action dans le modèle linguistique, avec notamment les performatifs ou des procédures de la logique propositionnelle. Quant à la distinction entre activité de langage et activité linguistique, elle n'est actuellement qu'amorcée autour des sciences cognitives[5].

Les contributions réunies dans cet ouvrage constituent tout autant un témoignage de ce qu'est le développement actuel des recherches sur l'activité de langage comme activité socio-cognitive d'ensemble, qu'un parti-pris : penser cette activité comme typique de la question du sens. Quels que soient les systèmes sémiotiques impliqués, et surtout quels que soient les opérations et modes de relations entre eux, le langage apparaît dans les contributions qui suivent comme une activité de société, mais aussi comme un fonctionnement ordinaire de la connaissance. Une pensée comme celle de Cassirer[6] qui a contribué à reformuler l'approche moderne du symbole et des modes de fonctionnement de la connaissance, est très certainement implicitement, et parfois explicitement, convoquée dans ces approches de l'activité de langage. D'une part, l'activité de langage y est envisagée dans la diversité de ses modes de fonctionnements, intégrant constamment de l'expérience, qu'il s'agisse d'échanges discursifs, ou d'autres pratiques langagières telles que les grands récits institutionnels, ou encore de pratiques non-verbales du sens. D'autre part, cette activité de langage est appréhendée en tant que fonction symbolique générale pour laquelle les formes culturelles sont des modes d'objectivation. Et dans cette visée, il est bien clair que, pour les auteurs réunis dans cet ouvrage, aucun sens ne peut être décrypté ni hors de son contexte socio-culturel (avec des définitions cependant distinctes de celui-ci), ni sans une compréhension de cet acte comme une compétence intégrant l'expérience.

Plus qu'une visée interdisciplinaire, c'est-à-dire l'aménagement de points de vue de disciplines différentes sur un même objet, pratiques qui se font toujours au détriment de l'une des disciplines, les propositions théoriques et méthodologiques de chacun des articles sont spécifiées et opèrent à partir d'un point de vue global bien particulier sur le découpage de l'objet « langage ». Tantôt l'investigation porte donc sur du linguistique, tantôt elle porte sur de l'activité symbolique, tantôt elle scrute l'organisation et les dispositifs entre discours et systèmes signifiants. Cette attention aux dispositifs permet de mieux comprendre combien l'activité de langage est une activité complexe que l'on ne peut reporter purement et simplement à l'activité linguistique, et combien d'ailleurs l'activité linguistique est soumise à un procès sémiotique de l'ensemble du langage. De ce point de vue, l'ouvrage dans son ensemble montre combien le linguistique et l'expérience se constituent «en langage». Et l'ensemble des sections contribue à la recherche d'une «économie» des moyens de mise en relation à l'œuvre dans la fonction symbolique qu'est le langage. L'unité de l'ouvrage tient très certainement au fait que chacune de ses sections étudie de façon très ciblée, par l'objet ou la méthode, la ou les façons dont le langage (au sens large) participe généralement à l'investigation du fonctionnement social de la connaissance.

L'ouvrage est composé en trois grandes parties, dont les objets et les méthodologies sont bien distingués : interdiscursivité, signification, sémioses. Mais les auteurs n'ont pas voulu exercer une coupure d'autonomisation de type verbal/non-verbal comme clôture de l'objet, et quel que soit le mode sémiotique prégnant, l'objet d'étude est envisagé comme dispositif de relations. Ne pas isoler le linguistique du symbole contraint, cependant, à renverser la proposition d'un primat du système de la langue, et pose la question d'une approche potentielle du linguistique à partir du non-linguistique. L'acte langagier, qu'il soit linguistique ou non, est donc appréhendé dans ces pages, comme un acte au monde inscrit dans un réglage ontologique. La première partie, en privilégiant l'acte et la situation verbale, confronte trois investigations du langage dans la relation interdiscursive, elle-même envisagée comme pratiques sociales. La première approche (Patrick Charaudeau) s'attache aux conditions de mise en scène du sens et aux dispositifs discursifs modélisant. La seconde section (Robert Vion) analyse la question de l'interaction d'un point de vue linguistique et envisage comment la réintroduction d'un «sujet parlant» dans la théorie a permis de mettre l'accent sur une approche actionnelle du langage. La troisième (Claude Chabrol) s'intéresse aux constructions de l'intersubjectivité dans le matériau linguistique et aux régulations psycho-socio-langagières où s'effectue ce calcul du sens. La seconde partie de l'ouvrage met en perspective trois grandes approches sémio-linguistiques de l'intégration d'une théorie du social dans le modèle de la signification. La première approche (Eric Landowski) donne à comprendre l'évolution des sémiotiques et la saisie de plus en plus complexe des systèmes actantiels. La section permet ainsi d'envisager la double articulation de l'institutionnel et de l'interactionnel dans une théorisation macro-sémiotique. La seconde approche (Per Aage Brandt) propose la définition d'un modèle du temps et de la thymé dans l'approche de l'échange discursif. Elle ouvre sur des propositions de modèles topologiques d'un sémio-sujet. La troisième approche (Anne Decrosse) constitue une étude historique et épistémologique du développement des linguistiques et des sémiotiques et propose la définition d'un modèle général global de la communication-signification opposé définitivement au thème du «reflet» social. La dernière partie de l'ouvrage réunit des approches de l'activité non-verbale de langage. L'importance de cette partie est fondamentale puisque les auteurs y démontrent combien le langage participe de ces sémioses non-verbales. A travers les thèmes socio-culturels du silence, de l'image et de l'espace, ces approches permettent de comprendre comment de tels systèmes signifiants contribuent fondamentalement à la gestion du symbolique et à celle de l'activité cognitive dans des sociétés données. La première section consacrée au silence (Eni Orlandi-Pulcinelli) envisage dans un contexte historique particulier, le Brésil, cette pratique signifiante qui est aussi un matériau discursif historique. La seconde section (Jean Davallon) analyse les évolutions des études sémiologiques et sémiotiques dans l'approche de l'image, ainsi que l'inflation «langagière» ordinaire que celle-ci connaît dans notre société. Cette section ouvre sur un questionnement général de la notion de pratiques et de systèmes signifiants et sur leurs relations à la fonction symbolique et à l'activité de langage. Enfin la troisième section (Sylvia Ostrowetsky) propose une réflexion sociosémiotique sur l'espace, sa sémio et sa morpho-genèse, à partir d'une investigation des diverses approches scientifiques qui lui ont été consacrées. En allant de la question du comportement corporel à celle de de l'urbanisme, et en commentant de nombreux travaux de philosophie, de sociologie, et d'ethnométhodologie, l'auteur montre combien la constitution de l'espace comme forme est un fonctionnement socio-symbolique, qui excède de loin les relations discursives que l'on en a.

En matière d'histoire du signe et de théorie du langage, les divergences de modèles sont nombreuses, constantes et itératives. L'intérêt de cet ouvrage est d'insister sur une hypothèse générale opératoire : le langage est une activité avant que d'être linguistique. Cette hypothèse présente un risque : la dilution d'un noyau dur, qui s'est sédimenté au cours de ce siècle, «la langue». Elle présente en retour un avantage considérable : le langage est aussi une activité générale sociosémiotique non réductible à la structure de la langue maternelle. «Là où le langage ordinaire masque la structure logique, là ou il autorise la formation de pseudo-propositions, là ou il emploie un terme dans une infinité de significations différentes, nous devons lui substituer un symbolisme qui donne à voir clairement la structure logique[7].» Risque et avantage que nous annonçions, s'ils sont bien maîtrisés, permettent d'accéder à cette structure générale, logique, de l'activité de langage. A ce que donc, ni la linguistique, ni d'un autre point de vue la sociologie, et encore moins la sémiologie ou la psychologie, n'ont pu jusqu'à présent ni concevoir, ni modéliser : une théorie générale du langage comme anthropologie sociale du sens.

Anne DECROSSE

NOTES

[1] Cf. l'article «Sociosémiotique», *Encyclopédie Philosophique* du PUF, Tome 2.
[2] «Le social n'est pas à situer comme massif, en amont du langage, lui donnant son sens véritable; au contraire, il faut concevoir que sa production en passe par une sémiotisation intense, un travail sur les langues, et généralement sur les langages», *Le social comme sémio-genèse, éléments de réflexion sur les rapports actuels de la sociologie et de la sémiotique,* Sylvia Ostrowetsky, *in* Langage et Société n° 28, juin 1984.
[3] *La société réfléchie,* Eric Landowski, Seuil, 1989.
[4] A ce propos, l'ouvrage *Neurobiologie des comportements,* dirigé par Jean Delacour, avec la collaboration de Claude Aron, Robert Dantzer, Marie-Claire Goldblum, Jacques Le Magnen, Michel Le Moal, Jean-Louis Signoret, Athanase Tzavaras, Hermann, 1984.
[5] Voir *An invitation to cognitive science,* Tome 1, *Language,* Daniel N. Osherson, Oward Lasuik; Tome 2, *Visual cognition and action,* Daniel N. Osherson, Stephan M. Koslyn, John M Hollenbach; Tome 3, *Thinking,* Daniel N. Osherson, Edwards E. Smith, MIT Press, 1990.
[6] E. Cassirer, *Philosophie der symbolischen Formen,* New Haven, 1953.
[7] *Some remarks on logical form,* L. Wittgenstein, Aristotelian Society, 1929.

CHAPITRE 1

LA RELATION INTERDISCURSIVE

CHAPTER 1

LA RECHERCHE INTERPRÉTATIVE

Section 1
Des conditions de la « mise en scène » du langage

Patrick CHARAUDEAU
Université de Paris XIII
Centre d'Analyse du Discours (CAD)

1. LINGUISTIQUE ET SITUATIONNEL

La signification discursive, on le sait (ou on peut le postuler), est une résultante. Une résultante de deux composantes dont l'une peut être appelée linguistique, du fait qu'elle met en œuvre un matériau verbal (la langue) lui-même structuré de manière signifiante selon des principes de pertinence qui lui sont propres, et l'autre, situationnelle, du fait qu'elle met en œuvre un matériau psycho-social, témoin des comportements humains, qui contribue à définir les êtres à la fois comme acteurs sociaux et comme sujet communiquant[1]. Il s'agit donc bien d'une résultante, c'est-à-dire d'une force dont les composantes sont à la fois autonomes, dans leur origine, et interdépendantes dans leur effet, ce qui veut dire que l'on ne peut conclure à la construction de telle signification[2] discursive en n'étudiant que l'une ou l'autre de ces composantes.

Cela, pour prendre position, dès le départ, face à un point de vue trop « sociologisant » pour lequel le discours n'est qu'un lieu de traces des hypothèses sociologiques, ou trop « linguistique » pour lequel tout ce qui est « dicible »[3] est exprimé par la langue et donc s'y trouve inscrit dans des marques formelles.

Cette prise de position n'invalide évidemment pas ces deux points de vue qui ont, entre autres choses, le mérite de mettre en lumière les limites de chacune de ces approches. Elle permet de mieux mesurer les manques à combler et est destinée à annoncer de prime abord que les observations, critiques et propositions que nous serons amené à formuler s'inscrivent dans une démarche qui essaye de tenir par la main : la dimension situationnelle et la dimension linguistique du discours.

Si l'on pouvait se permettre un peu de légèreté dans le propos, on dirait que l'impérialisme qu'a exercé une linguistique «pure et dure» sur l'analyse des faits de langage a commencé de s'effriter avec le surgissement, dans ce champ, de la notion d'énonciation qui s'est petit à petit constituée en concept, voire en théorie, et, en tout cas, est devenue le pôle autour duquel gravitent différents courants des sciences du langage[4] : pragmatique, ethnométhodologique, conversationnaliste, sociolinguistique, etc. Du même coup, s'est établi de fait — et ce, malgré les spécificités méthodologiques de chacun de ces courants — un certain consensus sur la manière d'aborder le problème de la signification discursive lorsque celle-ci est considérée à travers ce qu'il est convenu d'appeler l'*usage de la parole*.

1.1. Les consensus

Pour aller vite, on peut dire que ce consensus s'est construit autour des trois oppositions suivantes : *propositionnel vs relationnel, explicite vs implicite, interne vs externe*.

La première opposition a produit un changement définitif sur la manière de concevoir la langue : celle-ci n'a plus pour vocation quasi exclusive d'être tournée vers le monde référentiel pour le découper, le structurer et en rendre compte de manière factuelle. On lui reconnaît, simultanément à cet aspect qui ne devient plus qu'une simple fonction du langage (Jakobson, 1963), une autre vocation, tout aussi fondamentale, qui consiste à signifier la relation qui s'établit entre les partenaires de l'acte de langage. Bien plus, cette vocation (ou fonction) prédomine sur l'autre qui en devient dépendante.

E. Benveniste (1966), en mettant la subjectivité au cœur du langage à travers l'expression de la personne *je*, et la philosophie analytique d'Austin, en mettant en évidence le fait que le sens se construit à travers des forces relationnelles (illocutoire, perlocutoire), contribuent à déplacer la problématique de la construction du sens : celui-ci ne se construit plus seulement dans un rapport langue-monde — serait-ce par le biais d'un troisième terme appelé sens ou signifié (Ogden et Richards 1923, Ullman 1962, Heger 1969) — mais dans un rapport triangulaire qui subordonne[5] la référence au monde (le *propositionnel*) à l'intersubjectivité des interlocutants (le *relationnel*) :

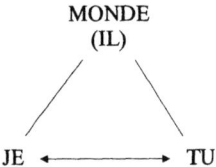

La deuxième opposition est celle qui a obligé les linguistes structuralistes et générativistes à ne plus considérer le langage comme l'aurait peut-être fait un Saint-Thomas : le sens, ce n'est pas seulement ce qui est signifié explicitement par une combinaison du sémantisme des mots (y aurait-il polysémie et connotations), mais c'est aussi ce qui n'est pas dit de manière explicite, ce qui est implicite. Mieux, le sens n'est pas seulement celui de l'un ou l'autre de ces messages, il n'est pas non plus seulement dans l'addition des deux ; il est dans la prise en compte de l'interrelation qui les rend solidaire l'un de l'autre. Et l'observation des échanges langagiers nous montre à l'évidence que les enjeux de communication se jouent dans cette interrelation.

La troisième opposition, enfin, corrélative des deux précédentes, est également objet de consensus, mais de manière plus polémique ; elle se trouve en tout cas au cœur des discussions actuelles.

Accepter l'existence d'un sens relationnel et d'une dimension implicite de la signification discursive, c'est accepter qu'il existe un «hors du langage» (réalité extra-linguistique) qui se combine de manière pertinente (même si on ne sait pas trop comment) avec le lieu de la manifestation discursive. Et c'est ici que le bât blesse. Car si aucune des approches du langage définies plus haut ne va jusqu'à nier l'existence de cet hors-langage empirique, les méthodes d'analyse et leur théorisation ne lui accordent pas toutes le même statut. Pour certaines, il s'agit seulement d'une donnée empirique qui ne peut être intégrée dans l'étude du langage, pour d'autres elle peut être étudiée, mais reste extérieure au langage, d'autres enfin se contentent d'y faire de timides incursions.

1.2. Pour une théorie du discours

Le point de vue qui sera développé ici est qu'on ne peut construire une théorie du discours comme enjeu de communication sans prendre simultanément en considération un espace externe et un espace interne de construction du sens — ce qui nous ramène aux dimensions situationnelle et linguistique de la signification discursive.

En fait, il sera postulé que la signification se construit à travers deux interrelations qui s'articulent en même temps l'une sur l'autre :
– interrelation entre deux espaces de production du sens, *externe* et *interne*;
– interrelation entre deux instances énonciatives, de *production* (JE) et d'*interprétation* (TU) par *regard évaluateur* (R.E.) interposé.

Ce postulat fondateur de la signification est au cœur des réflexions théoriques de certains auteurs. En se situant dans le prolongement de Benveniste et en passant par la critique de Bakhtine, F. Jacques (1983) propose de fonder la signification énonciative du discours sur une mise en communauté des énonciateurs et, plus généralement, des instances énonciatives qui sont englobées par la relation interlocutive et ses effets dynamiques d'interaction verbale et de transaction sémantique, et dans lesquelles sens, référence et force illocutoire se trouvent inclus.

H. Parret (1983), lui, propose un «agencement pyramidal de sous-systèmes énonciatifs» dont la base serait constituée par ce qu'il appelle une communauté énonciative... transcendantale, à laquelle il attribue finalement une fonction fondatrice, puisque celle-ci «constitue le sous-bassement de toute la pyramide...», laquelle pyramide englobe les activités de co-conventionalisation, et co-référenciation (comme chez F. Jacques), et de «co-perception du code».

On retrouvera dans notre postulat d'intentionnalité les dimensions de *co-référenciation* (Savoir), de *co-conventionalisation* (Pouvoir) et de *mise en communauté* possiblement transcendantale (Mise en scène). Mais il nous faut montrer, auparavant, en quoi les différentes approches précédemment citées (pragmatique, ethnométhodologique, etc.) reposent sur des points de vue différents du nôtre.

2. PARCOURS CRITIQUE

Ne pouvant ici passer en revue de manière détaillée tous les courants des sciences du langage qui s'intéressent au discours et aux échanges langagiers, nous nous contenterons de tourner autour de la pragmatique en montrant ses différentes orientations, dont chacune a sa propre pertinence et légitimité, mais dont aucune ne satisfait à cette condition que nous proposons comme principe de l'étude du langage : l'*espace externe* comme fondateur de l'*espace interne* et en même temps construit par celui-ci, l'*espace interne* comme dépendant de l'*espace externe* tout en proposant ses propres catégories.

2.1. Austin : conditions, procédures et forces

C'est dès les premières conférences d'Austin (1962) consacrées à la description des énoncés performatifs que se trouve formulée l'ambivalence qui sera à l'origine de la diversité des points de vue en pragmatique du langage. En effet, Austin utilise certains mots qui, chacun, peuvent faire l'objet d'au moins deux interprétations : *condition*, *procédure* et *force illocutoire*.

Le mot *condition* est employé pour faire comprendre que les énoncés n'ont pas un sens en soi, mais un sens qui dépend d'un ailleurs — l'énonciation — et que c'est dans la relation de l'énoncé à cet ailleurs que peuvent être jugées (pour les performatifs par exemple) les énonciations appropriées ou non (infelicities).

Or, ce mot de *condition* lié à un ailleurs de l'énoncé peut être interprété de deux façons :

1) Comme interne au procès linguistique ; dès lors, le langage ne se réduit pas à l'articulation de quelques énoncés (finie la linguistique logico-phrastique), mais est le résultat d'une large combinaison textuelle qui s'articule sur deux plans, celui de l'énoncé et celui de l'énonciation, et ce, non plus dans une perspective où l'énoncé serait dominant, mais au contraire dans une perspective où il serait subordonné à l'énonciation. Or l'énonciation étant elle-même exprimée linguistiquement par des marqueurs de toute sorte, c'est dans la langue qu'il faudra trouver ces conditions de réalisation des énoncés (d'où les taxinomies des verbes d'énonciation et le développement des études sur les connecteurs).

2) Comme externe au procès linguistique ; dès lors, les échanges langagiers sont considérés comme une réalité plus large que la seule réalité linguistique qui se trouve englobée par celle-là. Du même coup, et sans perdre de vue pour autant le fait linguistique comme tel, les conditions de félicité des énoncés sont à chercher dans une observation des éléments d'ordre situationnel, lesquels conditionnent la signification des faits de langage.

Cette double interprétation s'est également développée autour du mot *procédure* (« Il doit exister une procédure, reconnue par convention,... », Austin, 1970). Il peut en effet exister une *procédure conventionnelle* à l'intérieur du procès linguistique (celle qui préside à la relation énoncé / énonciation), ou à l'extérieur de celui-ci comme condition préalable à la configuration du procès linguistique (celle qui exige, par exemple, que le sujet parlant soit «président de séance»).

Enfin, l'expression *force illocutoire* est, elle aussi, ambivalente, selon que l'on s'attache plus particulièrement à l'un ou l'autre des mots qui la compose. Force entraîne vers un ailleurs externe au procès linguistique et oblige à regarder ce qui se passe en amont et en aval de l'acte d'énonciation, alors que illocutoire entraîne vers un ailleurs intralinguistique dans la mesure où il peut être repéré dans un certain nombre de marques de l'appareil énonciatif.

Cette série de double interprétation amène à poser la question suivante : l'acte de langage en général (et la force illocutoire en particulier) est-il d'ordre *procédural* ou d'ordre *descriptif*? Le premier orientant les études vers les conditions d'emploi et d'usage, le second vers le sens des mots. Evidemment on pourrait répondre les deux, si l'on se réfère aux performatifs. Mais les performatifs ont constitué, depuis le début, l'arbre qui cache la forêt (voir ci-dessous). Quoi qu'il en soit, cette double interprétation est à l'origine des études qui se sont développées dans trois directions que nous allons explorer en soulignant dans chacune un problème particulier.

2.2. La pragmatique linguistique et le problème du sujet parlant

La position de défense d'une pragmatique linguistique postule que tout ce qui est signifié dans le monde par des échanges langagiers l'est au moyen de la langue et donc porté par des marques linguistiques (ce qui fonde un premier principe de pertinence). Le sujet parlant est donc avant tout et fondamentalement *linguistique*[6].

A partir de ce postulat, on peut observer, grosso modo, trois attitudes méthodologiques. La première consiste à faire le pari qu'il sera possible d'aller du linguistique au situationnel par une série d'enchâssements d'unités ayant des dimensions variables. Ce fut d'abord le projet harrissien qui prenait la phrase comme modèle de base pour construire des opérations transphrastiques. Le discours naissait dans un au-delà de la phrase obtenu par l'application des mêmes opérations syntagmatiques et paradigmatiques de la phrase à des concaténations de phrases. Et pourtant, lorsque cette procédure a été exploitée dans le domaine de l'analyse du discours — particulièrement du discours politique —, c'est en passant par le biais de ce qui a été dénommé pré-requis ou *pré-construit idéologique*[6], que se sont faites les interprétations discursives. On le voit, ici n'est pas résolu le problème du sujet, car d'une part il est cet être linguistique ordonnateur de la phrase, et d'autre part il est un autre être idéologique abstrait, le second étant plaqué sur le premier.

La deuxième attitude correspond au développement de la description des actes de langage, laquelle, dans un permier temps, essaye de définir et de classer ces actes en fonction des marques linguistiques qui les configurent (listes de verbes énonciatifs, analyse de connecteurs), puis, dans un deuxième temps, s'ouvre davantage au contexte avec la prise de conscience du fait que ces actes peuvent être exprimés *indirectement*; ce qui a eu pour conséquence d'opérer un déplacement du projecteur, qui était très focalisé sur les mots, vers les *conditions de réalisation* des actes, conditions qui se trouvent être tantôt générales, tantôt particulières[7]. Dans cette deuxième attitude, le sujet parlant n'est pas étroitement linguistique. Il est toujours considéré comme le responsable et l'ordonnateur de ses énoncés, mais, en plus, il lui est reconnu la possibilité d'avoir un *projet de parole*[8] et donc de pouvoir user de stratégie, c'est-à-dire de pouvoir jouer avec les rapports énoncé / énonciation et explicite / implicite. Mais cet être langagier est totalement dépourvu d'identité sociale. Autrement dit, et pour faire vite, l'énoncé «Alea jacta est!» sera analysé comme un acte de langage dont la signification discursive ne variera pas selon que le locuteur est César s'adressant à ses lieutenants, un professeur de français à ses élèves, un ministre aux membres de son cabinet ou un chef d'état à son homologue italien. Et si l'on veut apporter la preuve du contraire en suivant l'exemple des performatifs dont la description s'appuie sur le statut juridique du sujet parlant (magistrat, prêtre, maire, etc.), on pourra faire remarquer qu'il s'agit là du cas particulier de ce que l'on peut appeler avec de Fornel (1983), *actes de langage institués*; cas trop particulier pour servir de modèle général. En outre la question reste entière de savoir si, même dans le cas des performatifs, le statut juridique est une catégorie interne du langage (de l'ordre d'un *rôle langagier*) ou externe (de l'ordre d'une *identité sociologique*)[9]. D'ailleurs, ces études de pragmatique s'attachent davantage à vérifier si, et comment, les conditions générales de *présomption* linguistique, de *pertinence*, de *sincérité* et de *non contradiction*, sont respectées, et développent fort peu les études sur les conditions particulières qui obligeraient les analystes à s'intéresser de près aux identités psycho-sociales des sujets[10].

La troisième attitude consiste à prendre nettement position par rapport à ce qui est d'ordre situationnel. C'est, semble-t-il, ce que fait Ducrot (1984) lorsqu'il déclare explicitement que, s'il est vrai que derrière tout locuteur il y a un sujet empirique, le linguiste n'a pas à s'occuper d'un tel sujet. Et c'est donc dans une interrelation entre un locuteur exclusivement langagier et plusieurs énonciateurs qu'il développe sa théorie de la *polyphonie* et, plus récemment celle des *topoï* (1988). Pour aussi légitime que soit ce parti pris — qui a au moins le mérite de la clarté —, il n'en est pas moins gênant. Non pas pour l'analyse des mots du discours, comme le fait son auteur — car il s'agit là de définir les instructions énonciatives minimales qui se trouvent portées par les mots[11] —, mais pour l'analyse des échanges langagiers.

En effet, d'une part ce serait supposer que le sujet parle exclusivement au regard de ce que sont les conditions d'emploi des mots, et jamais en fonction des contraintes apportées par la situation dans laquelle se trouvent les partenaires de l'acte de langage et leur identité[12]. Ce sont pourtant celles-ci qui sont le garant de l'implicite du discours. Si je peux interpréter l'énoncé «Avez-vous du déca?» comme «Servez-moi un décaféiné», c'est bien parce qu'il s'agit d'un garçon de café à qui vient de s'adresser un consommateur, dans une situation où chacun se trouve dans l'exercice de ses fonctions.

D'autre part, ce serait réduire le discours à la seule intentionalité révélée par l'énonciation de telle suite d'énoncés, et se priver de travailler sur l'intentionalité multiple qui habite tout sujet empirique. Il est aussi une polyphonie du discours psycho-social qui fait apparaître le sujet comme «divisé» (Chabrol, 1985b) dont l'une des preuves est le «bafouillage» (Blanche-Benveniste, 1987).

D'ailleurs, on peut se demander si en développant sa théorie sur les topoï, Ducrot ne sera pas amené à prendre en compte ce sujet empirique, puisque les topoï sont définis comme des croyances partagées sur le monde et que celles-ci ont forcément une teneur psycho-sociale.

En conclusion, on peut se demander si cette orientation linguistique de la pragmatique ne repose pas sur un malentendu : le fait que la langue ait la possibilité de décrire ou de représenter un acte, ne veut pas dire qu'elle devienne un acte; inversement, un acte de langage peut *faire ou faire faire* sans que cela soit explicitement décrit par les mots de la langue. Et en conséquence, le sujet parlant, être strictement linguistique, ne peut, à lui seul, être le témoin de la complexité discursive de l'acte de langage. Il n'y a pas de rapport de reflet entre le faire et le dire, celui-ci étant le miroir de celui-là, du moins terme à terme.

2.3. La pragmatique ethnométhodologique et le problème des règles

Par ethnométhodologie nous entendons une filiation (et non une école, ni même un courant) anthropo-ethno-sociologique de la communication, dans laquelle on retrouve, au-delà de leurs différences, Garfinkel et Jefferson, Sacks et Schegloff, Labov et Fanshel, Goffman et, à la suite d'Austin, Searle et Grice[13] autour des notions de *conditions, règles, maximes* et *implicatures conversationnelles*.

Nous ne reprenons pas les discussions qui se sont développées à propos des règles de Grice, depuis Wilson et Sperber (1979) et qui continuent aujourd'hui[14]; nous ferons nôtres certaines de ces remarques et nous y ajouterons nos propres observations pour montrer en quoi ce point de vue est en rupture avec la pragmatique linguistique et demeure cependant non encore psycho-social.

L'établissement de règles ou de maximes conversationnelles posera toujours le problème de savoir quel est leur champ d'application :

1) Il est général; dès lors, ces règles s'érigent en principes généraux constitutifs qui gouvernent tout acte de langage quel que soit son contexte ou sa situation. Elles ont une valeur fondatrice du langage, ce qui est à la fois beaucoup sur le plan théorique (si tant est que l'on arrive à définir ces règles et rien que ces règles), et peu sur le plan opératoire puisqu'elles ne permettent pas de discriminer la particularité situationnelle des échanges langagiers. Ici, le non respect des règles a pour conséquence d'invalider la parole (comme acte de communication) et non point de créer, et de faire découvrir, des implicites puisque le droit à la parole n'existe plus.

2) Il est particulier; dès lors, ces règles agissent comme des contraintes (normes) locales qui régissent la réussite de l'acte de communication (on retrouve les conditions de félicité); leur non respect, soit invalide l'acte de langage dans la situation donnée (et seulement dans cette situation), soit devient l'indice de l'indirection de l'acte (Grice, 1979) en construisant de l'implicite.

Cette deuxième hypothèse pose le problème de la détermination du (ou des) critère qui permettrait de conclure au respect ou non respect d'une règle. Reprenons l'exemple : «Avez-vous du déca?» au regard de la maxime de quantité de Grice («autant d'information que requis et pas plus»). Si l'on dit que la règle de quantité n'a pas été respectée — ce qui déclencherait l'implicite de la *demande de faire* sous la *demande de dire*[15] explicite —, comment expliquer la réussite immédiate du message? Si, au contraire, on soutient que la maxime est respectée du fait que dans cette situation (dans ce *contrat*, dirai-je) toute *demande de dire* devient une *demande de faire*, où se trouve la pertinence interne de cette règle?

Prenons maintenant le cas des actes d'excuse et de politesse. Une étude récente[16] a montré que au cours des négociations entre vendeur et client dans un marché français, les formules d'excuse et de politesse sont adressées réciproquement («pardon / pardon», «excusez-moi / mais non c'est moi», «salut / salut», «bonne journée / bonne journée à vous»); en revanche dans le marché mexicain, point de réciprocité, au point que celle-ci serait suspectée de vouloir donner une leçon à l'autre — ce qui est culturellement inacceptable. Laquelle des deux règles devra s'imposer pour décrire les actes d'excuse et de politesse : celle de la réciprocité ou celle de la non réciprocité? et dira-t-on, dans ce dernier cas, que le principe de coopération (PC) est bafoué, alors que c'est le silence qui s'impose?

Sperber et Wilson (1979) avaient déjà fait remarquer que les règles sont toujours plus ou moins respectées puisque tout repose sur une *maxime de la relation* (p. 84); Flahaut (1979) partage plus ou moins le même point de vue, en affirmant que tout acte de langage repose toujours sur une *visée de pertinence*; et, plus tard, Verschueren (1980) propose une notion susceptible d'unifier règles, maximes, conditions et implications conversationnelles, qu'il appelle *conditions d'appropriété*.

Pour ce qui nous concerne, nous proposerons de distinguer, d'une part, un modèle socio-communicatif qui soit susceptible de décrire les composantes du mécanisme langagier (non pas comme des règles ou maximes mais comme des principes généraux qui fondent le droit à la parole) et, d'autre part, une théorie des genres autour de la notion de *contrat* qui permette de décrire, non pas les conditions de réalisation du contrat (puisque le contrat s'impose toujours comme étant là avec ses propres conditions), mais les différentes stratégies qui peuvent se développer à partir de celui-ci.

Mais, pour l'heure, on fera observer que le point de vue ethnométhodologique propose de considérer les échanges langagiers comme structure du comportement humain, et de les aborder par le biais de conditions de réalisation dont on ne sait pas si elles relèvent d'une morale (règles prescriptives, normatives) ou d'une anthropologie (règles descriptivo-ontologiques, constitutives). En outre, il n'existe, dans cette orientation, aucune procédure qui permettrait de systématiser le passage des catégories conditionnelles à des catégories linguistiques; c'est que les actes de langage indirects brouillent ce passage; et on en revient à la même question : qu'est-ce qui permet de conclure à l'indirection d'un acte de langage? les contraintes situationnelles de l'échange ou la valeur des énoncés?

Enfin, ce point de vue, qui peut être qualifié d'«anthropologique», ne dit rien sur la dimension psycho-sociale des échanges langagiers; une notion comme celle de *protection de la face* (Goffman, 1981) est aussi générale (et donc anthropologique) que celles de *symétrie* et de *complémentarité* de l'école de Palo Alto (Watzlawick, 1967).

2.4. La pragmatique sociologique et le problème de la légitimité

Il s'agit ici aussi d'une filiation dans laquelle on trouve différents chercheurs qui se sont intéressés, chacun à sa manière, au rapport langage-société, mais dont le point commun est, en dernière analyse, que c'est l'usage social qui surdétermine le langage et le construit (Veron, 1984).

Pour Halliday (1973), le langage serait «modelé et déterminé par l'usage qu'on en fait» et inversement le social se reflète dans l'organisation interne de la langue. Ce postulat qui rappelle la conception des grammairiens du XVIIe, pour qui le langage est le reflet de la pensée (chez Halliday, reflet du social) — définit du même coup le discours comme étant le lieu de traces fonctionnelles de la structure sociale. Pour Bernstein (1971, 1973) la structure sociale conditionne les codes linguistiques (*restreints* / *élaborés*) et ceux-ci conditionnent la réussite sociale. Pour Fishman (1971, 1972) une sociologie du langage est possible dans la mise en relation d'une macro-sociolinguistique (lieu des systèmes de valeur de la communauté linguistique) et d'une micro-sociolinguistique (lieu des catégories linguistiques), celle-ci étant déterminée par celle-là. Pour Labov (1972), même s'il déclare ne pas faire du «sociologisme», la hiérarchie sociale conditionne les usages sociaux qui constituent la personnalité du locuteur, et il propose une méthode empirique qui permet d'établir des corrélations entre des variations sociales et des variations linguistiques.

Nous ne nous étendrons pas sur ces différents points de vue dont la caractéristique commune semble bien être — malgré les déclarations d'intention — que le sociologique surdétermine d'une manière ou d'une autre le linguistique. Nous voudrions plutôt nous intéresser aux récents développements des thèses de Bourdieu (1982), sur le rapport langage / société qui ont donné lieu à différents travaux autour de la notion de *légitimité*.

Rappelons, tout d'abord, que pour Bourdieu la pragmatique a fait une interprétation unilatérale et «naïve» des propositions d'Austin sur la force illocutoire. Elle a cherché le pouvoir des mots dans les mots, alors qu'il se trouve dans les conditions sociales d'usage des mots : «... la force d'illocution des expressions ne saurait être trouvée dans les mots mêmes, comme les "performatifs", dans lesquels elle est indiquée ou mieux représentée — au double sens (...). Le pouvoir des paroles n'est autre chose que le pouvoir délégué du porte-parole, et ses paroles — c'est-à-dire, indissociablement, la matière de son discours et sa manière de parler — sont tout au plus un témoignage parmi d'autres de la garantie de délégation dont il est investi» (Bourdieu, 1982, 103-104).

Du même coup, il peut être reproché à la pragmatique linguistique d'étudier les faits de langage dans «un contexte idéal d'interaction idéale» (Encrevé, de Fornel, 1983), et à la pragmatique ethnométhodologique d'en rester à l'examen d'une catégorie étroite de conversations (appels téléphoniques, demandes de renseignements, récits) dont le contexte proprement social paraît assez peu décisif pour pouvoir être «négligé» (*id.*). D'où la proposition de ces auteurs de prendre en compte la réalité sociologique des locuteurs dans une structure objective, et non conjoncturelle. Et, pour ce faire, les auteurs utiliseront les concepts d'*habitus*, de *marché* et de *capital* proposés par Bourdieu.

Il ne s'agit pas ici de nier l'utilité de ces concepts, mais il apparaît, surtout au vu des analyses proposées par ces auteurs, que ce point de vue est encore *corrélationniste*. Car, s'il est vrai que la structure sociale n'est plus traitée en catégories socio-professionnelles (CSP) quelque peu simplistes mais plutôt en capital social et culturel représenté, il n'empêche que celui-ci est lié à des CSP (médecin, instituteur, ouvrier), pré-déterminées, considérées comme plus ou moins conditionnantes.

Si l'on accepte que tout modèle socio-langagier doive chercher à articuler un espace externe et un espace interne au langage, la revendication par ces auteurs d'une structure objectivante rend cette articulation — dans le meilleur des cas où l'on ne prétendrait pas faire prédominer le social — quelque peu fixiste.

En tout état de cause, cette position se trouve bien en droite ligne du point de vue de Bourdieu pour qui la légitimité de la parole du sujet se trouve dans le social, puisque le sujet n'est qu'un porte-parole qui reçoit une délégation de pouvoir.

On peut objecter à cela que fonder une théorie du discours qui n'existe qu'à travers sa légitimité de porte-parole c'est s'interdire de pouvoir analyser les phénomènes psycho-socio-langagiers de crédibilité[17]. Or, d'une part, bien des échanges langagiers se font sans que les partenaires connaissent l'identité sociale de l'un ou de l'autre (conversation de bistrots, rencontres de rue), d'autre part bien des échanges reposent sur des enjeux qui neutralisent le statut social du partenaire et mettent en œuvre des caractéristiques psychologiques (l'humeur, le caractère, le savoir faire, etc.); parfois l'identité sociale disparaît complètement au profit d'un rôle abstrait (par exemple dans la communication publicitaire, d'un côté une instance, complexe du point de vue économique, qui se configure en rôle d'annonceur, et de l'autre des cibles différentes configurées en rôle de consommateur potentiel à séduire; enfin, que dire du cas où des sujets acquièrent du pouvoir (pouvoir d'influence, de persuasion, comme les leaders) à travers la mise en œuvre de stratégies langagières, sans, pour autant, avoir aucun pouvoir institutionnel ou bien même parfois ayant une position sociale d'infériorité.

Autrement dit, il semble que reconnaître au sujet parlant une identité sociologique ne veut pas dire que celle-ci doive être considérée comme absolue ni même comme nécessairement prédominante. Sinon, on s'interdit de pouvoir étudier les stratégies langagières, et l'on fabrique, en fin de compte, un modèle d'analyse dans lequel il n'y a pas de place pour une conception du langage dynamique qui, tout en intégrant à lui des données de la réalité psycho-sociale, est susceptible d'avoir, en retour, une influence sur la dimension psycho-sociale des échanges langagiers.

Or, il faut un modèle dans lequel l'*espace externe* (lieu de la *légitimité*) pénètre l'*espace interne*, tout en étant construit par celui-ci (lieu de la *crédibilité*).

2.5. Du bilan critique à la proposition d'un point de vue

Le postulat de départ était que la signification discursive est la résultante de deux composantes : le *situationnel* et le *linguistique*.

Or, qu'observe-t-on ? Du côté linguistique, la description des marques du discours (elles sont dites « du discours » parce qu'elles sont révélatrices d'une partie du procès d'énonciation), ou des enchaînements d'énoncés, dépend de contextes idéalisés, considérés hors situation, puisque ne sont pas prises en compte les caractéristiques psycho-sociales du sujet parlant[18]. Du côté situationnel, nous sont proposées des descriptions sur des mécanismes généraux des échanges langagiers qui ne tiennent pas compte de l'aspect psycho-social de l'échange (point de vue anthropologique), des descriptions de situations d'échanges très localisées (point de vue nettement ethnologique) et qui du même coup ne peuvent fonder des concepts généraux[19], ou des descriptions de type corrélationniste entre deux espaces pré-structurés (point de vue sociologique) qui ne permettent pas de comprendre comment le langage agit à son tour sur le psycho-social[20]. Ce dernier point de vue est bien une théorie sociologique du langage et non pas une théorie sociale du fait langagier.

Chacun de ces points de vue a évidemment sa raison d'être, dès lors qu'il définit clairement son principe de pertinence; mais ce qui fait que nous ne pouvons nous résoudre à adopter pleinement et exclusivement aucun de ceux-ci est que chacun d'eux décrit les faits de langage comme s'ils étaient porteurs d'un seul enjeu de signification de la part d'un seul sujet parlant. Tantôt cet enjeu est représenté par l'intentionalité argumentative d'un sujet linguistique (la *polyphonie* de Ducrot est strictement linguistique, puisqu'elle met en cause plusieurs énonciateurs, tous *êtres de parole*; sur le plan de la signification discursive il n'y a que monophonie puisque le sujet dit empirique est rejeté); tantôt il est représenté par les comportements de protection de la face comme conditions préparatoires des mécanismes interactifs; tantôt c'est l'implicite qui se trouve dans les actes indirects, tantôt enfin, la révélation d'un certain capital social ou culturel. Alors que les faits de langage sont porteurs de plusieurs enjeux et qu'ils témoignent d'un sujet complexe, voire divisé.

Un même énoncé dans une situation communicative donnée témoignera d'un sujet qui aura, simultanément, une certaine intention discursive, un certain comportement de protection, plusieurs implicites à laisser entendre, et une certaine identité sociale à manifester (volontairement ou non).

Alors, la solution, pour qui cherche à analyser la complexité de la signification discursive, serait-elle du côté d'un projet fédérateur comme le propose le groupe de Genève (E. Roulet, 1985)?

Peut-être, mais nous y voyons quelques inconvénients. Tout d'abord, on peut se demander comment il est possible de construire un principe de pertinence à l'intersection de plusieurs principes de pertinence aussi différents que ceux présentés dans les six courants dont se réclame le groupe de Genève (c'est pourquoi notre position est celle de l'anthropophage plutôt que celle du fédérateur). Ensuite, un tel projet ne prend pas en compte la dimension psycho-sociale du sujet parlant. Outre que le groupe en est à un stade où il développe ses travaux entre le niveau des *incursions* et des *actes de langage*, laissant le niveau de la *négociation* au postulat goffmanien de la face, il semble que son objectif ne soit pas de rendre compte des textes. Il revendique le choix «de travailler sur des discours complets résultant d'interactions authentiques...» [E. Roulet *et al.* (1985 :4)], mais les extraits des discours cités, aussi longs soient-ils, ne sont destinés qu'à illustrer et vérifier les catégories construites, et non à dire quelque chose sur l'objet discursif lui-même. C'est que, nous semble-t-il, on ne peut rien dire sur les objets discursifs si on ne dispose pas d'une *théorie des genres*. Enfin — et ceci est un *a priori* de notre part —, nous craignons toujours qu'un modèle très fortement hiérarchisé, comme celui que propose ce groupe, n'empêche de découvrir la multiplicité de ce que nous avons appelé naguère les possibles interprétatifs (Charaudeau, 1983).

Austin lui-même a déclaré : «Ce dont on a besoin, il me semble, c'est d'une doctrine nouvelle, à la fois complète et générale, de ce que l'on fait en disant quelque chose, dans tous les sens de cette phrase ambiguë, et de ce que j'appelle l'acte de discours, non pas sous tel ou tel aspect seulement, abstraction faite de tout le reste, mais pris dans sa totalité»[21]. On ne peut pas travailler sur cette «totalité» si l'on ne dispose pas d'une théorie du situationnel en rapport avec le linguistique, et d'une théorie du linguistique en rapport avec le situationnel. Autrement dit — et pour éviter de retomber dans la problématique d'un point de vue macro-social opposé à un point de vue micro-linguistique, ou dans celle d'une sociologie appliquée au (ou corrélée avec le) langage —, il faut problématiser le langage dans un modèle qui construit le social en socio-langagier et le linguistique en socio-discursif[22]. C'est-à-dire que d'une part il y a des catégories psycho-sociologiques qui pénètrent le langage et s'y trouvent transformées en catégories psycho-socio-langagières, et d'autre part des catégories linguistiques qui se présentent comme des *instructions de sens procédurales* et qui, considérées en contexte et situation particulières, deviennent des *indices* possibles de signification psycho-socio-discursive dans une pertinence tantôt interne, tantôt externe au corpus[23], la question de fond étant : sur quoi s'appuie-t-on pour faire des «inférences interprétatives»?

C'est pourquoi nous disions plus haut que notre point de vue était celui de l'anthropophage qui peut être amené à se nourrir de certains concepts pris ici et là (tels que *légitimité, marché linguistique, protection de la face, mise en scène, négociation, marqueurs, connecteurs*, etc.) pour les resservir transformés dans un autre lieu de pertinence, dans un autre modèle, qui soit strictement langagier.

Quoi qu'il en soit, le premier mouvement (du psycho-social au langage) aboutit à la construction de ce que nous appelons un modèle socio-communicatif et, corrélativement, à une définition de l'objet discursif dans une théorie des genres; le deuxième mouvement (de la langue au discursif) définit une procédure d'analyse qui considère le texte comme

une surface sémiolinguistique composée de signes-instructions qui deviennent signes-indices en fonction des caractéristiques du genre et de la mise en scène du sujet. Nous proposons donc d'explorer dans ce qui suit :
– quel est le fondement du langage
– quel modèle en est issu

3. LE FONDEMENT DU LANGAGE

3.1. Le choix d'un postulat

Un postulat détermine et justifie le raisonnement qui aboutit à la construction d'un édifice théorique et de sa méthodologie. Un postulat, par définition, ne peut être lui-même démontré, mais il peut être décrit, et il le sera d'autant mieux que la raison s'emploiera à le comparer à divers autres postulats qui fondent le phénomène du discours.

Nous en prendrons deux qui semblent être proches de celui que nous voulons proposer, et qui pourtant s'en différencient, l'un dans sa définition et l'autre dans sa formulation. Il s'agit d'une part du concept de *négociation* dont le groupe de Genève estime qu'il «doit occuper une place centrale dans un modèle du discours» (Roulet, 1985), et, d'autre part, du concept de *protection de la face* qui permet à Goffman (1973) de définir le comportement des individus, du moins dans une relation de face à face.

Le concept de négociation est défini par Roulet (1985) de la façon suivante : «toute négociation a sa source dans un problème qui donne lieu à une initiative du locuteur; cette initiative appelle une réaction, qui peut être favorable ou défavorable, de l'interlocuteur. Si elle est favorable, le locuteur peut clore la négociation en exprimant à son tour son accord» (:15). Plus loin, il est précisé que si la réaction est défavorable, la négociation se poursuit jusqu'à ce que s'établisse un double accord entre les interlocuteurs.

Nous ferons ici deux remarques. La première concerne la définition même de ce concept. La *négociation* a bien sa source dans un problème, mais il faut préciser que le problème réside lui-même dans l'éventualité d'une réaction dite défavorable de la part de l'interlocuteur. Ce n'est pas l'existence d'un problème en soi (vouloir acheter un objet considéré trop cher) qui déclenche une initiative de négociation de la part du locuteur; c'est le fait qu'il imagine (à tort ou à raison) que l'autre ne sera pas *a priori* d'accord avec son désir (baisser le prix de l'objet en question).

L'existence d'un problème en soi peut déclencher divers types de comportements discursifs (y compris celui qui consiste à énoncer un ordre), et pas nécessairement une négociation. Il faut considérer la négociation comme un processus et non comme un résultat. Comme un processus qui consiste à amener l'interlocuteur à accepter de modifier sa position de départ dans un sens plus favorable au locuteur, lequel est symétriquement amené à modifier sa position de départ. Il y faut donc nécessairement, au point de départ, un désaccord ; c'est le désaccord qui fait problème (d'ailleurs, si à la première proposition de marchandage il est répondu favorablement, il n'y a point de négociation) ; et il n'est point besoin d'un double accord, à l'arrivée, car la négociation s'arrête toujours quelque part avec l'arrêt de l'échange langagier (le double accord serait donc un cas particulier de l'arrêt de la négociation et non une condition de complétude interactionnelle).

La deuxième remarque porte sur le possible caractère fondateur du concept de négociation. Précisons tout d'abord que, en mettant ce concept au cœur de leur modèle, les membres du groupe de Genève postulent du même coup, et sans jamais le dire explicitement, que ce qui justifie l'acte langagier de tout sujet parlant est la requête. En cela ils se situent dans la filiation des conversationnalistes pour qui finalement les échanges langagiers se développent autour des possibles comportements de réponse à une demande émise de manière explicite ou implicite par le sujet parlant qui a la première initiative. Il n'est que de voir les exemples et corpus utilisés à titre heuristique pour s'en convaincre.

Cette position est trop restrictive pour être fondatrice. En effet :

1) la négociation, nous venons de le voir, est un cas particulier des échanges langagiers, puisqu'il faut que l'interlocuteur soit *a priori* en désaccord, ce qui n'est pas une universalité.

2) une chose est de postuler que ce qui motive un sujet à parler est l'existence d'un manque, ou d'un désir, qui peut se trouver (imaginairement) comblé par une réponse (comme comportement interlocutoire, et non comme contenu), autre chose est de postuler que tout acte de langage (au sens large) est, par définition, une requête et donc l'échange, une négociation (les deux étant envisagés du point de vue du contenu).

En revanche, si l'échange se joue autour d'un rapport interactif : désir (ou manque) / comblement, considéré comme une procédure, une mécanique de comportements, indépendamment des contenus, alors la postulation est suffisamment générale pour qu'elle puisse être fondatrice d'un modèle de discours.

Cette mise au point étant faite, on pourra retenir des concepts de requête et négociation que, pour bien des théoriciens, au fond, l'*autre* du langage représente un problème pour tout sujet parlant, ce qui nous amène tout naturellement à Goffman (1973, 1981).

Goffman, on le sait, en bon socio-ethnométhodologue (il est dans la filiation de l'«interactionnisme symbolique»), propose de considérer le concept de *territoire* comme fondateur du phénomène des échanges langagiers.

Chacun de nous, parce qu'il a une représentation de soi, se constitue, en termes d'image, un «territoire», lequel serait parfaitement préservé s'il n'y avait dans la société que du silence. Il y aurait alors : équilibre interactionnel. Parler c'est donc rompre le silence et rompre l'équilibre interactionnel en empiétant sur le territoire de l'autre, qui aura à se défendre. Ceci explique cela, à savoir que : les échanges langagiers sont marqués au coin de la menace réciproque que chaque interlocuteur représente pour l'autre, et donc le problème majeur pour tout sujet interlocutant est de protéger sa face : c'est parce que le sujet parlant doit protéger sa face qu'il est obligé de prendre des précautions pour aborder l'autre («en protégeant l'autre, je me protège moi-même»), et c'est ainsi que toute société se dote de comportements ritualisés d'abordage.

Cette conception (qui semble être empruntée à certaines des théories qui ont cours en éthologie animale) a le mérite d'être suffisamment générale pour prétendre jouer un rôle fondateur, d'autant qu'elle s'intéresse à des comportements et non à des contenus.

Cependant, et pour séduisante qu'elle soit, cette postulation pose plusieurs problèmes :

1) postuler que parler c'est rompre un équilibre interactionnel, c'est présupposer que le silence est premier et qu'il est garant de cet équilibre. Or, d'une part on peut avoir des doutes sur cette situation de silence et d'équilibre comme état de grâce qui serait rompu par la parole, dans la mesure où l'on sait (en se référant aux hypothèses éthologiques elles-mêmes) qu'il peut y avoir situation de déséquilibre dans le silence. René Thom en développant le thème de la *prédation* (1977), à la fois conforte le point de vue de Goffman et le bat en brèche, puisque la prédation est aussi langage qui se produit dans le silence.

D'autre part, on peut tout aussi bien défendre la position, précédemment décrite, de *désir / comblement* qui ferait de l'échange langagier quelque chose au départ de plus dynamique. Le caractère de *menace* de l'échange n'apparaîtrait donc plus que dans un deuxième temps, celui de l'éventualité de ne pas trouver de *satisfaction-comblement* au désir-manque.

2) Poser qu'il y a *a priori menace* égale entre les interlocutant serait ne pas tenir compte du fait qu'une société est par définition hiérarchisée, qu'il existe des différences de *status*[24], et que donc les rapports de pouvoir ne sont pas à priori égaux, ni les menaces égales (au point que dans certains cas, celles-ci disparaissent).

Evidemment on peut rétorquer que la *menace* est toujours là, au départ, et que, ensuite, ce sont les sociétés qui distribuent, hiérarchisent, et régulent, chacune à sa façon, les rapports de *menace/protection*. Certes, mais dès lors c'est proposer une définition anthropologique des échanges et non, comme nous voudrions le faire, une définition psycho-socio-langagière.

En fait, nous ne voudrions pas faire un mauvais procès à Goffman, car nous sommes enclin à partager la plupart de ses hypothèses de travail, même si, ici et là, demeurent quelques points de divergence. C'est donc plutôt une question de formulation des hypothèses de départ qui nous distingue, parce que notre point de vue est farouchement langagier et que c'est le *sujet parlant* (et non la société) qui est pour nous au cœur du processus de mise en scène du langage. Nous verrons donc que le concept de *droit à la parole* que nous proposons comme fondateur de la communication n'est pas en tous points identique à celui de protection de la face.

3.2. La justification du postulat

Un postulat ne peut être démontré, certes, mais il ne naît pas de rien ; il s'élabore dans l'esprit raisonnant à force d'observations empiriques qui, mises en relation les unes avec les autres, finissent par construire les piliers qui constitueront le soubassement de l'édifice théorique. Evidemment ces observations, pour empiriques qu'elles soient, ne sont pas elles-mêmes le fruit du hasard. Elles sont le résultat d'une construction intellectuelle qui s'est élaborée autour de l'étude (ou des études) d'un phénomène particulier, qui a lui-même fait l'objet d'une structuration dépendante des hypothèses qui ont présidé à leur étude. Il s'agit là de l'intertextualité de la science par rapport à laquelle doit être jugé tout discours démonstratif et qui, c'est évident, interdit au chercheur de jouer le jeu de l'innocence ou de l'indépendance (même lorsqu'il écrit à la première personne).

Nous voudrions donc nous appuyer sur un certain nombre d'observations pour mieux justifier notre postulat d'intentionalité.

1) la première observation porte sur le cas de l'*impossible contrat de communication* :

L'on aura remarqué que parmi les réactions possibles d'un interlocuteur vis-à-vis d'un locuteur qui lui adresse la parole, il en est une qui consiste pour l'interlocuteur à dénier son propre rôle. Ce comportement — qui peut être manifesté de façons diverses (Charaudeau 1984b) — dénie du même coup l'existence du locuteur : s'il n'y a pas de TU il n'y a pas de JE.

Ce qui laisse à penser que tout sujet parlant doit préférer se trouver en présence d'un interlocuteur qui n'est pas d'accord avec lui — car de ce seul fait il le reconnaît, au moins, comme partenaire langagier — que d'un sujet qui, en se niant (circonstanciellement), nie les interlocutants et donc le contrat de communication lui-même.

On en conclura que l'une des conditions minimales pour qu'existe un tel contrat, réside dans le fait que les deux partenaires de l'échange se reconnaissent l'un l'autre dans leur rôle d'*interlocutant*. C'est à revendiquer cette existence de sujet parlant que renvoie l'expression : «Je ne parle pas pour les murs!»

2) la deuxième observation porte sur le phénomène général du *malentendu* :

Les deux partenaires se reconnaissent bien dans leur rôle d'interlocutant — dans la mesure où ils produisent des signes d'échange (termes d'adresse, répliques, interruptions, etc.) — mais, à prendre en considération leurs propos, ils ne peuvent que constater (plus ou moins consciemment) que leurs intentions de communication ne se trouvent pas toujours reflétées (illusion de la transparence) dans le propos de l'autre.

Entre les «clash» et les tentatives d'«ajustement consensuel», il ne peut pas ne pas s'opérer chez les sujets parlants cette prise de conscience : sur la scène de la communication, le sens circule difficilement, les personnages s'entendent mal, se comprennent à retardement et répondent parfois à une réplique qui vient d'ailleurs; pour chacun l'autre n'est jamais son double, rarement celui qu'il pensait; l'autre a sa propre liberté (ou aliénation) dans la construction du sens; l'autre est un problème.

Du même coup, le sujet parlant sait (sourdement) que, quand bien même il voudrait tout dire, il ne le peut par définition : parce que lui-même n'est pas maître des effets qu'il produit.

On peut voir, déjà ici, ce qui nous distingue de Goffman dans la formulation. Car nous n'irons pas jusqu'à dire que l'autre au départ est une menace. Nous dirons que, en prenant conscience du double fait que pour communiquer il a besoin de l'autre (JE n'existe qu'à travers TU et réciproquement)[25], et qu'il ne peut maîtriser totalement cet autre, le sujet parlant considère que parler c'est prendre un risque : celui de l'incompréhension ou du déni. La menace c'est l'acte de communication lui-même.

Témoin de cette prise de conscience : le bafouillage. Les hésitations, répétitions, différences de débit, reprises, anticipations et auto-corrections auxquelles peut se livrer le sujet parlant constituent la trace de cette situation conflictuelle dans laquelle il se trouve.

La troisième observation porte sur ce que l'on pourrait appeler l'*accrochage relationnel* :

Ce phénomène est corrélatif des précédents. La reconnaissance réciproque des partenaires langagiers ne pouvant être une donnée de départ, il est nécessaire de la construire, et de la construire socialement. D'où le fait que les membres d'une communauté se dotent d'indices relationnels qui fonctionnent comme des signes de reconnaissance *a priori*. Ce que d'aucuns nomment «indices éthiques» et qui contribuent à construire le masque social (codes de politesse) qui justifie les rôles des interlocuteurs.

On retrouve ici les éléments de la fonction phatique de Jakobson ainsi que les contraintes des rituels d'abordage de Goffman que nous ne considérons que comme les traces d'un comportement révélateur du problème de la légitimité.

La quatrième et dernière observation porte sur ce que l'on pourrait appeler la *pertinence du savoir* :

C'est le fait qu'aucun sujet ne puisse parler sans se référer explicitement ou implicitement à un domaine de savoir pré-existant. Simplement parce que d'autres ont déjà parlé et que, à force de parler, il s'est sédimenté du savoir (de manière plus ou moins floue, plus ou moins constituée), lequel savoir devient, dans l'instance même de la profération d'une nouvelle parole, référence de celle-ci quant à son contenu. C'est ce que la tradition de l'analyse du discours appelle l'*intertextualité*.

En conséquence, pour éviter d'être disqualifié, tout sujet parlant doit se débrouiller pour que l'interlocutant puisse attribuer une pertinence à son propos, en rattachant celui-ci à un certain «domaine de savoir». Ainsi il ne pourra pas lui être reproché de «parler pour ne rien dire». Ces observations nous ramènent toutes au problème de la reconnaissance du sujet, dans son statut d'être communiquant. Il faut que lui soit reconnu le droit à la parole.

3.3. Le postulat d'intentionalité et le droit à la parole

Il s'agit donc que le sujet parlant — qu'il communique ou interprète — soit reconnu comme sujet parlant[26]. C'est-à-dire — puisqu'il est admis selon un autre postulat fondateur (celui qui fonde la signification selon le principe de la perception des différences) qu'il n'est pas de sujet parlant sans l'autre, pas de locuteur sans interlocuteur, pas de JE sans TU — qu'il faut que chaque partenaire de l'acte de communication soit reconnu par l'autre comme digne d'être écouté, autrement dit comme *ayant droit à la parole*.

C'est la relation à l'autre qui fonde ce droit.

A cette seule condition il pourra être supposé que le sujet parlant n'est pas aliéné, qu'il n'échappe pas au critère de normalité de l'humain, et que donc il sera possible d'attribuer une pertinence intentionnelle à son projet de parole.

Les histoires de fou existent précisément pour témoigner à contrario de ce qu'est l'absence de pertinence intentionnelle : le sujet parlant ne peut avoir de projet de parole fondé en raison. Pour sauver (récupérer) l'histoire de fou, il faut procéder comme pour la poésie : lui donner la possibilité de remettre en cause le «critère de normalité sociale», remise en cause qui permettrait de faire entrevoir la perspective d'un autre lieu de pertinence et donc d'une autre signifiance du monde. Pour que cette nouvelle signifiance puisse s'imposer il faudrait que le sujet-fou fût légitimé par un statut quelconque de pouvoir, et rendu crédible par un certain savoir faire, faute de quoi il sera disqualifié par des étiquettes du genre : «doux rêveur», «utopiste», etc.

Quoi qu'il en soit, se trouvent révélées ici les trois conditions qui fondent le droit à la parole :

– l'une est relative au Savoir. On l'appellera la reconnaissance de Savoir.

– l'autre est relative à la position de Pouvoir du sujet. On l'appellera la reconnaissance de Pouvoir.

– la troisième est relative à la compétence du sujet. On l'appellera la reconnaissance de Savoir faire.

a) La reconnaissance de Savoir :

Le domaine du Savoir est le lieu où circulent des discours de vérités et de croyances. Mais il ne s'agit pas ici d'un débat philosophique autour du Vrai et du Faux destiné à fonder la Connaissance, ni d'une règle de conversation (quasi déontologique) « Que votre contribution soit véridique » (Grice), ni d'une condition pragmatique de sincérité (qui nous vient d'ailleurs de la rhétorique classique) et qui consiste à poser que l'on doit croire ce que l'on dit (point de vue subjectif) et que ce que l'on dit vaut pour la vérité sur le monde (point de vue objectif).

Ce dont il s'agit ici, c'est de la définition d'un domaine en termes de discours sur le monde. Les sujets d'une communauté sociale, à force d'échanger des pratiques discursives et des représentations sur ces pratiques, finissent par construire (sédimentation progressive) des significations consensuelles. Celles-ci constituent les points de repère qui permettent aux partenaires de la communication de se mouvoir dans des représentations supposées partagées (RSP) concernant la perception du tangible (consensus sur le monde physique), l'expérience du vécu (consensus sur le monde des affects et sur le monde des actions) et l'épreuve du raisonnement (consensus sur le monde de l'intellect).

Ces consensus ne sont pas « La Vérité » sur le monde. Ils « sont » tout simplement. Et, en étant, ils occupent le lieu d'une vérité validable selon un plus ou moins fort degré de vraisemblance, la vraisemblance étant elle-même définie comme cet opinable majoritaire, groupal ou sociétal, dont parle R. Barthes. C'est ainsi qu'il faut entendre notre « discours de vérités et de croyances » : des discours comme contrats de production / reconnaissance construits par des ON-consensuels[27], qui permettent à chacun des interlocuteurs de prendre position, c'est-à-dire de procéder à une opération de validation[28].

Rien ni personne ne peut obliger un sujet parlant à être sincère, ni à croire en ce qu'il dit. En revanche, celui-ci est obligé, s'il veut être reconnu comme tel, de montrer que son propos est accroché à un certain domaine de savoir par rapport auquel il sera jaugé. Il ne s'agit donc pas d'un croyance polarisée sur le Vrai / Faux ou le Bien / Mal, etc., il s'agit d'une croyance sur l'existence d'un certain discours, lequel peut être polarisé sur l'un de ces axes. Les réflexions du genre : « Il sait / ne sait pas de quoi il parle » ont pour fonction discursive de confirmer / infirmer la connaissance que le sujet parlant peut avoir du domaine de savoir en question.

Nous avons étudié autrefois (1982) une publicité dont le slogan disait : « Voici OBERNAI. La première grande bière qui contient 1/3 de calories en moins. » Dire que, pour comprendre cette publicité, il faut que les lecteurs sachent que, dans la société concernée par cette publicité, est valorisée (ON valorise) la *minceur* et la *diététique*, c'est proprement se référer à un domaine de savoir qui est configuré sous forme de discours plus ou moins explicites. Et pourtant rien n'oblige à croire à la vertu de la minceur, ni aux bienfaits de la diététique. Il suffit de pouvoir reconnaître l'existence de ces discours.

On verra plus loin que, à ce domaine de Savoir, correspondent ce que nous appelons des *univers de discours*. En attendant, rappelons que cette reconnaissance du point de vue du Savoir contribue à fonder la légitimité du sujet parlant, son droit à la parole.

b) *La reconnaissance de Pouvoir : la légitimité socio-institutionnelle*

Les individus d'une société ne sont pas, en tant qu'acteurs sociaux, des êtres uniques et simples. Parce qu'ils participent de plusieurs réseaux de relations, ils sont amenés à avoir des comportements divers et à jouer des rôles différents les uns des autres, rôles qui, en retour, leur donnent des status spécifiques. Cela n'est pas nouveau, du moins en sociologie[29] et en psycho-sociologie. Ce qui n'a pas été suffisamment défini, ce sont les concepts d'*identités*, de *rôles* et de *statuts* dans un cadre langagier, c'est-à-dire lorsque les acteurs sociaux sont en même temps des sujets qui communiquent.

Les acteurs sociaux ne sont à considérer ici qu'en tant qu'ils sont embarqués dans des échanges langagiers. Nous nous situons ainsi de plain-pied dans une problématique langagière (et non pas sociologique ni psycho-sociologique, même si ces points de vue sont pris en compte), dans une problématique du double espace externe / interne, dont nous avons déjà parlé, et qui fait que le sujet est imprégné de réalité psycho-sociale, mais dans l'enjeu intercommunicatif qui le définit. Ainsi peut-on annoncer, comme le fait H. Parret (1983), que « la théorie du discours n'est pas une théorie du sujet avant qu'il énonce mais une théorie de l'instance d'énonciation... »

Si, par exemple, un médecin demande à un patient « Est-ce que vous fumez ? », ce n'est pas la totalité de son statut socio-professionnel de médecin qui est ici en cause. Seule une partie de celui-ci est à prendre en compte, celle qui définit le médecin comme expert en médecine investiguant pour établir un diagnostic. Mais si ce même médecin pose la même question à un confrère qu'il rencontre au cours d'un congrès, ce ne sera plus selon la même part de statut qu'il avait mobilisée dans la situation précédente. Et si enfin, il pose la même question à son voisin de table dans une brasserie, plus rien de son statut socio-professionnel ne sera perçu par son interlocuteur.

Qu'il soit donc bien clair que dans une problématique langagière, il ne s'agit pas d'utiliser le seul statut sociologique de manière aprioriste et systématique, comme le font les théories corrélationnistes. Il s'agit de pouvoir rendre compte de sujets qui se définissent dans une interrelation entre, d'un côté une identité psycho-sociologique, et de l'autre un rôle langagier que nous avons appelé *communicationnel* (plus loin 4.2.). Ainsi, sera-t-il rendu compte du phénomène de construction du sujet « par inférence sur la personne empirique elle-même, support de l'énonciation (...) des caractéristiques psychologiques et sociales de l'énonciation » (Chabrol, 1989).

C'est donc dans cette interrelation et seulement dans celle-ci que peut être jugé le bien fondé de la parole et la légitimité de celui qui la profère. Ce n'est pas le statut socio-professionnel qui fait autorité, sinon un individu serait toujours investi ou non d'autorité par son statut, et ce, quelle que soit la situation de communication. Ce n'est qu'une partie de ce statut, en relation avec un rôle langagier, qui fait autorité ou non.

Cela ne doit pas empêcher de constater que, parfois, cette interrelation peut être plus ou moins surdéterminée par le statut socio-institutionnel, comme dans le cas des performatifs où le pouvoir du dire coïncide avec le pouvoir de faire du sujet communiquant. Mais on ne perdra pas de vue que ce pouvoir de faire dépend étroitement de la situation de communication : serait-ce le « Président de la République » en personne, ce sujet n'a d'autre pouvoir, dans son dire, que celui que lui confère son statut de consommateur, s'il se trouve dans un bistrot, incognito, à demander un pastis.

Evidemment les choses ne sont pas si simples, car le statut social, hors situation de communication, peut déteindre sur le sujet communiquant et transparaître ; encore faut-il que l'interlocuteur connaisse ce statut pour que celui-ci puisse avoir une influence sur l'enjeu de l'échange langagier.

Bref, la légitimité vient au sujet, non pas du seul espace externe, mais du degré d'adéquation qui s'établit entre l'identité psycho-sociale du sujet (espace externe) et son comportement en tant qu'être langagier, communiquant (espace interne).

Il reste donc à voir ce qui assure cette adéquation (ou interrelation).

c) La reconnaissance du Savoir faire : la Crédibilité

La double reconnaissance qui donne au sujet parlant une légitimité de Savoir et de Pouvoir n'est donc pas suffisante pour fonder le droit à la parole. Il y faut une autre reconnaissance, celle qui permet de juger le sujet *compétent* dans son action de sujet qui communique.

Naguère (1983), nous avons présenté le concept de *projet de parole* comme étant ce qui définit le sujet parlant dans son «intentionalité communicative» (que celle-ci soit consciente ou non consciente). Ce concept rejoint la postulation de reconnaissance de Savoir faire. En effet, le projet de parole du sujet parlant n'est pas une construction abstraite, une pure intentionalité déliée des circonstances de la communication. Au contraire, il dépend étroitement, d'une part de ce que nous appelions alors le *contrat de parole* (ci-dessous 4.2.), qui est attaché à une situation de communication particulière, d'autre part de ce que nous avons appelé, depuis 1981, le *regard évaluateur* qui relie et constitue les sujets interlocutants.

Autrement dit, le projet de parole est le résultat d'un «acte conjoint» (F. Jacques, 1983) qui se fait dans un mouvement de va-et-vient constant entre l'espace externe et interne de la scène communicative. Et c'est dans l'aptitude à savoir relier ces deux espaces et leurs composantes que peut être jugé le Savoir faire du sujet et que peut être reconnue sa *compétence* en tant que sujet ayant un projet de parole. C'est ce qui lui donnera de la *crédibilité*, faute de quoi, tout légitimé qu'il soit par le Savoir ou le Pouvoir, il ne sera pas entendu, et il ne lui sera pas reconnu de fait, le droit à la parole.

On voit que l'on est loin de la position de Bourdieu : tout n'est pas joué dans l'avant-acte d'énonciation, et le sujet parlant n'est pas le simple porte-parole d'une position de pouvoir. Et même dans le cas où il semble que la position socio-institutionnelle soit surdéterminante, rien n'est définitivement joué, car elle peut être remise en cause par un certain Savoir faire (perte ou gain de crédibilité).

Mais on ne dira pas, à l'inverse, comme semble le faire Kerbrat-Orecchioni (1984), que les *positions basses* ou *hautes* des sujets, déterminées par les échanges langagiers, ne sont que des faits de discours toujours repérables dans des marques discursives. En effet, le fait de choisir une langue plutôt qu'une autre, le *tu* ou le *vous*, de parler beaucoup ou peu, avec un débit rapide ou lent, de choisir d'interroger, d'accepter ou de refuser une opinion, etc. (ce sont les cas présentés par Kerbrat-Orecchioni), ne peut être jugé comme plaçant le sujet en position haute ou basse, si l'on ne tient pas compte des identités psycho-sociales des partenaires et des contrats de communication qui leur attribuent des rôles déterminés. Il n'est ici que de citer le cas de l'interview radiophonique ; dans ce genre situationnel, l'identité socio-professionnelle de l'interviewer ainsi que le rôle langagier de sujet questionneur que lui attribue le contrat de parole interdisent (à moins de comportement hors-norme) de trouver dans la formulation des questions des traces de position haute ou basse.

Il reste que le projet de parole du sujet parlant se construit autour d'un certain nombre d'objectifs qui vont engendrer autant de *visées communicatives*. On peut en citer quatre : FACTITIVE, INFORMATIVE, PERSUASIVE, SEDUCTRICE, dont on définira les grandes lignes.

FACTITIVE, cette visée correspond à un objectif de manipulation de l'autre pour le faire agir dans un sens qui est favorable au sujet parlant. Elle consiste, pour le sujet parlant, à « faire faire » ou à « faire dire » quelque chose à l'autre, soit en ordonnant, s'il a une position de pouvoir, soit en suggérant, si ce n'est pas le cas.

La communication publicitaire, par exemple, s'inscrit dans un contrat situationnel où le partenaire publicitaire n'est pas en position d'autorité pour ordonner au consommateur potentiel d'acheter un produit. Aussi le publicitaire pourra-t-il avoir simultanément tantôt une visée de persuasion, tantôt une visée de séduction (jeux de langage, récits plus ou moins mythiques, appel aux sens, flatterie du goût, plaisir de la convivialité, etc.) pour inciter le lecteur de la publicité à s'approprier le produit vanté. C'est en rapport avec cette visée FACTITIVE, qu'il convient d'étudier les échanges langagiers de négociation, car ceux-ci mettent en prise des partenaires qui jouent un rôle de *sujet incitateur*.

INFORMATIVE, la visée correspond à un objectif de transmission de Savoir, qui consiste, pour le sujet parlant, à « faire savoir » quelque chose à l'autre. Cette visée repose sur un principe de nouveauté, comme idéal de savoir faire : le fait de transmettre à l'autre un fragment de savoir que celui-ci est censé ignorer. Du coup, le sujet parlant a un rôle (archétypique) de pourvoyeur d'information, dont la validité dépend de la relation à l'autre. Rien de plus vexant, en effet, pour le sujet qui prétend informer, que la réplique : « Je le savais. » De même les répliques du genre « Il dit toujours la même chose », « Tout le monde sait ça », « Rien de nouveau », etc., ont pour fonction discursive de discréditer le sujet qui en est la cible, de le rendre inexistant quant à son rôle de *sujet informant*. En revanche, si les différents supports médiatiques courent après le scoop, c'est parce que l'un des aspects du contrat de communication sur lequel repose leur crédibilité est précisément ce « faire savoir ».

On retrouve ici certaines des lois du discours proposées par Ducrot (1972, 1983, 1984) et des maximes conversationnelles proposées par Grice (1975, 1979). En fait les règles d'exhaustivité et de quantité répondent à la nécessité de définir une sorte de raison d'être minimale de la profération de la parole : si rien de plus que ce que sait l'interlocuteur n'est dit, alors il n'y a aucune raison de parler. C'est dans ce sens que ces règles se trouvent intégrées ici, en laissant de côté le rapport *maximum d'information / plus grande économie* de la maxime de Grice, et en rappelant que quelle que soit l'exhaustivité ou la quantité de ce principe, celui-ci dépend du contrat qui relie les partenaires de la communication.

Enfin, précisons que ce principe d'information peut porter sur la transmission de savoirs relatifs : à des *faits* (ce qui est perçu du point de vue de la qualification : «il a 15 ans», ou de l'action : «il est parti»), à des *expériences* («Si tu parles avant lui, il ne te dira rien»), à des *connaissances* («L'Amérique a été découverte en 1492»), ou à ce que Searle appelle des *états intentionnels* (1985) (introduits par : «Je crois, je souhaite, je désirerais, je te préviens, etc.»)

PERSUASIVE, la visée correspond à un objectif de saisie de l'autre par le biais de la rationalité, qui consiste pour le sujet parlant à «faire croire» quelque chose à l'autre. Cette visée repose sur un principe de non contradiction, de rigueur logique, de vraisemblance du propos, comme idéal de savoir faire, qui permet de faire adhérer l'autre à son propre univers de discours (vérités et croyances). Evidemment il ne s'agit ici que d'images de non contradiction et de vraisemblance, que les partenaires sont susceptibles de partager socialement comme idéal de persuasion.

Cet visée pourra engendrer des comportements discursifs d'argumentation, de composition, d'organisation du texte, etc., toutes choses qui tendent à confirmer le rôle de *sujet persuadant,* c'est-à-dire de sujet prouvant le vrai.

On retrouve ici certaines autres lois du discours et maximes conversationnelles : homogénéité, logique, progression, clarté, parler à propos, sont surtout des notions qui participent de ce *faire croire,* et qu'il ne faut pas verser au compte du *faire savoir.* On peut faire savoir sans avoir à faire croire et inversement; mais évidemment les deux peuvent également se combiner, voire se superposer dans un même énoncé.

A remarquer enfin, que cette visée laisse au partenaire davantage de possibilités interlocutives que le précédent : par rapport au *faire savoir* il ne peut que montrer qu'il sait ou ne sait pas; par rapport au *faire croire* il peut, en plus, contester, et contre argumenter.

SEDUCTRICE, la visée correspond également à un objectif de saisie de l'autre, mais cette fois par le biais du plaire. Elle consiste, pour le sujet parlant, à «faire plaisir» à l'autre. Le principe qui définit cette activité consiste à déclencher chez l'autre des états émotionnels positifs, comme idéal de savoir faire. Cette visée engendrera des comportements discursifs de non-rationalité, de non-vraisemblance (ou d'une vraisemblance fictionnelle), toutes choses qui tendent à construire des imaginaires (plus ou moins mythiques) dans lesquels l'autre peut se projeter et auxquels il peut s'identifier.

C'est pour répondre à cette visée que les membres d'une communauté sociale se dotent d'indices éthiques (codes de politesse) qui constituent des préventions contre les possibles tensions que pourraient provoquer les échanges langagiers.

C'est également à cette visée que doivent être rattachés les comportements humoristiques (histoires drôles) et plus globalement les jeux de langage. Cet objectif se réalise à travers le récit («ce qui fonde le mystère sans en donner la clef»), les qualifications, les évaluations, et les jugements consensuels (plus ou moins stéréotypés) sur tout ce qui est d'ordre hédonique («les sens») et esthétique («le goût»).

En conclusion à cette description du postulat d'intentionalité, nous dirons :

– La *légitimité* est prédéterminée et non négociable en ce qu'elle est donnée au sujet (soit par effet : «Il parle comme un X», soit par inférence : «Je sais que c'est un X») à partir de la position qu'il occupe dans les différents réseaux de pratiques sociales. Cette légitimité peut s'appuyer sur une autorité qui procède du Savoir ou du Pouvoir.

On dira que cette position confère au sujet communiquant une identité socio-institutionnelle qui ne peut être jugée qu'en rapport avec son statut langagier.

– La *crédibilité*, en revanche, n'est pas prédéterminée. Elle n'est pas donnée mais acquise, et peut être, à tout moment, remise en cause.

Elle représente une capacité à capitaliser une autorité de fait, par la monstration d'un savoir faire (compétence).

Elle est donc tout aussi fondatrice du «droit à la parole» puisque la légitimité a besoin d'être confirmée par elle, et que, parfois même, celle-ci peut être remise en cause par celle-là.

4. LE DISPOSITIF SOCIO-COMMUNICATIF DE MISE EN SCÈNE

Cette série de postulations sur le fondement du langage comme acte de communication engendre du même coup un dispositif modélisant qui permet de rendre compte du phénomène de la communication comme mécanique de mise en scène du langage.

Il convient donc de préciser qu'un tel modèle n'est ni un modèle d'immanence ni un modèle d'interprétation. Il représente une hypothèse sur le fonctionnement de la communication et se propose donc comme un modèle de description des faits de langage à partir des composantes qui le constituent.

Certaines de ces composantes (particulièrement les trois niveaux Situationnel, Communicationnel et Discursif) ont été décrites dans des articles récents (1989a et b). Nous nous contenterons donc de les resituer dans l'ensemble du dispositif et d'y ajouter les composantes, non encore décrites, issues de la postulation du Savoir.

4.1. Le Situationnel et la structuration du Savoir

Le Savoir est composé d'«univers de discours». Quatre notions de base permettent de définir les univers de discours :

a) *Le domaine de référence*

Il est ce qui structure le Savoir en lieu de cohérence qui correspond à un certain espace de la pratique sociale. Dans une société donnée, les échanges, les pratiques et les évaluations sur ces pratiques ne se font pas de manière anarchique. Elles s'organisent selon certains principes de cohérence qui permettent aux acteurs sociaux de s'y retrouver. Et à force d'échanger ces pratiques et ces évaluations, il finit par se construire «des représentations typifiées» (Chabrol, 1985) qui structurent le Savoir en ce que nous appelons des *domaines de référence*, en accord avec les «domaines de la pratique sociale» que C. Chabrol inclut dans la situation globale (1985). Chacun de ces domaines de référence tel que : juridique, politique, scientifique, éducatif, ainsi que les expériences du quotidien, peut être subdivisé en micro-domaines (comme par exemple les différentes disciplines à l'intérieur des domaines de référence scientifique).

b) *Discours institués et discours flottants*

Ces domaines de référence sont portés par du discours. Ce discours est tantôt configuré dans des textes que nous dirons *institués*, parce qu'ils laissent une trace stable, qu'ils sont repérables, souvent signés, le plus souvent institutionalisés, et que donc ils peuvent être cités ; on dira dans ce cas que le jeu de citations (explicite ou non) et la circulation de ces textes constituent une *intertextualité*.

Mais il est des cas où le discours est configuré de manière que nous dirons *flottante*, parce qu'il y a peu de traces stables ; il apparaît sous forme de fragments d'oralité anonymes et ne peut, à proprement parler, être cité. On dira plutôt qu'il constitue la rumeur publique (le «comme on dit»), que parfois il se durcit en stéréotype, et que sa circulation constitue une *interdiscursivité*[30].

c) *Les types de validation*

Nous avons dit dans la description du postulat de reconnaissance du Savoir que les discours qui constituent ce Savoir doivent être considérés comme des contrats de production / reconnaissance construits par des ON-consensuels, contrats qui permettent aux sujets de procéder à des opérations de validation. Il convient maintenant de distinguer différents ON et différents types de validation.

La validation sur des types (ou sources) de vérité

Ces ON, qui représentent un sujet-tiers, collectif, social, constituent une illusion nécessaire à fonder le savoir en objectivité.

Ils peuvent se présenter comme :

• *ON-témoin*, témoin des faits et de l'expérience personnelle (le vécu ou le vu), ce qui permet de procéder à une validation du point de vue de la référenciation-événementielle.

• *ON-d'autorité*, celui qui pourrait se prévaloir de l'un des domaines de référence (Science, Religion, Lois, etc.), lequel lui accorderait le privilège de parler, en tant que spécialiste, au nom de la Vérité. La validation se fait ici du point de vue du Savoir et de la Connaissance.

• *ON-Vox populi*, l'être collectif, consensuel, producteur (porteur) de jugements de valeur qui alimentent la rumeur publique ; permet de procéder à une validation du point de vue des croyances (stéréotypes, idées reçues, maximes, proverbes, dictons).

Les domaines d'évaluation de la validation

Il existe différents champs d'application de l'évaluation qui correspondent, chacun, à une manière particulière d'organiser le jugement selon un certain point de vue. Il s'agit des cinq domaines suivants, déjà répertoriés dans les théories sémiotiques : l'*esthétique* (le Beau et le Laid),l'*éthique* (le Bien et le Mal), l'*hédonique* (le Plaisir et le Déplaisir), le *pragmatique* (l'Utile et l'Inutile), et la *véridiction* (le Vrai et le Faux).

Validation sur les types d'imaginaires

Ces imaginaires correspondent à ce que nous avons appelé les «espaces scéniques du langage» (1983). Il s'agit des lieux de construction du Savoir en récits qui peuvent être donnés comme représentants d'un imaginaire réaliste ou non. Ici, les discours sont validés selon qu'ils sont censés se tenir sur un espace scénique de réalité (*effet de réel*) ou de fiction (*effet de fiction*).

4.2. Le Situationnel, le Communicationnel et la validation du Pouvoir

Par rapport aux deux articles ci-dessus mentionnés (Charaudeau 1989a et b), auxquels nous renvoyons le lecteur, nous apporterons ici quelques précisions destinées à montrer comment les deux niveaux s'inscrivent dans le dispositif d'ensemble.

a) Le Situationnel et le Communicationnel constituent deux manières de structurer le lieu du Pouvoir

– le Situationnel, la structure du point de vue de l'espace communicatif et des identités psychologiques et sociales, dont nous avons déjà montré qu'elles ne sont pas des entités purement sociologiques, et qu'il faut les considérer en rapport étroit avec les rôles d'êtres communiquant que prennent les partenaires de l'échange langagier. Les composantes dites interactionnelles et psycho-sociales permettent de décrire les caractéristiques du Situationnel.

– le Communicationnel, la structure du point de vue des rôles langagiers, dont nous avons montré qu'ils sont à la fois autonomes par rapport aux identités (1 identité → n rôles, et 1 rôle → n identités) et en interdépendance avec celles-ci dans la mesure où un type identitaire (journaliste animateur d'un débat) peut appeler certains rôles (sujet présentant, questionnant), et où la combinaison d'un certain rôle avec une certaine identité produit un résultat spécifique.

Le Situationnel est le lieu du Pouvoir de faire où s'instituent des «identités sociales», et le Communicationnel est le lieu du Pouvoir de dire (la parole) où s'instituent des «rôles langagiers».

b) La notion de contrat

Dans l'espace interactif situationnel les partenaires se trouvent contraints, pour une part, par une obligation de coopération[31]; il s'agit là d'une convention qui lie les partenaires dans une finalité de dire («On est là pour parler de quoi»). Cette obligation conventionnelle est appelée *contrat situationnel*.

Dans l'espace communicationnel les partenaires se trouvent contraints, pour une part, par l'obligation de tenir certains rôles langagiers; il s'agit là d'une autre convention qui lie les partenaires dans un comment dire («On est là pour parler comment»). Cette obligation à tenir certains rôles est appelée *contrat communicationnel* (ou *contrat de parole*).

On ne confondra donc pas les notions de *convention* et de *contrat* avec la notion de *norme*. Cette dernière est réservée aux comportements discursifs. Les contraintes apportées par les diverses combinaisons qui se produisent entre le contrat situationnel et le contrat communicationnel appellent certains comportements discursifs sans en imposer aucun. C'est de la conformité du comportement discursif aux contraintes des contrats que peut être repérée la norme, qui permet alors de déterminer ce que C. Chabrol appelle un «rôle idéal langagier» (1989)[32].

4.3. La mise en scène langagière entre contraintes et choix

Le sujet parlant — en relation avec l'interlocuteur par l'intermédiaire du *regard évaluateur* (l'«intersubjectivité» de Benveniste) — se trouve donc dans une position carrefour entre deux types de contraintes : les *contraintes socio-communicatives* et les contraintes de ce que l'on peut appeler, à la suite de Bourdieu, *le marché social du langage*. C'est dans cette position carrefour que le sujet parlant peut procéder à des choix.

Pour avoir une vue d'ensemble sur ce dispositif on se reportera au tableau ci-contre, dont voici le commentaire :

LE DISPOSITIF SOCIO-COMMUNICATIF DE MISE EN SCÈNE			
Postulat d'intentionalité	Contraintes socio-communicative →	Le projet de parole	← Contraintes du marché social du langage
	Légitimité	Crédibilité	Légitimité
Le Situationnel		*Visées communicatives :*	*Les R.S.P. sur :*
Savoir	• Univers de discours (croyances)		
	• Comp. inter-actionnelle (formes d'échanges)	• Factitive	• Le code sémiologique
Pouvoir (de faire)	• Comp. psycho-sociale (identités)	• Informative	• La val. sociale des usages (comp. discursifs usages grammat. val. identit. des mots)
		• Persuasive	
Le Communicationnel			
Pouvoir (de dire)	• Comp. inter-communicat.	• Séductrice	
	• Comp. des rôles		
		Je/Tu*	
Le Discursif			

* Les sujets de la communication se trouvent au cœur du *Projet de parole*. Tenant compte des contraintes *socio-communicatives* et des données du *Marché social du langage*, ils procèdent à la *mise en scène* de la signification en fonction des *visées communicatives*.

a) Les contraintes socio-communicatives

Elles sont issues du postulat d'intentionalité (PI), et se composent :

a) d'un *contrat situationnel* qui impose :

– un (ou plusieurs) univers de discours c'est à dire une certaine organisation du domaine de référence en cause, et une postulation prévisionnelle sur la position des partenaires par rapport à ce domaine de référence ;
– des formes d'échange («composante interactionnelle»[33]) ;
– des identités sociales qui se construisent en rapport avec la finalité du dire («composante psycho-sociale»[33]).

b) d'un *contrat communicationnel* qui impose :
– un cadre de régulation des échanges («composante intercommunicationnelle»[33]) ;
– des rôles langagiers qui se construisent en rapport avec une manière de dire («composante des rôles»[33]).

b) Les contraintes du marché social du langage

Elles se présentent sous deux formes :

a) forme de ce que l'on peut appeler le *code sémiologique* — que celui-ci soit verbal, mimo-gestuel, iconique, etc. — avec sa structure, ses systèmes et ses règles de fonctionnement. Cette forme de contrainte correspond à ce que H. Parret appelle la «co-perception du code» qui fonde «la communauté de parole» (1983).

b) forme de la *valeur sociale des usages* de la langue. On retrouve ici la notion de marché linguistique proposée par Bourdieu, qui se concrétise dans les modes de comportements discursifs (exemple : le tutoiement / vouvoiement), les usages grammaticaux (exemple : l'emploi ou non de la particule *ne* pour exprimer la négation *ne...pas*), la valeur identitaire des mots (les mots qui font chic, pédant, populaire, ringard / branché, les mots magiques, etc.). Il s'agit là de tout ce qui témoigne de l'existence de sociolectes («composante identitaire»)[33].

c) Les choix du sujet parlant et les Savoir faire

Dans cette position de double contrainte, le sujet parlant dispose d'un certain nombre de choix, même si sa marge de manœuvre est étroite.

D'une part, il peut choisir de faire prédominer dans l'organisation de son discours l'une des quatre visées communicatives (Factitive, Informative, Persuasive, Séductrice). Certes, l'une de celles-ci peut être imposée par le contrat situationnel ; mais le sujet parlant peut toujours jouer le jeu d'un autre paraître discursif. Par exemple, une publicité — dont on a vu que le contrat situationnel impose l'activité d'Incitation — peut être présentée comme un titre de journal. Elle jouerait alors sur un paraître d'Information. Ou bien un tract syndical présenté comme une lettre jouerait sur un paraître d'Information et de Persuasion intimes.

D'autre part, le sujet parlant fait le choix de tel ou tel comportement discursif pour configurer tel ou tel objectif. Par exemple, un comportement narratif ou argumentatif, combiné avec un comportement énonciatif qui révèle ou non le sujet parlant (Elocutif / Délocutif)[34].

Mais il peut également procéder à des choix parmi les valeurs sociales des signes («composante identitaire») afin de produire tel ou tel effet.

Enfin, le sujet parlant s'appuie, pour sa mise en scène langagière, sur des représentations supposées partagées (RSP). Celles-ci sont à rattacher aux univers de discours. Elles représentent les postulations que les partenaires sont amenés à faire l'un sur l'autre (regard évaluateur) quant aux partages des références de savoir, et des valeurs qui s'y attachent.

Ce partage n'est pas donné à priori au moment de l'échange et il convient de considérer les différents cas qui peuvent se produire :

a) Tout d'abord, le savoir mis en jeu dans l'acte de communication peut avoir en soi, mais à l'intérieur d'une même communauté socio-culturelle, un caractère plus ou moins ouvert. On envisagera, en gros, trois cas de figure :

– il est du *domaine public*, et donc complètement ouvert, à l'intérieur de la communauté considérée ;

– il est du *domaine groupal*, et donc fermé à tous ceux qui ne font pas partie du groupe, et ouvert pour ceux qui en font partie ;

– il est du *domaine privé* et inter-individuel, ce qui exclut tous ceux qui ne font pas partie de cette relation de connivence.

b) L'autre de l'acte de communication, dès l'instant qu'il n'ignore pas l'existence du savoir mis en jeu (s'il en était ainsi, cela nous renverrait à l'un des cas précédents), peut prendre position par rapport à celui-ci.

Trois possibilités se présentent à lui. Il peut :

– *adhérer* aux croyances et aux valeurs. Il pourra devenir un partenaire complice, qui fait siennes les croyances en jeu, et les renforce. Il sera dit un *partenaire-allié* (ou, comme on dit maintenant, *captif*) ;

– *refuser* les croyances et les valeurs. Il pourra devenir un partenaire polémique qui s'oppose aux croyances en jeu. Il sera dit un *partenaire-adversaire* ;

— *n'être ni totalement dans l'adhésion ni totalement dans le refus* des croyances et des valeurs. Il pourra devenir un partenaire susceptible d'être la cible d'une activité de persuasion. Il sera dit un *partenaire-disponible*.

E. Veron (1988), en définissant le concept de type de discours, propose de considérer que peuvent être déterminés, d'une manière générale, «trois sous-espèces de destinataires» qu'il dénomme «pro-destinataire», «anti-destinataire» et «para-destinataire»; ils correspondent aux trois types de partenaires ci-dessus décrits.

Bref, le sujet parlant, lorsqu'il parle / interprète, doit tenir compte de certaines contraintes, ce que nous avons appelé ailleurs (1983) : le Genre. Le Genre se définit, on le voit mieux maintenant, d'après les contraintes des contrats situationnel et communicationnel (il n'est pas, contrairement à ce qui est souvent dit, d'ordre discursif). La liberté du sujet réside donc dans la possibilité pour lui de se montrer conforme ou non à ces contraintes; pour ce faire, il choisit de mettre en scène telle ou telle activité langagière en mettant en relation les composantes du *contrat situationnel*, et du *contrat communicationnel*, avec les *comportements discursifs*.

Evidemment, cette activité du sujet parlant n'est pas nécessairement consciente, mais elle relève de ce que l'on appelle : les *stratégies langagières*. La boucle donc se boucle. La signification discursive, disions-nous en commençant, est la résultante d'une composante situationnelle et d'une composante linguistique. Il apparaît maintenant, plus concrètement, qu'elle est la résultante d'une mise en scène qui se fait à l'intérieur d'un dispositif dans lequel les contraintes constituent, pour le sujet parlant, le garant de son droit à la parole (*légitimité*), et en même temps la base à partir de laquelle il pourra choisir les comportements discursifs (*stratégies*), garant de sa *crédibilité* [35].

NOTES

[1] Il est à remarquer que c'est tout à fait consciemment que le mot communiquant est écrit avec *qu* et non pas *c*. En effet, cette dernière graphie, *communicant*, correspond à l'adjectif, répertorié comme tel dans les dictionnaires, qui caractérise «tout support matériel constituant un passage d'un lieu à un autre» («vase communicant»). Alors qu'il s'agit ici (comme cela a été défini dans Charaudeau, 1983 et 1984) du «sujet qui communique» qui est le lieu d'un projet de communication, l'ordonnateur et le responsable de cet acte, même si la signification discursive qui en résulte dépasse son intentionnalité. *Communiquant* doit donc être considéré comme un participe présent, ce qui explique qu'il ne s'accorde en aucune circonstance.

On remarquera dans Ghiglione (1986) la différence de graphie entre le titre *l'homme communiquant*, et l'un des chapitres «le sujet communicant».

[2] Dans le cadre de cet article il ne sera pas question de l'opposition *sens / signification* telle que nous avons pu la définir autrefois (1972) ou telle que l'a fait Ducrot (1972), bien que différemment.
Les mots et expressions *sens, effets de sens, signification* seront à prendre dans l'acception que leur conférera le contexte discursif.

[3] *Dicible*, pas plus que *disible* ne se trouvent dans les dictionnaires de langue. Ils sont pourtant utiles, et il convient d'en signaler la différence :
dicible = «ce qui peut se dire», parce que possiblement exprimable par la langue. C'est la langue qui le permet (contr. *indicible*).
disible = se dira de «ce qui peut se dire» parce qu'autorisé par les convenances, la morale ou une personne (contr. «ça n'est pas à dire»).

[4] Cette dénomination récente «sciences du langage» qui s'est substituée à l'ancienne, «linguistique», dans les instances officielles (CNRS, Commission disciplinaire, programmes, titres de diplôme) est une manière de prendre acte de cet éclatement.

[5] On peut considérer que l'opposition *propositionnel / relationnel* n'est pas nouvelle et qu'après tout on la retrouve chez Descartes sous les termes *entendement / volonté*, et chez les grammairiens du Moyen Age sous les termes *dictum / modus*. Ce qui est nouveau, c'est le fait que le premier terme soit subordonné au second.

[6] On fait ici allusion à un courant, plutôt qu'à une école, qui s'est constitué avec, et à partir, des travaux de M. Pêcheux, B. Conein, J.M. Marandin, J.J. Courtine, R. Robin, pour n'en nommer que quelques-uns. Voir *Matérialités discursives*, Presses Universitaires de Lille, 1981, et Langages, n° 81, Larousse, mars 1986.

[7] V. les travaux de Stampe, Warnock, Bach et Harnish, et Récanati, à la suite des essais de Searle (1979).

[8] Cette expression n'apparaît nulle part comme telle, mais elle convient parfaitement ici. (Charaudeau, 1983).

[9] On se reportera à notre article «Une théorie des sujets du langage» (1984a), dans lequel est traitée la question de «la performativité».

[10] Voir à ce sujet la critique de de Fornel (1983).

[11] Ce qui correspond à ce que j'ai défini comme étant le «noyau métadiscursif» (*Langage et Discours*, pp. 26-36).

[12] Voir également la critique de Roulet (1985), p. 4 : «C'est ainsi qu'on ne trouvera pas chez Ducrot et Anscombre d'analyse d'échanges authentiques.»

[13] Ce que Roulet (1985) dénomme les courants 4 et 3.

[14] Voir la présentation d'un «Working paper» de Searle, par H. Parret au colloque *La Conversation en perspectives* qui a eu lieu à l'Université de Nancy II, les 24, 25 et 26 octobre 1988.

[15] Ce sont les forces *primaire* et *secondaire* de Searle (1979).

[16] Thèse de Doctorat de Jorge Martinez Ayala sur : *L'interaction vendeur / client dans le marché alimentaire en plein air à Paris et à Mexico*, Université de Paris XIII, décembre 1988.

[17] Pour la différence entre *légitimité* et *crédibilité*, voir plus loin.

[18] Même lorsque les exemples proposés sont des extraits de dialogue réel, l'identité sociale n'est pas exploitée langagièrement. On dit ici que c'est «un médecin» qui parle, là que c'est «un vendeur» qui s'adresse à une cliente, mais on n'en dit rien de plus.

[19] C'est la contradiction dans laquelle se trouve la notion de *protection de la face*, trop générale pour être localement discriminante, trop locale pour être généralisée (plus loin, le *droit à la parole*).

[20] Kerbrat-Orecchioni (1984) fait cette même critique (p. 320).

[21] C'est nous qui soulignons (cité en exergue du numéro 32 de la revue Communications, Seuil, 1980).
[22] Pour être complet, il faut dire *psycho-socio-langagier* et *psycho-socio-discursif*.
[23] Il s'agit ici de la mise en contraste de textes appartenant au même genre (interne) et à des genres différents (externe).
[24] Il s'agit du terme employé en sociologie.
[25] C'est pourquoi nous avons été amené à définir tout acte de langage comme «un acte d'interaction par regard évaluateur interposé» (1984b).
[26] Ceci n'est pas une tautologie puisque dans nombre de théories structuralistes ou générativistes le sujet parlant est considéré comme un être idéal, de pure langue.
[27] On retrouverait ici les topoï de Ducrot s'il acceptait d'en étendre le domaine de Savoir.
[28] Voir à ce propos les distinctions que A. Berrendonner propose entre *vérité* et *vérification-validation* (1981).
[29] Voir le chapitre 4 de Mendras (1975).
[30] Ce serait le cas du discours sur la «minceur du corps» et la «diététique», évoqué plus haut à propos du slogan publicitaire OBERNAI. Parfois *intertextualité* et *interdiscursivité* peuvent co-exister, et parfois, il est vrai, se superposer, ce qui rend la frontière floue.
[31] C'est donc ici que se situe le Principe de Coopération (PC) de Grice.
[32] A cette restriction près, on l'aura compris d'après nos définitions, que pour nous il ne s'agit pas de rôles mais de *comportements discursifs*.
[33] Pour la description de ces composantes voir Charaudeau 1989a.
[34] Pour la description de ces comportements voir «Les différents ordres d'organisation du discours» dans Charaudeau 1983, chap. III.
[35] Ce texte a été écrit en 1989. Depuis, certaines notions (notamment celle de *contrat de communication*) ont fait l'objet de précisions dans des articles et ouvrages postérieurs (voir particulièrement : *La Télévision - Les débats culturels - Apostrophes*, Didier Erudition, Paris, 1991).

Section 2
Hétérogénéité énonciative et espace interactif

Robert VION
Université de Provence
GRAL-PRI

1. LE SUJET, LA LINGUISTIQUE ET LES SCIENCES HUMAINES

1.1. De nouvelles formes de pluridisciplinarité

Cette réflexion a pour objet l'analyse des interactions d'un point de vue résolument linguistique et se situe dans la mouvance de ce que Catherine Kerbrat-Orecchioni (1987, 1990) appelle une *linguistique interactive* ou, Pierre Bange (1987), une *pragmalinguistique*. Cette volonté d'assumer la spécificité de la discipline n'exclut cependant pas la prise en compte de discours transversaux et de concepts dont l'origine lui serait étrangère. Ces vingt dernières années ont vu se mettre en place de nouvelles formes de pluridisciplinarité moins intéressées par l'emprunt-gadget qui avait trop souvent caractérisé les périodes antérieures. Dans le même temps, l'apparition des approches énonciatives constituait l'une des mutations majeures de la linguistique contemporaine. La réintroduction du *sujet parlant* dans la théorie, l'accent mis sur l'analyse des activités langagières plutôt que sur les seules dispositions formelles des messages, et le développement d'une approche actionnelle, avec la pragmatique, a permis à la linguistique de participer à la mise en place de ces discours transversaux. Gravitent ainsi autour du langage et des activités symboliques qui s'y rattachent, la linguistique, l'interactionnisme symbolique de Goffman, l'ethnométhodologie de Garfinkel, la philosophie de F. Jacques, la théorie de l'agir communicationnel de Habermas, la psychologie de Vytgosky ou Bruner, etc. L'intérêt suscité, dans d'autres disciplines, par les approches pragmatiques et énonciatives et l'utilisation en linguistique, des concepts de *face, figuration* ou *zone proximale de développement* illustrent l'existence de ces nouvelles formes de pluridisciplinarité.

La jonction était d'autant plus facile à réaliser que la linguistique n'a jamais réellement envisagé l'énonciation comme une théorie de l'activité du sujet isolé, volontaire et conscient, de sorte que l'énonciation-monologue, rejetée par Bakhtine, n'a, semble-t-il, fait l'objet d'aucun développement contemporain. L'accent mis, dès le départ, sur la relation interlocutive favorisait les convergences avec la pragmatique, les analyses conversationnelles ou encore avec la notion d'action conjointe issue de l'ethnométhodologie. La linguistique pouvait dès lors, moyennant une conception non naïve du sujet, assumer à la fois sa spécificité et construire des connaissances articulables à ces autres discours.

Pendant la même période, les sciences humaines opposaient l'approche déterministe à l'approche constructiviste. La première appréhendait le social, et la communication en particulier, comme le produit d'un certain nombre de facteurs «objectifs» et proposait une analyse globale de ces déterminants. On reconnaîtra aisément certains moments de la démarche sociolinguistique pour qui le comportement langagier des sujets était très largement dominé par des critères sociaux dont le caractère massif et totalisant a pu varier selon les époques et les auteurs. A l'opposé, le constructivisme, dont l'ethnométhodologie représente l'exemple le plus extrême, concevait le social comme le produit d'actions quotidiennes effectuées par les sujets. Ces derniers disposeraient de méthodes leur permettant, par un travail conjoint, de résoudre ensemble les divers problèmes posés par leur rencontre. Les objets discursifs, les significations et les relations contractées seraient ainsi les produits de cette co-activité.

1.2. Situation de communication, interactants et rôles

La transgression de cette opposition abrupte, entre deux points de vue contradictoires, ouvre aujourd'hui de nouvelles perspectives pour l'ensemble des sciences humaines. Ainsi, rappelant les apports de Schutz, G.H. Mead, Goffman ou Garfinkel, Habermas écrit :

> «Du point de vue fonctionnel de l'*intercompréhension*, l'activité communicationnelle sert à transmettre et à renouveler le savoir culturel; du point de vue de la *coordination de l'action*, elle remplit les fonctions de l'intégration sociale et de la création de solida-

rité; du point de vue de la *socialisation*, enfin, l'activité communicationnelle a pour fonction de former les identités personnelles (...). A ces processus de la *reproduction culturelle*, de *l'intégration sociale* et de la *socialisation*, correspondent les *composantes structurelles* du monde vécu : la culture, la société et la personne». (Habermas, 1987, 435).

Autrement dit, les activités langagières des sujets, au-delà de la constitution progressive de leur image identitaire (et donc de leur identité), contribuent aussi bien à transmettre un savoir culturel qu'à le modifier, à reproduire un ordre social qu'à le transformer.

Il en résulte deux idées fondamentales, en relation avec les notions qui nous intéressent ici :

a) La situation de communication est aussi bien donnée que construite par les interactants. L'idée que les sujets, par leurs activités et leurs attitudes, contribuent à donner du sens et à définir la situation dans laquelle ils se trouvent engagés remonte à Goffman (1973). Après une lecture ethnométhodologique laissant penser que les sujets construisaient seuls le cadre de leur échange, certains auteurs ont fini par articuler ces deux logiques apparemment contradictoires :

«*Donné* à l'ouverture de l'interaction, le contexte est en même temps *construit* dans et par la façon dont celle-ci se déroule; *définie* d'entrée, la situation est sans cesse *redéfinie* par l'ensemble des événements conversationnels». (Kerbrat-Orecchioni, 1990, 106).

b) On ne peut communiquer qu'à travers des rôles sociaux, des «personnages». Cette idée, développée par Goffman (1973), avec les notions de *soi* et de *représentation*, était déjà présente chez Mead et chez Park :

«Ce n'est probablement pas un pur hasard historique que le mot personne, dans son sens premier, signifie un masque. C'est plutôt la reconnaissance du fait que tout le monde, toujours et partout, joue un rôle, plus ou moins consciemment [...]. C'est dans ces rôles que nous nous connaissons les uns les autres, et que nous nous connaissons nous-mêmes (...). En un sens, et pour autant qu'il représente l'idée que nous nous faisons de nous-même — le rôle que nous nous efforçons d'assumer —, ce masque est notre vrai moi, le moi que nous voudrions être. A la longue, l'idée que nous avons de notre rôle devient une seconde nature et une partie intégrante de notre personnalité. Nous venons au monde comme individus, nous assumons un personnage, et nous devenons des personnes». (Park, 1950, 249-250).

A maints égards, la notion de *soi*, issue de Mead et reprise par Goffman permet de mieux saisir la relation que les rôles sociaux entretiennent avec les divers aspects de la personnalité. Cette réflexion paraît inévitable dès lors que la linguistique s'engage dans une approche énonciative impliquant la prise en compte du sujet. Depuis Bakhtine ou Mead il ne saurait être question de renvoyer la notion de sujet à celle de conscience, d'un intérieur substantiel homogène : le *Moi* n'est autre que l'intériorisation hétérogène et jamais achevée, de tous les *Soi* (les rôles) à partir desquels le sujet, en tant qu'acteur (le *Je*), est amené à communiquer. La linguistique interactive devra donc, à l'exemple d'Authier-Revuz (1984), considérer les instances énonciatives comme étant fondamentalement hétérogènes.

2. MACRO ET MICRO-ANALYSE

2.1. Les catégories de l'interaction

Si tant est qu'une telle distinction puisse être intéressante, la plupart des travaux effectués sur l'interaction pourraient être répartis dans l'une des deux catégories suivantes :

a) Les travaux généraux qui portent sur les conditions de la communication et travaillent plus volontiers dans le cadre d'une sociologie déterministe. L'accent y est mis, selon les cas, sur les rapports sociaux, la politique linguistique, les statuts et rôles sociaux, «la» norme, ou sur des phénomènes comme le script, le scénario, le schéma d'action.

b) Les analyses conversationnelles et les approches de caractère ethnométhodologique dans lesquelles l'accent est mis, cette fois, sur des micro-phénomènes liés à ce que certains appellent les stratégies locales. Les travaux portant sur les notions de paire adjacente et de dépendance conditionnelle, mettaient en lumière les phénomènes de transition entre interventions successives. Cet intérêt porté à des unités minimales se retrouve dans l'Ecole genevoise qui a essentiellement travaillé sur l'échange, défini comme unité dialogale minimale, et pour qui, en dernière analyse, l'unité maximale de l'interaction demeure l'échange. Le fait de «déclasser» un échange en le considérant, après-coup, comme relevant du rang de l'intervention, à l'exemple de Roulet (1985) et d'analyser ainsi une interaction complète en la ramenant, en dernière instance, à n'être constituée que d'un seul échange, illustre bien les difficultés qu'éprouvent les chercheurs à passer de ce niveau minimal à celui de l'interaction. Certes, on comprend que la linguistique puisse, en fonction de son histoire et de ses méthodes, préférer travailler à ce niveau local et micro-analytique. Lorsqu'il s'agit, par contre de sociologie, cette préférence pour le local pourrait davantage surprendre. Le fait est que les sociologues interactionnistes se sont intéressés aux tours de parole, aux stratégies d'ouverture et de clôture, ou à des phénomènes locaux comme les préliminaires, les préliminaires de préliminaires ou les auto-corrections.

La plupart des travaux linguistiques sur l'interaction peuvent être rattachés à ce courant, qu'il s'agisse de l'échange complimenteur, des procédures de réparation, des activités de reformulation, des activités de reprises, des déplacements discursifs dans le dialogue, de l'usage des connecteurs et des régulateurs. Toutes ces recherches portent sur le travail qu'effectuent les sujets en un point quelconque de leur rencontre. Il faudrait rajouter les travaux de ceux qui, à l'exemple de Cosnier ou de Goodwin, cherchent à rendre compte de la globalité des comportements communicatifs et, analysant les signaux en provenance de divers canaux, ne peuvent espérer concentrer leur analyse que sur des moments «privilégiés».

2.2. Le concept de rapport de places

Il existe cependant une catégorie de concepts qui n'étant pas, *a priori*, orientés vers un niveau spécifique d'analyse, peuvent permettre de transgresser une telle dichotomie. Ainsi, le concept de rapport de places, issu de Flahault (1978), semble s'être prêté aussi bien à des analyses globales que locales. Pris de manière large, il permet d'opposer les interactions complémentaires aux interactions symétriques et, à l'intérieur de chacune, d'envisager, avec la distinction institutionnalisé/non institutionnalisé, une sous-catégorisation pouvant conduire à une typologie. Pris de manière étroite, il permet d'apprécier comment, à chaque tour de parole, s'organisent les prises d'initiative et comment, par un travail conjoint permanent les sujets parviennent à construire leur positionnement réciproque. C'est dans cette direction qu'on pourrait situer les travaux de Kerbrat-Orecchioni sur la notion de taxème ou de place interactionnelle, ou les analyses de Bouchard sur la conversation.

Déterminisme et constructivisme avaient conduit à opposer de manière dichotomique l'externe et l'interne, l'institutionnel et l'informel, le social et le langagier (ou interactionnel). Les distinctions entre «externe» et «interne», ou entre rôle social (médecin, professeur, garçon de café...) et rôle langagier (avoir le dessus, confident, questionneur, séduit...), relativement pratiques en ce qu'elles permettent de rapidement s'entendre sur la nature des phénomènes appréhendés, sont, en revanche, délicates à stabiliser sur le plan théorique, ne serait-ce que parce que les catégories en question s'interpénètrent.

D'une part, toute interaction combine l'externe et l'interne dans la mesure où le rôle «social» n'a d'existence qu'à travers des actualisations langagières :

« Ces deux modes de mise en place du rapport peuvent d'ailleurs jouer concurremment ; mais plus la situation est socialement structurée et formalisée, plus le premier [l'«externe»] domine ; plus la rencontre est informelle (plus elle peut induire des identités multiples chez les partenaires), plus le second prend de l'importance ». (Marc et Picard, 1989, 46).

D'autre part, tout sujet peut être amené à parler en même temps de plusieurs places institutionnelles (médecin et conseiller juridique, parent d'élève et enseignant...) et/ou de plusieurs places langagières (conseiller et bouffon, ironie...).

Le positionnement réciproque des sujets peut même reposer sur des dispositions contradictoires : conduire un entretien suppose de disposer de l'autre et donc d'occuper une position haute. Or, selon le statut social de la personne interviewée, l'enquêteur doit articuler une position interactive et institutionnelle haute avec une position basse résultant de la situation hiérarchique.

En appréhendant l'espace interactif comme une pluralité de *rapports de places*, en concevant que l'ordre de l'interaction combine un social déjà constitué à un social en construction, et en estimant que la place se construit à partir des comportements et des mouvements les plus intimes de l'échange, il semble possible de pouvoir transgresser les oppositions dichotomiques, entre l'externe et l'interne, entre le déterminisme et le constructivisme, entre la macro et la micro-analyse.

3. INSTANCES ÉNONCIATIVES ET ESPACE INTERACTIF

3.1. La co-activité des sujets

En même temps qu'ils construisent du sens, les sujets sont amenés à se positionner dans la mesure où « il n'est pas de parole qui ne soit émise d'une place et convoque l'interlocuteur à une place corrélative » (Flahault, 1978, 58). Ce positionnement revient à faire de chaque sujet l'artisan de la construction des places et donc d'un espace interactif que d'autres appellent la relation. Cette formulation en terme d'espace permet d'éviter de penser la relation comme une réalité purement macro-sociologique ne relevant que d'une problématique déterministe. En dernière analyse, et quel que soit le poids des déterminations sociales « extérieures » à l'interaction, la relation interlocutive est actualisée, donc construite, par la co-activité des sujets. L'espace interactif se construit à tout moment dans et par les activités discursives, les choix lexicaux, les attitudes, les manières de s'impliquer ou d'interpeller. Tout choix lexical, par exemple, du fait de l'existence de connotations et de «registres» de langue, implique une mise en scène de l'énonciateur et une prise en compte de l'interlocuteur, donc une mise en place de la relation. Si depuis *La nouvelle communication* on oppose le contenu de la relation, il est clair que cette distinction de plans ne peut être que théorique. Dans les faits, on ne peut occuper une place qu'en construisant des contenus et on peut espérer communiquer sans établir un positionnement réciproque.

3.2. L'affiche politique

Nous avons essayé de mettre au point la notion d'*espaces interactifs* dans le cadre de l'analyse des affiches politiques (Vion, 1991). Certes il s'agit, avec l'affiche, d'un matériau très particulier. Toutefois, nous avons fait l'hypothèse que l'effet de loupe, revendiqué par Anne Trévisse pour les productions langagières des migrants ou par Catherine Kerbrat-Orecchioni pour les productions littéraires, pouvait jouer ici. Autrement dit, l'affiche pourrait, par ses contraintes sémiologiques particulières, conduire à mieux visualiser des dispositions concernant, de manière générale, l'ordre de l'interaction.

Nous avons considéré l'affiche politique comme un matériau interactif, non seulement en raison du dialogisme propre à tout message, mais également du fait qu'elle construit des sources énonciatives et convoque les destinataires à des places déterminées. Intégrant ces sources et ces allocutaires, l'affiche construit un espace sémiologique, véritable image de leur relation réciproque. Toute affiche est donc contrainte, en tant que matériau interactif, de construire un espace interactif interne qui ne saurait correspondre de manière directe à la prise en compte de la relation entre énonciateurs et destinataires réels. De ce point de vue, nous sommes proche de la distinction entre circuits interne et externe de la communication proposée par Charaudeau (1983b).

Nous avons été amené à parler d'espaces interactifs à partir de la constatation qu'un matériau, en apparence aussi rudimentaire, construirait, en fait, non pas une mais plusieurs «interactions» simultanées. Ainsi, au niveau iconique l'affiche construit généralement, par un gros plan sur le visage du candidat dont le regard rencontre celui du «lecteur», une première interaction fondée sur un rapport de places de proximité, d'écoute, de convivialité, de symétrie. Au niveau linguistique par contre, apparaissent assez fréquemment deux autres sources énonciatives. L'une d'entre elles, l'*énonciateur abstrait* attribue, à ce même candidat, des prédicats, comme *le courage* ou la *France unie*. Cette «voix off», qui impose des catégorisations sur le mode de l'évidence, institue un rapport de places inégalitaire, correspondant, au mieux, à un rapport de type pédagogique, par lequel, quelqu'un qui sait donne le savoir à ceux qui ne l'ont pas. Il s'agit, en fait, d'un rapport d'autorité, de domination qui se distingue du rapport de places «égalitaires» établi au niveau iconique. Le même énonciateur abstrait construit assez régulièrement, par certaines dispositions du message linguistique, un autre rapport de places établi sur les modalités de l'injonction ou de l'appel, qu'il s'agisse de codages explicites comme *Votez...*, ou de formes plus implicites comme le *Oui c'est Chirac!* Cette forme, en bleue sur fond blanc, soulignée de rouge, relève de la modalité, historique chez les gaullistes, de l'appel. Elle invite chaque destinataire à reprendre cette clameur, à se fondre dans une masse de *supporters* bruyants et disciplinés. Le destinataire se trouve alors impliqué dans un nouveau rapport de places nettement plus autoritaire, rappelant les procédures référendaires et les «grand-messes».

L'hétérogénéité des sources énonciatives, a donc pour corollaire l'hétérogénéité des images de l'interlocuteur et la coexistence de plusieurs rapports de places. En l'occurrence, cette hétérogénéité repose sur :

– l'existence de deux sources énonciatives distinctes, le candidat et l'énonciateur abstrait,

– l'établissement par ce dernier de deux rapports de places différents.

Nous faisons donc l'hypothèse, qu'au-delà de l'affiche politique, les images construites par l'action des sujets sont hétérogènes et composites. On peut mettre cela en relation avec une conception freudienne du sujet :

> «Cette conception du discours traversé par l'inconscient s'articule à celle d'un sujet qui n'est pas une entité homogène extérieure au langage, mais le résultat d'une structure complexe, effet du langage : sujet *décentré*, divisé, clivé, barré (...). En rupture avec le Moi, fondement de la subjectivité classique conçue comme un intérieur face à l'extériorité du monde, le fondement du sujet est ici déplacé, délogé «dans un lieu multiple, fondamentalement hétéronome, où l'extériorité est à l'intérieur du sujet» (Clément, 1972, *in* Authier-Revuz, 1984, 101-102).

On peut, plus simplement, se référer à la conception interactionnelle que nous avons évoquée plus haut avec Bakhtine, Mead et Goffman. Ce phénomène d'une pluralité d'instances énonciatives a également été appréhendé par l'analyse transactionnelle. Pour celle-ci, un sujet peut parler d'une ou de plusieurs places simultanées, correspondant chacune à un état du Moi : le Moi parent, le Moi adulte et le Moi enfant.

En fait, la complexité des sources énonciatives qui nous intéresse ici, résulte aussi bien de l'hétérogénéité du sujet que de la possibilité qui lui est constamment offerte de conduire simultanément plusieurs projets.

4. L'HÉTÉROGÉNÉITÉ INTERACTIVE

Si un sujet peut parler simultanément de plusieurs places il convoque, pour chacune d'entre elles, son partenaire à autant de places corrélatives. Il en résulte qu'une interaction serait généralement caractérisée par la coexistence de plusieurs rapports de places. Nous avions proposé de parler d'*espaces interactifs* pour référer à l'ensemble de ces rapports de places que les interactants sont amenés à gérer afin de communiquer. A la réflexion, il nous paraît, peut-être, préférable de parler, pour chaque interactant, d'un seul espace interactif hétérogène constitué de plusieurs rapports de places, plutôt que d'exprimer cette complexité en termes d'une pluralité d'espaces homogènes. Sachant que «le concept d'interlocution est *primitif*, tandis que les concepts de locuteur et d'allocutaire sont dérivés» (F. Jacques, 1983, 57-58), la construction, par chaque sujet, d'un espace interactif fait donc l'objet d'une négociation constante, retrouvant, en cela la conception interactive de l'action.

4.1. Hérérogénéité et multicanalité

L'une des raisons de cette hétérogénéité des sources énonciatives est à rechercher dans la multicanalité de la communication. Partant du principe goffmanien de la représentation, et de la non conscience d'une partie importante des comportements communicatifs, on peut faire l'hypothèse que, dans bien des cas, les images construites par l'énonciateur ne vont pas être identiques selon que l'on prenne en compte le plan verbal, paraverbal ou non verbal. On constate que si deux sujets sont amenés à dire la «même chose», il y a toutes les chances pour que nous n'accordions ni le même intérêt ni la même signification à leur dire. Au-delà de la notion de contexte de la *Nouvelle communication* et des représentations attachées à chacun, cela implique que la *face* ne soit pas une image simple et homogène. Les interactions dont on sort satisfait correspondent probablement à des situations où le sujet énonciateur a pu donner une cohérence aux divers éléments constitutifs de sa *face*. A l'opposé, l'insatisfaction, dont les causes peuvent être très diverses, peut provenir de la difficulté, voire de l'échec, à mettre en scène des images convergentes au regard des divers ensembles de signaux. Ainsi, pour prendre des situations «tranchées», un sujet peut s'efforcer de construire une position avantageuse à partir de postures, d'inflexions de voix, de débits oratoires, sans pouvoir confirmer cette domination sur le plan argumentatif. Inversement, il est fréquent de constater qu'un sujet disposant, sur le terrain verbal, de catégories conceptuelles et de moyens argumentatifs qui devraient lui conférer initiative et avantage sur son interlocuteur, se trouve contraint, par les images construites sur le terrain non verbal, de se cantonner dans une position basse.

4.2. Hétérogénéité et coopérativité

Si la diversité des canaux de communication et l'absence de toute conscience claire, concernant les comportements comme les contenus, entraînent souvent une pluralité de mises en scènes et de modes d'interpellation, il est très fréquent de constater que cette pluralité de places peut se structurer au sein d'une même composante. Ainsi, dans le débat, l'énonciateur peut par des reprises et reformulations de la parole de l'autre, par des marques de considération quant aux termes d'adresse, par une relative mesure dans les choix lexicaux, favoriser une image consensuelle de la relation. Mais, dans le même temps, il peut développer une argumentation impitoyable lui conférant un net avantage. Il est d'ailleurs «du meilleur effet», d'accompagner la férocité de certaines attaques de marques de considération et de civilité. Toute attaque trop brusque, toute manifestation d'irritation, peuvent se révéler disqualifiantes. La mesure dans la critique, la civilité dans l'attaque confèrent à l'énonciateur l'image de sa propre maîtrise et, contribuant à maintenir l'échange dans la coopérativité, désarme partiellement la riposte de l'interlocuteur. On peut, à l'exemple de Goffman, exprimer ces processus en termes de figuration : la meilleure protection de sa propre face passe aussi par le ménagement de celle du partenaire, surtout, paradoxalement, lorsque celle-ci se trouve malmenée. Ainsi, lorsqu'un sujet parvient à s'imposer dans un rapport de places qui lui confère un avantage, il a tout intérêt, pour faire avaliser cet avantage, à visualiser, dans le même temps, un rapport de place plus «convivial». On se contentera d'évoquer le *Mais vous avez tout à fait raison... Monsieur le Premier Ministre!* où des marques de considération, de concession et de consensus accompagnant l'une des réparties les plus féroces du face à face télévisé de 1988, qui a opposé F. Mitterand à J. Chirac. Ce marquage hétérogène relève également de l'ordre de la stratégie et, au premier chef de la nécessité de jouer simultanément de la compétition dans la coopération et d'assumer sa différence sur un fond consensuel. On retrouve ici l'idée d'une duplicité, émise par Sperber et Wilson (1979), selon laquelle la coopération serait le prix à payer pour réussir dans un projet fondamentalement «égoïste».

4.3. Hétérogénéité et gestion des rôles

Même si certains rôles, comme celui de médecin, de professeur, etc. sont institutionnalisés, leur accomplissement entraîne la mise en place d'au moins un rapport de places subordonné qui donne la mesure de l'acteur et sa distance au rôle à jouer. De manière générale on ne va pas voir un médecin mais *le médecin de famille* ou même *son* médecin. Les instances énonciatives correspondantes sont alors complexes : d'une part, le spécialiste qui parle en tant que médecin et convoque le partenaire au rôle de client-patient, d'autre part, l'ami de la famille qui joue sur un rapport de places plus convivial et personnalisé. L'inégalité du rapport de places spécialisé se voit ainsi modulée par sa coarticulation avec un rapport de places plus «informel». Même lorsque le médecin rencontre un client pour la première fois, sa façon de *jouer le médecin*, pour reprendre une formule d'origine ethnométhodologique, va nécessairement l'amener à jouer dans un autre rapport de places. Il pourra alors conduire parallèlement un rapport plus intimiste, en jouant sur la qualité de l'écoute, ou introduire un rapport plus «symétrique» avec l'ouverture de séquences conversationnelles. Cette dimension de l'hétérogénéité énonciative concerne la manière dont le sujet envisage consciemment ou non, le contrôle métacommunicatif des rôles qu'il doit assumer. Pour reprendre la conception du sujet chez Mead, on pourrait dire que l'acteur (le *je*) contraint de communiquer à travers des rôles sociaux (le *soi*) conserve toujours, même de façon non-consciente, un contrôle métacommunicatif sur l'accomplissement de ces rôles. Le *moi* serait l'instance de la gestion complexe des *soi*, chacun de ces *soi* constituant l'un des aspects de la *face*, et serait à l'origine d'un rapport de places particulier. Par cette dimension «personnalisée» de l'accomplissement d'un rôle un sujet peut renforcer, corriger voire inverser la nature du rapport de places attendu. Ainsi, un consultant peut, en monopolisant la parole, s'efforcer, par la prise d'initiative, d'occuper une position «haute» dans une interaction où, dès le départ, il ne peut être que «dominé». Il peut également disputer au partenaire le savoir et le pouvoir qui lui sont institutionnellement reconnus et tenter de se positionner dans une relation symétrique, voire dans une position haute.

4.4. Hétérogénéité et stratégie

La complexité des instances énonciatives peut relever, de manière consciente ou non, de l'ordre de la stratégie. Un sujet peut ainsi, profitant de sa position «haute» dans un rapport de places de type spécialiste/consultant, utiliser cet avantage pour introduire, parallèlement, un autre rapport de places plus informel de type séducteur/séduit. Nous trouvons, également, la situation inverse par laquelle, un sujet en position basse cherche, en se positionnant en personne séduite, à avoir quelque ascendant sur l'interaction et à être, en tout cas, autre chose qu'un client anonyme. Car, occuper une position basse, en jouant par exemple l'enfant, ou la personne séduite, peut conduire le sujet à se rendre, au moins partiellement, maître du jeu interactif dans la mesure où il oblige son partenaire à occuper une position imprévue. Dans ce cas de figure, coexistent deux rapports de places : un rapport de places institutionnalisé, caractérisant le cadre énonciatif initial, et un rapport de places occasionnel permettant au sujet de compenser sa position basse par une stratégie d'accaparement qui tend à lui conférer, par ailleurs, une position sinon haute, tout au moins plus avantageuse. Nous sommes dans une situation relativement banale qui permet au sujet de parler de deux positions distinctes et de conduire simultanément deux rapports de places. L'analyse transactionnelle parle de communication piégée lorsque, comme ici, l'un des sujets joue d'un rapport de places pour en faire avaliser un autre. C'est ce que nous constatons, avec l'affiche politique, dans laquelle le rapport de convivialité visait «à faire passer» les rapports d'inculcation et/ou d'injonction. Avec ce genre de phénomène, nous retrouvons tout l'arsenal des moyens persuasifs et toute «l'ambiguïté» de la communication qui permet de jouer, de manière plus ou moins subtile, sur les implicites et les sous-entendus. Dans certains cas, un espace subordonné peut paraître plus implicité que réellement assumé. Ainsi, la mise en place d'un rapport séducteur/séduit, parallèlement à d'autres, peut donner lieu à des formes très prudentes de mise en place. Si les signaux implicites envoyés d'une place de séducteur, ou de séduit, devaient trouver écho auprès du partenaire, ce rapport de places nettement implicite pourrait s'expliciter en cours d'échange. La hiérarchie de rapports et le statut très implicite de certains d'entre eux, concernent alors directement la dynamique de l'interaction. C'est ici que se teste l'éventail des stratégies possibles. On peut donc faire l'hypothèse qu'un nombre non négligeable de développements stratégiques trouvent leur origine dans un rapport de places subordonné, d'abord «expérimenté» au niveau purement implicite. S'il s'avérait qu'une stratégie testée dans de telles conditions, n'offre que peu de chances de succès, son initiateur pourrait l'abandonner sans problème : il n'aurait qu'à jouer de manière plus complète dans le rapport de places «directeur».

Ce jeu sur l'implicite peut, à la limite, comme dans le cas des actes de langage, conduire l'analyste à ne pouvoir décider de la nature des actes produits. Ainsi, avec un énoncé comme *je te promets qu'on se reverra*, on peut très bien ne pas savoir, même en contexte, s'il s'agit d'une promesse et/ou d'une menace. Le sujet peut alors jouer de cette indécision en utilisant, par exemple, des modalités d'interpellation jouant simultanément sur la convivialité et sur la menace. Cette ambiguïté de positionnement conduit à une relative indécision des places respectives et manifeste précisément les moments les plus dynamiques du déroulement de l'interaction. L'ambiguïté n'est jamais totalement destabilisante dans la mesure où chacun des sujets peut faire semblant de ne fonctionner que dans le rapport de places le plus attendu.

5. CONCLUSIONS

Le concept d'espace interactif se présente donc comme un aménagement de notions qui, traitant des instances énonciatives, ont à voir avec la *face*, la *figuration* ou la *relation* sans toutefois s'identifier à elles. Partant d'une conception sociale du sujet, telle qu'elle se trouve développée dans les sciences humaines, et de l'idée d'une hétérogénéité des instances énonciatives, il permet d'appréhender la *face* comme une réalité plus complexe qu'une image homogène de soi, et de la relation comme étant plus ambiguë qu'un simple positionnement réciproque.

Par *espace interactif* nous désignerons donc une image de l'interaction construite par l'activité des sujets engagés dans la gestion de cette interaction. En fonction de la complexité des tâches à conduire, de la diversité des lieux de la mise en scène, et de l'hétérogénéité du sujet, l'interaction verra le plus souvent se mettre en place, à l'initiative de chacun des interactants, une diversité de rapports de places. Cette diversité peut se ramener, pour chaque sujet, à une hiérarchie entre deux ou trois espaces intractifs. Les sujets sont donc amenés à conduire simultanément plusieurs rapports de places et à négocier cette pluralité de rapports avec le partenaire qui, de son côté, produit également des positionnements hétérogènes. On peut, toutefois, être amené à considérer qu'un sujet joue de manière tellement massive dans un rapport de places qu'il construit un espace interactif simple et homogène. Ce cas de figure demeure cependant peu probable dans la mesure où la multicanalité de la communication, le contrôle métacommunicatif des rôles à accomplir, la nécessité de jouer dans la coopérativité, l'existence de stratégies et la nature du sujet, conduisent à l'émergence d'une pluralité d'instances énonciatives.

L'une des difficultés de l'analyse réside dans les positionnements implicites. On pourra alors, comme lorsque plusieurs actes de langage semblent avoir été produits en même temps, hésiter quant au nombre et à la nature des places construites. Mais, dans un cas comme dans l'autre, ces dispositions n'invalident pas les concepts. Il faudra donc s'attendre à rencontrer des instances énonciatives et des espaces interactifs complexes à propos desquels, en bonne logique, l'analyse ne saurait décider. Comprendre ce qui se joue dans le déroulement d'une interaction demandera de prendre en compte la complexité de l'espace interactif mis en œuvre par chaque sujet. A tout instant des modifications peuvent intervenir dans la hiérarchie des rapports de places. La prise en compte de ces mouvements pulsionnels localisés devrait permettre de dessiner le jeu de positionnements réciproques caractérisant de manière plus globale l'interaction. Ce va-et-vient incessant entre les déterminations larges et les pulsations intimes de l'échange devrait nous permettre de sortir des analyses structurelles ou des analyses fonctionnelles simplistes, localisées ou trop statiques.

Enfin, cette hétérogénéité de l'espace interactif a comme conséquence immédiate qu'aucune interaction ne saurait être homogène : une «rencontre» a fort peu de chances de n'être que *conversation, entretien* ou *discussion*, pour ne parler que de ces trois types. Face à une conception statique et homogène, nous préférons l'idée d'une séquence de modules correspondant chacun à l'actualisation d'un type particulier. Mais si l'interaction peut être hétérogène au regard de la durée, elle doit également pouvoir l'être à tout instant de son déroulement. On pourrait alors parler de coarticulation de types et rappeler qu'on peut conduire un moment conversationnel à l'intérieur d'une interaction complémentaire comme l'entretien, ou développer des moments de consultation à l'intérieur d'un échange conversationnel. De telles dispositions ne semblent malheureusement plus compatibles avec des définitions relativement triviales de l'interaction, comme celle qui tend à en faire l'équivalent de «rencontre». A ce jeu, la plupart des concepts mis en place pour l'analyse des interactions demandent à être précisés, car la manière de prendre en compte le sujet a des répercussions immédiates sur la façon de concevoir l'ordre de l'interaction.

Section 3
Psycho-sociologie du langage : vers un calcul effectif du sens

Claude CHABROL
Université de Paris X - Nanterre

1. POINTS DE DÉPART

Face au discours l'analyste se trouvera toujours devant une alternative :
- qu'est-ce que cela signifie ?
- comment cela signifie ?

Dans leur énorme majorité les sciences du langage, et les logiques modernes, y compris la philosophie du langage, ont privilégié la seconde, avec un succès certain et quelques déboires. Parmi ceux-ci il est facile de citer la question du sens ou de la production de la signification. Rien d'étonnant sans doute à cela puisqu'il fallait bien se donner d'abord le sens pour élaborer, ensuite, des modèles syntaxiques ou des calculs propositionnels logiques, ou, même, dresser une taxinomie des actes de langage et de leurs conditions. La Formalisation en logique comme en linguistique exigeait cette démarche. Notre problème n'est pas ou n'est plus celui-là. Notre enjeu est le sens et notre question de référence est la première :
- « Qu'est-ce que cela signifie ? »

Pour y répondre il nous faudra dégager les éléments et les procédures utilisés ou encore les opérations réalisées par les sujets pour attribuer et construire du sens, pour le calculer effectivement en production comme en réception. L'intuition ou l'introspection de l'analyste ne suffisent plus ici, pas plus que les modèles développés pour la construction de langages artificiels. Nous pensons comme d'autres que le calcul du sens dépend d'une «logique naturelle» ce qui signifie simplement qu'une telle logique doit être psycho- et socio-logique d'emblée. Autrement dit la modélisation du calcul effectif du sens implique pour nous une élaboration théorique intégrative des mécanismes psychiques et des conditions d'insertions sociales par rapport au traitement du langage. C'est l'objectif que l'on peut attribuer à la psycho-sociologie du langage.

1.1. Langue et Signifiance

Emile Benveniste (1969; 1974, 43-66) a distingué clairement les deux modes de signifiance («propriété de signifier») qui caractérisent spécifiquement la langue et lui semblent expliquer «pourquoi la langue est l'interprétant de tout système signifiant»? La signifiance de ce système serait double : sémiotique d'une part car liée au signe linguistique qui doit d'abord être reconnu dans son existence ou sa non-existence, puis délimité, différencié et identifié par l'ensemble des membres d'une communauté linguistique; sémantique d'autre part car «engendré par le Discours».

Pour l'auteur, «les problèmes qui se posent ici sont fonction de la langue comme productrice de messages. Or le message ne se réduit pas à une succession d'unités à identifier séparément; ce n'est pas une addition de signes qui produit le sens, c'est au contraire le sens ("l'intenté") conçu globalement qui se réalise et se divise en "signes particuliers", qui sont les mots. En deuxième lieu, le sémantique prend nécessairement en charge des référents, tandis que le sémiotique est par principe retranché et indépendant de toute référence. L'ordre sémantique s'identifie au monde de l'énonciation et à l'Univers du discours» (pp. 64-65). Il doit lui être compris et non plus reconnu. Benveniste concluait en annonçant deux dépassements de la linguistique de Saussure. D'une part, l'analyse intra-linguistique est ouverte à la signifiance sémantique du discours. D'autre part, l'analyse trans-linguistique des textes des œuvres par l'élaboration d'une méta-sémantique construite sur la sémantique de l'énonciation.

Vingt ans après, cette vision programmatique garde toute son actualité et nous paraît même rendre compte des tensions profondes que manifestent les diverses sciences du langage : linguistiques de l'énonciation, sémiotiques textuelles, logiques «naturelles», pragmatiques, etc. Soulignons-en rapidement les éléments centraux. Premièrement, la signifiance sémantique implique que l'on tienne compte de ce que le locuteur veut faire comprendre : «l'intenté»[1] ou intention de signification. Deuxièmement, le discours, manifestation du sémantique, «relie» aux choses hors du langage par l'opération de référenciation. Troisièmement, son sens implique renvoi à la situation de discours et à l'attitude du locuteur. La contextualisation et l'indexation de l'énoncé en découlent autant que la prise en compte des traces et instructions, qui dénotent les positions du locuteur vis-à-vis de son «dit», autrement dit ses choix de mise en scène énonciative et modale. Précisons enfin que le sémantique ne se réduit pas pour l'auteur à une transmission «d'informations ou d'expériences» mais qu'il est aussi un moyen «d'action» puisque le discours peut avoir pour but «d'imposer l'adhésion, de susciter la réponse, d'implorer, de contraindre...» (Benveniste, 1969) où l'on reconnaîtra facilement les dimensions illocutionnaire et perlocutionnaire des actes de langage.

Notre deuxième point de départ réside dans la conviction très partagée que le «Texte»[2] n'est pas une suite empirique quelconque ou non ordonnée d'«énoncés» et encore moins un «agglomérat de phrases», complexes ou simples. La «phrase», en effet, est un concept construit par le linguiste pour rendre compte des propriétés de l'unité maximale de l'analyse grammaticale. Une telle analyse, on le sait, génère des «phrases» qui peuvent être mises ensuite en correspondance avec des segments de discours attestés. (J. Lyons, 1970, 136). Si la phrase doit avoir une interprétation sémantique pour satisfaire aux critères de grammaticalité et d'acceptabilité et si l'on peut l'étudier de façon distributionnelle dans un corpus discursif (S. Harris), elle ne constitue pas l'unité de la textualité sémantique. Par définition cette unité sera «l'énoncé» considéré non comme une réalisation empirique de phrase en discours, mais comme l'unité abstraite minimale du procès de signifiance sémantique[3]. Cette unité se différencie de la phrase en ce qu'elle est conçue d'emblée comme réalisant explicitement et implicitement, au moins partiellement une intention de signification, une référenciation, une indexation et une contextualisation à la situation de discours, une mise en scène énonciative et modale et un acte de langage vis-à-vis de son destinataire.

Sans doute certains «textes» paraissent pouvoir correspondre à la production d'un seul énoncé minimal (proverbes, maximes, slogans) ou d'une paire adjacente d'énoncés (question / réponse...) ou d'un triplet (initiative / réaction / accord) qui constituerait l'unité d'échange minimal du dialogue selon E. Roulet (1985), mais dans la très grande majorité des cas un «Texte» oral ou écrit est fait d'une suite ordonnée c'est-à-dire cohérente et cohésive d'énoncés nombreux.

De façon simple, que l'on songe à l'analyse conversationnelle ou à la grammaire narrative (Greimas), la cohésion implique un double enchaînement : des énoncés de même niveau en séquences de base (micro-séquences) qui constitue une combinatoire horizontale d'unités connexes ; des séquences de base en grandes séquences (macro-séquences) qui constitue l'organisation verticale hiérarchisée d'unités de niveaux différents selon une procédure récursive, théoriquement non finie, par emboîtement et enchâssement. Si la cohésion privilégie un modèle de la Textualité basé sur la «forme» donc quasi syntaxique qui suggère certaines homologies avec la construction des grammaires de la langue[4], il n'en va pas de même pour la cohérence (Beaugrande, 1979). Cette propriété au contraire de la précédente, est elle, caractéristique de la signifiance sémantique. Elle repose sur la capacité du lecteur ou de l'auditeur de re-construire l'intention de signification du locuteur qui n'est toujours que partiellement explicitée dans son discours. Elle implique donc des «connaissances implicites» et des «cadres de référence ("frames")» sous-jacents en production comme en réception.

Van Dijk (1979 : 520) souligne ainsi : «que le lecteur ou l'auditeur tentera d'établir différentes espèces de relations de cohérence entre phrases, faisant par là appel à ses cadres de référence et à sa connaissance du monde [pour] restituer les "chaînons manquants" entre propositions, cadres et connaissances qui dépendent aussi de sa capacité à mettre en mémoire des textes antérieurs (intertextualité) et à les utiliser». Berrendonner (1979, 346) remarque encore qu' «il n'est pas possible de donner du texte une représentation immanente... on ne saurait le décrire "en soi et pour soi" comme un objet clos... La cohérence ou l'incohérence d'un texte dépend non seulement de sa syntagmatique interne, mais encore et même surtout, de l'ensemble des connaissances implicites dont dispose celui qui l'encode ou le décode[5]». Juger de la cohérence d'un texte signifie donc pour son destinataire, évaluer l'accessibilité, la pertinence, la vraisemblance, l'informativité du monde du texte composé de réseaux inférables de représentations sémantiques, de l'intentionnalité du locuteur qui le produit (buts, motivations) et de sa situationnalité (adéquation à la situation d'occurrence) (Beaugrande - Dressler, 1981, 3-11)

En outre l'analyse de la «cohérence» ne nous condamne pas, contrairement à ce que prétendaient les linguistes «formalistes» : structuralistes ou générativistes, à une quête impossible à travers «l'inextricable multiplicité des situations empiriques. [Mais elle implique] une réintégration de la pragmatique dans la langue... Cette composante [est] un type de détermination inhérent à tout acte d'énonciation et inséparable des aspects sémantiques ou syntaxiques». (Caron, 1983, 147-148). Comme celui-ci le remarque, une linguistique inspirée de ces principes est possible (Culioli ou Ducrot), aussi bien qu'une logique naturelle du discours [Grize (*ibid.* : 148 sq.)].

1.2. Le choix d'une stratégie de recherche

A supposer un accord sur ces points de départ, il apparaît vite que plusieurs stratégies sont possibles et parfois même compatibles. De façon nécessairement simplificatrice, elles paraissent pouvoir être classées selon l'accent qu'elles mettent sur la cohésion vs cohérence, ou, le niveau. On remarquera que l'accentuation de la cohésion établit un primat de la modélisation syntaxique et d'une recherche de règles de combinaison et de génération. A l'inverse la cohérence entraîne un primat des schématisations sémantiques et du calcul du sens. Du point de vue du niveau, on l'établira soit à celui de l' infra-énoncé minimal jusqu'à l'énoncé (cf. le travail de O. Ducrot sur les connecteurs in *Les Mots du Discours*), soit à celui de la séquence de base qui est l'objet des sémioticiens de la narrativité (Cl. Brémond en particulier) comme des conversationnalistes (E. Roulet). On songe ici au schéma dichotomique exemplaire :

Situation ouvrant une possibilité	Actualisation de la possibilité	Succès Echec
	Non actualisation	

Les macro-séquences textuelles sont élaborées aussi bien par les sémioticiens, de Propp avec son modèle idéal du conte fantastique russe en trente-et-une fonctions à Greimas (cf. le modèle constitutionnel et le parcours narratif), que par les tenants des grammaires textuelles ou les ethnométhodologues des discours sociaux etc. Quant aux macro-structures méta-textuelles, il s'agit du niveau où se déterminent les hypothèses sur les genres et les types de discours.

L'articulation immédiate et explicite ou bien implicite et postérieure aux représentations du co-texte intertextuel et du contexte situationnel, qui entraîne dans le premier cas et non dans le second, l'élaboration d'hypothèses psycho-cognitives et psycho-socio-langagières sur la mise en mémoire (Mémoire à Long Terme : MLT) de connaissances et représentations et sur les mécanismes de leur activation à l'occasion des opérations impliquées par la production et la réception-interprétation (Mémoire à Court Terme : MCT) d'un énoncé ou d'un discours donnés.

Privilégier la cohésion par rapport à la cohérence revient à faire prédominer la dimension syntaxique et morphologique sur la dimension sémantique. On recherchera d'abord les règles de combinaison, plus ou moins générales, d'une syntagmatique textuelle en délimitant les unités et leurs niveaux de hiérarchisation. Dans ce type de démarche les significations sémantiques d'un énoncé ou d'un discours sont supposées acquises et l'on peut voir l'analyste «... enfermer dans des formules une "intuition" présente en lui et qui se laisse observer» (O. Ducrot, 1980, 8). Une telle attitude peut être partagée par des courants différents : les sémiotiques narratives de Propp à Greimas en passant par Bremond, comme certaines démarches d'analyse conversationnelle qui privilégient la séquentialité combinatoire.

La position inverse donne le primat à la (re-)cons-truction de la signification et à l'interprétation. C'est la démarche illustrée en linguistique par O. Ducrot et J.C. Anscombre et explicitée dans le premier chapitre des Mots du Discours : «L'attribution d'une valeur sémantique à une phrase... ne relève pas de l'observation mais de l'explication : il s'agit d'attribuer à chaque phrase une signification telle que l'on puisse prévoir le sens qu'aura son énoncé dans telle ou telle situation d'emploi» (p. 8).

Malgré des différences évidentes, l'approche logico-psychologique de Sperber et Wilson (1986) en est aussi un exemple. Elle développe une théorie pragmatique inférentielle de nature contextuelle pour résoudre le problème de l'interprétation d'un énoncé donné (token), qui prend appui sur la signification de l'énoncé (type) produit de la forme logique de la phrase, conçue comme un ensemble de concepts. Cette théorie donne une place centrale au principe (postulat?) de pertinence dans l'activation et la sélection des informations mises en mémoire.

Il ne faut peut-être pas concevoir ces divergences comme totalement incompatibles puisqu'il ne s'agit que d'accentuations ou de «dominances» par définition instables comme le démontrent les développements plus ou moins récents des «grammaires textuelles» (J.A. Petöfi, Van Dijk) et de l'Ecole Genevoise d'analyse conversationnelle (Moeschler et Reboul, par exemple).

2. LES NIVEAUX DE L'ANALYSE

Le choix du niveau est sans doute tout aussi fondamental, si ce n'est plus! Il fait rapidement apparaître même dans les démarches qui tentent de les combiner ou en promettent l'intérêt ultérieur, une véritable scission de fait.

2.1. Le choix du niveau

Brièvement dit, choisir l'énoncé minimal comme espace d'analyse, même en privilégiant le calcul de la signification et en pensant son cadre énonciatif selon un co-texte et un contexte précis, conduit à élaborer une sémantique linguistique (O. Ducrot) ou une pragmatique linguistique (J.R. Searle) dont les dimensions logico-philosophiques sont toujours très importantes (D. Vanderveken, 1988).

Dans la majeure partie de ces recherches, l'énoncé minimal correspond aussi à une réalisation de phrase et de proposition (logique). Il s'agira donc ici de répondre à des questions du genre des suivantes. Comment les mots et les autres traits syntaxiques d'un « énoncé-phrase » permettent un calcul de sa signification, ou encore de son sens littéral, qui devrait rendre possible ensuite :

– les descriptions de son sens ou de ses interprétations en fonction des représentations de la situation (O. Ducrot) ;

– la détermination de la nature de l'acte illocutoire accompli (but et force) compte tenu du contexte d'énonciation (D. Vanderveken, *ibid.*, 8, 9)[6].

On doit ici insister sur le fait qu'une sémantique et une pragmatique « textuelles » et non plus linguistiques ne sont possibles qu'à partir du choix du second niveau : la « séquence de base » qui combine plusieurs énoncés simples et dépendants pour constituer la première unité significative véritablement discursive.

Les démarches qui sont, elles, parties pour leur élaboration théorique de l'étude de textes écrits (mythes ou récits) ou oraux (conversations et dialogues) ont abouti à une modélisation en termes de séquence minimale en sémiotique narrative (Cl. Bremond, A.J. Greimas) comme en analyse conversationnelle (Roulet, 1985). Ce fait n'est pas dû au hasard. Il n'y a aucune raison de postuler l'identité :

Phrase = unité minimale textuelle,

ni même de supposer que les énoncés dépendants correspondent à des structures phrastiques. Ils peuvent se réaliser dans des unités linguistiques inférieures : un mot à la limite, ou supérieures : un paragraphe ou un chapitre de livre.

De plus s'ils sont à l'évidence manifestables dans le système de la langue, ils ne sont pas à concevoir nécessairement comme partie intégrante de celui-ci. On posera l'existence de schématisations cognitives (réseaux de représentations sémantiques), pré-syntaxiques et pré-lexicales ou de structures profondes logico-conceptuelles très éloignées des structures linguistiques superficielles.

Si des confusions ont pu se créer, la raison doit en être cherchée sans doute dans le fait trivial qu'un même énoncé-token peut être mis en correspondance avec une «phrase» générée par un modèle grammatical et une «proposition» (prédicat + arguments) de la logique intensionnelle de la sémantique générale. A quoi on devra ajouter que l'enrichissement énonciatif de la linguistique (sémantique et pragmatique) avec la référenciation et l'illocutoire impliquaient la reprise du problème des conditions de vérité et l'élaboration des conditions de succès et de satisfaction des actes de langage, au niveau même d'un modèle renouvelé de la «phrase» (D. Vanderveken, *ibid.*). De là à penser qu'un tel modèle pourrait aussi servir pour l'unité minimale de la textualité, il n'y a qu'un pas... à ne pas franchir selon nous, qu'il s'agisse des énoncés dépendants ou de la séquence de base qui les englobe.

Le problème ici est sans doute moins lié au modèle phrastique que «propositionnel» du sens. D'une part ce modèle est à l'évidence inadéquat pour engendrer les continuations et transformations énonciatives et énoncives qu'impliquent la mise en séquence : narrative, argumentative et rhétorique ou conversationnelle. La logique classique en effet a pour unité de base «le jugement», vrai ou faux, bien représenté par l'énoncé «déclaratif» et qui peut être intégré dans des suites déductives explicites dont les règles peu nombreuses sont très contraignantes. Or les discours en langage naturel réalisent des enchaînements selon des «régularités» approximatives et très variées, grâce à de nombreuses inférences : d'énoncés d'orientations discursives et de conditions implicites, de façon rétro-active et «anticipatoire» (ou pro-active) : présuppositions sémantiques et pragmatiques, conditions préparatoires des actes de langage, orientations argumentatives...

De plus ces discours au contraire des suites bien formées des raisonnements logiques canoniques, prennent appui sur l'énonciation-énoncée et présupposée inductivement, et construisent leurs référents selon des modalités très différentes de la sémantique logique. En conséquence le modèle propositionnel apparaît également inadéquat pour l'énoncé dépendant, élément de la séquence de base. Avec M. Meyer (1988, 122, 123), nous pensons qu'il est incapable de rendre compte des mécanismes de productions de sens dégagées par les théories du langage véritablement « textuelles » : herméneutique, rhétorique, pragmatique à partir des discours fictionnels ou des usages du langage ordinaire.

2.2. Les modèles hypothétiques de combinaison des séquences de base en macro-séquences

La position « problématologique » qui défend l'idée que : *Langage use is a response and therefore implies the presence, implicit or not, of an underlying problem in the mind of the locutor as well as of the addressees (ibid.)*[7], nous semblerait beaucoup plus adéquate à condition d'ajouter que si tout énoncé est réponse(s) à des énonciations et à des énoncés antérieurs, réels ou supposés, il est aussi lui-même « requête(s) de faire, de dire et de juger » pour les énoncés à venir[8] (conversations, discussions) comme « options de continuation » (récits, argumentations) : autrement dit orientation sélective dans une classe d'énoncés virtuels co-possibles à titre de thèmes / commentaires anciens ou nouveaux.

Ceci posé un modèle textuel de la signification ne peut pas être satisfaisant s'il ne propose pas des modèles hypothétiques de combinaison des séquences de base en macro-séquences. Faire l'hypothèse contraire, serait de fait supposer qu'au-delà de la séquence de base tout est possible, autrement dit qu'il n'y a aucun ordre et aucune régularité à découvrir dans les réalisations discursives, si ce n'est idiolectales ! (Cf. J.R. Searle, 1986).

Cette hypothèse est difficile à soutenir même si son inverse est loin d'avoir été clairement démontrée. Elle est en tout cas démentie par l'expérience courante des analystes de corpus de discours situés culturellement, historiquement et socialement comme pratiquement. Dans une culture et parfois même une société donnée, les discours produits en situation monolocutive ou interlocutive dans un domaine de la pratique sociale : scientifique, économique, technique, politique, juridique, religieux, littéraire, médiatique, éducatif... ont des caractéristiques spécifiques « socio-lectales » liées à leur situation sociale de production.

Par ailleurs quelque soit le domaine, les discours qui développent une narration fictionnelle ou réaliste, une argumentation persuasive, une explication démonstrative ou didactique des événements naturels ou des actions humaines, une description d'états du monde extérieur ou du monde intérieur des personnages humains (portraits psychologiques), un débat qui confronte les opinions et donc les points de vue axiologiques et les valeurs de protagonistes différents, ou une résolution de problème à plusieurs pour préparer une décision d'action collective (discussion de travail) etc., ont aussi chacun des éléments spécifiques d'ordre «sémio-linguistique». On fera l'hypothèse de l'existence de macro-structures méta-textuelles ou «genres» et «sous-genres» situationnellement (socialement et pratiquement)[9] et sémio-linguistiquement déterminés ou «pré-programmés». Nous pensons qu'un modèle textuel de la signification qui dépasse le niveau de la séquence de base et des quelques combinaisons «logiquement» et «syntaxiquement» prévisibles, implique l'élaboration conjointe de ces macro-structures à l'origine de pré-programmations externes et globalisantes qui s'imposent à la créativité discursive au-delà de ces combinaisons[10].

Une telle démarche ne condamne pas à l'enregistrement infini de variations particulières empiriquement attestées. Une typologie socio-sémiotique de la Textualité devrait pouvoir révéler des universaux anthropologiques et sémiotiques aussi bien que de grandes alternatives ou variantes possibles classificatoires trans-culturelles qui n'excluent pas les variations culturelles et sociétales aussi bien qu'idio-lectales.

Il nous paraît important pour clore ce point de souligner la polysémie de «l'invocation» de l'analyse de discours ou de textes dans la littérature scientifique contemporaine. Il nous semble qu'on peut y distinguer les usages suivants :

a) les discours attestés, oraux ou plus souvent écrits, sont utilisés par le linguiste structuraliste ou transformationnaliste comme corpus de faits syntaxiques et sémantiques ou d'énoncés observables hors situation, qui inspirent d'abord la construction de Modèles ou simulations[11] permettant d'engendrer explicitement des faits calculables ou «phrases» qui seront ensuite elles-mêmes confrontées aux observables et ainsi de suite;

b) les discours attestés, oraux ou écrits, en situation, sont utilisés en sémantique linguistique ou en pragmatique du langage ordinaire comme corpus de faits sémantiques complets mais isolés c'est-à-dire d'énonciations d'un énoncé observable, co-textuellement et situationnellement déterminable qui doit aussi aboutir à un Modèle construit qui générera des «énonciations d'énoncés-type» selon une formule qui inclue en creux la sélection d'effets co-textuels et contextuels sans fournir véritablement la théorie de cette sélection (Cf. K. Bach, R.M. Harnish 1979);

c) les discours attestés oraux ou écrits sont appréhendés en sémiotique narrative ou textuelle ou en analyse conversationnelle, avec ou sans mention du contexte situationnel. Ils servent de corpus de faits syntaxiques et sémantiques complets et liés (en séquences) c'est-à-dire d'énonciations de suites d'énoncés observables co-textuellement et parfois situationnellement déterminables qui devraient permettre de construire des Modèles simulés partiels des syntagmatiques de base et de leurs sémantismes textuels possibles.

2.3. Genres textuels et Encyclopédie des connaissances

Ces Modèles sont partiels et conjoncturels car ils comportent des limitations fondamentales[12]. Celles-ci tiennent d'une part aux difficultés de la co-textualisation. En effet un discours donné peut fournir un co-texte suffisant pour dégager les syntagmes minimaux et esquisser leur combinatoire en corrélation avec quelques interprétations sémantiques locales possibles. Mais pour accéder aux macro-séquences et aux grandes structurations sémantiques correspondantes, il faudrait selon une démarche progressive difficilement achevable factuellement se donner des corpus puis des corpus de corpus de discours, en somme entrer dans une démarche comparative inter-textuelle sans fin au niveau des observables. Leur modélisation implique la construction de simulacres capables de générer directement des types textuels autrement dit des « Genres ».

Par ailleurs les grandes structurations sémantiques qui investissent ces types dans une culture constituent des corps de connaissances encyclopédiques avec leurs réseaux de représentations. Force est de reconnaître que les sciences du langage (linguistiques, logiques du discours, sémiotiques et pragmatiques) ont été jusqu'à présent incapables de fournir des modélisations articulant Genres textuels et corps spécifiques de connaissances encyclopédiques. Ce sont les disciplines classiques : histoire, critique et histoire littéraire, philologie, commentaire philosophique des textes, histoire et théorie du droit, exégèse biblique, analyse ethnologique des mythes, analyse du folklore... qui se sont confrontés directement à ces problèmes selon les traditions Rhétorique et Herméneutique qui constituent un usage bien distinct de la notion d'analyse textuelle.

Les discours attestés, écrits et plus rarement oraux, y sont en effet appréhendés comme un corpus indissociable de la tradition de savoir qui le constitue et est constituée par lui dans le temps d'une culture donnée, selon une inter-textualité réglée et une situationnalité (pratique ou non) déterminée par l'usage d'une communauté de spécialistes. Ces disciplines classiques ont beaucoup contribué de fait à la formation des spécialistes du langage même des plus « formalistes » et ce sont naturellement vers elles qu'ils se tournent, en général implicitement, pour résoudre effectivement leurs problèmes locaux de co-textualisation et de contextualisation, de façon « ad hoc » car on le sait ces disciplines

« riches » ont élaboré des savoirs mais non des démarches scientifiques « modélisables ».

3. HYPOTHÈSES EN PSYCHO-SOCIOLOGIE DU LANGAGE

Modéliser l'usage des macro-structures méta-textuelles (Genres) et leur investissement par des corps de connaissances encyclopédiques implique l'abandon des procédures coutumières aux sciences du langage lors du traitement des questions de significations co-textuelles et contextuelles. Si un « genre » situationnel et sémio-linguistique et un « corps » de connaissances encyclopédiques constituent les éléments nécessaires pour la détermination de la signification textuelle d'un discours donné : son cadrage, les observables qui leur correspondent ne sont pas à chercher comme classiquement en linguistique ou en sémiotique seulement dans des corpus de faits de langage mais dans les relations que des sujets producteurs ou récepteurs ont avec ces corpus.

3.1. Le genre comme mécanisme psychique

Pour nous un « Genre » ou un « corps de connaissances » est un modèle socio-cognitif langagier supposé fonctionner directement comme un mécanisme psychique. Il ne s'élabore plus uniquement par analyse et modélisations de corpus langagiers mais aussi par examen d'observations et d'expérimentations à propos des relations « réglées » des sujets aux faits langagiers. Autrement dit il s'agit d'étudier non seulement le produit discursif mais les processus de production et de réception-interprétation qui lui sont liés de façon intrinsèque. Ces processus ne peuvent être dégagés uniquement par inférences réalisées à partir de l'analyse immanente des discours. Ils nécessitent le développement d'une observation par voie expérimentale des procédures et opérations mentales mises en œuvre pour planifier et réguler la construction discursive comme pour percevoir, mémoriser, sélectionner ou inférer en position d'interprétant.

Bref un « Genre » et une « encyclopédie » sont conçus dans notre démarche comme des simulacres de schématisations cognitives et de réseaux de représentations sémantiques et conceptuelles disponibles dans la mémoire à long terme à titre de « frames » (cadres de référence) et de « connaissances » ou informations accessibles dans l'esprit du membre d'une communauté. Les modélisations seraient donc psycho-logiques plus que logiques, même si l'on envisage celles-ci comme « naturelles » ! Bref il s'agit de construire des modèles de « performance abstraite » et non plus de « compétence idéale » (J. Mehler) si l'on désire appréhender le mode de signifiance sémantique et la cohérence textuelle plutôt que la cohésion.

Lorsqu'il faut rendre compte explicitement pour un discours [13] du calcul des significations explicites et implicites, des forces et buts illocutoires et des effets perlocutoires, de la pertinence et de la vraisemblance des mondes abstraits ou concrets, fictionnels ou « réalistes » qu'il construit et des inférences qu'il permet d'accomplir sur la situation d'interaction et ses protagonistes, des hypothèses nouvelles sont nécessaires.

Elles doivent être capables de rendre compte en production comme en réception-interprétation du travail psychique accompli pour percevoir, mémoriser, activer, sélectionner, orienter, inférer, évaluer, schématiser à la fois les éléments pertinents fournis directement par la matérialité langagière (indices, marques, traces) et ceux qui proviennent de la situation globale (« le cadrage ») et immédiate (informations, représentations supposées partagées, conventions et conditions d'emploi, scénarios, scripts et procédures liées à l'accomplissement d'actions et de tâches données).

En somme ces hypothèses sont psycho-socio-cognitivo-langagières parce qu'elles doivent combiner d'emblée et non successivement deux types de performance abstraite :

– une capacité sémio-linguistique à produire et interpréter des suites d'énonciations d'énoncés en contexte discursif, « grammaticales » et « acceptables » selon des usages socio-langagiers donnés ;

– une capacité psycho-socio-pragmatique pour relier adéquatement un comportement langagier à un acte ou une action non-langagière dans une situation précise.

Dans cette démarche aucun type ne prédomine et ceci doit permettre d'éviter les impasses classiques du formalisme et du sociologisme. En effet formalisme [14] et nominalisme sont des démarches qui donnent la priorité d'un point de vue logique et philosophique à la première capacité, et qui aboutissent au mieux à imaginer les « noms » des étapes et processus indéterminés caractéristiques de la seconde capacité. Quant au sociologisme (P. Bourdieu, 1982) ce sont des démarches qui prétendent directement déduire de la seconde les caractéristiques de la première et considèrent le langage et la langue comme un véhicule ou un médiat instrumental neutre.

3.2. Définitions d'hypothèses psycho-socio-langagières

Nous proposons trois concepts fondamentaux : Contrats, Normes de rôles socio-langagières et inter-discursivité pour aborder le champ de la psycho-sociologie du langage. En effet, produire ou comprendre un discours écrit ou oral, suppose chez les membres d'une communauté une capacité «contractuelle» pour déterminer les caractérisations thématiques énonciatives et énoncives des discours «attendus» dans un type de situation.

Parler d'un contrat implique que les participants d'un échange langagier se formulent explicitement ou en général implicitement une «expectation croisée» sur la nature des discours «attendus» et ne procèdent pas au hasard ou de façon probabiliste par inférences sur les régularités statistiques des discours antérieurs. C'est donc dire que les procès de réception et de production se réfèrent à des normes de rôles socio-langagières supposées connues des participants et partagées, dans une situation rattachable à un domaine de la pratique sociale [15]. Ces normes sont articulées à celles plus générales qui régulent les actions et les interactions liées à des situations-types entre personnages ou actants définis dans un domaine par leurs positions (places) dans un système de rôles. Ces normes sont modulées en outre éventuellement en fonction des représentations particulières produites par l'interconnaissance des protagonistes.

Leur connaissance permet par exemple à l'élève qui lit en rouge sur sa copie «Je ne vois pas le rapport!» de comprendre directement que son professeur évalue ce passage de façon critique, ou encore à l'enfant aux mains sales salué par sa mère d'un «Oh! Les belles mains» de reconnaître une anti-phrase ironique qui renvoie à un jugement critique implicite.

Plus fondamentalement «attendre» un type de discours implique la faculté de le situer parmi des possibles moins attendus ou même exclus. En somme il faut disposer dans sa mémoire à long terme d'un répertoire paradigmatique de types de discours ou encore d'une catégorisation inter-discursive. Cette catégorisation inter-discursive ne se constitue pas de la même façon selon qu'il s'agit de comportements langagiers interlocutifs (conversations, discussions de travail) impliquant l'activité de sujets «communiquants et interprétants» ou monolocutifs qui distinguent totalement les activités des sujets communiquants de celles des interprétants (littérature, politique, médias,...).

Dans le premier cas la catégorisation établie progressivement à l'occasion des interactions interlocutives forme un élément de la mémoire collective du petit groupe ou de la communauté (ex. : le discours lié au métier). Dans le second les producteurs présupposeront que les récepteurs ont des représentations de la « zone de concurrence discursive » proches des leurs (E. Veron) mais un écart plus ou moins important peut apparaître ici entre des catégorisations inter-discursives d'origines si différentes.

Ceci posé dans la « réalité » les situations immédiates peuvent être ambiguës (rattachables à plusieurs domaines au premier abord) et les participants peuvent avoir des représentations très différentes des normes socio-langagières attendues dans la situation globale et de l'inter-discursivité catégorisante, non seulement parce que leurs positions diffèrent mais parce que certains participants n'ont pas encore accompli le long processus d'apprentissage socio-langagier nécessaire ou bien pour un domaine donné plusieurs variétés de normes socio-langagières (sous-genres) s'opposent et produisent une confrontation et une négociation implicite entre normes majoritaires antérieures et normes minoritaires nouvelles à l'occasion même des échanges.

3.3. Pré-requis de la capacité contractuelle.

On peut sommairement indiquer immédiatement la nécessité de schématisations cognitives de l'action pour catégoriser les situations immédiates avec des procédures sémantiques et pragmatiques pour relier correctement ces schématisations au « cadrage » d'un domaine de référence et sélectionner ensuite les principes normatifs et les normes socio-langagières (SL) à privilégier [16]. Le système des rôles et statuts engendrent des positions « actantielles » pour les participants de l'échange interlocutif comme pour ceux de la communication monolocutive. Chaque domaine de la pratique développe un système de rôles et statuts spécifiés socio-historiquement. Si l'on retient la notion de « script » (Schank et Abelson) comme représentation de programmes stéréotypés d'actions et d'événements liés à une activité déterminée, l'on posera qu'un domaine se définit comme un ensemble de scripts avec ses réseaux de rôles et statuts correspondants.

On fait l'hypothèse qu'il existe entre les domaines des ressemblances ou des homologies de positions et d'actions à un niveau plus abstrait : celui des schématisations cognitives « narratives » et des positions actantielles. Nous avons développé ailleurs (1985a) l'intérêt des schémas du Don, de l'Agression, de l'Echange volontaire ou forcé, de l'Incitation normative (Autorité), de l'Ordre (Pouvoir), de la Lutte ou de la Rétribution. Sans prétendre à aucune exhaustivité, l'on posera seulement l'hypothèse que de tels schémas traversent les domaines et instaurent des positions actantielles équivalentes de Donateur-Donataire, Agresseur-Agressé, Dominant-Dominé, Rétributeur-Rétribué, Menaçant-Menacé..., etc. A ces positions doivent correspondre des programmes spécifiques ou des normes de rôles SL déterminées.

Pour entrer dans le jeu des «expectations croisées» à propos des discours «attendus» il faut donc avoir accompli un apprentissage socio-langagier bien distinct de celui de la langue (socio-linguistique). C'est en produisant des discours et en en consommant que ce processus s'accomplit. Il s'étaye sur les sanctions diffuses ou explicites, les corrections et le dire social circulant à leur propos des participants initiés de la communauté de référence.

Enfin tout domaine de la pratique doit être considéré comme un espace de re-production et de transformation des normes SL ou même d'invention. On doit donc prévoir que tout échange discursif dans un domaine peut faire apparaître une négociation implicite entre normes autrement dit des procès et des stratégies discursives de conformisation et d'innovation langagière. La théorie de l'ajustement («Speech Accomodation Theory») montre au niveau linguistique la pertinence de ces hypothèses par exemple pour l'étude des échanges entre membres de communauté linguistique différente (J.N. Thakerar, H. Gilles, J. Cheshire, 1982 : 205 sq.). Les divergences et les convergences constatées doivent être saisies comme des manifestations de déviance, de compromis ou d'innovation langagière. Sur tous ces points y compris l'écart possible entre représentations de l'inter-discursivité des producteurs et des récepteurs, la psycho-sociologie du langage a pour tache de préciser et de déterminer par l'observation le corps des hypothèses puis de les tester par expérimentation.

Nos recherches sur la réception des émissions de débat à la télévision (Chabrol, 1991) et sur celle des discours publicitaires (Chabrol, 1988) ont cet objectif général, même si elles ont développé surtout l'étude de la dimension «attitudinelle» chez les récepteurs et de façon secondaire celle de leurs inférences «attributionnelles» internes (attribution de traits psychologiques corrélée à des variations de comportements langagiers).

3.4. Les Attitudes psycho-socio-langagières.

On sait que J.L. Beauvois et R. Ghiglione (1981) avaient établi l'existence d'attitudes psycho-socio-linguistiques «syntagmatique» ou «paradigmatique» vis-à-vis de la langue au niveau sub-phrastique (associations verbales) et même de l'énoncé en contexte discursif. Nous avons développé cette démarche pour notre part au niveau textuel pour des séquences d'interlocutions de débats télévisuels et des discours publicitaires (slogans et argumentaires). Elle repose sur l'hypothèse de l'existence chez les sujets parlants, d'attitudes vis-à-vis du langage, c'est-à-dire d'une orientation et d'une position psychologique privilégiée latente qui entraîne une sélectivité (repérage sélectif consistant d'éléments dans un ensemble discursif), une distorsion possible et une vectorisation dynamique de certains attributs ou marques linguistiques et procédures discursives en production comme en interprétation. Ceci expliquerait en partie les effets différentiels de conviction, de plaisir, d'attention et de mémorisation, d'identification et même de compréhension.

Certes, selon les domaines de la pratique sociale et les situations immédiates, ces attitudes prédominantes chez un sujet peuvent être sollicitées intensément ou au contraire plus ou moins suspendues, toujours relativement. On soulignera encore, qu'à notre avis, les attitudes à déterminer ne peuvent coïncider strictement avec le découpage des genres et sous-genres attestés dans le domaine mais il est beaucoup plus probable qu'elles se constituent à partir d'une série de choix (orientation, sélection, vectorisation) sur les dimensions latentes générales suivantes :

a) préférence pour une sémantisation (constitution/interprétation d'isotopies sémantiques), univoque, homogène, hiérarchisée ou, à l'opposé plurivoque (plurielle), hétérogène, diffuse et non hiérarchisée. Ainsi, d'un côté tout dire (même si c'est impossible) et dire même le sens de ce que l'on dit pour maîtriser les interprétations à venir (la Fable avec sa morale, ou le roman Balzacien); de l'autre, seulement suggérer, évoquer ou faire allusion à des réseaux sémantiques indéfinis, inachevés, multiples, en confiant à l'interprétation une tâche explicitement créatrice (la Poésie depuis Mallarmé);

b) préférence pour un niveau ou registre de langue élevé (épique, lyrique, tragique) ou, au contraire familier et même populaire (prosaïque, comique, argotique) ou neutre et moyen ou non marqué (style «plat», écriture «blanche», pseudo-instrumentale et référentielle) tel par exemple le Nouveau roman. Si ce dernier registre convient bien au choix d'une Tonalité sérieuse (la notion de «key» *in* Dell Hymes, 1974, 57), le registre élevé correspond plutôt à une tonalité solennelle adéquate pour l'expression des «grands sentiments» (pathétique, lyrique) ou des «valeurs suprêmes» (épique) dans les circonstances mémorables positives ou négatives ou appréhendées euphoriquement ou disphoriquement. A l'opposé, le registre familier est souvent lié à une tonalité plaisante (comique) et non sérieuse. Sa liaison avec une tonalité tendue (orientation polémique) produira le goût de la raillerie, de la parodie et du jeu de mot hostile

(Le Canard enchaîné), avec une tonalité disphorique celui pour le tragi-comique, l'humour noir ou auto-agressif (les blagues Juives). En association avec une tonalité sérieuse, la production de discours prosaïques insistant sur les réalités et sentiments les plus bassement matériels, si ce n'est matérialistes (normes d'utilité et d'efficacité), sera fréquente. Les polémiques seront ici injurieuses et insultantes et des discours cyniques, car supposés réalistes et sans illusions, souvent développés. Naturellement les sujets attirés par le registre élevé considèreront les autres comme «vulgaires» et incapables d'élévation d'esprit. Ceux-ci à leur tour présenteront les premiers comme des «faiseurs» hypocrites ou des idéalistes incapables de vivre dans la réalité;

c) préférence pour un comportement énonciatif «Délocutif» sans référence explicite à l'énonciateur et à l'énonciataire, dont la présence et les points de vue sont effacés au maximum -ou à l'opposé attrait pour un comportement «Allocutif» focalisé sur le destinataire ou narrataire explicite, et/ou «Elocutif» ou centré sur le narrateur et ses attitudes explicites par rapport à l'objet ou à la situation évoquée (P. Charaudeau, 1983, 59 sq.). Ainsi des sujets privilégient l'effacement ou au contraire l'accentuation de toutes les marques linguistiques et discursives qui représentent le sujet parlant (allocuteur), celui auquel il s'adresse (allocutaire) et la situation d'énonciation. Les uns penseront qu'un comportement délocutif est signe d'objectivité, d'impartialité ou de «phronesis» (bien savoir peser le pour et le contre) et convient à celui qui veut parler en sage, en expert ou en arbitre. Corrélativement, ils appréhenderont un comportement allocutif et/ou élocutif, sauf dans des situations très particulières, comme marques de subjectivité et de partialité et l'associeront à la représentation d'un sujet incapable de maîtriser ses passions. Les autres à l'inverse ressentiront le comportement délocutif comme «froid» et même «hypocrite» car manquant de franchise («aretè»). Ils ne se sentiront pas impliqués car ils ne sont pas interpellés explicitement. Ils éprouveront ce comportement comme trop abstrait et dé-réalisant car scotomisant la situation *hic et nunc* de sa production (du moins sa représentation langagière) et l'expression attendue des sentiments et points de vue de l'allocuteur (l'usage des verbes d'opinion) comme de ceux qui devraient être évoqués ou prêtés par celui-ci à son allocutaire;

d) préférence pour un comportement énoncif explicite de narration ou au contraire attrait pour les énoncés qui veulent accomplir une démonstration argumentée ou explicative. Dans le premier cas les sujets privilégient autant que possible la dimension du récit. Raconter ce qui a eu lieu, décrire ce qui se passe en le situant dans une séquence narrative, prédire ce qui va advenir compte tenu du passé, sont leurs moyens langagiers de prédilection pour construire et attribuer du sens aux événements (qui les impliquent ou non), en affectant les acteurs concernés de qualités, de désirs, de motivations et d'intentions qui permettent de leur attribuer une responsabilité totale («subjective» ou «attribution interne») ou «limitée» («objective») au vu des contraintes de la situation. Ici les acteurs sont surtout humains, les événements surtout des actes portés par des projets souvent antagonistes et supposés exprimer des valeurs (ou des anti-valeurs) éthiques et sociales ou des qualités «morales» (les vertus et les vices). Les descriptions y sont l'occasion d'affecter les acteurs humains ou non de qualités indicielles pertinentes pour l'histoire de façon explicite ou non, et pour son évaluation au plan des valeurs. Dans le second cas, il s'agit d'abord d'expliquer et de comprendre en prenant appui sur des propositions hypothétiques : des causes latentes censées rendre compte d'événements ou effets manifestes. Pour lier ces effets à leurs causes possibles (induction) ou l'inverse (déduction), une démonstration sera développée. Elle fera référence à des propositions intermédiaires ou assertions dérivées de normes objectives plutôt qu'éthiques, en général simplement vraisemblables, c'est-à-dire reçues par la communauté sociale concernée ou du moins supposées telle. Ici les acteurs non humains sont fréquents. Les actions humaines y expriment de façon indicielle et expressive le poids de facteurs déterminants sociaux ou psychiques, ou matériels ou écologiques et sont censés échapper à la responsabilité des sujets et à leurs intentions et projets conscients et explicites. Les descriptions servent dans ce contexte à l'énumération des éléments de la preuve et les récits «réels» ou «fictionnels» à illustrer le bien fondé des thèses (paraboles, fables et contes moraux, mythes philosophiques, comparaisons et analogies illustratives).

Enfin on remarquera que l'association des comportements énoncif de narration et énonciatif délocutif rend plus probable la production de récits où les événements sont appréhendés de l'extérieur, à distance, du point de vue d'un tiers anonyme observateur omniscient. Par contre celle des comportements de narration et allocutif / élocutif sera liée à la production de témoignages et de mises en scène ou rapports de témoignages qui tendent à faire (re)voir et (ré)entendre ce que vivent ou ont vécu des narrateurs-témoins. Ici l'omni-voyance et l'ubiquité l'emportent au plan de l'imaginaire sur l'omni-science.

Quant à l'association attendue des comportements énoncif d'explication et énonciatif délocutif, elle produit (avec d'autres choix) les discours d'analyse ou d'expertise. Par contre celle de l'explication et de l'allocutif / élocutif, plus délicate, provoquera une tension cognitivo-langagière. Elle pourra correspondre aux analyses «engagées» idéologiquement ou éthiquement et parfois se réduire à l'exposé d'opinions générales orientées axiologiquement et prenant un simple appui sur des «faits-prétextes».

Nous n'avons pas la prétention ici d'être exhaustif dans l'énumération des dimensions : objets d'attitude et encore moins dans celle de leurs combinaisons possibles. Les marques linguistiques et les procédures discursives qui les concrétisent sont encore à répertorier et l'existence de ces attitudes psycho-socio-langagières à démontrer plus systématiquement. Il est encore prématuré d'évaluer la pertinence de ces hypothèses. Toutefois il apparaît déjà que pour la réception des discours publicitaires dans une population homogène, des attitudes psycho-socio-langagières existent dès que l'on stabilise les contenus propositionnels, les thématiques et la catégorie de produits. Elles font apparaître des sous-groupes déjà définis par leurs préférence ou leurs rejets au niveau des registres de langue et des tonalités en combinaison avec les comportements énonciatifs. En somme dans une situation donnée (ex. : communication publicitaire dans la presse écrite pour une catégorie de produits) et chez une population précise, l'existence d'attitudes PSL expliquerait les préférences et les rejets vis-à-vis de textes différents mais dont les contenus propositionnels seraient équivalents. L'attitude provoquerait une orientation sélective des sujets pour des combinaisons de marques sémio-linguistiques et d'indices de tonalités aux niveaux énoncif et énonciatif.

3.5. Régulations psycho-socio-langagières

En guise de conclusion toute provisoire nous ne pouvons passer sous silence un concept qui s'est imposé à nous dans le traitement de séquences textuelles extraites en particulier de corpus de discussions de travail, celui de Régulations PSL (C. Chabrol, 1989, *in* Berrendonner et Parret).

Si les notions de Contrats, de Normes SL et d'Attitudes PSL permettent d'appréhender des phénomènes fondamentaux aux niveaux «Situationnel» et «Communicationnel» (au sens de P. Charaudeau), ils sont insuffisants pour rendre compte du travail psychique impliqué par le niveau «Discursif». Ici se déploient des stratégies (discursives) intra- et inter-locutives qui révèlent non seulement des ajustements et des négociations liés au «réglage» des contrats et normes SL à appliquer et à retenir dans la situation mais aussi une problématique identitaire personnelle et sociale.

Autrement dit à l'occasion des échanges langagiers et par le choix de stratégies discursives les participants tenteront aussi de construire et de faire valider des identités sociales et personnelles pour eux et leurs interlocuteurs. Ces identités sont normalement inférées au vu des stratégies langagières choisies, compte tenu des représentations antérieures des participants. Nous avons fait l'hypothèse que de nombreux accidents discursifs : « interruptions, ruptures de construction, incises rectificatrices-justificatrices, corrections, ambiguïsa-tions », démontraient pour un locuteur (régulations intra-locutives) ou pour plusieurs (régulations inter-locutives), l'existence d'un travail psychique intense de contrôle discursif par compensation des perturbations et erreurs et guidage, rétro-actif et proactif (anticipatoire) pour assurer le maintien des bonnes directions et corriger les orientations erronées, en particulier sur le plan de la construction inférentielle des identités sociales conformes dans les discussions de travail (Chabrol, 1985, 1989).

Naturellement on ne peut limiter l'emploi de cette notion au niveau de la construction psycho-langagière des identités. Elle est fondamentale à tous les niveaux pour aborder les faits linguistiques comme discursifs et aussi utile pour les hypothèses psycho-cognitives que sociales (Caron, 1983, 155) qu'elle doit d'ailleurs permettre d'articuler. Parions que la recherche de « régulations » plutôt que de règles ouvrira l'espace sociocognitif de la textualisation.

NOTES

[1] Pour E. Benveniste, « "l'intenté" est conçu comme l'actualisation linguistique de sa pensée » (1974, 225).
[2] Le « Texte » est conçu ici comme une « abstraction conceptuelle réalisable dans des discours empiriques multiples, oraux ou écrits, produits en situation monolocutive ou interlocutive.
[3] Ceci signifie que « l'énoncé » est un « Type » textuel généré par une modélisation qui peut être mis en correspondance avec des segments de discours attestés, co-textuellement et contextuellement déterminés (« token » textuel).
[4] Ce n'est pas par hasard que les termes de « grammaire » narrative ou textuelle ont été tellement utilisés ! Malheureusement si les propositions abondent pour la morphologie, la syntagmatique textuelle reste fort peu développée, si ce n'est au niveau des séquences de base.
[5] Cités d'après G. Genot (1984).
[6] Nous avons ailleurs (Eléments de Psycho-sociologie du Langage, Thèse d'Etat 1985, inédite) émis les plus grands doutes sur la viabilité de la conception courante en Philosophie du langage « sens littéral » ou de la « signification phrastique » (O. Ducrot) de l'énoncé qui reposent sur la conviction de calculer un sens en dehors de toute considération de la situation ou du contexte d'énonciation, sens conçu comme un ensemble d'instructions, utilisable ensuite pour la sélection des éléments pertinents du cadre énonciatif. Notre position est plus simple : il y a d'emblée interaction dialectique entre le décodage des unités linguistiques et les représentations du contexte énonciatif, compte tenu « des options de continuation » énonciatives et énoncives déclenchées par le co-texte antérieur.
[7] Souligné par nous.

⁸ Que l'on songe par exemple aux nombreux énoncés «assertifs» dans les conversations. Très généralement ils provoquent des effets proches des questions explicites de validation avec contenus propositionnels identiques.
⁹ P. Charaudeau et E. Veron proposent des solutions très proches qui nous ont inspiré ici.
¹⁰ Les distinctions proposées par P. Charaudeau entre les niveaux : «Situationnel», «Communicationnel» et «Discursif» sont des déductions évidentes de cette double hypothèse.
¹¹ Naturellement les corpus «d'observables» ne sont jamais quelconques. Ils sont déjà eux-mêmes le résultat d'une élaboration et d'une sélection constituées par une tradition scientifique et sont *a priori* pressentis comme «adéquats» à la Modélisation qui sera développée.
¹² Celles-ci ne sont pas d'ordre épistémologique. Ce n'est pas l'écart entre Modèles construits et réels que nous visons ici.
¹³ «La» Signification (hiérarchisation de significations partielles), l'acte illocutoire et l'effet perlocutoire dominants ou directeurs d'un discours sont tout autre chose que les significations et les actes de langage accomplis dans un énoncé de dimension phrastique.
¹⁴ C'est fort justement que Lévi-Strauss reprochait à Propp son «formalisme» dans un article ancien qui présentait celui-ci aux lecteurs français. [«La Structure et la Forme» *in* Cahiers de l'Institut de Science Economique Appliquée n° 99, Mars 1960 (série M, n° 7) pp. 3-36]
¹⁵ Pour l'illustration de ces hypothèses voir nos analyses de réunions de travail d'éducateurs et d'instructeurs techniques de l'Education Surveillée *in* Cl. Chabrol 1985 et 1989a.
¹⁶ Nous ne développerons pas dans ce travail les dimensions cognitives des hypothèses présentées. Elles sont notées pour mémoire.

CHAPITRE II

ASPECTS DE LA SIGNIFICATION EN SOCIÉTÉ

Section 1
Étapes en socio-sémiotique

Eric LANDOWSKI
Centre National de la Recherche Scientifique
Centre d'étude de la vie politique française

1. SÉMIOTIQUE ET MODÈLE ACTANTIEL

Dans la mesure, encore bien insuffisante d'ailleurs vu l'importance de l'enjeu, où, dans la période récente, le «social» a constitué pour les sciences du langage un objet de réflexion et de description, le point de vue généralement adopté en la matière peut, nous semble-t-il, être caractérisé comme un point de vue de type micro-analytique. En particulier, quelle que soit la variété des discours et des pratiques qui ont été envisagés dans le cadre de la sémiotique, et plus spécialement de la «socio-sémiotique» — discours et pratiques politiques ou juridiques (Greimas A.J., 1976; Jackson B.S., 1985, 1989; Landowski E., 1988, 1989), pédagogiques ou disciplinaires (Fabbri P., 1979; Fontanille J., 1984; Chabrol Cl., 1987), discours des médias et communication publicitaire (Floch J.M., 1985; Imbert G., 1988; Ostrowestky S., 1983; Landowski E., 1989), rites de la quotidienneté ou du cérémoniel (Calame C., 1986; Fabbri P., 1983; Hammad M., 1987; Landowski E., 1989; Parret H., 1988), etc. —, dans tous les cas, c'est au fond la même problématique de base qui a guidé la recherche. Il s'est agi pour l'essentiel d'une problématique de l'*interaction* ou, si l'on préfère, d'une syntaxe de l'intersubjectivité. Outre le concept de *relation*, les notions théoriques et méthodologiques clefs ont été celles d'*actant et de modalités* (Greimas A.J., Courtés J., 1979), en ce sens que — très schématiquement — c'est à partir des régularités observables sur le plan de l'échange et de la circulation des valeurs modales, telles que le «pouvoir», le «vouloir» ou le «devoir» faire, que l'on a cherché à dégager les conditions d'émergence et les modes de transformation — le statut et le devenir — des sujets du droit, de la politique, etc., en tant que *sujets communiquants et interagissants*.

L'intérêt principal de cette approche, du point de vue d'une analyse des processus sociaux en général, tient à nos yeux au caractère à la fois relationnel et dynamique des modèles qu'elle met en œuvre. Empruntés à la syntaxe narrative, les modèles actantiels et modaux ouvrent effectivement la voie pour une typologie des rapports — et par suite des régimes de sociabilité — entre acteurs sociaux (Fontanille J., 1987 : chap. 4; Landowski E., 1989 : chap. 12). Mais surtout, ils laissent entrevoir la possibilité d'une grammaire capable (sous le nom de sémiotique de l'action et des passions) de rendre compte des processus de transformation de ces rapports (Fabbri P., Sbisà M., 1981; Stockinger P., 1985; Landowski E., Stockinger P., 1985). La socio-sémiotique, de ce point de vue, se présente comme une méthode de description et peut-être, à terme, comme une théorie des phénomènes élémentaires relevant de ce que les historiens et les sociologues cherchent à saisir sous le titre du «changement social».

Cependant, pour que ces perspectives aient pu s'ouvrir, il a nécessairement fallu faire certains choix d'ordre théorique qui, même s'ils n'ont pas toujours été opérés de manière explicite, ont eu en pratique pour effet d'exclure (au moins provisoirement) l'exploration d'autres perspectives possibles, telles qu'elles auraient pu résulter d'options théoriques initiales différentes. Plus précisément, la re-construction sémiotique du «social» s'est amorcée dans une optique qui ne pouvait conduire qu'en direction de ce que nous appellerons une micro-socio-sémiotique, alors qu'une perspective de type macro-analytique aurait été, et reste sans doute envisageable, d'un autre point de vue : telle est la question — deux points de vue pour une seule socio-sémiotique? — que nous voudrions aborder en premier lieu, quitte à essayer ensuite d'élargir le débat compte tenu de certaines des propositions alternatives issues d'un courant de recherches relativement proche, celui de la pragmatique.

2. DEUX POINTS DE VUE POUR UNE SOCIO-SÉMIOTIQUE

2.1. De l'intersubjectif au «social»

Le dédoublement de perspectives, ou de problématiques, que nous proposons n'est pas sans antécédents théoriques. Il trouve en réalité son fondement dans la distinction élémentaire (en sémiotique comme en linguistique) entre les notions de *système* et de *procès*. Bien que, chez L. Hjelmslev, qui fut le premier à les introduire, ces deux notions entretiennent, en droit, des rapports de présupposition réciproque — de même que celle de paradigme et de syntagme chez Saussure —, historiquement, tout semble s'être passé comme si chacune d'entre elles, prise séparément, avait présidé au développement d'une tradition autonome dans le cadre du «structuralisme» : soit, d'un côté, une approche essentiellement *paradigmatique*, ou systémique, typiquement représentée par l'œuvre de Cl. Lévi-Strauss ou, à certains égards, par celle de G. Dumézil; de l'autre, une problématique qu'il est bien sûr possible de considérer comme complémentaire de la précédente, mais qui, en tout cas, se caractérise au départ par la prise en compte presque exclusive de la dimension *syntagmatique* des objets signifiants, et plus particulièrement des «récits» (de V. Propp à Cl. Brémond et aux théories «narratologiques» actuelles). Et c'est également cette seconde perspective qui, en sémiotique, allait progressivement conduire à la construction d'une grammaire narrative et discursive, c'est-à-dire, en particulier, à une forme de modélisation applicable à l'analyse des processus d'interaction les plus divers, qu'ils relèvent de la «communication», de l'«action» proprement dite, ou des parcours «passionnels» qui s'y rapportent (Fabbri P., Pezzini I., 1987). Assez curieusement, tandis que l'option «systémique» devait déboucher sur un effort d'objectivation du «fait social» en tant que tel, saisi avant tout en termes de *règles de fonctionnement* régissant les rapports entre les acteurs sociaux indépendamment de toute «intention», et même de toute «conscience» de leur part (telles, par exemple, les règles des systèmes de parenté), dans le second cas au contraire, c'est à partir des déterminations volitives et épistémiques — du vouloir et du savoir, ou du croire —, c'est-à-dire des modalités fondatrices de la compétence des «sujets», qu'une grammaire du social s'est esquissée, comme grammaire des *rapports intersubjectifs* — que ces rapports soient eux-mêmes considérés comme relevant de l'expérience sociale «vécue», ou simplement comme simulés dans les discours sociaux de la politique, des médias, du droit, etc.

Du partage historique entre ces deux grandes orientations, il ne peut pas ne pas résulter aujourd'hui certains problèmes d'ordre conceptuel lorsque, indépendamment du repérage des figures anthropomorphes projetées à la surface des discours, on cherche à engager l'analyse à un niveau plus abstrait : non plus seulement celui des modes de figuration qui accompagnent la manifestation des procès (micro-) sociaux, mais celui des *principes de régulation* que ces phénomènes de surface présupposent sur le plan des *systèmes* (macro-) sociaux. A cette échelle, ni la notion de sujet ni même celle d'inter-subjectivité ne paraissent plus, en effet, devoir être, en tant que telles, d'un grand secours. Utilisées de manière mal contrôlée, elles peuvent même conduire à une nouvelle forme de réductionnisme, de type (sémio-) narratif.

Le traitement de ce qu'on appelle, en sémiotique narrative, l'*actant collectif* — une des formes possibles, voire privilégiées, d'investissement du «social» — montre qu'un tel risque n'est pas à négliger. Deux modes de constitution théoriquement distincts sont en principe concevables pour ce genre d'unité : l'actant collectif peut être produit soit par *agrégation* de comportements individuels (c'est ainsi, par exemple, qu'en psycho-sociologie, l'«opinion publique» se définit comme somme ou comme moyenne statistique d'opinions, d'attitudes, de croyances particulières), soit par *intégration* d'unités individuées, considérées comme offrant chacune les caractéristiques de sujets sémiotiquement compétents, et supposées s'accorder contractuellement entre elles en vue de former une nouvelle totalité — par exemple un parti politique — qui les réunisse sur la base de certaines déterminations, généralement modales, communes : un même vouloir, les mêmes «intérêts», un programme commun (Greimas A.J., 1976, pp. 96-118; Stockinger P., 1985). Tout en obéissant à deux logiques bien différentes, les deux procédures présupposent néanmoins, l'une et l'autre, l'antériorité de l'*individuel* par rapport au social, en l'occurrence réduit au *collectif*. Simple résultante de certaines opérations d'ordre quantitatif, à partir des individus, ou qualitatif, à partir des sujets sémiotiques, la nouvelle totalité «socialement» constituée reproduira alors nécessairement les traits des éléments censés la composer. Ainsi, «l'opinion publique» des psycho-sociologues aura, tout comme les individus dont elle émane, des «comportements», des «attitudes», des «croyances» et même, bien sûr, des «opinions»; et de même, l'actant collectif des sémioticiens — parti, société commerciale, ou autre — ne fera que manifester à son propre niveau l'ensemble des déterminations (volitives, épistémiques, etc.) caractéristiques des sujets individués censés s'y fondre en tant que participants.

Or, pas plus qu'il n'est envisageable, en linguistique, de réduire le schéma d'une langue à la somme de ses usages (ceux-ci trouvant au contraire en celui-là leurs conditions de possibilité), il ne serait, semble-t-il, raisonnable de se borner, en socio-sémiotique, à une conception en quelque sorte componentielle du social, qui définirait son objet purement et simplement à partir et, qui plus est, sur le modèle même de l'actant-sujet. Car il se pourrait bien, après tout, que cette figure anthropomorphe de la grammaire narrative — figure dont l'universalité n'est d'ailleurs pas absolument attestée — relève tout au plus de l'*usage social* et ne soit en définitive qu'une forme contingente de manifestation du *schéma social* sous-jacent, liée à certaines conditions idéologiques particulières de sa «mise en scène» (c'est-à-dire de sa mise en récit et de sa mise en discours). D'où la nécessité d'envisager, en deçà du tumulte des rapports inter-subjectifs, d'ordre individuel ou collectif, «vécus» (ou simulés dans les discours à l'aide desquels les acteurs cherchent à s'en donner des représentations intelligibles, ou même modélisés dans les termes de la grammaire narrative dite justement de «surface»), un niveau de régulation plus profond, logiquement antérieur à l'apparition des subjectivités, et qui correspondrait formellement à ce que représente le schéma d'une langue par rapport à ses usages occurrentiels.

Assurément, une telle relativisation des prégnances anthropomorphes n'aurait en soi rien d'inédit. Depuis longtemps déjà, toute une série de notions, par exemple celles d'épistémé (M. Foucault), de formation discursive (M. Pêcheux), de paradigme scientifique (Th. Kuhn), de procès sans sujet (L. Althusser), de champ ou de marché (P. Bourdieu), ont, dans des domaines très divers, été élaborées pour tenter de ravir à la figure centrale des sciences «de l'homme» sa plénitude de «sujet». Le paradoxe, c'est que, mises à part, bien sûr, les théories psychologiques, psycho-sociologiques ou psychanalytiques par vocation centrées autour du «je», ce sont apparemment les sciences du langage et de la communication qui — malgré leur enracinement originel du côté d'une sociologie (Durkheim, Saussure, Mauss) —, manifestent à cet égard les résistances les plus fortes : énonciatif ou énoncif, compétent ou performant, dialogique, collectif ou individuel, pluriel ou plurivoque et, pour finir, «clivé» et même «déconstruit», le *sujet*, décidément, y persiste en force, apparemment plus vivant que partout ailleurs! De ce point de vue, ce n'est pas seulement la question d'un éventuel détrônement du «sujet-héros», peut-être abusivement hypotasié par une approche narrative désormais dite standard (Parret H., 1983), qui se pose aujourd'hui, car la même exigence d'une réévaluation du statut et de la fonction de la forme sujet vaut tout autant à l'égard de beaucoup d'approches voisines — théorie des actes de langage, problématique dialogique de la signifiance, pragmatique, linguistique du discours, analyse conversationnelle, etc., les unes et les autres non moins exclusivement focalisées sur les formes langagières de l'interaction micro-sociale, c'est-à-dire inter-subjective sinon même, bien souvent, inter-personnelle.

Tout ceci, on le voit, conduit à plaider en faveur du «renouveau», mais d'un renouveau qui, en même temps, permette de renouer avec un passé plus lointain. Sans nécessairement remonter à la conception saussurienne de la langue (comme pur système de contraintes sociales), on trouve en effet, chez plusieurs des prédécesseurs directs de la théorie sémiotique actuelle, une série d'indications qui, même si elles sont pratiquement restées lettre morte jusqu'à présent, constituent autant d'appels dans le sens ici préconisé. A commencer par divers aspects des travaux de L. Hjelmslev («Humanitas et universalitas») et de V. Brøndal («Omnis et totus»), deux linguistes dont la pensée, à grande distance de la thématique du «je/tu» actuellement en vogue, implique au contraire d'emblée une vision globale, systématique, bref anthropologique du tout social (Hjelmslev L., 1968, pp. 169-171; Brøndal V., 1943). De même d'E. Benveniste qui — faut-il le rappeler? — n'est pas uniquement l'auteur d'un article célèbre sur la combinatoire des pronoms personnels, mais aussi celui d'un *Vocabulaire des institutions indo-européennes*, ouvrage tout entier consacré à l'étude de ce que les langues, comme systèmes idéologiques, nous disent de plus «im-personnel», et qui représente certainement ce que, par anticipation, la théorie (macro-) socio-sémiotique a produit de meilleur à ce jour (Benveniste E., 1969). A quoi il convient d'ajouter, quitte à dédramatiser la situation, que le vide actuel que nous constatons du côté d'une réflexion de niveau macro-analytique n'est peut-être pas, ou n'est peut-être plus aussi complet qu'il l'a naguère été, compte tenu d'un certain nombre de recherches récentes. Nous pensons en particulier aux travaux de chercheurs comme P. Boudon, P.A. Brandt, P. Fabbri ou P. Stockinger, où se manifestent, sauf erreur, des préoccupations comparables aux nôtres (Boudon P., 1987; Brandt P.A., 1987; Fabbri P., 1987; Stockinger P., 1987), ou même aux incitations, bien antérieures, d'A.J. Greimas, qui, dans un article datant de 1970, préconisait déjà, à côté d'une (socio-) sémiotique figurative, la promotion d'une grammaire sociale plus «profonde» (Greimas A.J., 1987).

Ces quelques références suffisent à indiquer que si le terrain est encore vierge pour l'essentiel, les pistes qui devraient permettre de s'y engager sont multiples. Nous nous en tiendrons à une seule d'entre elles, en prenant pour point de repère la notion d'*institution*. Constamment présente, au tournant du siècle, chez la plupart des grands fondateurs — que ce soit en linguistique (Saussure), en sociologie (Durkheim, Weber), ou encore en théorie du droit (Kelsen) —, la notion s'est malheureusement comme volatilisée par la suite, dans le cadre des théories pragma-linguistiques et sémiotiques qui, cependant, en sont pour une large part les descendantes. N'ayant pas la prétention de réactualiser l'ensemble de cet héritage à demi oublié, nous nous bornerons à formuler quelques propositions générales, mais fondées sur la conviction que précisément la réintégration d'une thématique « institutionnelle » pourrait aujourd'hui constituer, pour la socio-sémiotique, un facteur efficace de renouveau.

2.2. De l'interactionnel à l'institutionnel

L'hypothèse centrale que nous aimerions soumettre à discussion peut se résumer comme suit : alors que l'analyse sémiotique des phénomènes relevant du niveau micro-social s'est développée jusqu'à présent en termes *interactionnels* (puisqu'il s'agit bien, à ce niveau, de rendre compte des interactions entre sujets), c'est par contre en termes *institutionnels* que pourrait selon nous être conçue la problématique complémentaire, d'ordre macro-social, qui fait actuellement défaut.

Par « institutions », il conviendrait alors de désigner une classe hypothétique d'*instances régulatrices* prenant spécifiquement pour objet, dans l'exercice de leur fonction de régulation (terme clef encore à définir), les interactions, virtuelles ou effectives, inscrites, par hypothèse, au niveau micro-social et intersubjectif. Notre but n'est pas ainsi de substituer une nouvelle problématique à une problématique « standard » qu'il faudrait alors tenir pour désuète, mais d'articuler deux niveaux de description distincts en postulant, pour les unir l'un à l'autre, l'existence d'une relation de type hiérarchique, dont la nature exacte et les principes de fonctionnement devront bien sûr être précisés. Afin d'aller dans cette direction, le plus simple sera de repartir des modèles qui nous sont le moins mal connus, c'est-à-dire de ceux que propose la grammaire narrative.

En vue de la construction d'une telle grammaire, on peut évidemment s'en tenir — et c'est, dans l'ensemble, ce qui s'est fait par le passé — à une première forme d'intelligibilité des pratiques interactives (et des récits qui en donnent le simulacre), fondée soit sur la simple explicitation de la logique sous-jacente à l'enchaînement syntagmatique des séquences d'actions réalisées (cf. les suites de « fonctions » de V. Propp, ou encore les schématisations actuelles en matière d'intelligence artificielle), soit, à un stade plus élaboré, sur l'analyse des configurations modales, autrement dit des types de compétences que la réalisation des programmes d'action effectués ou effectuables présuppose de la part des actants sujets. L'action, et par suite aussi l'interaction se trouvent alors, dans les deux cas, rapportées à un ordre de déterminations qui, si elles ne sont pas toutes nécessairement d'ordre subjectif au sens trivial du terme, n'apparaissent néanmoins saisissables que dans la perspective générique d'un Sujet, soit directement partie prenante aux procès réalisés, soit, le cas échéant, simple observateur, peu importe. L'analyse narrative, de ce point de vue, ne fait au fond qu'objectiver les univers de rationalité assumés par les acteurs dans le cadre même de leurs actions.

Toutefois, à côté, ou plus exactement en position hiérarchiquement supérieure par rapport aux actants *sujets*, la théorie de la narrativité reconnaît aussi une deuxième figure actantielle, non moins centrale, celle du *destinateur* (Greimas A.J., Courtés J., 1979). Par opposition aux sujets, «actants» proprement dits dans la mesure où, effectivement, ils «agissent» (en faisant circuler entre eux des objets de valeur), les figures actorielles placées en position de destinateurs n'ont pas directement part à l'action : ce sont plutôt, si l'on peut dire, des «factants», qui, sur le mode appelé précisément factitif, ont pour rôle de «faire agir» les sujets, soit en manipulant *a priori* les modalités constitutives de leur compétence, soit en exerçant *a posteriori* un pouvoir de sanction au vu de leurs performances réalisées. Ici, l'intelligibilité de l'action narrative ne tient donc plus aux seules représentations «subjectives» que les protagonistes s'en donnent eux-mêmes, mais passe par la reconnaissance d'un ordre de déterminations — d'un principe de rationalité — qui les transcende, et que la figure du destinateur a précisément pour fonction d'actualiser.

Or, tel est aussi le rôle que nous venons d'attribuer aux «institutions» en les définissant comme des instances régulatrices logiquement présupposées par l'agir des acteurs sociaux. Dans ces conditions, n'y a-t-il pas redondance entre les deux notions? En quoi la problématique institutionnelle que nous proposons se justifie-t-elle à côté de celle, déjà en place, qui concerne le statut et les fonctions du destinateur dans sa relation aux sujets? Le type de réponse que l'on peut apporter dépendant avant tout de ce que l'on accepte de reconnaître comme définissant les acquis, et surtout les limites de la conceptualisation et des procédures analytiques dans leur état présent, essayons autant que possible d'en prendre impartialement la mesure.

Comme on le sait, le terrain d'expérience privilégié pour l'élaboration et la mise à l'épreuve des modèles narratifs a longtemps été constitué, quasi exclusivement, par des textes à dominante figurative, à commencer bien sûr par le corpus des contes populaires. Or, l'une des caractéristiques de ce type de récits, c'est qu'en règle générale, toutes les instances actantielles présupposées sur le plan de la grammaire (narrative) s'y trouvent systématiquement «figurativisées» en surface, sous la forme d'acteurs à physionomie humaine ou, en tout cas, anthropomorphe. De ce fait, il est clair que l'analyse peut alors, sans difficulté, se développer sur la base d'un repérage assez simple prenant pour objet les quelques figures actorielles types à l'aide desquelles la narration se charge pour ainsi dire elle-même d'incarner « en chair et en os » les différentes positions syntaxiques prévues ou prévisibles « en théorie ». Ainsi, entre autres, de l'actant destinateur, dont la définition générale et abstraite, c'est-à-dire syntaxique, ne pouvait manquer, compte tenu du type de contexte discursif pris comme référence, de se trouver peu à peu confondue avec les formes occurrentielles d'une figure actorielle déterminée, caractéristique du genre « ethno-littéraire » considéré — en l'espèce, avec la figure du « souverain » régnant débonnairement sur ses « sujets ».

Cependant, même si tout héros-sujet a bien, de la sorte, dans l'univers spécifique du conte populaire, un roi-destinateur qui le fait agir — autrement dit, même si le dispositif actoriel et figuratif de ce genre de récits apporte par principe, à lui seul, des réponses suffisantes à la question de savoir ce qui règle (et, du même coup, ce qui explique) l'action des sujets — en revanche rien ne permet théoriquement de s'attendre à ce qu'il en aille de la même manière dans d'autres contextes. Comme cela advient dans beaucoup de pratiques et de discours sociaux, il se peut fort bien au contraire que la figure du « roi » se brouille, ou même s'efface. En pareil cas, n'étant plus immédiatement donné en surface, cessant d'être repérable comme acteur anthropomorphe, le « destinateur » perd-il du même coup toute existence sur le plan grammatical ? Ou bien ne convient-il pas plutôt d'en chercher alors la trace sous la forme de quelque instance régulatrice plus abstraite, qui opérerait à un niveau *métanarratif* à (re)construire déductivement, indépendamment de toute figuration effective et peut-être même, au moins dans certains cas, indépendamment de toute figurativisation possible ? Si l'on retient cette hypothèse, deux types d'instances « institutionnelles », correspondant respectivement à des niveaux de profondeur distincts quant à l'appréhension des principes de régulation de l'action des sujets, devront être distingués.

A un premier niveau, le faire des acteurs sociaux, comme celui des héros du conte, présuppose l'existence d'*institutions instituées* assumant de façon manifeste le rôle de destinateurs. En relèvent non seulement l'ensemble des figures de pouvoir socialement considérées comme habilitées à « dire la règle » (et à la faire appliquer) — tel le *roi* dans sa sphère d'activités —, mais aussi toutes sortes de systèmes de règles, par exemple de caractère juridique, déontologique, etc., qui, d'une manière générale, revêtent pour les sujets la valeur de normes explicites, de codes portés à la connaissance de ceux qu'ils visent. A cet égard, le *mariage* par exemple, tel que défini par le Code Civil, est une institution instituée, au même titre que les *autorités* légalement désignées pour le prononcer ou le dissoudre ; de même encore des *règles* constitutives d'un « jeu », d'un côté, et, de l'autre, de l'*arbitre* chargé de veiller à leur respect, institutions respectivement instituées pour garantir, ici, l'existence même de la partie (en tant que système virtuel), et là son déroulement conforme (en tant que procès actualisé).

Mais l'ensemble de ces figures institutionnelles, dans la mesure où elles sont instituées, c'est-à-dire reconnues par les sujets comme «faisant autorité», ne sont pas données *ex nihilo*. Elle présupposent au contraire certaines conditions de possibilité (et probablement certaines finalités plus générales ou plus diffuses), en sorte que leur existence dépend, à son tour, de quelque principe de régulation logiquement antérieur qu'on se trouve ainsi conduit à prévoir. En un mot, si pour «faire agir» les sujets, il faut en général des institutions instituées, encore faut-il, pour rendre compte de l'existence de ces dernières, postuler sur un second plan l'existence d'institutions «instituantes» susceptibles de «faire être» les précédentes. On rejoint ainsi le niveau méta-narratif auquel il a été fait allusion un peu plus haut, niveau dont une sémiotique macro-sociale a selon nous besoin pour se constituer. Et de nouveau, si l'on se place désormais sur ce plan — celui de l'*institution instituante* —, la problématique pourrait se développer dans deux directions complémentaires, visant l'identification et la description de deux types d'instances méta-régulatrices selon la distinction entre «systèmes instituants» et «procès instituants».

Ainsi, du côté des *systèmes* méta-régulateurs encadrant les pratiques intersubjectives, la recherche, depuis longtemps délaissée, sur les systèmes de connotations sociales qui indexent les discours, verbaux ou non verbaux, des sujets, et marquent publiquement leur «ethos», devrait dans cette perspective retrouver sa pertinence (Greimas A.J., 1970). De même pour ce qui concerne l'exploration de la sémantique implicitement investie dans la distribution des rôles sociaux, dont la typologie est jusqu'à présent restée à la charge presque exclusive des sociologues et des psychosociologues. La mise en place de tels systèmes de référence macro-sociaux, parmi d'autres sans doute, ne relève d'aucune instance destinatrice identifiable sur le plan actoriel — comme si, sur ce plan, le «social» érigeait lui-même directement ses propres normes. Et pourtant, une fois confortés par l'usage, ces systèmes — schèmes connotatifs ou répertoires thématiques — ont bien pour effet d'instituer normativement des cadres dont la forme conditionnera institutionnellement — impersonnellement et *a priori* — le mode d'apparaître des acteurs-sujets individués et, par suite, leurs régimes d'interaction.

Parallèlement, du côté des *procés* instituants, la théorie du droit, dans ses développements récents — notamment avec la notion de «règles secondaires» élaborée par H.L.A. Hart (Hart H.L.A., 1961) — et même, bien qu'encore à peine naissante, la sémiotique du droit — avec les notions de règles de permutation (entre rôles) et de récursivité (entre niveaux) (Landowski E., 1989, pp. 102-109) — permettent d'envisager une méta-syntaxe qui prendrait pour objet les formes implicites de régulation régissant dynamiquement l'institution même — la genèse et le contrôle — des instances régulatrices «primaires», traditionnellement reconnues comme les destinateurs immédiats (mandateurs et/ou judicateurs) des sujets. Dans le même ordre d'idées, des résultats sont certainement à attendre d'une réflexion systématique à engager à propos d'une très grande variété de formes d'activités sociales — comme certaines pratiques ritualisées et, en général, toutes les procédures socialement codifiées d'ajustement des comportements interindividuels — qui, tout en présentant le caractère de pratiques collectives strictement réglées, se constituent sans référence apparente à aucun destinateur institué, une pure *logique du social* semblant alors intervenir en tant que principe d'ordre et en fait d'instance régulatrice.

De ce point de vue, l'enquête sémiotique à poursuivre sur le plan macro-analytique devrait conduire vers la constitution d'une théorie de l'*auto-institution* du «social» et permettre ainsi d'apporter à la socio-sémiotique déjà existante — c'est-à-dire celle des formes de sociabilité instituées — une nouvelle assise théorique. Mais en même temps, une telle recherche concernant les présupposés institutionnels de l'interaction micro-sociale en général ne saurait logiquement rester sans conséquences sur la manière de concevoir et d'analyser cette forme d'interaction particulière que constitue le langage «en acte», c'est-à-dire le *discours*. En vue d'établir la pertinence de l'hypothèse institutionnelle, il nous faut par conséquent, maintenant, essayer de la situer par rapport aux principales approches actuelles du langage considéré comme praxis sociale.

3. DU LANGAGE EN CONTEXTE AU DISCOURS EN SITUATION

De toute évidence, la prise en considération de ce que, dans différentes branches des sciences du langage, il est convenu de désigner, avec des acceptions il est vrai assez hétérogènes, comme le *contexte* des discours, a permis, depuis une bonne vingtaine d'années, de faire plusieurs pas importants dans le sens d'une ouverture «sociale» de la théorie linguistique générale (Giglioli P.P., 1972). Et pourtant, il est probable qu'en ce domaine, on n'a encore atteint, tout au plus, qu'une première étape, qui peut, et même, selon nous, qui doit être considérée comme provisoire. La construction d'une problématique tant soit peu satisfaisante relativement à la question de la socialité du langage suppose en effet — au moins du point de vue d'une socio-sémiotique — la possibilité de s'affranchir d'un certain nombre de limitations théoriques liées, précisément, aux options sur lesquelles reposent la plupart des approches «contextuelles» que l'on a pu voir se développer jusqu'à présent. C'est ce que nous essaierons de justifier en commençant par examiner les principes directeurs de deux types de démarches désormais classiques, visant l'étude du «langage en contexte».

3.1. Texte *versus* contexte

La première, la plus traditionnelle aussi parmi ces approches, relève de la *socio-linguistique*. Elle s'appuie sur l'existence d'un certain nombre de critères de segmentation sociale fournis par la sociologie, comme par exemple ceux qui tiennent à la distinction des classes d'âge, à l'opposition entre les sexes ou à la diversification des origines et des statuts socio-professionnels. De même qu'en sociologie politique, le croisement de ce type de variables entre elles permet jusqu'à un certain point de prévoir les comportements politiques, et en particulier électoraux des individus (ou des classes d'individus) considérés en tant qu'électeurs, de même, la corrélation systématique de certaines variables «sociales» avec certaines variables «linguistiques» permet, en socio-linguistique, d'anticiper avec une assez grande exactitude divers aspects des comportements langagiers propres à telle ou telle classe de locuteurs. Bien sûr, selon qu'il s'agit de rendre compte soit des façons de voter soit des manières de parler, l'importance relative des différentes variables sociales en jeu peut changer; mais la démarche explicative générale procède dans les deux cas de la même problématique, ici et là héritée de la «géographie sociale» du début du siècle, alors tout aussi entreprenante en matière d'études électorales (A. Siegfried) que dialectales (J. Gilliéron). Evidemment, l'enjeu social de ces deux programmes de recherche n'était pas le même, et l'on comprend que l'art de la prévision électorale ait par la suite pu trouver plus facilement que la dialectologie des mécènes pour encourager son développement.

Moins triviale en revanche paraît être une autre différence à relever entre sociologie de l'électeur et sociologie du locuteur, s'il est permis de prolonger le parallèle. C'est qu'à la différence de l'électeur, dont le comportement pris pour objet d'analyse — le choix d'un bulletin de vote — se réduit à un geste qui, accompli dans le secret de l'isoloir, n'est qu'un semblant de communication, le locuteur est lui, au contraire, par définition, un sujet *en communication*, dont les comportements, si l'on admet qu'ils sont «contextuellement déterminés», le seront tout autant par les attributs sociaux caractéristiques de ses interlocuteurs que par les siens propres. Alors que le contexte social de l'acte électoral est largement auto-référentiel («je vote en fonction de ce que je suis»), le contexte de l'acte linguistique, en revanche, est d'emblée relationnel, intersubjectif, interactionnel : «je parle en fonction (notamment) de ce que *tu es* (pour moi)».

Si la dialectologie du début de ce siècle ne tenait pas compte de cette dimension interactive, la socio-linguistique actuelle fait tout, au contraire, pour l'intégrer : c'est la *relation entre interlocuteurs*, relation «réelle» ou «imaginaire», donnée ou négociée — nous reviendrons sur cette question —, autrement dit le jeu des différences ou des identités de statut, d'âge, de sexe, de milieu, etc., que l'on considère aujourd'hui comme le facteur déterminant pour comprendre la forme des comportements linguistiques manifestés dans la communication interpersonnelle (Labov W.A., 1972). Et de fait, nombreuses sont désormais les études qui permettent de constater, et même de mesurer la régularité des covariations entre la définition sociologique des rapports entre interlocuteurs d'une part, et les types de comportements linguistiques adoptés, d'autre part.

Cependant, rien ne se trouve définitivement réglé pour autant. Ni l'observation répétée ni la mesure des corrélations en question n'éclairent en effet, par elles-mêmes, la signification, les mécanismes, la raison d'être des régularités que l'on constate. Bien sûr, il est toujours possible de dire que les variations observables sur le plan des conduites linguistiques «dépendent» cas par cas du type de rapport social installé entre les interlocuteurs, tel qu'il découle de la combinaison — de la «mise en contexte» — de leurs statuts respectifs. Mais comme toujours en sciences humaines, ce type d'«explication» causale n'explique à peu près rien. Ne retiendrait-on qu'à titre de simple hypothèse l'idée banale que la variable sociale (contextuelle), ainsi définie, puisse déterminer la variable linguistique (textuelle), encore faudrait-il au moins pouvoir préciser par quelles médiations, selon quelles procédures, en fonction de quelle nécessité cette «détermination» agirait. Tel n'est apparemment pas le cas.

En réalité, ce sont les principes mêmes de la démarche qui rendent ici extrêmement difficile le passage de l'enregistrement des phénomènes empiriques à leur explication proprement dite. Point n'est besoin d'entrer dans des considérations épistémologiques très raffinées pour voir où se situe l'obstacle qui empêche en l'occurrence de penser théoriquement la relation entre variables «textuelles» et «contextuelles». Il tient simplement à ce que les deux séries d'éléments que la socio-linguistique cherche ainsi à mettre en relation n'entretiennent au fond, sur le plan théorique, aucun lien défini. Texte et contexte restent en effet posés comme deux séries de données empiriques dont, paradoxalement, le seul rapport explicitement reconnu consiste à s'exclure mutuellement puisque, face au texte, au discours — objets linguistiques —, le contexte, le «social», se définit ici, tout bonnement, comme l'«extra-linguistique». Comment ces deux ordres de réalité hétérogènes communiqueraient-ils donc entre eux?

La question se pose alors de savoir si une autre approche du problème, par exemple structurale, est possible. Par «structurale», nous entendons une démarche qui, au lieu de se fonder sur une conception dualiste conduisant à des interprétations diversement teintées de mécanisme, procéderait d'une théorie linguistique, ou sémiotique, plus globale, susceptible d'intégrer l'ensemble des variables en jeu en les redéfinissant comme autant de *dimensions sémiotiques interdépendantes*, à saisir à l'intérieur d'un modèle conceptuellement unifié. Pour cela, il faut au minimum commencer par refuser toute assimilation brutale du contexte social à l'«extra-linguistique», ce qui, par contrecoup, ne saurait être sans effet sur la définition des frontières du «linguistique» (ou du sémiotique) lui-même.

3.2. Référence *versus* compétence

A cette exigence, précisément, paraît répondre en partie l'autre style d'approche «contextuelle» qui se développe aujourd'hui. Alors qu'il s'agissait précédemment, selon la perspective socio-linguistique, de répertorier les facteurs sociologiques empiriques supposés conditionner du dehors la forme des manifestations langagières, ici, l'objectif va consister plutôt à dégager les principes d'organisation sémio-linguistique que présuppose théoriquement la possibilité d'une communication intersubjective efficace. Ainsi du moins croyons-nous pouvoir traduire dans notre propre optique, et sans trop d'infidélité, la visée fondamentale d'un vaste ensemble de recherches en cours, que l'on a pris l'habitude de regrouper sous le titre de la *pragmatique*. S'y rattache en particulier l'étude des actes de langage, directs ou indirects, et plus largement de tout ce qui touche aux phénomènes d'«interaction conversationnelle».

De quelle façon le contexte — que le mot lui-même soit utilisé, ou non — se trouve-t-il donc thématisé, ou problématisé dans ce cadre? La réponse n'est pas simple, d'autant moins qu'en pragmatique comme ailleurs, les courants sont multiples et divers. Néanmoins, étant donné que notre objectif n'est pas de recenser tout ce qui se fait mais seulement de confronter entre elles quelques grandes orientations de recherche, nous pourrons nous contenter d'une distinction assez grossière entre deux préoccupations majeures motivant les études de pragmatique. Et cette distinction, nous la formulerons en des termes qui sans doute ne seraient pas spontanément ceux du pragmaticien mais qui relèvent de notre propre cadre de référence sémiotique : vue sous cet angle, et par rapport à la question qui nous occupe, la pragmatique mène de front au moins deux problématiques distinctes eu égard à la différence des *niveaux de profondeur* où se situent les divers problèmes qu'elle cherche à élucider en matière de régulation du «texte» par son «contexte».

Il s'agit d'abord de l'explication de certains phénomènes concernant l'organisation de la *surface discursive*, par opposition au niveau, plus profond, des structures actantielles et modales sous-jacentes aux discours manifestés. Or, déjà sur le premier plan, dit de surface, c'est un fait bien connu — et les pragmaticiens, pas plus que les sémioticiens, n'ont été les premiers à le relever — qu'aucun énoncé, ou presque, n'est pleinement interprétable abstraction faite de son contexte. Le mot, toutefois, ne doit pas faire illusion car son emploi n'implique en aucune façon que l'on se trouve nécessairement en présence d'une problématique «sociale» du langage. En particulier, chacun sait qu'avant de renvoyer à une quelconque réalité, sociale ou autre, qui leur serait extérieure, les segments linguistiques dont se compose un texte renvoient d'abord, par tout un ensemble de références internes d'ordre *anaphorique*, à leur propre environnement textuel : de ce point de vue, tout texte est à lui-même son propre contexte — c'est même là le sens premier du terme, peut-être d'ailleurs le seul qui ne soit pas métaphorique. Malheureusement, envisagé selon cette acception, le contexte relève d'une problématique qui ne nous concerne pas directement ici. Sans aucun doute, le repérage des articulations internes reliant entre eux les éléments distribués au long de la chaîne de l'énoncé est une opération indispensable si l'on se donne pour but de rendre compte, comme on dit, du «sens linguistique» des discours (Lyons J., 1982). Mais par définition, ce n'est là encore rien dire de ce que nous cherchons précisément à cerner, c'est-à-dire de la façon dont les objets linguistiques ainsi articulés s'articulent à leur tour à un contexte plus englobant, de caractère «externe» et, le cas échéant, «social».

En réalité, le problème ne commence à se poser que du moment où l'on intègre à l'analyse une seconde dimension de l'organisation discursive de surface, non plus de type anaphorique mais d'ordre *indiciel*. La terminologie technique peut certes varier (par exemple, à «indiciel», certains préféreront le qualificatif de «déictique»), toujours est-il qu'un pas décisif est alors franchi en direction d'une «pragmatique discursive», conçue à partir de la reconnaissance du fait que la signification d'une occurrence linguistique quelconque ne dépend pas seulement des règles immanentes au système de la langue, mais résulte en même temps des conditions particulières dans lesquelles s'effectue l'acte de «parole». Sur la base de ce postulat (ou de ce constat), toute unité linguistique susceptible de renvoyer à ce qu'on appellera, selon les auteurs, le «cadre», les «circonstances», ou encore la «situation» de communication, fait en droit partie des éléments pertinents pour la description. Parmi ces éléments, on le sait, figurent au premier chef les formes pronominales à l'aide desquelles les interlocuteurs se désignent respectivement (ou réciproquement) en tant que *sujets d'énonciation* — pronoms de la première et de la deuxième personnes par opposition au «il» réservé à la «non-personne» prédiquée dans l'énoncé (Benveniste E., 1966) — ainsi que l'ensemble des formes déictiques utilisées pour référer à *l'espace-temps énonciatif*, «d'où l'on parle», par opposition au temps et à l'espace objectivés, énoncifs, «dont on parle». Qui plus est, pour lever certaines ambiguïtés dont l'énoncé peut être porteur du point de vue de son sens «linguistique» et, *a fortiori*, pour parvenir à saisir sa signification «pragmatique» — en particulier la valeur illocutoire qu'il revêt pour les partenaires de la communication —, la nécessité s'impose en outre de connaître les repères «situationnels» auxquels les énonciateurs du discours ont pu se référer soit de façon linguistiquement explicite (par exemple à l'aide de démonstratifs), soit en recourant à quelque système de communication non verbale (comme, entre autres, celui de la gestualité).

Tout ceci est fort connu et conduit généralement à considérer qu'à côté des descriptions traditionnelles visant la langue en tant que système virtuel, on est désormais en mesure d'aborder aussi l'étude des procès, effectués «en contexte», qui l'actualisent sous la forme de *discours*. Soit. Mais il reste alors à se poser la question du statut de ce que, une fois reformulée selon cette perspective, la notion de «contexte» recouvre au juste dans son rapport au langage. Or, de nouveau, ce sont deux ordres de réalité de nature hétérogène qui se trouvent ici mis en relation puisque, pour rendre compte pragmatiquement des objets linguistiques que sont les textes, les énoncés ou les discours, besoin est encore de les rapporter systématiquement à un hors-texte constitué cette fois par les *états de choses* auxquels les discours énoncés réfèrent en termes de personne, de temps et d'espace. Bien qu'elle ne repose plus, comme chez les sociolinguistes, sur une forme de réductionnisme sociologique, la coupure reste ainsi maintenue entre le linguistique et l'extra-linguistique, cette fois-ci sur la base d'une conception *référentielle* du rapport entre langage et contexte, ce dernier désignant maintenant un cadre de référence conçu comme immédiatement appréhensible, un ensemble d'éléments indiciels donnés antérieurement à toute production comme à toute saisie de signification, et sans référence auxquels le sens d'un énoncé — d'un texte, d'un discours — ne pourrait que demeurer indécidable. Est-il besoin dans ces conditions de souligner qu'ici encore le «social», qui ne saurait en tout cas être conçu sur le mode d'un simple référent des discours, continue d'échapper à toute saisie théorique et reste en somme un objet «en quête de sa problématique»?

Il n'en va plus tout à fait de même en revanche lorsque, quittant les phénomènes de surface discursive, on observe la manière dont la pragmatique aborde un second ordre de questions, relevant pour nous de l'organisation *narrative* — c'est-à-dire actantielle et modale — présupposée par les discours manifestés. Le type de données contextuelles que la problématique tente d'intégrer à ce niveau se distingue nettement du précédent : plutôt que des données constitutives de la situation immédiate des locuteurs (dont l'indexation relève de la fonction déictique), il va s'agir d'éléments relativement complexes, dont la reconnaissance engage une conception globale des conditions de l'interlocution et, plus généralement, de l'interaction entre sujets. Deux exemples nous suffiront sur ce point, l'un tiré des travaux de J.L. Austin, l'autre emprunté à H.P. Grice. Si nous choisissons ces références plutôt que d'autres, c'est à la fois parce que, du point de vue pragmatique, elles représentent des contributions reconnues comme essentielles, et parce que, du point de vue sémiotique, elles invitent à certains prolongements que nous essaierons d'esquisser.

Telle qu'elle s'est élaborée à partir du livre d'Austin, la théorie des *actes de langage*, comme on sait, s'applique à dégager, entre autres choses, les conditions nécessaires à la réussite d'actes tels que «donner un ordre», «faire une promesse», etc. (Austin J.L., 1962; Searle J.E., 1969). Parmi ces conditions, il en est une qui nous intéresse tout particulièrement. A la différence de Benveniste en effet, qui, pour décrire le fonctionnement des verbes délocutifs du type «remercier», «plaindre», «saluer», etc., pouvait s'en tenir à l'explicitation des formes linguistiques requises (usage de la première personne à l'indicatif présent), Austin et ses continuateurs, pour rendre compte de la valeur illocutoire des performatifs du type «ordonner», «promettre», «ouvrir la séance», «baptiser», etc., sont amenés à reconnaître un autre type de réquisit, lié à la définition de ce que pour notre part nous appelons la *compétence modale* des actants de la communication. Ainsi, pour faire une promesse qui en soit vraiment une, mieux vaut sans doute *vouloir* la tenir (condition de «sincérité»); pour donner efficacement un ordre, il faut certainement en avoir l'«autorité» ou le «droit» — le *pouvoir* —, et ainsi de suite. Autant de déterminations qui, à première vue, ne relèvent plus de la «grammaire» — sauf à envisager la possibilité d'une *grammaire actantielle*, plus englobante que celle de la phrase, et capable de traduire dans l'organisation de sa syntaxe et de sa sémantique la dynamique des rôles et des rapports statutaires qui président à toute forme d'interaction entre interlocuteurs. En ce cas, si l'on admet que le «contexte», c'est aussi, ou même que c'est surtout cela: un espace où se font et se défont, entre sujets, certaines «compétences» leur permettant d'interagir, alors le lien avec une problématique du social commence à mieux se dessiner.

Avec l'énoncé de ce que, à la suite de Grice, on appelle les *maximes conversationnelles* (Grice H.P., 1975), ce lien ne fait que se confirmer sur un autre plan, plus général encore. L'idée de départ est simple: pour «communiquer», il ne suffit pas de connaître — et de respecter — un code, linguistique ou autre; il faut au surplus s'entendre, explicitement ou non, sur son mode d'emploi. D'où la nécessité de prévoir, en plus des règles «grammaticales» qui gouvernent la construction d'énoncés bien formés, un second niveau de régulation, explicitant quant à lui les exigences minimales auxquelles tout énonciateur, à supposer qu'il veuille se comporter rationnellement, serait «déontologiquement» tenu de se soumettre dans ses activités de communication avec autrui. Notre propos n'étant ni de discuter les fondements philosophiques (épistémologiques et éthiques) sur lesquels repose la reconnaissance des maximes postulées à ce niveau, ni de juger de leur pertinence en les considérant une à une (maxime de quantité, de qualité, etc.), constatons simplement que grâce au mécanisme des implicatures qu'elle a permis de découvrir ou, en tout cas, de systématiser, cette théorie fournit un bon moyen d'expliquer la possibilité des actes de langage indirects (Searle J.R., 1975). Mais ce qui nous importe plus encore et qui constitue de notre point de vue l'apport essentiel de la construction gricéenne, c'est l'innovation méthodologique qu'elle introduit en posant comme une relation *hiérarchique* la relation postulée entre les deux instances de régulation — respectivement grammaticale et déontologique — prises en considération. Pour la première fois depuis le début de notre tour d'horizon, la référence à l'extra-linguistique comme principe d'explication *ad hoc* nous est ainsi épargnée. S'y trouve substitué un modèle de description des conditions de production et de réception des discours à la fois dynamique et conceptuellement homogène, qui tend à faire apparaître le langage comme un système *auto-régulé*, mais sans que pour autant la dimension sociale en soit absente : bien au contraire, le modèle suggère en fait un moyen, au moins partiel, d'intégrer cette dimension à la théorie du langage, en l'occurrence sous la forme de *méta-règles*, à caractère «déontologique», supposées gouverner l'emploi des règles linguistiques proprement dites.

3.3. Des règles et de leur négociation

Parti de la socio-linguistique pour aboutir au seuil de l'analyse conversationnelle, nous venons de passer sommairement en revue les deux ou trois grands types de démarches qui, à travers différentes manières d'élaborer la notion de contexte, soulèvent, ou induisent par quelque biais la question des relations entre langage et société. Quelles sont donc, à l'issue de ce parcours, les principales «leçons» à retenir? En quoi les perspectives sémiotiques tracées plus haut trouvent-elles ici des éléments susceptibles de les consolider?

Un point au moins paraît acquis. C'est la distinction fondamentale entre, d'une part, les problématiques de type dualiste qui, à la façon de la socio-linguistique, posent *a priori* l'existence de deux réalités bien séparées — d'un côté les faits de langage, de l'autre les variables contextuelles —, et, d'autre part, les recherches qui s'orientent au contraire vers une conception unitaire du langage comme «sémiotique sociale», selon l'expression de M.A.K. Halliday (Halliday M.A.K., 1975). Dans le premier cas, on reste dans le cadre traditionnel d'une épistémologie réaliste pour laquelle le contexte «existe», et où il existe «d'abord» : c'est un donné empirique immédiatement repérable — soit sous la forme d'attributs caractérisant sociologiquement les locuteurs, soit sous la forme d'états de choses fournissant aux énoncés leur ancrage référentiel — et il détermine alors, de l'extérieur, ici la forme, là le sens même des manifestations linguistiques. Dans l'autre cas, on se place en revanche dans la perspective d'une épistémologie *constructiviste* et ce geste ne peut pas ne pas impliquer une radicale mise en question de la problématique précédente. Le clivage porte en effet sur la façon même de concevoir l'objet à décrire : ou bien on considère que les discours ne sont au fond que de simples réponses linguistiques à certains stimulus extra-linguistiques, et l'on peut alors effectivement se borner à en rendre compte par le repérage des facteurs empiriques qui les conditionnent du dehors; ou bien on admet, et on cherche à tirer toutes les conséquences théoriques du fait que les discours sont avant tout des *objets signifiants* : constatation en elle-même triviale, et pourtant dont tout le reste découle.

Car pour que les discours aient du sens, il faut qu'ils soient produits et interprétés par des sujets dotés de la « compétence » adéquate, en l'occurrence discursive, ou « communicative » (Hymes D., 1974). Certes, cette compétence ne saurait se définir purement *in abstracto* mais seulement relativement aux « situations de communication » à l'intérieur desquelles elle s'exerce. Or, et c'est là que le cercle se referme, on peut faire l'hypothèse qu'au lieu de s'imposer aux partenaires de la communication sous la forme d'états de choses ayant la force d'évidences et de déterminations données *ex abrupto*, ces « situations », à leur tour, ont elles-mêmes, pour les sujets communiquants, le statut de *configurations signifiantes* sur la définition exacte desquelles il leur appartient de s'accorder, quasi contractuellement, en les « négociant » entre eux (Fabbri P., Sbisà M. 1984). Cette orientation relativement nouvelle n'a ni pour but ni pour effet d'opérer un simple renversement par rapport à la doctrine classique : quel sens y aurait-il en effet à imaginer que le langage « détermine » le contexte ? Le changement de perspective est d'un autre ordre, et plus profond que cela. Car chercher à substituer une sémiotique ou une pragmatique du discours « en situation » (inter-subjectivement négociées) aux approches traditionnelles du langage « en contexte » (un contexte toujours déjà donné, chosifié), c'est en réalité ouvrir la voie à une modélisation de la *dynamique des rapports entre acteurs sociaux* en tant qu'êtres de langage. Certes, les acteurs sociaux ne sont pas que cela, et une telle formulation laissera certainement, ne serait-ce qu'au regard des sociologues, beaucoup de problèmes en suspens. Il n'en est pas moins intéressant de voir que dans le domaine des sciences du langage, et notamment entre pragmatique et sémiotique, un minimum de communauté de vues commence ainsi à se manifester.

De cette convergence partielle entre problématiques, les deux faces du programme de recherche évoqué plus haut — sémiotique de l'interaction micro-sociale et sémiotique macro-sociale destinée à intégrer la dimension institutionnelle — peuvent certainement l'une et l'autre tirer parti. Tandis que pour approfondir la première, on aura certainement beaucoup à gagner à la relecture, déjà plus qu'amorcée en pragmatique, de la théorie austinienne (Sbisà M., 1989), on ne saurait, pour développer la seconde, rester indifférent aux perspectives qu'ouvre l'autre contribution majeure mentionnée ci-dessus elle aussi, celle de Grice.

Avec la théorie des actes de langage, c'est un fait que l'on dispose aujourd'hui d'un appareil déjà très sophistiqué pour la reconnaissance et la classification des types d'interactions réalisables à l'aide du discours, et plus particulièrement du discours linguistique : actes «verdictifs», «exercitifs», «comportatifs», etc. On admettra cependant qu'en l'état actuel, cette typologie manque à la fois d'une théorie relative au statut des sujets discourants qu'elle présuppose, et d'une grammaire susceptible d'articuler dynamiquement les éléments ponctuels — les classes d'actes — qu'elle isole : voilà précisément où paraît au contraire résider la force du modèle sémiotique (Sbisà M., 1985). Envisagé dans ses grandes lignes, ce modèle, qui procède d'une théorie non-référentielle de la signification, postule que, d'une certaine manière, dans la communication, ce n'est jamais directement aux «locuteurs réels», placés dans des «contextes réels», que l'on a affaire : la communication ne met en jeu que des situations et des énonciateurs *construits*, revêtant les unes et les autres le statut sémiotique de *simulacres* par rapport aux objets et aux acteurs du monde référentiel. Tout en conditionnant le type et la forme des interactions langagières possibles entre sujets, la définition de ces simulacres dépend elle-même de la manière dont lesdits sujets conviennent entre eux de les construire. Il en résulte que la grammaire à concevoir ne saurait se limiter à rendre compte des configurations, sémantiques et syntaxiques, propres aux *discours énoncés* : elle doit aussi permettre de décrire les *stratégies énonciatives* de l'interlocution et les dispositifs syntaxiques et sémantiques qui en résultent, c'est-à-dire, en définitive, les configurations actantielles et situationnelles sur la base desquelles les «locuteurs» réels peuvent effectivement interagir, mais en tant que «sujets» communiquants.

Comme on y a déjà fait allusion, c'est la syntaxe modale qui fournit sur ce plan les instruments de description essentiels en permettant de décrire les processus d'acquisition ou de déperdition de «compétences» entre sujets : transferts de pouvoir, communication du savoir, imposition de devoirs, etc. A travers le jeu des modalisations réciproques qui en résultent, se constituent les figures — toujours instables — que les acteurs de la communication revendiquent pour eux-mêmes ou attribuent à leurs partenaires en tant qu'actants. Ainsi, avant de faire des «promesses», ou pour pouvoir les faire avec succès, il faut au moins faire figure d'un actant effectivement reconnaissable comme *sujet*, c'est-à-dire, pour le moins, animé d'un *vouloir faire* adéquat et, de surcroît, susceptible d'apparaître au regard d'autrui comme un sujet «crédible», en d'autres termes digne de confiance en fonction d'un certain *savoir être*. De même, on voit bien que la prétention à donner un «ordre» présuppose la construction, au profit de celui qui l'émet, d'un simulacre actantiel définissable comme celui du *destinateur*, et d'un destinateur regardé comme «légitime», méritant obéissance en fonction d'un *pouvoir être* reconnu. Pareillement encore, il faut des figures d'*adjuvants* suffisamment «fiables» compte tenu de leur *savoir faire*, attesté ou supposé, pour que d'autres sujets, tout en se reconnaissant eux-mêmes comme moins compétents sur le plan cognitif considéré, puissent à un moment quelconque vouloir s'en remettre à leurs «conseils». Et ainsi de suite pour ce qui concerne les autres types d'actes de langage sémiotiquement possibles.

Bien entendu, les dispositifs modaux et les rôles thématiques particuliers que présupposent chacun de ces types d'actes peuvent, dans beaucoup de cas, apparaître comme des configurations socialement stéréotypées, assignant par avance aux acteurs occurrentiels leurs places respectives à l'intérieur de systèmes de relations actantielles figées, souvent de type hiérarchique (supérieur *versus* subordonnés, expert *versus* novices, etc.). Toute socialisation ne consiste-t-elle pas, précisément, en l'apprentissage, par les sujets, des rôles que leur assignent normativement leurs positions respectives à l'intérieur des différentes «institutions» sociales servant de cadre à leurs interactions? Cela ne suffit pas, néanmoins, pour invalider la perspective micro-interactionnelle que nous retrouvons ici. Plaider pour que soit reconnue l'existence des *systèmes* de régulation d'ordre macro-social, n'oblige pas nécessairement à écarter l'hypothèse d'une dynamique transformatrice des rapports entre sujets qui reste liée au déroulement même de leurs micro-interactions, c'est-à-dire aux *procès*. En matière de théorie du langage et de la signification en tout cas, la relative indétermination des cadres institutionnels (macro-sociaux) de la communication intersubjective, qui ne vont jamais sans une certaine marge de «jeu», rend cette perspective «optimiste» nécessaire; et l'hypothèse qui finalement lui est sous-jacente — celle d'une intersubjectivité partiellement *constitutive* des rapports de sens — ne paraît pas heuristiquement insoutenable, à condition du moins d'intégrer la description pragma-linguistique des actes de langage dans le cadre d'une théorie plus générale du *discours* — par exemple de type sémio-narratif — qui permette de rendre compte de la construction des sujets énonçants que présuppose tout échange de significations.

Admettons que sémioticiens et pragmaticiens de tradition austinienne puissent effectivement s'accorder sur ce dernier point. A partir de là, beaucoup de faux problèmes hérités du réalisme «socio-linguistique» pourraient avantageusement être mis de côté, laissant du même coup apparaître, ou réapparaître quelques-uns des «vrais problèmes» que pose la construction d'une *théorie sociale* du langage, et cette fois, on le voit, débarrassée autant que possible des restrictions qu'implique le préfixe «micro». Dans cette perspective, jusqu'à quel point la démarche sémiotique peut-elle tirer profit de la théorie conversationnelle de Grice et notamment de l'articulation qui s'y trouve postulée entre le système des «règles» (linguistiques) et celui des «maximes» censées régir les conditions d'emploi des règles précédentes? A première vue, la compatibilité de cette construction avec les principes de théorie du discours qui viennent d'être avancés risque probablement de paraître douteuse. De fait, si tout ce qui relève du discours — sujets, situations, stratégies énonciatives et finalement significations échangées — ne peut être que construit, «négocié» à la faveur de l'interaction entre partenaires de la communication, alors, quelle place accorder à des maximes qui, à ce qu'il semble, ne sont en aucune façon «négociables» mais s'imposent d'emblée, à la manière de véritables «nécessités de la conversation» (ni plus ni moins que les «règles linguistiques» proprement dites)? La contradiction ne peut, semble-t-il, être levée que si — comme nous l'avons déjà suggéré plus haut — on retient de la construction gricéenne non pas le contenu substantiel des maximes proposées (dont la formulation, si catégorique soit-elle, repose malgré tout sur certains postulats philosophiques, par construction discutables), mais seulement l'ordonnancement formel, le *rapport hiérarchique* qu'elle établit entre deux niveaux de régulation superposés.

Un bref retour vers la théorie du droit nous permettra de préciser notre objectif. Nous avons déjà mentionné la distinction, formulée par H.L.A. Hart, entre, d'une part, ce que cet auteur désigne comme des règles «primaires», qui régissent les conduites des sujets (en termes juridiques, leurs «actes matériels») et, d'autre part, le niveau des règles «secondaires», qui, prenant les premières pour objet, définissent en particulier les conditions de leur reconnaissance en tant qu'éléments du système juridique considéré, et celles de leur éventuelle transformation. Insistons sur le fait que les règles dites secondaires n'ont pas pour but de régir directement les *conduites* des sujets mais prennent seulement pour objet les *règles* qui régissent ces conduites. A la différence des maximes conversationnelles, qui surimposent, pour les sujets communiquants, certaines contraintes «déontologiques» aux contraintes grammaticales de la «langue», les règles secondaires de la théorie du droit n'ajoutent par conséquent, pour les sujets de droit, aucune norme de comportement supplémentaire par rapport à celles déjà contenues dans les règles primaires. En revanche, ce qu'elles fixent explicitement, ce sont les règles applicables aux comportements *méta-juridiques* consistant, on l'a dit, soit à juger de la validité des règles primaires, soit à les modifier : en définitive, elles institutionnalisent de la sorte une possibilité de contrôle, de la part des sujets, sur les normes régulatrices de leurs interactions.

Même si une construction de ce genre n'est pas directement transposable à la problématique du discours, elle propose certains principes formels d'articulation entre niveaux de régulation dont l'intérêt dépasse à l'évidence la sphère particulière du droit. Le discours social, lui aussi — telle sera notre hypothèse finale — est peut-être à concevoir comme un système ouvert et dynamique qui combinerait deux types de règles, les unes de type primaire, ou «instituées», les autres de type secondaire, et «instituantes». Il est clair, d'un côté, que tout échange discursif, toute interaction conversationnelle présuppose d'abord, entre sujets communiquants, une *compétence communicative* commune et que cette compétence de base se compose d'éléments assimilables à des normes de représentation et de comportement que nul sujet individué n'a à édicter parce qu'elles relèvent du plan *macro-social* : les «maximes» sont de cet ordre, mais aussi les stéréotypes sociaux de rôles, les rites d'introduction et de clôture du discours, les règles de tours de parole, et toutes sortes d'autres conventions sociales du même type (Schegloff E.A., 1969; Goffman E., 1974, 1981; Gumperz J., 1982). Cependant, d'un autre côté, toutes ces règles ne semblent intervenir, sur le plan de l'interaction *micro-sociale* entre sujets discourants, que pour servir de cadre à la négociation des *compétences actantielles* spécifiques qu'il leur faut mutuellement s'attribuer pour pouvoir interagir. De ce point de vue, les normes macro-sociales instituées ont moins valeur de règles «primaires», régulant directement les comportements discursifs des sujets, que de règles instituantes, «secondaires», définissant les *méta-règles de négociation* des règles primaires que les partenaires de la communication conviendront d'appliquer entre eux, *hic et nunc*.

4. CONCLUSION

Pour valider au moins quelques-unes des hypothèses qui précèdent, il conviendrait évidemment maintenant, en partant des discours manifestés, de reconstruire ce qu'effectivement ils «présupposent» — non pas en général, mais en tant qu'objets signifiants échangés entre des sujets qui, pour interagir, posent entre eux certains rapports de sens. Envisagées dans cette perspective, les conditions de la production et de la saisie des discours ne sauraient plus dépendre de facteurs contextuels *a priori*, sémiotiquement indifférenciés ou inanalysés. En revanche, les discours s'inscrivent et prennent effet à l'intérieur de situations intersubjectivement définies et négociées : reconstruire les configurations signifiantes ainsi présupposées — qu'elles relèvent du système macro-social ou des procès micro-interactionnels — constitue, nous semble-t-il, l'un des objectifs autour desquels la sémiotique (ou la socio-sémiotique) d'une part, et d'autre part la pragmatique pourraient utilement conjoindre leurs efforts.

Section 2 :
Réflexions sur le sens, le sujet et le temps
Les contraintes discursives

Per Aage BRANDT
Université d'Aarhus, Danemark
Collège International de Philosophie

Certaines discussions actuelles, portant sur le fondement du *sens* dans un rapport entre le sujet et le monde, manifestent une opposition nette entre un point de vue « cognitif » et un point de vue « pragmatique ». Selon le premier point de vue, le fondement du sens doit être cherché dans les *schématismes* qui permettent au sujet (à l'esprit humain) de saisir les formes du monde physique environnant, du monde phéno-physique); la saisie de ces formes s'expliquerait par l'existence d'un dispositif de réception, d'une compétence sémiotique élémentaire, biologiquement liée à l'existence d'un tel monde phéno-physique. La constitution du sens s'identifie ainsi à ce qui fait le contenu de cet accord bio-physique, établi par l'évolution et l'adaptation, et accessible à l'analyse formelle d'une sémiotique cognitive. Selon le second point de vue, le fondement du sens relève en revanche de l'histoire et de la pré-histoire de l'*interaction* humaine, dont les unités de base, les actes, établissent un substrat intentionnel sur lequel s'édifient les structures du sens. Cette opposition de points de vue invite à la confrontation, notamment entre deux conceptions corrélatives du *sujet*, qui est pensé soit comme un *sujet cognitif*, surgissant avec l'*énoncé* qui reprend les schématismes et les organise dans le jugement, qui articule alors un tel sujet et un monde jugé; soit comme un *sujet pragmatique*, défini par l'interaction et reconnu par les actes qu'elle comprend, et auxquels il répond originairement par son *énonciation*. On pourrait voir dans le premier un « sujet kantien », et dans le second, un «sujet freudien», et relever le contraste entre le caractère générique de l'un et le caractère particulier, singulier, idiosyncratique, de l'autre. Dans ce cas, il devient clair qu'un simple choix théorique ne résoudra pas le problème, ne suffira pas pour que nous disposions d'une problématique du sens et du sujet adéquate. En vérité, la séparation du cognitif et du pragmatique nous cache quelque chose d'essentiel, en ce qui concerne la constitution du sens, du sujet et du social. Nous esquisserons ici, dans un premier temps, une analyse qui nous sortira du dilemme. Ensuite, nous exposerons une série de conséquences immédiates.

1. COMMENT SE FABRIQUENT LES ONTOLOGIES?

Imaginons un sujet cognitif, armé de ses schématismes, posé face à un état de choses dans le monde phéno-physique accessible à sa vision et à sa «cognition» élémentaire. Dès que les schèmes reprenant fidèlement les contours principaux des choses et de leurs positions respectives dans l'espace sont construits, commence une intellection qui part de la rétention de ces images cognitives sur l'écran des idées, rétention interne qui est la condition de la disponibilité receptive de l'écran externe de la perception (si l'on nous accorde l'hypothèse de ces deux écrans); et qui regroupe les images schématiques retenues en familles. Or, ce regroupement, par lequel un premier *sens* va prendre forme, est une opération de nature *modale*. Alors que l'écran externe fait simplement défiler les perceptions selon les avatars de l'environnement et les règles de la schématisation, l'écran interne retient donc en foule des «copies» figées de ces perceptions, des images d'états de choses, et va maintenant les ordonner. Une d'entre elles doit alors se détacher de la masse et prendre du relief comme *objet prégnant* (en fonction d'une prégnance para-pragmatique de type biologique, relevant du registre de la «faim», du «sexe», du «danger», ou simplement de la «curiosité»). Cet objet est maintenant un *attracteur*, en ce sens qu'il incite le sujet cognitif à lui consacrer un instant d'attention (avant de réagir somatiquement), mais aussi et surtout en un autre sens : il attire d'autres images d'états et d'objets sur l'écran interne (comme si le sujet les envoyait vers la chose à sa place, à titre de substituts de son propre corps). L'objet prégnant représente ainsi une force d'attraction. Les images schématiques s'accumulent et se superposent dans un espace qui n'est plus celui qui collait à l'objet prégnant dans la perception, mais celui où il est retenu sur l'autre écran, un espace imaginaire, «expérimental», où s'exerce l'attraction dont il est question dans l'attention. La séparation de ces deux espaces est essentielle à notre analyse; l'objet prégnant est précisément celui qui passe d'écran en écran, et d'espace en espace, de l'espace-relief où il est perçu à l'espace dynamique où il est retenu et s'attire progressivement cette foule d'autres images schématiques. Notre deuxième pas, après l'extraction de l'objet prégnant et la séparation des espaces, consiste à remarquer, autour de l'objet-attracteur, l'existence d'une sorte d'*aura*, c'est-à-dire d'une frange dynamique *répulsive* cette fois, qui tend à écarter les entités qui s'approchent : qui les fait vibrer autour de l'objet comme retenues par un seuil. Fig. 1 montre cette géographie dynamique immédiate :

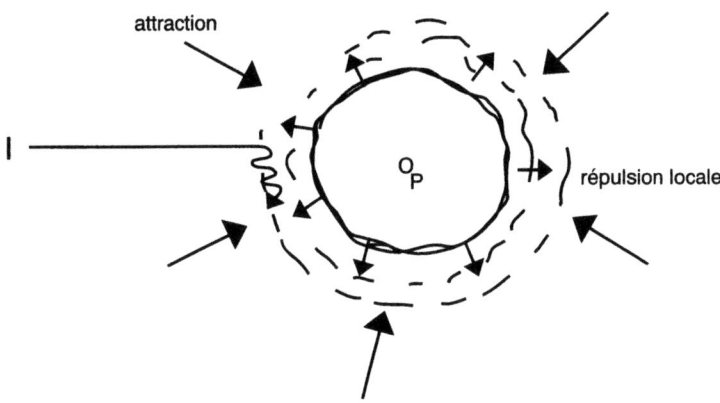

Figure 1.

Les entités imaginaires I s'approchent de O_p grâce à l'attraction globale qu'il exerce, de par sa prégnance, mais sont plus ou moins rallenties ou arrêtées par la répulsion locale exercée par le seuil qui l'entoure. La situation dynamique de chaque I par rapport à O_p est celle que la théorie des catastrophes élémentaires étudie. I s'inscrit dans un potentiel de fronce (germe x^4) et se trouve séparée du minimum de O_p par un maximum local. Le passage de I est maintenant une question de la forme topologique de cette fortification autour de O_p et de l'énergie de I. Pour une valeur énergétique moyenne et stable, les variations topologiques seules décident du trajet de I :

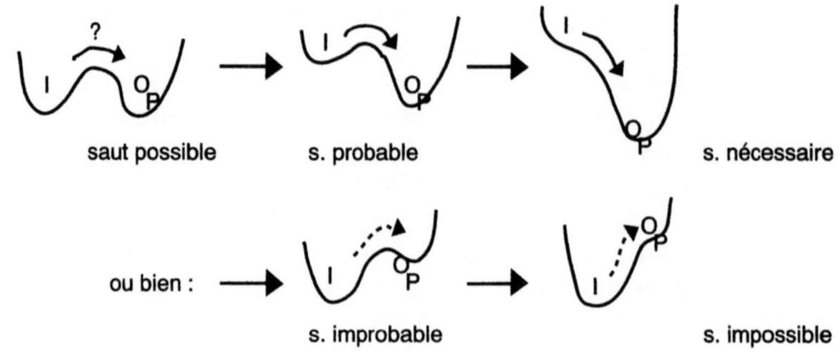

132   L'ESPRIT DE SOCIÉTÉ

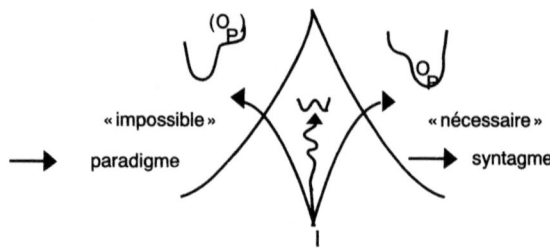

Figure 2.

En se donnant un tel spectacle des déformations locales du rempart qui articule I et O_p, le sujet cognitif évalue en termes de valeurs épistémiques ou aléthiques la condition modale du rapport entre les deux entités. Ainsi, on peut parler d'un tri modal effectué autour de l'objet prégnant, et responsable de sa conceptualisation. Le destin modal de chaque I se dessine dans la topologie d'un *cusp* qui contrôle le potentiel, et le lien entre I et O_p prend ainsi la forme d'un chemin :

Figure 3.

Si l'attraction entre l'élément fixe O_p et l'élément mobile I neutralise le seuil de «protection», les deux éléments établissent un rapport *syntaxique*, de dépendance (simple ou double). Si le seuil lui est infranchissable, I s'établira comme un *contraire* de O_p, stabilisé dans un rapport disjonctif, et constituant un *paradigme* avec O_p.

Dans l'espace de sa fortification dynamique, O_p aura ainsi organisé, sur son pourtour-rempart investi par les idées affluentes, tout un paysage conceptuel, réglé par les hauteurs variables du seuil, qui prend l'aspect d'une cime ou d'une clé circulaire (une couronne). Au cours de cet acte de cognition, l'aura est transformée en code.

Mais tout ce travail modal s'effectue dans un espace mental qui devient le support d'une structure mentalement « visible » comme une géographie eidétique, et comme cette structure est *absente* de l'état de choses intialement considéré, tout en restant lié à la scène perçue par le passage de l'objet prégnant, elle lui « appartient » à titre de système de contraintes assigné; autrement dit, ces contraintes syntaxiques et paradigmatiques vont constituer un monde sous-jacent, une objectivité derrière l'objet, un horizon d'émergence conditionnant un ensemble modalement cohérent d'apparitions et de disparitions, d'événements connaissables, bref un *domaine ontologique*. Le travail modal de la cognition produit des ontologies. Il peut s'agir de syntaxes narratives ou de systèmes mythologiques, ou encore de « champs de connaissance ». Derrière les objets, surgissent les objectivités.

Or, il est essentiel de remarquer que ces objectivités ne se constituent que si la construction cognitive elle-même et comme telle devient un objet perceptible et connaissable, c'est-à-dire si elle est convertie en objet prégnant apparaissant sur la scène du sensible, par une extériorisation symbolique, une *symbolisation*. En disant l'objet, en racontant comment il se présente, comment il peut être là, comment on peut comprendre son apparition, par rapport à une objectivité imaginable, le sujet cognitif extériorise non seulement l'objet de connaissance, mais aussi *l'idée même de sa connaissance*, dans la mesure où ce nouvel objet va à son tour donner lieu à une cognition, déployer un espace modal organisé comme le premier, avec cette différence que l'idée du sujet fait partie des entités qui subissent son attraction : l'aura qui circonscrit l'objet de connaissance symbolisé modalise une image du sujet connaissant, et inscrit ainsi le sujet qui s'y reconnaît, dans la problématique de l'objet. Autrement dit, le sujet et l'objet forment maintenant un syntagme de jonction, et c'est en ce moment que l'objet acquiert une valeur (euphorique ou dysphorique) et déclenche un programme d'action. Cette fois, il s'agit donc d'une *modalisation déontique*, de la constitution d'un devoir faire, visant un objet-déjà-compris et interpellant un sujet qui se saisit lui-même, qui se pense à travers cet objet, et qui termine ainsi l'acte cognitif en se transformant en une *subjectivité réfléchie*, déterminée par l'objet dans son objectivité (stipulée, symbolisée). Or, ce sujet transformé en subjectivité est désormais une instance particularisée, un « sujet pragmatique ». La *réflexion* qui clôt la cognition déclenche, comme le cogito cartésien, un jugement d'existence. Désormais, le sujet « existe », il est déjà une collectivité, puisqu'il se dédouble dans la réflexion, et derrière le scénario symbolisant, il faut admettre la sous-jacence d'une subjectivité symbolisante, strictement solidaire de l'objectivité symbolisée. Résumons cette analyse, qui peut paraître encore surprenante, ou opaque. Le rapport cognitif pur aboutit à une organisation schématique modale de type *épistémique*, et la finition de cette construction est marquée par une extériorisation, on pourrait dire une énonciation, par laquelle une schématisation modale de type *déontique* se superpose à la première; mais la représentation réfléchie qu'implique cette dernière phase crée un sujet qui se reconnaît dans une subjectivité; et ainsi, un même acte cognitif fonde à la fois l'objectivité et la subjectivité. Comme il est difficile de parler de sujet sans lui assigner une conscience comme possible conscience de soi, on peut formuler la conclusion de manière encore plus aiguë : un sujet proprement dit est un être réfléchi, collectif, social. Subjectivité et socialité sont une même chose, et cette chose se constitue à travers une connaissance. Ce sont les ontologies qui fabriquent les sujets, et en ce sens, les mondes des objectivités sont solidaires des subjectivités particulières qui les habitent. Le sujet est toujours social; surtout l'individu; et le social est toujours pensée; c'est ce qui fait parler d'«esprit de société», d'«esprit» dans une société.

A une *physis*, comme création ontologique fondamentale, se superpose ainsi une *polis* tout aussi originaire; et nous pourrions ajouter, par un dernier mouvement d'objectivation, à partir *des* subjectivités ainsi constituées, une étape de connaissance formelle des symbolisations, constitutive d'une création ontologique ultérieure, celle d'une *sémiosis* sous-jacente. Dans la sémiosis, une connaissance sémiotique saisit ce qui relève soit de la schématisation (primaire, épistémique), soit de la discursivisation (secondaire, déontique) : le *schématique* et le *discursif* sont ainsi les deux composantes irréductibles du sens en général, étudié comme forme; les schèmes renvoient effectivement à la forme de toute *physis* (objectivité), alors que les discours renvoient à la forme de la *polis* (subjectivité).

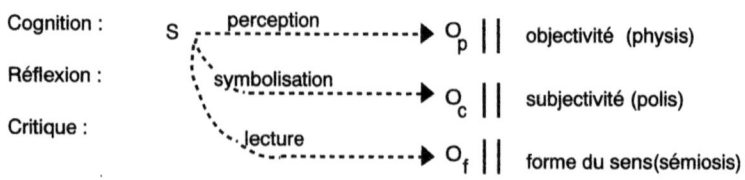

Figure 4.

2. SYNTAXE ET MORPHOLOGIE DES DISCOURS

Il y aurait ainsi deux types d'études sémiotiques : la sémiotique des formes concevables (ou *sémiotique schématique*) et la sémiotique des savoirs, au sens large (ou *sémiotique discursive*). La sémiotique structurale relève du premier type quant à sa théorie, alors que ses analyses relèvent presque exclusivement du second type.

Un discours est donc, dans notre conception, un ensemble ouvert de représentations visant une objectivité particulière, un domaine ontologique ; un discours fonde, corrélativement, une subjectivité particulière, un type de collectivité ou de communauté. La classification des discours nous donne en même temps une morphologie des grands principes de cohésion intersubjective, et elle prépare une syntaxe correspondante, qui déploiera une idée du social.

Si ce principe est valable, les discours se singularisent pour des raisons pour ainsi dire naturelles. Les contraintes objectives qui s'imposent dès la cognition, déterminent par leurs domaines la constitution réflexive des subjectivités et partant les types de discours. Une *critique* des discours (cf. fig. 4) peut ainsi distinguer, dans son objet formel (O_f) discursif, ce qui lui vient de l'objet prégnant (O_p), naturel, donné dans le rapport cognitif, et ce qui s'y superpose et caractérise l'objet de connaissance (O_c), culturel, solidaire d'un sujet social comme instance connaissante et agissante (une *polis*). Cette distinction est possible, dans la mesure où la subjectivité, une fois «fondée», autonomise ses énoncés et en fait des liens institutionnels historiquement stables, qui ne peuvent désormais être changés qu'au prix d'une négociation contenant une argumentation. L'historique est une formation *épistémique*, vu sous cet angle, du point de vue de ses contenus, alors que la stabilité de l'historique même, l'inertie relative de ses formes discursives, est à la base de toute *déontique*, à l'œuvre dans le faire humain.

Une première classification devra ainsi reconnaître l'existence d'un ensemble de contraintes extra-humaines, caractérisant une objectivité physique sous-jacente à la phéno-physique du monde naturel que les corps humains et les communautés vivent comme leur environnement constant (le monde des espaces, des volumes, des mouvements, de la température, de la pression, de la lumière, etc.). Si nous détachons le discours portant sur cet ensemble, de la masse discursive envisagée dans un premier temps, soit «le discours des sciences naturelles» dans nos sociétés, et certains grand mythes ontogénétiques dans d'autres, la masse restante apparaît plus librement réglée. Néanmoins, on trouve un deuxième ensemble de contraintes, humaines cette fois, mais quasi-naturelles, dans la mesure où il s'agit de régulations également préalables à la vie des sujets, à savoir celles qui les font naître dans une langue naturelle et dans un système de parenté déterminé; on peut parler ici de contraintes ethniques, et corrélativement de discours ethniques portant sur cet ensemble de faits quasi-naturels, non négociables. Ces derniers discours concernent l'identité de la communauté ethnique, de sa langue et de ses groupes; il peut s'agir de mythes de fondation, de religions, ou de grammaires normatives; partout, il s'agit ici d'interprétations d'une sorte de condition culturelle, par la communauté elle-même. En détachant ce deuxième ensemble de la masse discursive, la masse restante devient encore plus libre. Mais en troisième lieu, une analyse et une mémoire de la condition matérielle immédiate et historique de la communauté se détache pourtant, visant les contraintes géographiques et démographiques qui font l'environnement objectif, négociable cette fois. Sous les contraintes naturelles et culturelles, on trouve donc ces contraintes sociales proprement dites. Mais on peut continuer cette analyse descendante, qui va découvrir sur un quatrième palier l'existence objective et discursivement référentialisée de l'ensemble des règles illocutoires qui organisent pratiquement notre interaction quotidienne, notre «micro-socialité», l'échange verbal dans son rapport à nos actes (promesses, menaces, désignation représentative, distribution de statuts et de pouvoirs : toute la «légalité verbale»). Et sur un cinquième palier, les contraintes logiques de notre pensée même vont surgir. Si, pour le palier précédent, on parle de discours pragmatique, on devra parler ici de discours logique. L'objectivité de notre pensée réclame évidemment une attention et une subjectivité fort spécialisées, «philosophique». Le reste discursif que laisse ce dernier discours est celui qui clôt le panorama : le discours absolument libre de la déraison, du non-sens, de la folie, etc. La psychanalyse propose de détacher à ce niveau encore un «noyau dur» de contraintes objectives, caractérisant l'inconscient. Ce qui laisserait un dernier reste, le discours radicalement contingent, pur bruit, ou pure poésie...

Résumons cet effeuillage classificatoire premier (fig. 5).

Il est évidemment possible de concevoir et d'argumenter en faveur de l'existence d'autres ordres hiéarchiques; l'ordre que nous proposons s'ouvre à la discussion, si l'on en comprend les principes. A la suite des discours fortement contraints (D_{1-6}) correspond une série de «restes», que nous avons dénominés «raisons», pour indiquer l'idée générale de l'analyse. C'est ainsi qu'une «raison d'Etat» peut basculer plus ou moins vers une «raison idiomatique», comme dans le cas des chauvinismes

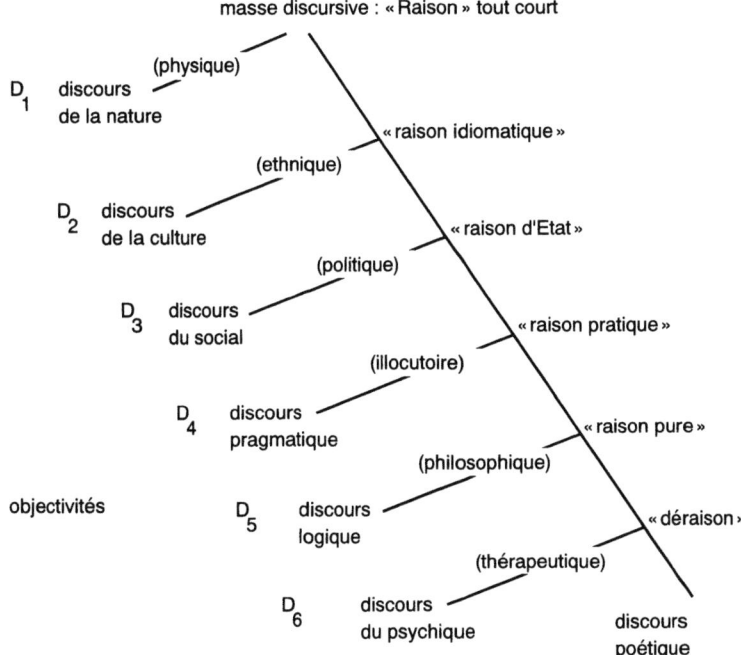

Figure 5.

racistes, religieux ou autres, ou bien s'orienter vers une «raison pratique», comme dans le cas des discours légalistes qui distinguent soigneusement entre civilisation inclusive (pragmatiquement consciente) et cultures (aspirant à l'identité exclusive).

La hiérarchie des discours à détermination forte constitue donc une sorte de stratification du réel (du réel référentialisé par ces types discursifs), allant de l'extra-humain à l'intra-humain, en passant par les registres du subjectif collectif. Ces «réels» sont autant de domaines ontologiques nettement distincts, et pourtant reliés à une masse discursive articulable en strates inclusives, inclusion qui explique le passage souvent imperceptible de l'un à l'autre des réels dans le jeu référentiel d'un «raisonnement». Du point de vue des «raisons», on vit le discursif comme une continuité qui permet une circulation figurative illimitée (et par exemple des philosophies qui installent une logique dans la nature, un psychisme dans une culture, etc.), mais qui se transforme en discontinuité, dès qu'on interroge les objectivités en cause. De ce point de vue, la masse discursive se présente comme une morphologie assez souple. Mais d'autre part, les pratiques collectives référentialisent nécessairement, au moment où elles s'institutionnalisent, c'est-à-dire quand elles se différencient et se rendent exclusives en s'incarnant dans des espaces localisés, des «territoires» et des constructions matérielles consacrées à telle ou telle activité légitimée par un discours. Les institutions ainsi développées stabilisent et protègent même leurs différences discursives, et travaillent donc à la maximalisation des écarts entre les réels : la morphologie perd ici sa souplesse, la masse discursive semble se transformer en archipel, et entre ces îlots, devenus fonctionnels, il faut envisager une syntaxe. C'est ce qu'avait fait la tradition matérialiste en parlant de «formations sociales».

La syntaxe du social, au sens du réel «sociétal», envisagé comme une nature particulière, et vu du dehors dans une optique pour ainsi dire physique, articule des pratiques humaines régulées par des discours qui rendent ces pratiques discrètes et qui les font communiquer dans un cadre global. Effectivement, les trois premiers grands types de discours fortement contraints (D_{1-3}) doivent s'imposer dans la régulation des pratiques qui concernent leurs référents : le monde physique, le monde ethnique et le monde politique. Les pratiques de production, de reproduction et de distribution se déploient dans des contextes définis par un faire et un dire technologiques (relevant de D_1), par un faire et un dire moraux (D_2), et par un faire et un dire légiférants (D_3), en ce sens. Les contraintes inférieures, pragmatiques, logiques et psychiques (D_{4-6}), apparaissent dans la régulation intersubjective de toute «raison pratique» par laquelle un ensemble d'individus participe à ces pratiques ; en ce sens, elles sont infrasociales, et l'on peut même penser à les voir comme un substrat stratifié : régime pragmatique des institutions (D_4); régime logique des amitiés (D_5), c'est-à-dire des conversations libres et spéculatives entre individus ; régime psychique de l'amour (D_6), de l'érotisme qui organise la cellule minimale du subjectif. Une telle syntaxe «sociétale» constituerait un réseau comme le suivant (fig. 6) :

Le triangle D_{1-3} du sociétal correspond ici assez directement à celui que propose M. Serres à la suite de G. Dumézil (guerriers, prêtres, marchands ; enjeux, fétiches, valeurs), mais pourrait aussi être comparé à l'économie générale de G. Bataille, dans la mesure où intervient le substrat, hétérogène par rapport à l'unité relative des finalités qui s'articulent sur ce substrat, unité qui s'exprime dans les termes d'une économie restreinte (circulation en boucle fermée entre production, distribution,

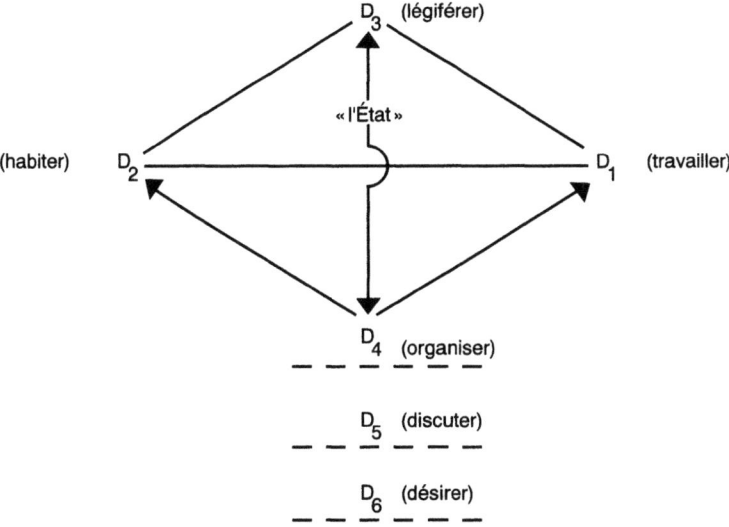

Figure 6.

reproduction et réinvestissement, en ce qui concerne les biens, la richesse).

Notre syntaxe discursive propose ainsi une base pour une socio-sémiotique structurelle. Si un réseau constant existe ainsi à travers les sociétés qu'a connues l'histoire humaine, une étude comparative, non seulement des formations globales, mais aussi des types de discours qui composent leurs réseaux, est possible; on pourra éventuellement mieux comprendre, dans une telle problématique, le mode d'existence sociale du *savoir*, de la connaissance : il s'agit de cela même qui donne la consistance aux discours constitutifs, et qui fonde ce que nous appelons autorité, ce qui déclenche le respect, de la part des sujets, autrement dit ce qui est au centre de tout *pouvoir*. La relation entre pouvoir et savoir est à l'œuvre dans toute pratique réglée par un discours. Cette relation se retrouve donc dans tous les points du réseau, et la seule manière d'y échapper est celle qui consiste à faire du reste discursif, du reste morphologique qui échappe à la syntaxe, à savoir du discours poétique, un champ de pratique. L'usage poétique du discours ne socialise ni ne subjectivise, il ne participe pas au réglage des faires finalisés, et si l'on le trouve néanmoins dans les textes de la «Raison», c'est à titre décoratif (hymnes à l'Etat, au travail, aux dieux de l'habitat, au parti, à l'amitié, à l'amour), les textes poétiques restent malgré tout des hymnes au langage comme possibilité des discours en général. Le discours poétique opère ce que nous avons appelé la *critique*, l'attitude formelle qui thématise la jonction sujet-objet elle-même, l'articulation ontologique du subjectif et de l'objectif qui est *le sens*; en revanche, le discours poétique représente la seule forme de non-sens qui semble accessible aux humains. Cette forme est artistique (les Arts sont les écritures du poétique) ou spéculative (les métaphysiques sont les lectures du poétique) ou analytique (les mathématiques seraient, de ce point de vue, comme étude des formes et des nombres, exploration des «propriétés matérielles de la pensée», de l'irréductiblement objectif dans tout subjectif, la recherche poétique la plus radicale). Ou les trois, c'est ainsi que se définirait le discours de la sémiotique.

3. ENONCIATION ET NARRATION

L'inscription de l'objectivité dans toute subjectivité se voit à l'œuvre littéralement dans le dispositif langagier dénommé *l'énonciation*. Un *je* appelle un *tu*, mais en même temps, nécessairement, un *cela* qui peut contenir des *il*, etc.; la première personne, sujet de l'énonciation, appelle toujours la deuxième personne et la troisième, qui est d'abord l'espace et le temps d'une objectivité. Cette «troisième personne» ou «non-personne», selon E. Benveniste, est donc un espace-temps, un *monde*, dirions-nous, référentialisé par le *je-tu*, par un syntagme qui l'indique et le pose comme objet du regard de *tu*, lui-même dirigé par *je* :

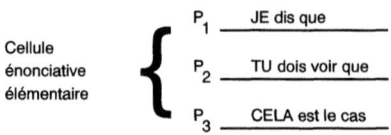

Figure 7.

La subjectivité P_{1-2} se donne avec l'objectivité P_3, jamais au dehors de cette triade. La structure énonciative des phrases, par lesquelles les discours existent, est au contraire plus riche que cette cellule élémentaire. Le temps linguistique exige la possibilité de décaler le monde référentialisé du monde de l'énonciation lui-même, c'est-à-dire la construction d'un *ailleurs* par rapport à P_3 comme *ici* et *maintenant*. Si nous imaginons un P_3 qui reprenne le processus de symbolisation initialement décrit, nous voyons se constituer en même temps sur sa scène un *cela* comme O_c et la déontique subjectivante, concernant l'approche de cet objet, qui pourrait expliquer l'intuition modale présente dans la formule «tu dois voir...»; ce devoir-voir renvoie à la cognition comme sa cause («tu *dois* voir cela, parce que c'est vrai»); la discursivité élémentaire est ainsi une véri-diction. Mais cela veut dire que P_3 contient l'image du *je* de P_1; c'est précisément en cela que ce sujet se constitue réflexivement. D'ailleurs, le *tu* peut immédiatement prendre la place du *je* et en faire un *tu*, tout en maintenant P_3; la réflexivité est réciproque. Or, si P_3 contient *je*, c'est que ce *je* se montre inscrit dans un cheminement vers O_c, et c'est-à-dire parti d'un ailleurs qui reprend la scène cognitive. Le *je* devenu visible dans P_3 n'est plus une pure voix (qui «dit que...»), mais aussi un corps. Ce corps se trouve *inscrit dans le temps*. «Me voici», dit-il; «j'étais ailleurs, maintenant je suis ici»; «je vais aller ailleurs, tout à l'heure»; *tu* peut me suivre dans les deux directions temporelles.

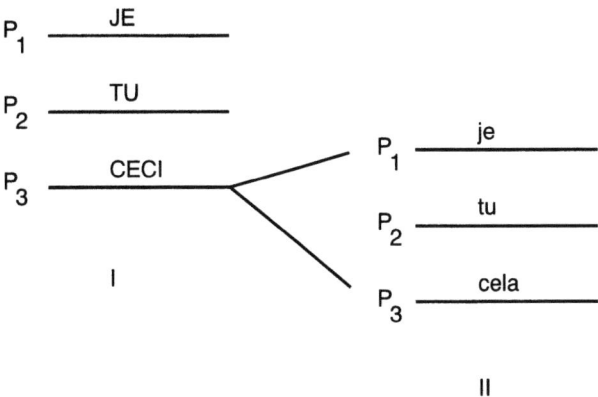

Figure 8.

Cet enchâssement énonciatif est à l'œuvre dans la morphologie temporelle de nos verbes, ou des adverbes. Dans la mesure où le palier II contient à son tour un monde P_3 qui peut mettre en scène le *je*, ou le *tu* (puisque la réflexivité reste réciproque), l'enchâssement peut continuer vers le bas, et nous donner un palier III. Sur ce palier III, le *je* peut faire comme sur le palier I, *dire* quelque chose qui n'est pas dit au niveau de l'énonciation «énonçante», mais au niveau de l'énonciation énoncée, à savoir dans le monde énoncé sur le palier II.

«Je disais donc que...» contient ainsi trois cellules énonciatives et opère sur trois paliers, reliés par deux enchâssements :

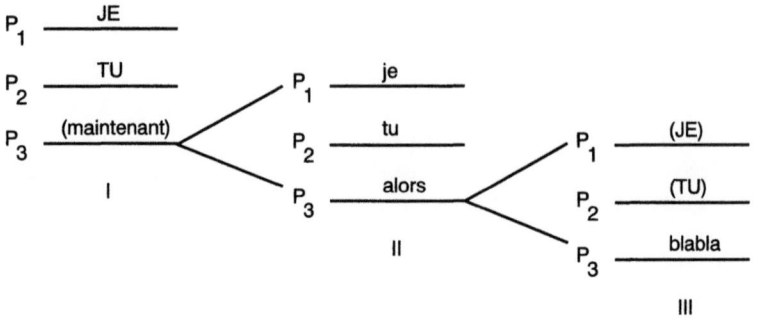

Figure 9.

Le *blabla* que je disais alors ne s'adresse pas nécesairement au même *tu*, bien entendu; et le *tu* du palier II est un *narrataire* qui peut rester tout aussi implicite que le *je* du palier II qui est son *narrateur*. Le P_3 du palier II est donc le monde du *narré*. Si le texte de notre phrase est un récit, cette instance déploie effectivement une narration.

On peut prendre cette série I-II-III comme une base canonique pour toute étude pratique de l'énonciation textuellement manifestée; ainsi, on peut définir le *texte* par la série : est texte toute énonciation manifestée qui déploie la série, et qui inscrit ainsi une subjectivité dans le temps. Si le *blabla* est à son tour une phrase, on voit que la série se prolonge; c'est ainsi que l'on parle de stratification textuelle, dans l'analyse des textes. La série canonique définit alors une strate.

La véritable troisième personne, le *il* (la *elle*), que l'on ne peut pas confondre avec P_3, est un corps qui apparaît dans un monde inférieur à celui de I, et qui, dans la série canonique, est un *je* sur le palier III, porte un *nom propre* (du moins virtuel) sur le palier II, et permet la reprise pronominale en P_3 du palier I. En ce sens, tous les *je* et *tu* qui portent des noms propres dans la vie sociale «naissent» comme des *il* dans une série canonique. D'où sans doute l'idée d'un Dieu sans nom, qui incarne l'origine logique de cette «naissance» du sujet énonçant dans l'énonciation énoncée.

Si cette analyse est correcte, l'enchâssement énonciatif présente régulièrement une suite d'instances dont on peut dire *a priori* que la première comporte une modalisation déontique, la seconde une modalisation épistémique, la troisième encore une fois une modalisation déontique, la quatrième une modalisation épistémique, et ainsi de suite. Les instances déontiques (I+2^n) sont *au présent*, alors que les instances épistémiques (II+2^n) déploient le contenu du *non-présent* dans ce qui peut se dire ; le présent générique du raisonnement (« si... alors ») ou le présent mythique de l'anecdote (« un homme entre... et dit... ») sont pour ainsi dire des déformations épistémiques du présent ponctuel par nature déontique et représente un usage spéculatif du langage, usage par lequel il dépasse sa fonction massivement prédominante, dans le quotidien, de mémoire, d'appel et de projecteur d'attentes.

La narrativité est donc naturellement installée, intercalée, entre deux instances de *dire*, de co-présence verbale (« phatique »), et surgit comme une instance de *voir*, de co-présence eidétique, contenue dans le « contenu » du dire symbolisant. La structure narrative se trouve dans P$_3$ du palier II, dans la série canonique ; mais ce monde eidétique peut parfaitement se réduire à un espace-temps déployant une collection d'états de choses sans aucune organisation narrative, ou une scène vide. Dans ce cas, la narrativité n'est pas radicalement absente, pour autant : aucun texte ne semble pouvoir exister sans impliquer une composante narrative. Cette composante se retrouve en effet sur une strate supérieure ou inférieure, dans la hiérarchie de l'enchâssement. Si la strate initialement étudiée, T$_1$, est narrativement vide, elle enchâsse une strate T$_2$, ou elle est enchâssée dans une strate T$_0$, qui, elles ne le sont pas. Considérons la combinatoire suivante :

	T$_0$ ←	T$_1$ ←	T$_2$
Récit	$\overline{N}$	N	$\overline{N}$
Poésie	$\overline{N}$	$\overline{N}$	N
Drame	$\overline{N}$	N	N
Acte langagier	N	$\overline{N}$	$\overline{N}$

Figure 10.

L'énonciation (I) en T$_1$ peut ne pas s'inscrire dans une narrativité supérieure transformant ses sujets en personnes munies de noms propres ;

c'est le cas pour les genres appelés ici Récit, Poésie, Drame, mais non pour le texte pragmatique, l'acte langagier, où l'un s'adresse à l'autre dans le cadre d'une situation présupposée qui définit au préalable leurs statuts respectifs par rapport à une narrativité (N) et dans un monde narré ou narrable. Si T_o présente un monde eidétique narrativement vide, $\overline{N}$, T_1 devient une *fiction*. Cette fiction est un récit, si N arrive à sa place en T_1. Un texte T_n est toujours interprété dans le texte supérieur T_{n-1}; le récit est donc interprété «dans» le monde indéfini, $\overline{N}$, de T_o; on parlerait de parabole, si N de T_1 est interprété dans un N de T_o : il y a alors un effet d'isomorphisme entre $N(T_1)$ et $N(T_o)$. Si la fiction est $\overline{N}$ dans T_1, elle présente néanmoins cette scène, ce monde indéfini, comme horizon d'un sujet qui apparaît narrativement en T_2, de sorte que $N(T_2)$ est deux fois interprété sans isomorphisme, par $\overline{N}(T_1)$ et par $\overline{N}(T_o)$, — ce qui explique le flottement du sens inhérent au fonctionnement du texte poétique. En ce qui concerne le drame, on peut donc y voir une dialectique entre la narrativité de son *plot* $N(T_1)$ et le sens narratif véhiculé par les répliques des sujets énoncés, des «rôles», $N(T_2)$, qui peut s'y opposer ou s'y retrouver ou manifester une infinité de décalages; mais $N(T_2)$ est démonstrativement interprété par $N(T_1)$, et le résultat de cette interprétation est interprété dans le monde indéfini $\overline{N}(T_o)$, par le spectateur. Le rapport entre $N(T_2)$ et $N(T_1)$ est donc parabolique, alors que celui que l'interprétation construit entre $N(T_1)$ et $\overline{N}(T_o)$ ne l'est pas.

Maintenant, l'intérêt de ces micro-analyses est de nous aider à comprendre la dynamique du champ macroscopique des discours. Tout discours est nécessairement un modèle textuel, une architecture typique de strates textuelles à interprétation interne selon le principe que nous venons de voir. C'est-à-dire que les discours qui composent la structure ou la syntaxe sociétale peuvent être analysés selon leur constitution textuelle et énonciative, et que le rôle du récit, et de la narrativité en général, dans l'«esprit» qui semble animer le social, peut être précisé.

4. LES RÉCITS : DIÉGÈSES ET GENÈSES

Nous pensons que le noyau dur du discours politique, le D_3 qui le lie au «pays» au nom duquel il y aura du politique dans ce discours, est une mémoire territoriale. La composante présente, présentifiante, relève du discours pragmatique, D_4, qui le rejoint dans le nœud de la «raison d'Etat» (Fig. 5); mais en soi, le discours social-territorial n'a d'autorité que dans la mesure où il évoque l'*histoire* de la communauté, l'objectivité du passé. Or, cette histoire territoriale, nationale, n'est pas un récit, elle est beaucoup trop objective pour se plier aux exigences formelles d'une narrativité claire et bien-formée. Le lyrisme occasionnel, et pourtant assez récurrent, du politicien indique bien plutôt un modèle textuel *poétique* — à $N(T_2)$, alors que $\overline{N}(T_1)$ est un champ temporel couvert d'états de choses sans cohérence préétablie, une multiplicité hétérogène et infinie de circonstances, sauf pour quelques philosophes de l'histoire, qui essaient, avec plus ou moins de succès, selon la situation («l'état d'esprit» de la nation), de couper le lien délibérationnel D_3-D_4 — à l'œuvre, en ce sens que les Grands Hommes résonnent dans la voix du politicien actuel, comme si le Panthéon était une boîte de résonance pour la corde vibrante de ce musicien avide de mégaphonie, cherchant l'autorité dans le fait de se faire l'interprète et l'héritier d'une Grande Voix du passé; les partis politiques sont discursivement les bureaux d'interprétation, $\overline{N}(T_o) \mid \mid N(T_2)$, se donnant pour tâche de faire valoir les lignes générationnelles de la tradition (à travers, et malgré, $\overline{N}(T_1)$); et c'est précisément l'existence de ces bureaux d'interprétation, pour ainsi dire, que l'histoire politique ne peut pas prendre la forme d'un récit : ces interprétants hétéroclites sont là pour l'empêcher, pour bloquer la narrativisation de T_1 et pour permettre ainsi aux Grandes Voix de T_2 d'arriver sur la scène de T_1. Ce processus est poétique.

La seule contrainte qui s'ajoute, du fait de l'alliance «étatique» D_3-D_4, est celle de la légalité et de la régularité formelle, qu'impose le formalisme de l'interaction pragmatique, $N(T_o)$; c'est elle qui fait rêver certains philosophes du consensus. Mais cette contrainte reste micro-sociale, interactionnelle, T_o, alors que les *problèmes* politiques, eux, transcendent les interactants et s'analysent au niveau de l'énoncé, T_1. Le consensus et les problèmes ne se trouvent pas dans le même monde, cela est structurellement impossible, ce que l'on comprend, si on comprend le rapport entre énonciation et discours.

En revanche, les apports du discours éthnique, D_2, et du discours technique, D_1, au discours politique que nous discutons (toujours en renvoyant à la fig. 6), sont beaucoup plus *ad rem*, parce que ces deux discours-source sont effectivement structurés comme des récits, à $N(T_1)$. Leurs *patterns* narratifs arrivent donc précisément sur le palier où se trouve la problématique politique, $\overline{N}(T_1)$, et ils déchirent véritablement ce panorama problématique en se disputant ses figures et en les tirant vers eux, comme deux attracteurs opposés, deux *devoir-faire* qui hantent le référent politique et exigent du politicien qu'il se fasse l'interprétant de *leurs* scénarios, en éliminant la fonction poétique de l'histoire que nous avons vue.

Le drame est donc le suivant :

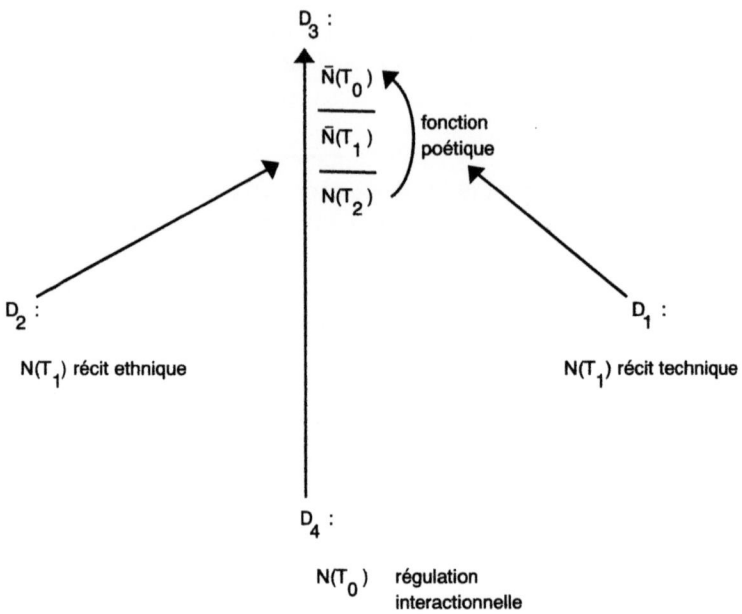

Figure 11.

Les facteurs sémiotiquement déterminants dans la composition du discours politique sont donc : 1) les problèmes objectifs, $\overline{N}(T_1)$; 2) les Grandes Voix du passé, $N(T_2)$; 3) la régulation légale, interactionnelle, $\overline{N}(T_0) \leftarrow D_4 : N(T_0)$; 4) le respect du récit ethnique, $\overline{N}(T_1) \leftarrow D_2 : N(T_1)$; 5) le respect du récit technique, $\overline{N}(T_1) \leftarrow D_1 : N(T_1)$. L'art du possible n'est vraiment pas simple. Et en particulier parce que les deux récits concurrentiels sont structurés chacun selon un *pattern* caractéristique et tout à fait différent.

Nous distinguons les récits techniques et les récits ethniques, soit les *diégèses* et les *genèses*, parce que leurs réseaux actantiels canoniques sont à distinguer. Celui de la diégèse correspond à la forme du «petit récit», de l'anecdote ou du conte de fée, tandis que le réseau de la genèse correspond, comme l'indique ce terme (l'opposition terminologique est développée dans la sémiotique danoise actuelle), au «grand récit» qui raconte une origine et déploie un avenir de salut, comme les eschatologies religieuses, dans leur rapport aux généalogies. Les diégèses structurent le temps selon la figure de la *menace*, alors que les genèses le font selon celle de la *promesse*; analyser ces figures pragmatiques et leur charpente conditionnelle (leur «si-alors», logique naturelle qui impose au temps vécu sa détermination, notamment par la finitude du délai) revient à analyser les récits que leur actantialité rend possibles, c'est-à-dire intelligibles comme figures qui inscrivent la subjectivité dans un temps qui est un sens.

La diégèse, récit technique, présente fondamentalement un système comprenant deux actants majeurs préétablis, un Sujet collectif (la Culture) et un anti-sujet (la Nature) qui constitue une base ontologique, à la fois un lien et un dynamisme, définissant l'être du Sujet en le délimitant et en s'y opposant. En le menaçant. Le graphe actantiel, représentation iconique (localement mathématisable) offrant une écriture remarquablement simple et communicative, nous permet d'esquisser une narratologie diégétique élémentaire. Cette écriture actantielle obéit à un petit nombre de conventions, que nous pouvons résumer : 1) un univers narratif est représenté comme un scénario ou un ensemble de scénarios; 2) un scénario est un ensemble d'actants reliés par des interactions; 3) un actant est une entité schématique élémentaire, donnée dans un espace, où il occupe un lieu ou se déplace entre des lieux; 4) l'actant est modalisé et devient, selon la modalisation, un sujet ou un objet; 5) l'interaction est un échange entre actants et prend la forme d'une suite de transferts qui affectent l'état modal des actants; 6) l'actant est représenté par une ligne de gauche à droite, orientation qui représente le temps; 7) un actant peut en émettre ou en capter un autre, considéré comme mineur, secondaire, par rapport à l'émetteur ou au captateur, considéré comme majeur, primaire; 8) un actant peut cesser dans le temps, mais il ne peut pas surgir *ex nihilo*; 9) un actant ne peut pas bifurquer sans émission, et il ne peut pas fusionner sans captation; 10) tout événement narrativement pertinent correspond à un changement qualitatif montré par un graphe actantiel et apparaissant dans un scénario ainsi défini. Voyons comment une telle narratologie peut être construite.

Dans un premier temps de la diégèse, l'équilibre entre les deux actants majeurs, le Sujet collectif et son anti-sujet, est perturbé par un épisode interactionnel établissant chez le Sujet un *manque*. Il s'agit d'une perte significative, provoquée par une «prise», et donc un «prendre», dont l'agent est une émission actantielle de l'anti-sujet, celle du traître, du monstre, plus ou moins personnalisé dans le contes populaires ou dans les mythes idéologiques :

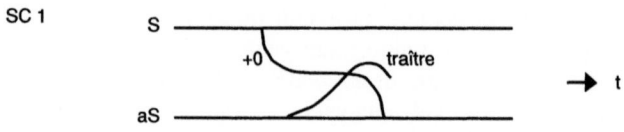

Figure 12.

La nature «anti-subjective» prend, par son bras agentif, un objet +0 et déstabilise de ce fait l'existence de S, désormais affectée du manque et contrainte de réagir. SC 1 décrit la condition *ontique* de l'activité *déontique* de S. Car si S ne réagit pas, son existence est menacée. Une princesse est enlevée, par exemple; l'autorité interne de S, son *self-control*, est ébranlée. Ou la collectivité perd ses ressources vitales à la suite de l'envoi d'un objet négatif :

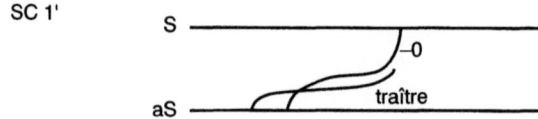

Figure 13.

Cette fois, le traître joue un rôle émissif; mais l'effet de SC 1' reste le même pour S que celui de SC 1, à savoir d'actualiser l'attente d'une fin tragique :

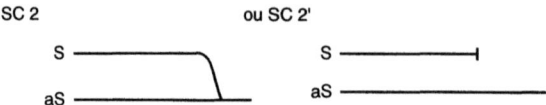

Figure 14.

Après l'établissement du manque, la diégèse présente donc une séquence active, de *performance* et de contre-attaque. Un Destinateur émissif apparaît, et un héros est envoyé vers le traître ou le monstre :

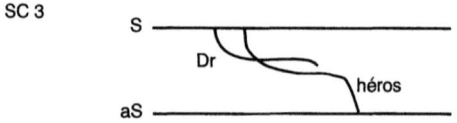

Figure 15.

Souvent, le héros reçoit un renforcement de compétence de la part d'un adjuvant magique, sorte de Destinateur poïétique qu'il rencontre avant sa lutte décisive avec le traître :

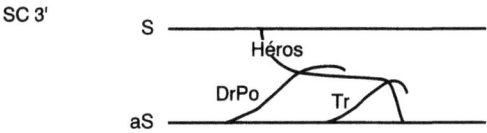

Figure 16.

La Nature peut ainsi porter secours, modaliser l'actant héroïque vers un *pouvoir* accru qui le prépare au « travail » décisif, à l'épreuve, comme le dit la théorie classique. La sortie de cette épreuve, qui comprend souvent toute une série de scénarios interactionnels analogues à ceux que nous avons considérés, et présentant le héros et le traître à la place de S et aS, donc le drame majeur comme en miniature, avec ces antagonistes en position d'actants majeurs, est marquée par le moment du renvoi de l'objet positif :

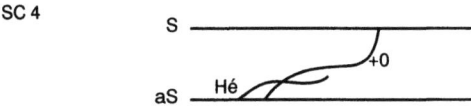

Figure 17.

Il peut s'agir du retour de la princesse, ou de la présentation d'un trophée, de la dépouille de l'ennemi à titre de marque tangible de la victoire du héros. La dernière séquence, celle de la sanction, fait rentrer ce héros lui-même, ou du moins sa mémoire, en vue de la *sanction*, effectuée par un Destinateur d'évaluation.

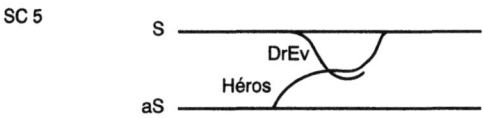

Figure 18.

Le cycle se clôt ainsi, et l'équilibre S-aS se rétablit. La menace est désactualisée. La tension retombe à zéro, et la trivialité se réinstalle dans la collectivité. Le temps aura déployé un sens, mais un sens local, lié à un déséquilibre surmonté, une finalité locale surgissant à l'intérieur d'un non-sens global qui revient avec l'équilibre. Les diégèses sont des récits qui dérangent une trivialité environnante, celle de l'existence pure et simple de la collectivité (S). Le discours de la nature (D_1) raconte ainsi, par un ensemble ouvert de diégèses, ce qui s'appelle «l'expérience» (*Erfahrung*), expérience collective du travail, des problèmes vécus, les intrigues interminables de l'existence à tous les niveaux. Les *problèmes politiques* par lesquels ce discours nourrit le discours (politique) du social ($D_1 \rightarrow D_3$) ont cette forme narrative. Et il est intéressant de constater que la subjectivité de la *polis* se nourrit ainsi de récits diégétiques qui comportent toujours l'introduction d'un principe d'*objectivité* (*physis*), dans la mesure où l'on représente de cette manière les problèmes réels, pressants, urgents, locaux, qui rythment le temps social, parce qu'ils définissent le monde environnant, le référent de toute symbolisation, la base cognitivement pertinente de toute phénoménologie ; la source de tous les schèmes. En ce sens, l'«expérience» est la forme narrative de la connaissance, et c'est sous cette forme-là qu'elle est mise en discours.

Si la diégèse rend compte des «petits récits» de la vie quotidienne, comme suite interminable de petits problèmes et de petites solutions, de tout le *small talk* de la vérité, pour ainsi dire, on peut dire que la *genèse* offre une nourriture discursive autrement festive, solennelle, voire édifiante, à l'«esprit» du social. Il s'agit des «grands récits» et des grandes promesses. Une genèse inscrit le Sujet dans une historicité marquée par un commencement, un trajet et une fin globale : elle structure ainsi un sens cette fois global, qui abolit toute trivialité. Ce type de récit offre un réseau actantiel non binaire, ou seulement binaire de manière indirecte. Un seul actant majeur traverse l'ensemble des épisodes ; on peut l'appeler l'Eternel. Cet Eternel «crée» par émission un second actant, que l'on pourra appeler le Temporel, car son existence est inscrite dans un temps qui expire, arrive à un terme, où l'actant disparaît. C'est le monde créé :

SC 1

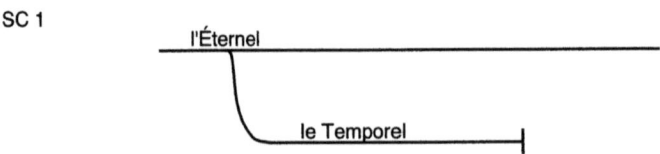

Figure 19.

Dans un deuxième temps, le Sujet collectif arrive sur la scène, par un acte fondateur qui répète le premier :

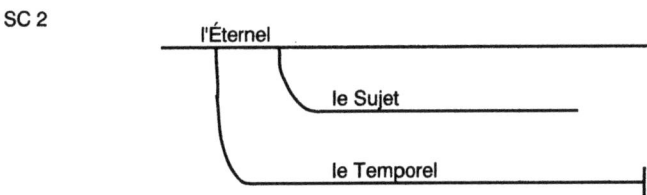

Figure 20.

La création du Sujet peut prendre une forme plus complexe, celle d'une catalyse par l'envoi d'un objet déclencheur d'émission :

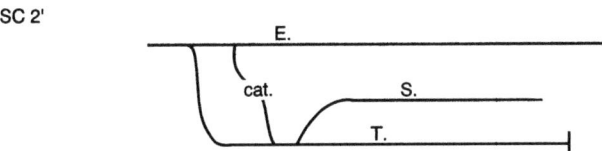

Figure 21.

On peut penser au souffle divin qui au contact de l'argile produit l'Homme. Ou au mystère — répétant ce mystère premier — de la naissance du Christ, humain et divin. Ou de la naissance du dieu aztèque Huitzilopochtli.

Maintenant, le destin de ce Sujet dépendra de sa double condition; temporel (par SC 2') ou analogue au Temporel (par SC 2), il pourra finir par imploser dans le Temporel et partager la finitude de celui-ci; créé par l'acte émissif, direct ou indirect, de l'Eternel, il pourra aussi aspirer au retour vers l'Eternel. Comme la finitude du Temporel impose un délai, le Sujet devra dans ce dernier cas se voir comme « promis » à un assomption, à une aspiration (une captation) par l'Eternel. Les forces captatrices du Temporel et de l'Eternel vont ainsi se disputer sa fin :

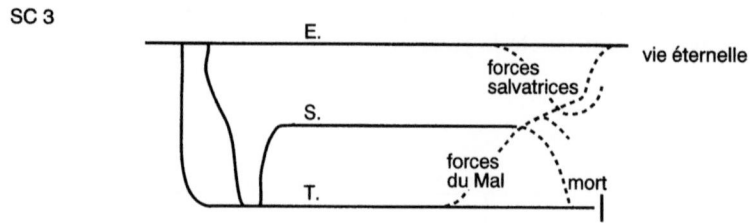

Figure 22.

Ce drame semble inhérent à l'idée de l'historicité du Sujet. Le point capital, le pivot de l'auto-interprétation du Sujet historique, est précisément le « choix » senti entre ces deux issues, cette question de vie et de mort que structure le scénario génétique.

Comme le dispositif est pratiquement ternaire, le Sujet se voit inscrit dans un double échange, d'une part avec tout ce qui relève de sa condition temporelle, de la Nature face à laquelle il est lui-même Culture (ce qui invite à l'enchâssement de diégèses dans le champ qui s'étend entre le Sujet et le Temporel), et d'autre part avec tout ce qui renvoie à sa destination divine, à ce par quoi il ressemble malgré tout à un être éternel et reste sensible à l'appel du Ciel (une diégèse alternative peut parfaitement se déployer dans le champ local qui s'étend entre le Sujet et l'Eternel, diégèse réglant le pacte, par exemple, entre Dieu et son peuple élu, ou comme le disaient les falangistes espagnols, reproduisant la perspective d'un « destin dans l'universel »). Le scénario ternaire peut localement abriter des scénarios binaires, ce qui explique les alliances possibles entre le discours généalogique et eschatologique que la genèse domine (D_2 dans la classification) et le discours technologique dominé par la diégèse comme principe formel (D_1).

Le schéma génétique ne propose aucun retour au neutre, comme le faisait le schéma diégétique; au contraire, il considère les deux bouts du trajet historique du Sujet comme les pôles véritables du sens; d'une part, l'origine qui pose ou projette le Sujet dans un contexte qui extériorise son propre clivage — par sa corporéité, il est *du* Temporel, et par sa spiritualité, il garde la trace de sa provenance divine, de ce par quoi il est *de* l'Eternel —, et d'autre part, le but et la fin, qui abolira le clivage, soit dans la perte, soit dans le salut. Ce récit génétique sémantise le temps humain, non plus en programmant le Sujet pour une activité de simple « réparation », mais en le préparant pour une réalisation qui mettra fin à l'aliénation terrestre, une émancipation définitive, bref une « révolution » qui reconstituera son être même. La genèse introduit le Sujet dans le temps des générations, de l'espèce ou de la civilisation, voire de la philosophie de l'histoire pour qui la subjectivité traverse dialectiquement et irréversiblement les stades, les étapes ou les épreuves qui la rendront digne d'entrer finalement dans un royaume de Dieu, une terre promise, un communisme réalisé, ou un état de grâce définitive situé à la fin de l'histoire. Il s'agit d'un «grand récit». Les investissements changent, des versions explicitement religieuses aux versions séculières; néanmoins, l'effet narratif reste probablement le même, comme si l'affectivité passionnelle déclenchée par la narration provenait directement de la charpente actantielle, et de sa manière de structurer une attente concernant l'identité même du Sujet. La narratologie semble donc ici ontologique, elle gère l'être et le devenir du Sujet dans une objectivité sentie comme réelle dans sa manifestation, souvent confuse, à travers la sensation collective du temps, à travers cette nervosité confuse et diffuse par laquelle tout sujet individuel se sent lié à son groupe et qui prend la forme d'une attente collective.

Le récit diégétique organise ce lien dans le cadre d'une temporalité pour ainsi dire scandée par des accidents qui appellent à chaque fois une régulation pratique et projettent ainsi un sens sur le faire interactif. Toute idéologie du travail légitime diégétiquement la nécessité de l'aliénation productive en renvoyant au manque et à l'effort héroïque, à la déontique et à la sanction, comme si l'individu devait traverser le parcours narratif de l'actant héroïque pour se faire reconnaître par la collectivité et précisément à partir de la marque objective (l'objet de retour, le trophée) pour accéder véritablement au statut de sujet, organiquement lié à une subjectivité régulatrice. Encore une fois, on constate ici le rôle décisif que joue l'objectif, la rencontre cognitive avec «le dehors», et notamment le rapport analogique entre d'une part le héros et le traître ou le monstre et d'autre part le Sujet-Culture et l'anti-sujet-Nature. Partout, qu'il s'agisse de travail ou de guerre, un certain «voyage» s'impose, qui expose un proto-sujet au dehors avant de l'intégrer dans un «dedans» culturel identificatoire. L'«expérience» de ce voyage relate en général l'articulation du cognitif et du pragmatique.

Le récit génétique semble manifester un autre fonctionnement, un autre aspect de la socialisation ou de la subjectivation. Il n'y a pas ici de scansion, et le faire du proto-sujet est interprété en revanche dans la perspective de la grande opposition entre le Temporel et l'Eternel; chaque acte prend le sens soit d'une négociation avec le Mal, à la limite d'un pacte avec le Diable, soit d'une bonne œuvre, d'un sacrifice offert au principe divin à titre de performance spirituelle affirmant une volonté du

Bien; ici, les agissements quotidiens les plus triviaux se trouvent arrachés à leur insignifiance par une ferveur d'interprétation qui légifère et légitime à partir de l'eschatologie collective : le proto-sujet devient pleinement sujet, intégré dans la subjectivité du Sujet collectif, du fait de la signification collective que prend chacun de ses actes; en agissant «mal», non seulement «il se perd», mais il perd le Sujet historique tout entier. C'est le sens de la Morale, comme pratique interprétative. On peut, à cet égard, postuler une différence entre la Morale et l'éthique, en considérant que cette dernière constitue plutôt une régulation relevant de la «raison pratique» (cf. supra et fig. 5), par une stylistique du dire et du faire au niveau du micro-social n'ayant rien à voir avec l'interprétation narrative, mais ayant en revanche tout à voir avec la responsabilité illocutoire, la conséquence et la cohérence logique des propos et des attitudes micro-pratiques, et finalement la manière d'assumer le singulier psychique auquel aucun être humain n'échappe. En un certain sens, l'éthique reste ainsi discrète et secrète, alors que la Morale se dit, se proclame, fait état d'un narrateur explicite qui, en faisant résonner sa voix, s'auto-interprète déjà comme un sujet au service de la subjectivité collective, généalogique et eschatologique. Ce qui est important pour la Morale, c'est qu'elle soit dite, explicitement et même bruyamment, parce qu'ainsi, elle devient un faire matérialisé, une pratique (une moral-isation), au fait un parasitage discursif du faire, un faire secondaire et superposé au faire trivial comme une modalisation autonome. Un *vouloir-faire* en quelque sorte gratuit, désœuvré et prenant ce *vouloir* comme une œuvre à titre propre, celle qui résonne dans sa voix. Au bruit de la Morale s'oppose le silence de l'éthique.

Si la diégèse «étudie» en dernière instance les conditions externes et objectives du collectif, et la genèse en revanche les actes des individus, qu'elle objective et mesure aux valeurs ethniques, on peut dire que l'éthique introduit une régulation qui échappe aux deux narrativités, et qui relève de stabilités discursives moins évidemment «sociales» (D_{4-6}), et cependant très certainement pertinentes au niveau du discours politique, où sont constamment projetées les règles et les *normes* dont il s'agit; cette régulation intense, efficace et implicite mérite une considération particulière.

5. LES NORMES

Nous suivons dans nos échanges verbaux, constitutifs de toute organisation pratique de la vie quotidienne comme des institutions professionnelles, politiques ou étatiques, un certain nombre de principes qui relèvent de contraintes dont il faut reconnaître l'objectivité, dans la mesure où notre symbolisation en dépend et ne peut pas elle-même la constituer. L'étude du discours proprement pragmatique (D_4) révèle ainsi l'existence du phénomène essentiel de la *normativité*, responsable des maximes conversationnelles comme des écarts qui séparent les genres dialogiques en général ; ainsi le dialogue intime, le dialogue amical, le dialogue formel et le débat, l'échange polémique, correspondent à autant de codes normatifs, que l'être parlant apprend plus ou moins à connaître et à maîtriser, et qui sont culturellement variables, mais faciles à comparer, parce que leur structure fondamentale, celle de la *norme* comme telle, comme phénomène quantitatif s'imposant au qualitatif, est partout la même.

Le quantitatif est un registre cognitif représenté par les quantificateurs, les «pronoms indéfinis» des langues qui en ont. Ce domaine reste mal étudié par les linguistes, ou du moins faiblement systématisé. Nous nous permettrons cependant de proposer quelques idées indispensables à l'analyse qui nous intéresse. Il existe apparemment un petit nombre de figures élémentaires, dont la combinatoire crée les effets que nous connaissons comme des valeurs quantitatives. Il y en a au moins quatre :

...	↑	○	|
l'essaim	la flèche	le fermé	l'ouvert
(1)	(2)	(3)	(4)

Figure 23.

L'essaim est une figure de *multiplicité*; la flèche, un indicateur *déictique*; le fermé est une figure de groupe, de classe, d'ensemble, de *domaine*; et l'ouvert, une figure marquant une *différence*. Ainsi, on obtient une idée de NOMBRE, si l'indicateur parcourt l'essaim :

(1), (2) :    (cardinaux et ordinaux)

Figure 24.

La multiplicité s'inscrivant dans le domaine produit l'idée de TOTALITE :

(1), (3) : « tous les... »

Figure 25.

La quantification existentielle correspondant à QUELQUES, CERTAINS s'obtient en appliquant le marqueur de différence sur la multiplicité :

(1), (4) : « quelques... »

Figure 26.

L'indicateur appliqué au marqueur de différence nous donne le corrélatif correspondant à MÊME versus AUTRE :

(2), (4) : « même » « autre »

Figure 27.

Et dans un autre sens, on obtient l'effet PLUS-MOINS :

« plus... »
« moins... »

Finalement, en appliquant l'indicateur au domaine, nous retrouvons l'idée de *norme*, c'est-à-dire de ce qui relie les expressions TROP, AS-SEZ, BEAUCOUP, TROP PEU :

(2), (3) :

Figure 28.

Le domaine indique, à vrai dire en l'interprétant dans la seule dimension de la flèche, une zone de pertinence, où se stabilise une qualité, si la quantité est appropriée.

L'intérêt de cette analyse nous semble être de nous permettre de systématiser un champ sémantique qui résiste à toute paraphrase, dans la mesure où les quantificateurs reviennent dans la paraphrase et la rendant tautologique; la géométrie nous sort de cette difficulté et nous amène à faire l'hypothèse qu'il s'agit à vrai dire d'une schématisation catégorielle fondamentale et naturelle.

Si la norme est naturelle en ce sens, comme pure forme dynamique (traversée de domaine), son investissement est évidemment plus arbitraire. La version la plus simple est sans doute celle que nous offre la proxémique, la pragmatique des distances, notamment entre interlocuteurs, selon les genres dialogiques. Mais dans la catégorisation des choses, la norme intervient sensiblement et nous fait chercher le *typique*, le type étant ce qui n'est ni «trop» X, ni «trop peu» X, mais juste «assez» X pour mériter le prédicat. Le prédicat est donc relié au sujet par une évaluation normative. La chose possède une qualité dans une certaine quantité, qui détermine sa «typicité». La norme semble ainsi contenir, dans son fermé, le renvoi à une image, à une représentation iconique qui catégorise la chose, à condition que la chose offre la «bonne» quantité de la qualité requise.

La catégorisation des actes fait intervenir de la même manière le normatif. Faire quelque chose, c'est faire X, mais sans en faire ni «trop», ni «trop peu». Le faire juste «assez», c'est permettre la catégorisation qui reconnaît l'acte comme relevant clairement d'un type. Les caractéristiques du faire doivent s'offrir en une quantité qui soit la «bonne». Si le dosage est faux, le faire perd son prédicat ou sa désignation comme acte. Il perd en effet sa *forme*, comme une performance théâtrale qui «en fait trop» ou «trop peu»; dans ce cas, on ne sait plus ce qu'elle veut dire exactement. Le faire langagier est extrêmement sensible à ce réglage. L'*ironie* est un effet de déformation obtenu précisément en faisant «trop». Si une affirmation est trop forte, elle «ne ressemble plus à rien», sa typicité disparaît. La réponse à une question, dans tous les genres dialogiques, peut être trop précise ou trop imprécise (la maxime quantitative de Grice). Il semble ainsi que toute communication, tout échange intersubjectif, doive son interprétabilité au réglage normatif qui assure quantitativement l'inscription du qualitatif dans un imaginaire catégorisant.

Le temps intersubjectif obéit au même mécanisme. On ne parle ni trop longtemps, ni trop brièvement. On fait attendre l'autre, si l'attente appartient à l'acte en question, selon une norme qui est présente dans toute éthique. L'offensé qui se venge attend, et l'offenseur sait plus ou moins jusqu'à quand il reste en danger; une promesse ne peut pas être prolongée infiniment, comme elle ne peut pas non plus être tenue, accomplie, tout de suite. Un don qui appelle un contre-don stipule une «bonne» attente, pendant laquelle l'attendant ne revendique pas son dû; le contre-don ne peut pas arriver immédiatement après le don, d'autre part (ou alors, on vire dans le troc). *Tout rythme est une question de normes.*

L'analyse de la passion passe par la norme. Dans ce cas, le normatif s'applique à un scénario actantiel. Prenons trois exemples. La passion semble être fondamentalement un énervement; une réaction d'irritation; regardons un cas simple d'irritation devant un comportement *avare* :

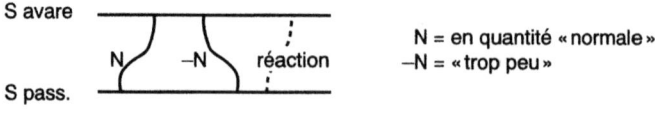

Figure 29.

L'avare reçoit en quantité normale, et rend en quantité sub-normale; l'autre s'énerve. L'énervement réagit à un manque de respect de la norme qui contrôle un échange. Remarquons que l'avarice n'est pas une passion, puisque la réaction surgit chez son autre.

Notre deuxième exemple, l'*envie*, est bien « une passion », puisque cet état et le lieu de l'énervement passionnel coïncident :

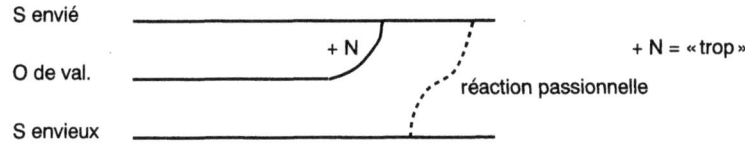

Figure 30.

Le sujet envieux voit son autre recevoir « plus que son dû », une quantité supra-normale, et cette lecture normative des faits déclenche sa nervosité, une symbolisation qui contient, d'ailleurs, l'esquisse d'un programme pragmatique, en général interprétable et faisant partie de l'état d'envie : « je veux prendre la place de cet autre trop favorisé »; ou moins agressivement : « je voudrais être à sa place ». La source de l'objet portant la valeur +N semble souvent ou toujours être très vaguement déterminée; dans les cas purs, on dirait qu'il s'agit du Destin, et que l'envie fait partie d'un débat entre sujet et fatalité (l'autre « a de la chance »). On voit que ces scénarios relativement simples pourront se greffer sur les grandes structures macro-narratives, et que cette passion pourrait, par exemple, s'inscrire dans le rapport génétique d'un individu avec l'Eternel; son autre envié est alors interprété comme étant favorisé par un échange supra-normal qui le prédestine au salut, et qui déprime notre sujet corrélativement exclu de la promesse (inhérente à la genèse).

Le troisième exemple, la *jalousie*, explicite une telle structure à trois actants.

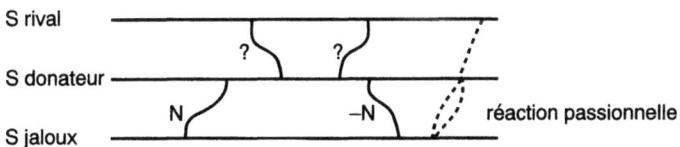

Figure 31.

Le sujet jaloux pense avoir droit à une réponse N, mais reçoit une réponse -N qui le fait conclure à l'existence d'un échange alternatif, moins légitime (établi *a posteriori*), en général secret, qui explique l'infra-normalité de ce qui lui revient du sujet donateur. L'énervement passionnel contient une symbolisation programmant une menace de mise à mort du rival.

On peut se demander si la Passion du Christ est une passion analysable selon ces lignes; si cette «souffrance» ou cet énervement provient du fait que les humains-donateurs répondent de manière infra-normale à son appel, pris qu'ils sont dans d'autres engagements. L'amour de Dieu pour les humains est certainement un énervement devant la distraction avec laquelle ils répondent à ses attentes. Si l'amour est bien, et par excellence, une passion, il partage sans doute la structure de la jalousie.

Si les scénarios actantiels décrivent une organisation qualitative du sens correspondant au dynamisme événementiel, actionnel et passionnel qui structure nos idées du faire et même de l'être (actantiel), on peut constater que chaque événement qualitatif ainsi représenté implique d'autre part une quantification normative; chaque actant mineur est en principe doté d'un indice renvoyant à une norme, de sorte que l'échange comme ensemble d'événements actantiels recouvre un système de normes, concernant à la fois le «combien» et le «quand». C'est ainsi que le moindre rapport bi-actantiel — un acte d'éloge ou d'offense, par exemple — devient intelligible pour les sujets impliqués grâce à l'*effet analogique*, iconique, imaginaire, de la lecture normative. Tel acte «ressemble à quelque chose» uniquement dans la mesure où son réglage normatif établit ce rapport catégorisant. Mais cela veut dire que ce rapport bi-actantiel, en devenant intelligible et intersubjectif, implique imméditament un *sujet de la norme* qui transcende largement la subjectivité locale en question. L'iconicité qui catégorise l'événement, et qui détermine donc s'il y a bien offense, éloge, etc., intervient pour ainsi dire au nom d'un Sujet collectif présupposé et inévitable; c'est essentiellement pour cela que les sujets d'une interaction quelconque se sentent nécessairement *narrés* (et qu'à l'illocution se superpose une perlocution qui décide, de l'extérieur, de «ce qui se passe»), interprétés par un narrateur catégorisant, opérant au niveau du moindre de leurs actes. Pratiquement, on prend les passants à témoin du sens véritable de chaque mouvement ou événement qui donne lieu à un différend interprétatif local. On peut donc dire que le sujet n'est jamais seul, radicalement, et qu'il est génériquement contraint de s'interpréter du point de vue d'une subjectivité qui le transcende, pour pouvoir effectuer la moindre catégorisation de «ce qui se passe».

Les normes s'imposent, nous l'avons vu, à des ensembles scénariels, plutôt que de marquer une seule entité qualitative, nominale ou verbale (chose ou état); une norme renvoie à d'autres normes à l'intérieur de cet ensemble, qui constitue un intelligible, un scénario reconnaissable et évaluable. Dans un échange relevant du genre dialogique amical, on peut observer que les objets verbaux, gestuels et matériels échangés dans les deux sens se répondent de manière relativement approximative, imprécise, comme si un certain «flou» devait régner dans ce mode d'échange; on «fait confiance» pour l'interprétation, mais en respectant une norme paradoxalement stricte dans son exigence d'ouverture et de variation quant aux performances, ouverture qui rend la réponse interprétative tout aussi ouverte. Le respect qui règne dans la pragmatique amicale est sans doute un effet de cette quantification fortement normative *au niveau des objets* : les sujets eux-mêmes y échappent, et deviennent par conséquent «invisibles» l'un pour l'autre, les uns pour les autres (parce que l'absence de jeu de normes est une absence d'imaginaire : les sujets perdent leurs images et deviennent de purs noms propres, associés à «ce qu'ils font»).

Échange amical :

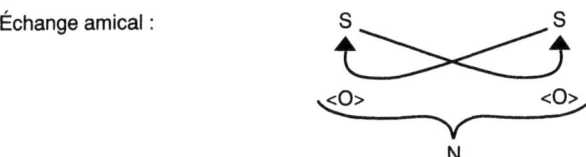

Figure 32.

Le genre amical est ainsi une pragmatique remarquablement «objective», orientée vers les objets, vers leurs significations, leurs valeurs d'information, etc. C'est dans ce mode de communication que le monde du sujet s'élargit en intégrant le monde de l'autre. Les groupes amicaux spéculent, construisent, forment des hypothèses et interprètent en commun un monde environnant et plus abstrait ou éloigné. Ils conversent.

Mais le genre amical est informel; il présuppose un genre formel qui définit les statuts, les rôles et les rangs, et qui permet au groupe amical d'agir, au besoin, face à d'autres formations subjectives externes. Il saute alors à un registre différent, qui est celui des actes langagiers. Ce type d'objets verbaux n'a plus le caractère flou des performances amicales; l'acte langagier est un phénomène objectal singulièrement fermé quant à sa sémantique, singulièrement rigide dans son schématisme, visant un domaine ontologique suffisamment restreint pour que le jeu interprétatif soit presque absent : la parole qui fait «acte» en ce sens devient momentanément univoque. Il s'agit en effet d'une sorte d'extase par laquelle le sujet sort de son être individuel (relativement invisible, nous l'avons vu) pour incarner l'énonciateur de T_o (cf. supra, chap. 3, et fig. 10), la voix impersonnelle que toute idée du *présent* présuppose («maintenant, ici, il y a...»), et qui crée ou définit les rôles des sujets, en les normativisant. C'est cet effet d'extase performative qui explique la déformation et la formalisation de l'intonation des phrases qui manifestent les actes langagiers, en ritualisant pour ainsi dire le langage. Contrairement à ce que l'on constate pour l'échange amical, on a ici un déploiement de typicité et d'iconicité, une imaginarisation, à l'endroit des sujets, alors que les objets deviennent précis, nominaux, littéraux :

Échange formel :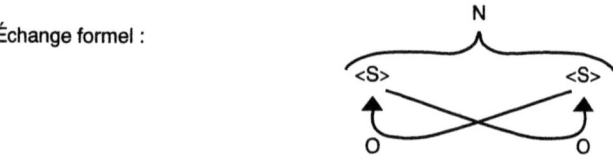

Figure 33.

Et cela, parce que les sujets deviennent des rôles actantiels, se narrativisent. La bénédiction, action du prêtre et passion des fidèles; le serment politique ou professionnel; les rites de passage, examens, inaugurations, etc.; partout, les objets se littéralisent, et les sujets se visibilisent, à l'inverse de ce qui se passe dans l'échange informel.

Notre analyse de la passion pourrait indiquer dans cet énervement, qui se présente à l'occasion de tous les déréglements normatifs concernant les objets, un *état de transition* entre le régime informel et le régime formel : l'état passionnel serait, au-delà de son programme d'action symbolisé, un appel à la formalisation et à la redéfinition du sujet par un acte langagier (la jalousie est une demande de serment). Il y aurait ainsi une complémentarité pragmatique entre les deux types d'échange, les deux genres principaux de la pragmatique, et un dynamisme de transition passionnel, d'ailleurs orienté (de l'informel vers le formel, alors que le sens inverse n'est pas marqué : c'est le simple «bonheur», la *felicity* apparaissant dans les analyses philosophiques des actes langagiers (*felicity conditions*)).

Nous avons dit que la sémantique de ces actes était fermée et rigide ; elle l'est dans la mesure où elle se limite à opérer une *modalisation*, soit d'un état vécu (un *devoir-être* assignant au sujet un horizon déterminé : modalisation *ontique*), soit d'une fonction vécue (un *devoir-faire* assignant au sujet un progamme déterminé : modalisation *déontique*). Si nous étudions les actes impliquant deux sujets, nous trouvons quatre grandes figures performatives :

A. La déclaration : S_1 *dire* = *faire* au nom de S_0 que *devoir-être* X_{S_2} (S_1);
B. La nomination : S_1 *dire* = *faire* au nom de S_0 que *devoir-être* X_{S_1} (S_2);
C. L'engagement : S_1 *dire* = *faire* au nom de S_0 que *devoir-faire* X_{S_2} (S_1);
D. L'injonction : S_1 *dire* = *faire* au nom de S_0 que *devoir-faire* X_{S_1} (S_2);

A et B sont des figures ontiques ; C et D sont déontiques. A et C présentent une coïncidence entre le performateur et l'agent (S_1) ; dans B et D, le «performataire» est visé comme agent. L'agent n'est pas programmé dans les figures ontiques ; il est simplement situé, dans l'état X concernant l'autre sujet. Dans les figures déontiques, l'agent est programmé par X, qui contient le schème du programme et la place de l'autre sujet dans le schème.

A peut être une déclaration de guerre ou d'amour, une déclaration fiscale ou légale (déclaration des Droits de l'Homme). B peut être une nomination pour un poste de travail, un statut honorifique ou béatifique (une bénédiction), voire maléfique (une malédiction) ; l'éloge et le défi relèvent de cette catégorie. C peut être un engagement conctractuel ou moral, un serment, une promesse directe ou indirecte, c'est-à-dire une permission. D peut être un ordre, une interdiction : X peut être «positif» ou «négatif» ; dans les deux cas, on sent un effet de menace qui provient de S_0, l'instance transcendante dont l'acte semble exprimer la volonté, et dont l'agent peut craindre la sanction, s'il désobéit. L'«esprit» de S_0 se fait également sentir, bien entendu, dans les autres figures. L'engagement rend responsable, parce qu'il jure par S_0, explicitement ou implicitement ; l'Eternel génétique envoie régulièrement ses Commandeurs aux Dom Juan qui le font perdre patience. La déclaration et la nomination créent des responsabilités chez les agents selon le même principe. La seule différence qui joue à travers les quatre figures, c'est que les actes *autopoiétiques* (A et C) établissent *ipso facto* ce lien entre S_1 et S_0, alors que les actes *allo-poiétiques* (B et D) attendent en principe la réponse de S_2, son acceptation, avant de l'établir (entre S_2 et S_o).

Résumons la classification des figures :

acte langagier	ontique	déontique
auto-poétique	déclaration	engagement
allo-poiétique	nomination	injonction

Figure 34.

A l'arrière-fond de ces actes langagiers, il y a bien une narrativité, diégétique ou génétique, ou les deux, responsable de leur contenu technique et moral ; mais le mécanisme normatif qui les établit n'est pas réductible à ces présupposés. Il semble bien relever d'une contrainte pragmatique autonome, objectivable à titre propre et analysable au niveau de la catégorisation par quantité. Selon le linguiste danois Brøndal, la quantification serait un phénomène directement lié à une pensée du social, du groupement et de la prédication normative qui l'organise.

6. DU LOGIQUE

On peut considérer les contraintes logiques comme infra-pragmatiques, dans la mesure où elles interviennent à l'intérieur de l'énoncé échangé dans l'intersubjectivité. Ces contraintes concernent la coexistence des corrélats de pensée, soit des états de choses ou des phrases qui les analysent. Une telle coexistence, dont il s'agit au niveau discursif infra-pragmatique immédiat (D_5, supra), fait que les champs de validité, sorte d'aura causale autour de la chaque état de choses, se touchent et s'intègrent mutuellement, sans faire coïncider entièrement les champs ou leur contenu. On dira que les états de choses « se conditionnent », ou que les phrases établissent des rapports logiques entre elles. Il est intéressant de remarquer que ce processus de mise en relation peut toujours s'analyser aux deux niveaux : au niveau des représentations phrastiques, comme des contraintes épistémiques ; au niveau des choses mêmes, comme des contraintes déontiques. Seulement, la forme des contraintes aux deux niveaux n'est pas exactement la même.

La grande question de savoir si la communication est un processus humain cherchant en principe le *consensus* ou non, concerne peut-être essentiellement ces phénomènes logiques, et dépend de la manière dont on les analyse. Comme le fait même d'*informer* quelqu'un relève indirectement d'un acte langagier qui rend responsable, à savoir celui de la *déclaration* («je déclare être en régime de vérité», pour ainsi dire, «je déclare donc vouloir minimiser la distance qui sépare ma pensée et ma parole, mes jugements et mes phrases»), le sujet répond, devant un S_o abstrait, principiel, mais inévitable, de l'exigence fondamentale caractérisant ce régime : s'il *informe*, et s'il dit que P, il dit par là qu'il pense que P, ce pourquoi il ne peut pas dire aussi que non-P (l'ironie et le mensonge sont exclus); s'il dit P, il est responsable et s'*engage* à penser P (conséquence déontique de l'ontique déclarative). A ce stade — ou l'on peut identifier les deux niveaux logiques, et parler indistinctement de phrases ou d'états de choses, parce qu'il s'agit d'un seul terme P —, le consensus semble bien régner, et la communication échange volontiers des engagements et des déclarations de ce genre : le principe de non-contradiction est un exemple parfait de ce qui fait l'objet du consensus inhérent à la collaboration informationnelle. Malheureusement, cet exemple est parfait, parce qu'il est le seul, il est l'exemple de lui-même. Dès que l'on introduit un second terme, le *dissensus* explose irrémédiablement, et nous verrons pourquoi. On pourrait alors penser que la *recherche* de consensus est une tendance qui se manifeste à partir de ce dissensus, et qui essaie de trouver à chaque fois un terme simple, synthétique, intégrant les deux termes (au moins) selon leur rapport; et c'est sans doute ce qui se passe réellement, dans la communication. Seulement, cette synthèse dépend d'un travail thétique cognitif, opérant sur un rapport objectif; elle dépend de la symbolisation modale d'une objectivité (cf. fig. 4).

Au chapitre précédent, nous avons vu que l'ouverture vers l'objectivité ne caractérise pas la communication en soi, mais qu'elle est le propre de l'échange informel, amical (fig. 32). Tout le monde sait qu'il est inutile de discuter avec «les ennemis», et que la polémique ne mène à rien; c'est qu'elle est un échange formel, elle n'a donc aucun effet épistémique. Encore une fois, la seule règle consensuelle qui reste en vigueur en polémique est celle qui fait respecter le principe de non-contradiction (et cet argument bourdonne dans toute polémique : «tu te contredis!»). Car toutes les autres bases consensuelles possibles sont objectives et recourent au cognitif. Et seule l'amitié semble cognitivement orientée, précisément parce qu'elle permet aux représentations de varier, elle permet une certaine imprécision, qui donne libre jeu aux variations modales des objets. Elle permet à l'intelligence de vaguer; et l'intelligence est nécessairement vague, elle ne saisit bien que dans l'à-peu-près.

Nous voulons dire qu'il n'y a jamais de consensus sans groupe (sans amitié), et que rien ne peut dissoudre les dissensus qui règnent entre les groupes, si le rapport entre ces groupes est formel. Autrement dit, l'objectivité est impuissante à dissoudre les dissensus existant entre groupes. Radicalement impuissante. Pour pouvoir penser que *la* communication tend vers le consensus, il faudrait penser que nous sommes dans un régime d'amitié illimitée, et que les groupes n'existent pas.

Regardons maintenant au moins brièvement ces bases logiques de consensus, organisant les conjonctures à deux termes. Il est pratique de distinguer entre un registre *analytique*, dont le fonctionnement est épistémique, et un registre *synthétique*, inférentiel et déontique. La figure la plus forte de la logique analytique est l'implication. On peut dire que l'implication concerne le rapport entre deux propositions, et qu'elle opère un transfert de la «force assertive» (l'«être vrai») de l'une à l'autre. $p \Rightarrow q$ décrit un tel transfert, de p vers q. Si p n'a aucune force assertive, aucune charge de vérité, dans une énonciation, alors il n'y a rien à transférer à q, et ce dernier terme propositionnel garde la valeur qu'il avait déjà. Pour deux valeurs seules (en logique non modale), on a donc la table connue :

$p \Rightarrow q$:   vrai : p   q   – transfert effectué
　　　　　　vrai : $\bar{p}$ q   – rien à transférer
　　　　　　faux : p $\bar{q}$ – pas de transfert, donc pas d'implication
　　　　　　vrai : $\bar{p}$ $\bar{q}$ – rien à transférer

Dans une étude récente, Alain Trognon a présenté et discuté une recherche expérimentale, où on a demandé à quelques personnes de vérifier l'existence d'un rapport d'implication entre des signes marqués sur le recto et le verso de quatre cartes. On constate que tous font le test par p (attente de q, car p + $\bar{q}$ est inadmissible en implication), et que certains commettent l'erreur de tester par q (attente de p, malgré le fait que q + p et q + $\bar{p}$ sont admissibles); alors que fort peu s'avisent de faire le test par $\bar{q}$ (qui justifie une attente de $\bar{p}$). Cette observation surprenante montre que la logique naturelle lit le rapport *si - alors*, formule dont on se sert pour dire l'implication (si p alors q), mais qui renvoie à tout autre chose, et à notre avis, que cette figure analytique est confondue avec une figure qui domine la logique synthétique, et qui est la *condition*.

Le schème analytique qui sous-tend la table des valeurs de vérité est évidemment une petite géométrie prédicative, selon laquelle un actant traverse un champ qui le fait assumer deux prédicats, p et q, de telle sorte que q est le contexte nécessaire de p :

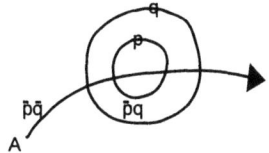

Figure 35.

C'est cette contrainte inter-prédicative qui définit l'implication en logique analytique (p est «inhérent» à q); toute logique analytique analyse des espaces prédicatifs. Or, en logique naturelle, on ne définit que très rarement les prédicats, alors que l'on désigne souvent les actants par des prédicats, ou plutôt, on décrit les actants en vue de les faire reconnaître ou pour les rendre dramatiquement visibles. Et comme on ne les définit pas, corrélativement, les prédicats flottent très librement, ne forment pas de hiérarchies stables, et sont en général expliqués par des références aux actants les plus notables qui les portent. Il faut donc un effort particulier pour penser, dans l'expérience des cartes, non pas à l'actant (la carte) investi de p/q (recto/verso), mais à la seule contrainte inter-prédicative. En revanche, cette contrainte est importante pour le contrôle des langages construits, où les actants sont beaucoup plus ephémères, abstraits, et se définissent inversement à partir des prédicats, comme par exemple dans le langage juridique, domaine privilégié de la logique analytique appliquée.

En un certain sens, la logique analytique est nominaliste; on n'a pas à se demander pourquoi p «est dans» q dans le schème, en raison de quel procès naturel; p est dans q par définition, par décision, et ce fait relève de l'histoire du langage construit qui exige ou respecte cet ordre. Il n'y a rien à «comprendre» quant à ce qui contraint objectivement q à contenir p, où p à rester dans q. Le monde n'a aucune pertinence pour l'ordre en question. Et un tel langage est surtout efficace comme métalangage contrôlant un système d'actes langagiers. L'échange formel est nominaliste, constitutivement.

La schématisation synthétique est d'une autre nature. Au lieu d'être nominaliste, elle est nettement réaliste, et vise «ce qui se passe» au niveau des choses et des événements. La condition — que l'on confond avec l'implication à cause du *si - alors* qui l'exprime — est une contrainte logique qui caractérise les actants, que ce soit des choses ou des états de choses, mais jamais les prédicats comme tels. Si P, alors Q : comme condition, nous proposons d'écrire ce rapport P → Q (et d'utiliser des majuscules, qui font penser aux noms propres, qui suffisent pour identifier les actants). La logique naturelle abonde en expressions synthétiques qui présupposent la condition. Ainsi des formules causales, finales ou concessives :

(1) Q parce que P (car P → Q)
(2) P̲ pour que Q (car P → Q)
(3) Q̲ bien que P (et P → Q)

 La condition sous-tend (1) comme un mécanisme objectif qui est déclenché par la réalisation de P. Elle fonctionne comme un contenu intentionnel qui motive la réalisation de P, dans (2). Et elle motive comme une attente déçue l'étonnement concessif de (3). Cette dernière formule nous montre en plus qu'elle supporte la contrefactualité, c'est-à-dire qu'elle est plus faible que l'implication, et en un sens plus forte, puisqu'elle résiste, comme figure, à la situation qui l'invalide. Ces formules ne sont évidemment pas analytiques; par l'expression causale, je n'entends pas que Q « contient » P; mais que P est la cause de Q. (1) peut d'ailleurs exprimer un rapport analytique («tu es bête parce que tu penses cela»; l'idée n'est pas que telle pensée rend bête, mais que cette pensée relève de la bêtise, p est dans q, par définition de mon langage construit), mais alors il ne s'agit plus d'une expression causale; son sens est épistémique, et comme la langue ne spécifie pas ce registre, on se sert de la formule dont la sémantique y ressemble le plus pour se faire comprendre.

 La condition, qui peut s'exprimer telle quelle ou se donner implicitement dans les expressions synthétiques (la conjonction *mais* fonctionne souvent exactement comme la formule concessive (3); la conjonction *et* peut fonctionner comme la formule causale (1)), effectue bien un transfert de P à Q; mais en termes comparables à ceux qui décrivent le rapport inter-prédicatif de l'implication, il faudrait dire ici que c'est le trajet réalisatoire de P qui devient celui de Q. Si le *devenir* d'un actant est ainsi un passage d'une strate *non-être* vers une strate *être*, dans un espace ontologique, le chemin de P est «hérité par» Q :

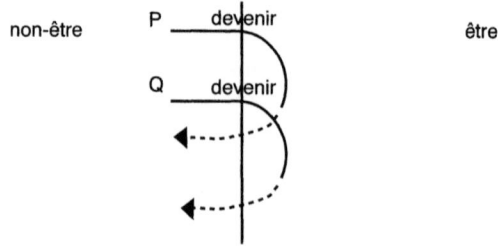

Figure 36.

Ce schème contient l'idée d'un ordre temporel, absent dans le schème implicatif; mais aussi l'idée d'un contact entre les deux termes, d'une continuité qui déploie un dynamisme par lequel P, du côté de l'être, «tire» pour ainsi dire Q vers l'existence (un rapport maïeutique, en quelque sorte). On voit que, même si l'on traduisait les valeurs de vérité en valeurs d'existence, on n'aurait pas une table analogue, puisque cette «création» de Q par P prend du temps. D'abord $\overline{PQ}$, ensuite PQ et finalement, éventuellement, $\overline{P}Q$.

La lecture des indices par des inférences est un processus interprétatif qui semble logiquement formalisable en termes analytiques : s'il y a de la fumée, alors il y a du feu, p (fumée) ⇒ q (feu); mais cette interprétation ne procède pas par une analyse de la hiérarchie conceptuelle qui déduirait un prédicat de l'autre, elle remonte au feu comme source possible de la fumée, elle fait donc la conjecture de l'existence d'une création de Q par P, selon le schème conditionnel. Car s'il y a du feu, alors il y aura de la fumée, P (feu) → Q (fumée). Sous la forme épistémique de l'inférence, on trouve donc une forme déontique; sous le *devoir-penser* épistémique, l'interprétation imagine un *devoir-faire* objectif en sens inverse :

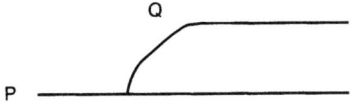

La continuité PQ sous-jacente peut d'ailleurs prendre plusieurs formes. La plus simple est sans doute celle d'une émission actantielle :

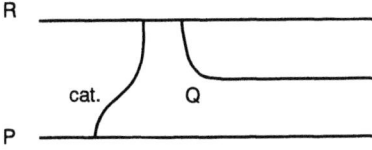

Figure 37.

Mais P peut aussi opérer par catalyse :

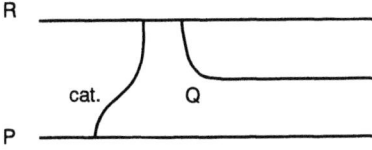

Figure 38.

Dans ce dernier cas, les deux « causes » P et R peuvent avoir un statut modal différent; R peut être une condition nécessaire, et RP peut constituer un ensemble nécessaire et suffisant, alors que P n'est ni nécessaire, ni suffisante (Q enfant, R mère, P père); ou les deux peuvent être considérés comme nécessaires (Q moi, R *ma* mère, P *mon* père). En général, l'émission simple, sans catalyse, est probablement ce qui correspond à l'idée d'une « condition totale », nécessaire et suffisante; mais les causes objectives sont le plus souvent capricieuses, indirectes ou dépendantes, « circonstancielles », jusqu'à perdre tout contact avec leur effet sauf par l'intervention d'un certain « esprit », fatal ou magique. Le raisonnement scientifique pourrait se définir par son engagement à maintenir les complications et les ramifications conditionnelles, là où le raisonnement quotidien coupe court et revient à l'émission simple, quitte à inventer une protase P assez fantastique. Cette différence n'est que relative, bien sûr; tout raisonnement s'arrête quelque part, et le moment d'arrêt, le degré de complication, est une question de *norme*, surtout de norme d'exposition.

Le consensus sur l'analyse d'un problème est un accord, à la fois sur la structure schématique d'un complexe conditionnel, et sur le nombre de facteurs admis; c'est un accord à la fois qualitatif et quantitatif. Le *style* d'un raisonnement dépend évidemment de ces deux aspects, et si la propagation sociale d'un raisonnement est si étonnamment incertaine, c'est que ce style est perçu avec une netteté beaucoup plus grande que le contenu du raisonnement, du fait de sa constitution normative.

Le rapport symbolique entre les sujets de la communication, quelle qu'elle soit, se constitue à partir d'une inférence mutuelle élémentaire, par laquelle on interprète la performance de l'autre comme composée de segments *signifiants* relevant d'un code (le code symbolique est une entité qui « émet » des signifiants, et qui les conditionne selon $P \rightarrow Q$, fig. 37); d'autre part, cette interprétation suppose que le caractère codé des objets s'explique par l'existence d'un dynamisme intentionnel chez l'autre, d'un vouloir-dire et d'un *signifié* à comprendre (le code émet des signifiants selon une catalyse intentionnelle; le code est maintenant R, et le signifié P, fig. 38). L'inférence complexe qui transforme une situation sujet-objet en une communication sujet-sujet contient donc, chez les sujets qui se « subjectivisent » au lieu de s'objectiver, un scénario sémiologique :

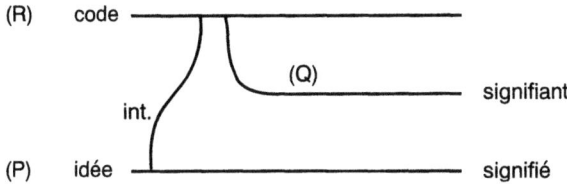

Figure 39.

P est ici une entité située dans l'intériorité de l'autre comme sujet, disons le contenu intentionnel, que le processus performanciel passant par la causalité symbolique permet d'«exprimer», sans évidemment le faire quitter cette localité inaccessible; R est l'élément partagé, qui — supposé exister collectivement dans l'ethnie ou la communauté savante — fait supposer que le signifié global de l'énoncé peut être reproduit de la même manière. L'idée d'une telle sémiosis fait l'objet d'une sorte de croyance fondatrice, d'un contrat phatique, sans laquelle il n'y aurait pas d'interprétations (visant P, à partir de Q).

Un sujet suppose qu'un autre sujet raisonne par inférences, et que ces opérations sont en principe transmissibles, d'une part parce que leur structure logique ne diffère pas de celle de ses propres inférences, et d'autre part parce que les codes disposent de moyens grammaticaux suffisants pour faire de la chaîne signifiante, à part ses autres fonctions, une suite d'instructions permettant, *grosso modo*, de les reconstruire. Il y a bien, ainsi, une objectivité logique qui circule entre les sujets, si cette supposition est justifiée. La reproductibilité des argumentations, ainsi que leur traduisibilité de langue en langue, facteurs sans lesquels aucune politique ne serait possible, montre en effet que ce réalisme sémiotique, que l'on retrouve spontanément chez les être parlants, est valable, difficile ou impossible à écarter, même s'il s'agit d'une croyance.

Une certaine critique du signe, qui a voulu rendre au texte, à chaque texte, son unicité et sa singularité absolue, à titre de symptôme d'une subjectivité indicible, a dû identifier théoriquement les instances du code et du contenu logique, et a donc dû penser les signifiants comme issus d'une émission simple, effectuée par un actant P massif, opaque (la subjectivité envisagée comme un Inconscient matériel, sans idées ni schèmes, mécanique); cette coïncidence de P et de R fait disparaître, précisément, l'intentionalité et tout vouloir-dire, pour substituer à l'attente du signifié, dans l'interprétation — inspirée de la psychanalyse, qui installe ainsi un sens non-intentionnel, un petit «esprit», directement dans le code (le symbolique) — une attente de comportement énergétique, d'émissions par intensité pure : l'alternative au réalisme sémiotique est ainsi un nominalisme électrique. Cette critique du signe nous semble intéressante dans une autre perspective, dans la mesure où elle vise le rapport du sens et du *psychique*; en revanche, elle reste sans pertinence dans le registre du logique.

7. DU TEMPS COMME TEL

Si les contraintes que nous venons d'étudier se situent au niveau infra-pragmatique immédiat (D_5, fig. 5 et 6), celles qu'il nous reste à évoquer descendent en effet au niveau infra-logique où un certain nominalisme semble pouvoir se justifier, si l'on considère que l'incarnation du code dans un *corps* singulier transforme ses éléments en propriétés de ce corps, investies de tout ce qui le singularise : et ce qui singularise le corps, c'est ce que nous appelons le *temps*, et que le corps rend significatif par ses dispositifs de *mémoire*. Le discours est partout, et quel qu'il soit, marqué par les contraintes *psychiques* qui imposent au sujet de saisir le monde à travers le temps, et de symboliser cette saisie même à l'occasion de toute saisie d'objet.

La phénoménologie du temps n'évite pas la métaphore du flux, du fleuve ou du «passage» fluide; un corps descend dans le fleuve, et il sent la différence entre l'«amont» et l'«aval», entre ce qui relève de l'attente (l'amont) et ce qui relève de la mémoire (l'aval). Quelque chose passe, va passer, vient de passer. C'est là le schème élémentaire du temps.

Il nous semble artificiel de distinguer deux «temporalités», l'une analysable en *avant/après* et l'autre en *futur/présent/passé*. Car, au regard du schème, la condition de considérer deux objets l'un «après» l'autre, donc l'autre «avant» l'un, c'est toujours de pouvoir les envisager du point de vue de leur passage, et de pouvoir isoler un moment où l'un est «en amont» et l'autre «en aval». La véritable différence entre ces deux paradigmes se réduit à ceci que *avant/après* sépare deux objets (à la limite, deux états du même objet), alors que *futur/présent/passé* suit le trajet d'un seul objet par rapport au corps posé dans le fleuve schématique. Essayons de dégager la géométrie unitaire qui sous-tend le *chronique* (avant/après) comme le *mnésique* (futur/présent/passé).

Nous retrouvons immédiatement nos analyses initiales de la saisie cognitive. En effet, si l'eau du fleuve descend, c'est qu'elle subit une attraction; si les événements descendent de la même manière, ils s'inscrivent dans un dynamisme intelligible grâce au même principe. Imaginons un attracteur identifié à un minimum très profond; le fleuve coule vers la mer; un petit bateau qui descendrait le fleuve serait situé dans un autre minimum, moins profond, et séparé du premier par la masse d'eau qui l'«attend» en aval, résistance correspondant à un maximum, moins important cependant que celui qui est «derrière» le bateau. On peut penser à ce bateau ou à une portion d'eau entraînée de la même manière, passivement, par le courant, le cours des choses liquides.

La topologie de la queue d'aronde (x^5, catastrophe cuspoïde élémentaire) contient un cusp qui nous permet de synthétiser cette première idée d'attraction — et qui nous permettra ensuite d'introduire les complications essentielles.

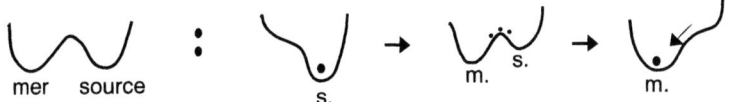

Figure 40.

L'eau, à la source, n'a pas encore commencé la descente; ensuite, elle coule, et finalement, elle débouche dans la mer. Ainsi du bateau passif. Ce curriculum est un *chemin* qui détermine la pensée de chaque état, dès la première émergence, dès la source, en l'orientant téléologiquement; l'état final, terminal, figure désormais comme un *devoir-être* (modalisation épistémique forte). Les étapes du chemin qui apparaissent dans la topographie des changements qualitatifs prennent leur sens par la référence à cet état final :

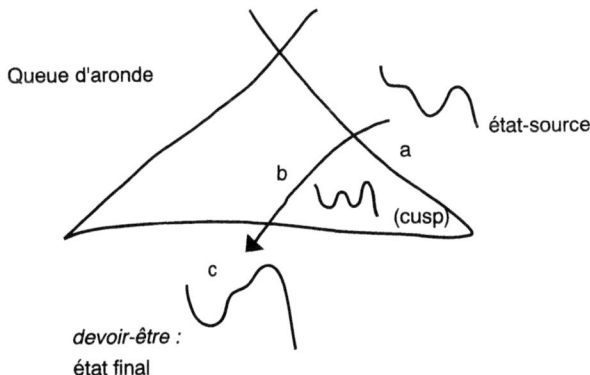

Figure 41.

Le chemin *a-b-c* parcourt la version «queue d'aronde» de la transformation modale simple (fig. 2, 3); ce qui *doit être* se présente donc dans un premier temps comme encore impossible (en *a*), ensuite comme devenu possible (en *b*), et finalement comme réalisé par nécessité (en *c*). Ces valeurs modales superposées à la valeur épistémique du devoir-être sont déontiques : elles désignent, dans le réel, la conjoncture dynamique qui bloque (*a*), débloque (*b*), rend inévitable (*c*) la réalisation de l'état référentialisé par la téléologie épistémique.

Le paradigme temporel futur/présent/passé peut ainsi être interprété :

	futur :	présent :	passé :
Epistémique	devoir-être, et	devoir-être, et	devoir-être, et
Déontique	ne pas pouvoir	pouvoir	ne pas pouvoir
	«se faire»	«se faire»	ne pas «se faire»

Cette interprétation modale retrouve la morphologie du futur dans les langues romanes (arriver*a*), ainsi que celle des langues qui se servent de verbes modaux pour indiquer le futur (*shall be, will be*).

Le corps que nous avons fait plonger dans le fleuve, et qui ne suit pas lui-même le mouvement du bateau ou de l'eau, semble au contraire assumer la fonction du *regard* téléo-épistémique impliqué, manifestation de la subjectivité qui, avec l'objectivité déontique considérée, compose ce qu'exprime le paradigme temporel. Autrement dit, la géométrie en deux étages permet d'analyser les deux étages modaux du temps : la téléo-épistémique apparaît sous forme de chemin sur la topologie de la catastrophe, alors que la déontique apparaît dans le dynamisme interne du potentiel (avec ses minima et ses maxima) dans une lecture actantielle; une entité objectale (la portion d'eau, le bateau) se trouve contrôlée par le paysage (modalité déontique), et ce paysage est contrôlé à son tour par le chemin (modalité téléo-épistémique). Le chemin, qui commence dans le futur, traverse le présent et termine dans le passé, est ainsi le schème qui est à la base de la temporalité linguistiquement articulée. Cependant, un temps moins «fatal» est à l'œuvre, dès que nous considérons les procès intentionnels, qui au lieu de reposer passivement dans ce fleuve fatal, essaient d'intervenir activement dans le «cours des événements». Il faudra ici compléter l'analyse par une complication essentielle, avant de pouvoir comprendre le temps des signes et de l'intersubjectif.

Si une entité dynamique (une «boule» thomienne, plus ou moins inquiète, qui sautille dans le potentiel) dépend d'un lieu qui la stabilise (d'un minimum) pour exister, dans cet univers, à titre d'actant, alors une disparition de ce lieu représente un «danger» mortel pour l'actant : il va disparaître dans l'abîme, représentation élémentaire de la mort. A partir de l'étape *a* du chemin, on pourra ainsi imaginer une déviation vers la zone *d* de la catastrophe considérée, amenant la disparition nécessaire de tout ce qui se trouve dans le minimum X du potentiel contrôlé par *a* :

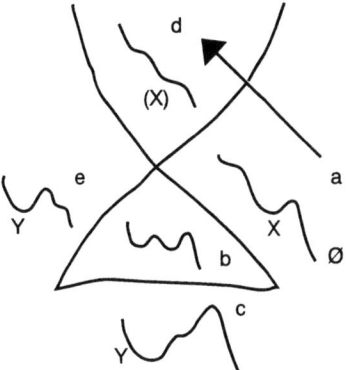

Figure 42.

Si l'actant A est dans X, et si X s'ouvre en Ø, alors A disparaît. X(A) → Ø(A) est une figure de la mort. Evidemment, le chemin du temps fatal ne suit un tel cours désastreux que dans des conditions narratives particulières (c'est le cas du Temporel dans les récits de genèse). Le temps fatal objectif, extra-narratif, celui du fleuve, verserait A dans la stabilité terminale Y de l'étape *c*; c'est-à-dire : X(A) → Y(A). (C'est d'ailleurs le cas de l'Eternel dans la genèse; le drame temporel que ce type de récit présente au sujet consiste à l'inscrire dans une alternative fatale *a-d/a-b-c*, par une bifurcation du chemin — bifurcation que cette analyse permet, contrairement à l'analyse en graphes actantiels.)

Le temps trivial de l'animal cognitif est celui des besoins (en fait, c'est un temps diégétique); l'insatisfaction trop importante des besoins équivaut à une situation objective qui remplace un lieu par un abîme, et qui fait mourir l'animal. Une telle bio-graphie de l'actant l'installe par conséquent dans un temps différent de ceux que nous avons vus jusqu'ici, un *temps des possibles* — dans la mesure où un lieu X devient progressivement inhabitable, pendant qu'un autre lieu Y devient plus ou moins accessible, Y étant plus habitable que X; A doit donc sauter de X vers Y, ce qui doit être *possible*, dans le monde des besoins, sans être nécessaire.

Un chemin *a-b-e* (fig. 42) est ce qui correspond à un tel temps des possibles; dans la «phénoménologie» de l'actant A, il comprend trois étapes : $\overline{Y}X$ - YX - $Y\overline{X}$. A doit maintenant *agir*, activement, pour éviter de tomber dans l'abîme au moment à vrai dire catastrophique où X s'ouvre; il doit «subjectivement» — de ses propres forces — effectuer le saut vers Y avant d'arriver à ce *deadline* :

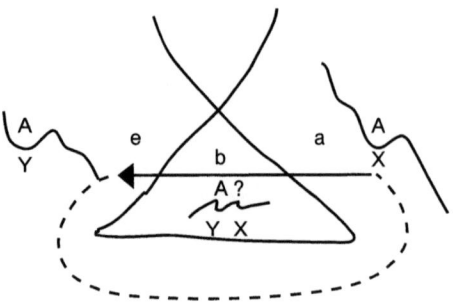

Figure 43.

Le chemin reste tripartite, comprenant une étape *a* où Y est encore «utopique», purement virtuel (une marque ouverte sur le potentiel); une étape *b* où Y s'actualise, et une étape finale *e* où A aura réalisé le projet de rejoindre Y, à moins d'avoir échoué et d'avoir déjà disparu du spectacle. Dans le meilleur des cas, A est dans Y — Y(A) —, et le temps semble immédiatement s'arrêter, l'épreuve passée, et se figer en un pur «état de choses» non modalisé. Cette fois, on donc un *futur du virtuel*, un *présent critique*, et un *passé du réalisé* :

	futur :	présent :	passé :
Modalités :	d-ê & $\bar{p}$-f	d-ê & p-f	l'état du fait pur
Valeurs :	impossible	possible	÷
	(utopie)	(projet)	
Modes d'être :	virtuel	actuel/critique	réalisé

En un certain sens, le passé commence dans le présent du réalisé; c'est un présent rétrospectif. Il devient ensuite prospectif, dans le monde des besoins, puisque la satisfaction par Y est égale à celle par X; Y se transforme ainsi en nouvel X, c'est-à-dire que — pendant que A se repose, disons — le chemin retourne sans marquer des étapes, sans discontinuités, de *e* vers *a*. «Eternel retour» par lequel la bio-graphie actantielle prend l'aspect interminable, répétitif, trivial, qui caractérise le *struggle for life* du quotidien.

Ce temps non-fatal, bio-graphique, mi-objectif, mi-subjectif, est celui des transformations de l'état visé Y, rendu significatif par une perspective dynamique et intentionnelle assurée par l'actant A. Le chemin est comme tel modalisé téléo-épistémiquement, mais il s'agit d'une perspective et d'un monde strictement actantiel, où le destin du chemin motive le faire de l'actant, le modalise déontiquement; un tel devoir-être intentionnel sera appelé une modalité *ontique*. Si ce temps est encore un fleuve, on considère un nageur dans le fleuve qui serait empoisonné par l'eau polluée et qui essaierait de gagner l'estuaire avant de mourir asphyxié. Le temps ontique presse.

Le temps politique est bien un temps ontique en ce sens, au moins dans l'interprétation diégétique. Mais on peut considérer la réalité historique, ou plutôt la catégorie du réel historique, comme un vaste *passé-réalisé* sans unité narrative, comme tel démodalisé et pourtant lisible dans la perspective des procès temporels qui l'ont constitué et qui le constituent sans cesse, à travers un *présent-possible* où se décident les devenirs et les non-devenirs, les réalisations et les échecs, dans un réseau conditionnel infini reliant les devenirs qui fait du présent une *crise d'être* des états. L'historique serait ainsi l'ensemble de ce qui est, vu à partir de sa crise de naissance, dans la perspective de la structure de sa possibilité. Cet ensemble de structures de possibilité n'a rien de narratif *a priori*, c'est plus fondamentalement l'objectivité dans son intelligibilité temporelle, en général locale et relative.

Notre idée est alors que le monde qui s'offre à la perception, et qui s'organise et se catégorise sur l'écran du visible phéno-physique, contrairement à ce que l'on a l'habitude de penser, sauf dans la tradition phénoménologique, n'est pas du présent-réalisé pur, mais relève de cet intelligible temporel. Nous percevons des devenirs, et l'aura modal qui entoure les objets et les états renvoie à la boucle temporelle (fig. 43) des crises de réalisations et des retours du réalisé vers le virtuel, et ainsi de suite.

Le réalisé qui ne survit pas à cette revirtualisation comme répétition de sa réalisation ne sera qu'*événement*. Ce qui en revanche se répète et arrive à persister dans la boucle temporelle sera *état*. Le *procès* est ce qui se réalise, et qui est simplement saisi dans sa crise, sans aucun égard encore à sa répétition. Les terminologies varient, mais les théories visant la forme de nos saisies du monde, de l'« expérience » et de la « connaissance » à ce niveau élémentaire, n'évitent pas de fonder leurs termes sur une analyse du temps comme tel.

Maintenant, notre perception du temps manifeste une particularité à laquelle les discours sont très sensibles : les procès se mesurent à notre attente, par l'effet d'une norme de patience, et acquièrent de ce fait une qualité *rythmique*. Un devenir peut ainsi provoquer notre impatience (« trop lent ») ou notre surprise (« trop rapide »); nous sommes liés passionnellement au temps. Ce phénomène serait inexplicable, si le temps était ce qu'il est sur l'écran du phéno-physique saisi, et rien d'autre. L'attente renvoie en effet à une sorte de valeur de vitesse associée à l'idée du procès en question, à une « image-temps » qui double le comportement objectif du procès phénoménal. Il faut donc penser un écran eidétique autonome, et une para-phénoménologie de ces images-temps apparaissant sur cet écran eidétique, qui nous permet d'évaluer le temps externe, de le sentir comme un rythme par rapport à un temps interne. Il est probable que ce clivage du temps en temps externe et temps interne est à l'origine de l'idée d'« intériorité » et d'« extériorité » en général, c'est-à-dire de subjectivité et d'objectivité au sens de psychisme et d'environnement. S'il y a bien un temps psychique, par lequel nous sommes en état d'attendre et de scander rythmiquement le devenir externe, ce procès interne doit avoir la même structure modale que le procès externe. Nous disposons ainsi de deux écrans connectés; tantôt, nous sentons leur différence, tantôt nous les confondons; la qualité normative du temps qui circule entre les deux pourrait s'expliquer par le rapport existant entre un devenir interne, eidétique, et un devenir externe, strictement phénoménal.

Une image-temps qui est un état doit se répéter, et parcourir ses transformations scénarielles inhérentes, avec une vitesse déterminée, constitutive pour la norme appliquée au devenir phénoménal; nous proposons d'appeler cette répétition interne la *pulsion*. Dans le jeu entre l'interne et l'externe, elle est une constante, qui rend variable le rythme externe senti. Le rythme surgit par une projection pulsionnelle sur le temps externe (de l'écran eidétique vers l'écran perceptif); mais le temps externe doit « répondre » par des pulsations qui s'introjectent et retrouvent les événements pulsionnels (sinon, l'extérieur « languit » et le sujet « s'ennuie »); le rythme établit ainsi un *équilibre* entre la pulsion, expressive, et la pulsation, impressive, équilibre qui est souvent vécu, en danse et en musique, comme une fusion extatique, un état fusionnel entre sujet et objet. A la base d'une telle *esthétique du temps*, nous postulons donc cette analyse du temps clivé et du rythme eidético-perceptif :

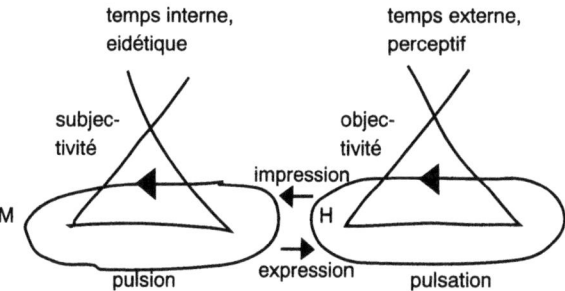

Figure 44.

Le temps externe peut rallentir ; alors, le sujet sentira sa « subjectivité » presque physiquement dans le fait de pouvoir anticiper les événements externes par un imaginaire richement déployé ; l'attente que programment les actes langagiers ou les récits de promesse et de menace est un tel imaginaire, fait de prospection et de rétrospection, d'espérances ou de craintes, mais aussi de souvenirs que la pulsion fait revenir dans l'eidétique. En effet, si le temps interne *réalise* au même titre que le temps externe, cette réalisation interne peut s'interpréter comme une inscription dans la *mémoire* » (M), parallèle à une inscription externe dans l'histoire (H). Et cette mémoire enregistre, non seulement (par superposition rythmique) « ce qui arrive » dans l'extérieur, mais aussi la masse des formations pulsionnelles qui accompagnent cet avènement (ou éventuellement, l'absence d'avènement) externe. On peut sans doute considérer cette masse imaginaire comme un filtre qui détermine le contenu de l'attention objective du sujet, une rédaction subjective suffisamment forte pour pouvoir motiver toute une philosophie selon laquelle le sens en entier ne relèverait que d'une circulation interne (un nominalisme subjectiviste). Mais il ne s'agit que du temps « trivial », un peu trop lent.

Or, le temps externe peut accélérer, jusqu'à ne plus laisser le sujet anticiper quoi que ce soit de « ce qui arrive »; bouleversé, le sujet se trouvera devant des phénomènes « sublimes » par leur flot torrentiel, immédiatement imprévisible, incompréhensible, angoissant. La réaction va de l'étonnement à la panique folle ; c'est un « sublime » relativement doux qui propose au sujet ce qui appelle ses inférences, ses hypothèses abductives et en général, son intelligence scientifique. Si le temps trivial, trop lent, faisait dominer un rapport expressif au réel, ce temps sublime, trop rapide, fait inversement dominer le rapport impressif. Ce déséquilibre impressif produit des inscriptions non interprétées, énigmatiques ou traumatiques, en tout cas problématiques, dont le retour interne appelle *a posteriori* un travail interprétatif, une «digestion psychique» plus ou moins importante (effet qui démentit la conception nominaliste). Rien ne nous empêche de considérer ce sujet psychique dans sa dimension ontogénétique, et de penser que la *vie psychique* d'un individu pourrait dépendre d'un tel ensemble d'inscriptions sublimes produites à partir de sa première enfance, et constituant un contenu pulsionnel non interprété correspondant à ce que propose le concept freudien d'inconscient. Le psychique devient ainsi progressivement distinct du phénoménal, par l'effet d'un retard interprétatif qui établit temporellement une réalité psychique autonome, décalée du réel temporellement externe. Si le temps trivial nous montre un sujet «ouvert» à l'empirique, presque transcendental par ses catégorisations régulières, en revanche le temps sublime nous montre un sujet «fermé», tourmenté, freudien par ses hantises pulsionnelles singulières, qui arrive même à bloquer momentanément toute catégorisation du phénoménal. Entre ces deux conjonctures, le rythme, comme équilibre harmonieux et fusionnel entre les temporalités, fait charnière; et c'est probablement cette charnière que notre esthétique vise en parlant du *beau* (de l'objectivité ni triviale, ni turbulente-sublime).

Une dernière remarque au sujet de cette analyse du temps. Par son corps et sa motricité, un sujet individuel peut *exprimer* (au sens de la fig. 44) cette «vie psychique», ouverte ou fermée, et il peut établir réflexivement une dialectique rythmique entre l'extériorité corporelle et sa temporalité interne. C'est ce qu'il fait, par exemple, quand il marche, ou danse, ou chante, ou joue d'un instrument de musique. Il s'auto-alimente objectivement; il fait de ses mouvements des *signifiants* rythmiquement associés aux *signifiés* eidétiques. Il se sémiotise. Et cet état sémiotisé du sujet individuel est lui-même perceptible pour un autre sujet, puisque le contrôle rythmique marque le mouvement en renvoyant à un plan, à un dessein sous-jacent; il déclenche une inférence symbolique. Autrement dit, ce rythme manifesté fait comprendre à un autre sujet que le sujet performant dispose d'un temps interne, d'une «vie intérieure». L'idée même de l'intériorité de l'autre rend signifiant son comportement extérieur, corporel. Il suffit maintenant d'établir une coordination rythmique des deux corps (encore la danse) pour que les signifiants s'autonomisent par rapport aux sujets, comme si un troisième sujet s'intercalait, pour qui ces signifiants seraient authentiques, alors qu'il s'agit d'un mimétisme entre les deux premiers; ces deux sujets se reconnaissent dans un tiers absent, halluciné par eux, et une communication s'établit. Une intersubjectivité se stabilise. Nous pouvons voir dans ce processus (mimétique et hallucinatoire) un préliminaire (sinon une cause ou une origine) de l'autonomie ethnique de la *langue* comme code et lien communicatif. La rencontre des sujets à temporalité double donne naissance aux subjectivités collectives, à un «esprit» qui se présente comme un sujet transitionnel éphémère. Cette création et la subjectivité communicationnelle ainsi établie sont senties en premier lieu comme *affectives* (puisqu'il s'agit toujours d'une esthétique temporelle du beau : beauté et bonheur communicationnels qui font oublier momentanément le clivage, les obsessions de la «vie intérieure», et qui semblent transformer l'effet fusionnel du rythme en extase consensuelle); le rapport symétrique au code comme une sorte de corps commun reliant les psychismes en contact sémiotique est une expérience affective qu'il faut probablement être autiste pour ne pas connaître. Cette affectivité est à la base de toute collaboration intellectuelle, comme nous le montre le genre de l'amitié (Cf. *supra*, chap. 5). Et c'est l'euphorie des musiciens.

8. LA SUBJECTIVITÉ ET L'«ESPRIT» DU SOCIAL

Les contraintes discursives que nous avons mentionnées convertissent toutes un schématisme et un rapport cognitif en une forme de subjectivité; les objectivités engendrent ainsi, au pluriel, des subjectivités (sémiotiquement, la *physis* et la *polis* se présupposent). Nous pensons que le sens qui se stabilise dans les discours et qui se perpétue à titre de régulateur de ce qui s'échange entre les humains, ce sens-là, issu des schématisations et fixé dans les figures discursives, d'où il se fait sentir comme *structure absente*, principe de contrôle sous-jacent aux performances, constitue le subjectif et le social pluriels indispensables aux constructions *sociétales*, leur «spiritualité» élémentaire. On peut remarquer d'ailleurs qu'il faut attendre d'étudier le niveau psychique et le contact oral et corporel avant de rencontrer un effet de fusion communicationnelle qui ressemble aux notions idéologiques de sujet collectif, global, consensuel, à la fois rationnel et unitaire. Notre modernité rêve d'un tel sujet, spirituel au sens fort, quand elle imagine des volontés générales, des mentalités nationales, des cultures ou des Humanités entières; et plus modestement, quand elle pose l'existence, au centre de la vie sociétale, d'une «sphère publique» (*Öffentlichkeit*). Cette modernité est «spiritualiste», dans la mesure où elle voudrait que l'affectivité de l'inter-psychique micro-discursif imprègne et anime toute subjectivité, ou toute discursivité, fondant ainsi un véritable «esprit de société», une conscience collective assurant la contemporanéité des contemporains, l'historicité des êtres historiques à tous les niveaux. Pour qu'une telle chose existe, il faudrait sans doute annuler les contraintes objectives, source des différences et des dissensions plutôt que des accords et des consensus, et se satisfaire d'une Raison Totale vide de sens; de Thélème au village global de McLuhan, en passant par le communisme utopique, on a peut-être rêvé d'une telle création, structurellement impossible. La seule rationalité intégrale possible dans l'univers des discours est probablement celle de l'«esprit des lois», la raison *juridique*, fixation scripturale et prescriptive des expériences collectives prises dans la masse discursive tout entière, et organisées sans égards à d'autres contraintes que celles de la *mise en volume* du livre des lois; ces Œuvres jamais Complètes de la loi nous semblent être la seule version intégrale possible du Sujet Social; et elle est littéraire, partage la condition hétérogène de tout être écrit. Une sémiotique de la juridiction devrait donc prendre pour fondement l'étude du *dire selon l'écrit*, et s'élaborer à partir de ce que l'on peut savoir du discours poétique.

Section 3
La fonction cryptique du langage

Anne DECROSSE
Ecole des Hautes Etudes en Sciences Sociales
Maison des Sciences de l'Homme
Université de Stanford, U.S.A.

1. ÉPISTÉMOLOGIE DU SENS EN LINGUISTIQUE

Entre le néo-positivisme descriptiviste, et, les herméneutiques logico-formelles, les sciences contemporaines du langage oscillent. D'un côté la recherche *in situ* et la constitution de corpus, hantent les diverses socio-linguistiques, les analyses de discours et les ethno-sciences du langage. De l'autre, ce que l'on peut caractériser comme des herméneutiques du prédicat, traversent à partir de multiples études les champs de l'énonciation, de la sémantique, de la syntaxe, sans parvenir à s'orienter vers un modèle unifié, même si la notion de pragmatique, souvent, les fédère.

Multiplicité. Contrastes. Contradictions? Atmosphères d'une linguistique, qui, réduite, autrefois aux limites d'un objet compact dont l'ordre se caractérisait comme ordre suprématique des systèmes de signes, a voulu saisir ce qui, de cet objet, lui restait connexe et, cependant, opaque : la relation intrinsèque de la langue à l'activité cognitive et sociale qu'est le langage.

1.1. La question du langage et de la fonction symbolique

La diversité des modèles contemporains rend en fait compte du dépassement de l'objet initial, structural, de la linguistique — la langue —, tout en indiquant par les foisonnements et les divergences, notamment du champ des sociolinguistiques à celui des pragmatiques, les difficultés rencontrées dans la saisie de ce nouvel objet. Or, l'objet langue relève de l'ordre du même et du répétable que sont les faits de structure, tandis qu'en considérant l'activité linguistique on est amené à inclure un nouvel élément, le temps, et ce, de façon ni statique ni répétitive[1]. Si, de plus, on couple légitimement cette activité linguistique aux activités générales de société où elle s'exerce, l'objet de langage devient un ensemble dont il est fort complexe d'isoler les éléments, ou, d'en comprendre les interrelations. De plus, en tant qu'action sociale, l'unité constitue «une relation de dépendance conditionnelle» exigible en vertu de «conventions sociales» et de «savoirs partagés»[2].

Plus généralement, cependant, et sans parler en terme communicationnel de fonctions et de message, les recherches sur l'activité de langage relèvent, en fait, à moitié des règles déjà connues de la linguistique, et à moitié des opérations symboliques en général. Dans ces opérations symboliques générales, il faut nécessairement penser à l'articulation entre ce que Weber distingue comme «faire interne et faire externe». Le faire interne suppose une modification de l'état cognitif, le faire externe serait plus proche de la transmission d'indication, voire de signaux ou d'injonctions. Cependant, cette distinction n'est pas statique, et dans l'activité symbolique de langage des indications peuvent modifier l'état cognitif des co-acteurs, et être dès lors définies comme «covert action» (Schütz, 1962; 1966), qui sont un système action-réaction exclusivement cognitif, sans autres signaux, gestuels par exemple. En posant que l'activité de langage ne se contente pas de construire de l'information, ou de faire circuler des formes, on est confronté aux problèmes des états et des modifications d'état, et à la question de la cohérence symbolique assumée par le sujet. A propos de cette cohérence, les inférences entre son savoir linguistique et son savoir non-linguistique sont parmi les aspects fondamentaux d'étude de l'activité de langage.

On proposera donc de considérer cette activité de langage tout autant comme pratique symbolique complexe, que comme une action sociale générale : «une action qui, d'après le sens que lui donnent celui ou ceux qui agissent, renvoie au comportement d'autres personnes et qui s'oriente dans son déroulement selon cette référence» (Weber). Cette approche de l'activité de langage permet de considérer le sujet du langage comme un être actif, dans un rapport de non-symétrie à l'autre, et lancé dans l'élaboration cependant réciproque d'images, d'attitudes, de savoirs. Cette élaboration, symbolique et sociale, n'est pas un usage purement pré-établi du topos. Si certains topoï participent à cette construction symbolique en tant que faits psycho-socio-culturels de base, la plus grande part de l'élaboration fait « du neuf ». Ainsi, par exemple, un topos comme « Il pleut » conduit évidemment le plus souvent à « Je prends mon parapluie », ou « Prends ton parapluie », ou toute phrase du même ordre de relation. Mais l'activité de langage ne s'établit pas le plus souvent sur de tels principes. Lorsque l'Express (5 décembre 91) titre « Les abstentionnistes, un nouveau parti », l'organisation du topos, c'est-à-dire de la relation entre langage et fait culturel, est « bousculée ». Les partis politiques ont, en effet, une organisation qui exclut justement d'une part l'idée d'abstentionnisme, d'autre part l'intégration des abstentionnistes dans le comptage des résultats du vote. Et pourtant il est bien évident que pour tout socio-locuteur dans le contexte socio-politique français actuel cette phrase signifie. On est là confronté au sens le plus ordinaire et le plus frontal à la question des opérations symboliques générales du langage et à la question du socius.

Or, paradoxalement, si l'on s'en réfère à certains textes de Saussure, et à la critique de Tullio de Mauro sur ces textes peu connus[3], on peut être amené à considérer ce caractère symbolique de l'activité de langage de façon plus radicale. En effet, Saussure montre bien que si le fonctionnement général du symbole est de caractère sémiologique, c'est-à-dire différentiel et arbitraire, cet arbitraire ne correspond en rien à celui que l'on connaît pour le signe linguistique qui découpe et relie le signifié au signifiant. Dans le cas sémiologique du symbole on a plutôt un arbitraire motivé — iconique ou indiciel. De plus, par nature, le symbole est selon Saussure, variable, constamment variant — et donc l'on pourrait ajouter qu'il s'organise de façon non-oppositionnel. Or c'est une telle motivation et non-opposition qui a participé à notre acceptation de la séquence « les abstentionnistes : un nouveau parti ». Et ordinairement nous sommes constamment en train d'élaborer de tels déplacements des topoï dans lequel la signification n'est pas comprise dans l'identité du signe, au sens saussurien de celui-ci. C'est-à-dire que constamment nous signifions non pas dans la trilogie linguistique de l'identité, de la réalité et de la valeur qui implique « un équilibre complexe de termes qui se conditionnent mutuellement[4] », mais au contraire par décalage à cet équilibre. Des procédures symboliques pures sont alors en jeu, procédures que Saussure avait déjà décrites. Ainsi le symbole se présente directement à notre observation, contrairement aux « entités de la langue qui ne se présentent pas d'elles-mêmes à notre observation » (Saussure, 1931, 169). La valeur du symbole dépend aussi constamment de son usage, et selon Saussure, c'est son fonctionnement par la masse sociale qui permet d'en fixer à chaque instant la valeur sans lui constituer une identité systématique. Or, « abstentionniste, nouveau parti » peut très facilement varier vers « abstentionniste, 3ᵉ parti», voire, «abstentionniste, 1ᵉʳ parti»... La masse sociale, en fixant donc constamment la valeur du symbole ne se livre d'ailleurs pas à un fait d'échange, au contraire de ce qui se passe dans le cas du signe, mais, elle produit une variation indéfinie qu'elle peut cependant toujours, non pas (re)connaître, mais comprendre.

Le symbole, et nous dirons plus généralement l'activité et la fonction symbolique, sont donc un procès constant de variabilité que ne contraint pas, au contraire du signe, le système différentiel arbitraire de la langue[5]. Dans cette optique, le symbole une fois mis en circulation — et il n'existe que de cette circulation et des transpositions qu'il y subit ou active — change constamment d'identité. Il est bien évident, pour poursuivre notre approche des rapports entre activité symbolique, sociale et activité de langage, que des opérateurs sont constamment en jeu et que ces opérateurs ont pour une grande part les caractères définis par Saussure en ce qui concerne le symbole et le niveau sémiologique. Du fait de leur nature ces opérateurs servent à régler la cohérence globale de l'action sociale et cognitive qu'est l'activité de langage.

Bien des faits de coordination de cette activité entre co-acteurs s'exercent d'ailleurs par, uniquement, un accès symbolique aux conventions, plutôt que par exercice intentionnel de jugement ou d'évaluation. En cela, pour nous, étudier l'activité de langage ne peut être réduit à la rationalité exposée par Grice, pour qui l'effort de coopération est volontaire. «Ce but ou cette direction peuvent être fixés dès le départ (par ex. par la proposition de soumettre une question à la discussion) ou bien ils peuvent apparaître au cours de l'échange» (Grice, 1975, 41-58). Si il y a effort de coopération, il est vraisemblable qu'il est soutenu par l'immanence du symbole dans l'action sociale plus que par une activité constante et explicite de «coopérer». En fait, comprendre l'activité linguistique suppose d'accéder scientifiquement à l'étude de cette dimension symbolique tout autant qu'aux modes de relations entre cette dimension et la dimension linguistique ou le jugement rationnel.

Lévi-Strauss, et Barthes, de façon diversifiée, avaient déjà envisagé des rapports entre le fonctionnement symbolique et la langue. On peut même se demander si la relation du symbolique à la structure des mythes décrite par Lévi-Strauss (1958) ne retrouve pas, en un certain sens, la position inaugurale de Saussure sur la nature du symbole et ses relations à la langue — position que Barthes développera également à partir de son énoncé «Le mythe est une parole» (Barthes, 1964). Lévi-Strauss avec «les trois conclusions provisoires» (1958) a approché la complexité d'organisation entre mythe et langage. Comme la langue le mythe a sens du fait de la combinatoire des éléments. Mais cette combinatoire est mouvante et relève de l'ordre de la transposition. Deuxièmement, le mythe bien que relevant de l'ordre du langage utilise des propriétés spécifiques de celui-ci. Et enfin, ces propriétés sont de nature plus complexe que celles d'une expression linguistique ordinaire car elles doivent être cherchées « au-dessus du niveau habituel de l'expression linguistique » (Lévi-Strauss, 1958).

Dans la mesure où l'on veut formaliser l'activité de langage comme un objet d'étude disciplinaire non entièrement dépendant ni de la langue, ni de la rationalité, il semble nécessaire de généraliser ces propositions entre signe et symbole, et de se demander justement comment le fonctionnement symbolique qu'est l'activité de langage en société se construit. On est ainsi amené à prendre dans le même objet d'étude *de la* langue, *du* langage, *du* socius, *de la* cognition. Des questions doivent cependant être résolues, telles que : quelle peut être l'identité générale de cet objet ? Existe-t-il réellement, cet objet, comme entité formelle globale d'analyse ? Ou, n'est-on pas plutôt conduit — ce qui se passe actuellement — à déployer les mille facettes de l'objet, sur lesquelles on focalise à chaque fois des approches théoriques et des instruments d'analyse différents : covariation, acte de langage, relation énoncé/énonciation, règles d'interaction, pré-supposé, co-référence, etc.

1.2. Communication/Signification

On peut d'ailleurs trouver une explication interne à la linguistique structurale et fonctionnelle de cette poly-identité de l'objet actuel des sciences du langage. L'évolution du champ des études linguistiques durant ce siècle a été largement redevable à la dynamique, souvent conflictuelle, parfois consensuelle, entre linguistique de la communication et linguistique de la signification. Cette dynamique a préparé un champ d'interrogation plurielle sur le signe. En effet, même si de l'extérieur l'idée d'une « linguistique pilote » (et donc homogène) a longtemps prévalu et essaimé, le champ lui-même ne se définissait que de la diversité de ses domaines et modes d'approche. L'intérêt s'est d'ailleurs déplacé de l'objet, défini par Saussure comme la langue, vers l'idée d'un « sujet de langue », dont on a souhaité comprendre les opérations. Grammaire générative, théorie de l'énonciation, économie et communauté linguistiques sont des moments et des modes d'approche de ce sujet[6].

Ainsi, d'un côté, l'épistémologie des sciences sociales et humaines était fortement marquée par les *a priori* formels du modèle linguistique, ce qui préparait ces sciences à dialoguer avec les linguistes, ou même à être appropriées par les linguistes à leur façon[7], alors que dans le camp linguistique la double idée de système et d'arbitraire du signe donnait lieu à une multiplication de modèles linguistiques hétérogènes, dont l'enjeu et l'objet devenaient de plus en plus une problématique des processus linguistiques. Mais l'étude de ces processus linguistiques, même si des courants bien distincts se sont affrontés, et ont pris successivement la première place dans le champ de la linguistique générale, est restée basée sur la description de la structure et du système. La définition générale de la linguistique par Benveniste résume bien cette problématique de la forme en linguistique : «tous les moments essentiels de la langue ont un caractère discontinu et mettent en jeu des unités discrètes. On peut dire que la langue se caractérise moins par ce qu'elle exprime que par ce qu'elle distingue à tous les niveaux :

– distinction des lexèmes permettant de dresser l'inventaire des notions désignées;

– distinction des morphèmes fournissant l'inventaire des distinctions phonologiques non signifiantes;

– distinction des mérismes ou traits qui ordonnent les phonèmes en classes.

C'est là ce qui fait que la langue est un système ou rien ne signifie en soi et par vocation naturelle, mais où tout signifie en fonction de l'ensemble» (Benveniste, 1966, 22-23). Cependant il est bien clair pour Benveniste que l'approche du code linguistique est aussi une approche de la fonction du langage, donc d'un sujet linguistique ou du moins d'un processus, voire d'une activité. «Ainsi la situation inhérente à l'exercice du langage qui est celle de l'échange et du dialogue confère à l'acte de discours une fonction double; pour le locuteur, il représente la réalité; pour l'auditeur, il recrée cette réalité. Cela fait du langage l'instrument même de la communication intersubjective» (Benveniste, 1966, 25). Cette conception discursive de la communication, émise de façon novatrice par Benveniste, s'est fortement développée et a ouvert le champ d'étude du système à son acte : le discours et ses dispositifs formels d'énonciation. Mais on doit aussi remarquer que, de façon parallèle, la question de la signification, sur laquelle il faut bien dire que Saussure a été plus que succinct[8], a pu être développée, elle aussi dans cette même dynamique structure-système-processus.

Ainsi, la langue-instrument (de communication) a-t-elle pu être définie comme véhicule des significations organisées par la structure linguistique, et notamment par le registre sémantique de la structure, mais organisées aussi par des valeurs pragmatiques ou des processus syntaxiques et prédicatifs. Dans ces optiques différenciées, l'idée de structure linguistique reste souvent première, mais dans une relation dynamique au système et à la construction des représentations (Fauconnier, 1984). De plus, la communication peut conduire selon des répertoires pragmatiques non seulement à signifier mais, aussi, à agir[9]. Dans ce courant d'autres recherches ont renversé le primat de la langue instrument de communication et démontré le primat de l'acte[10]. Dès lors, on peut dire que la signification est considérée dans l'histoire des sciences du langage, comme fondamentalement « la signification qui s'établit » et non s'échange. Mais c'est aussi en cela que l'on peut considérer que la communication prime définitivement, fonctionnellement, sur la structure en elle-même, puisque c'est par l'acte communicationnel que la signification prend sa valeur. Cette idée que communication et signification sont fonctionnellement liées a trouvé d'ailleurs d'autres champs d'investigation. Différents travaux relatifs à l'acquisition du langage, notamment de Bruner (1985, 31-47), ont démontré que l'apprentissage de formats communicationnels précède l'acquisition linguistique. Dans ce dernier type de recherche l'accent est mis sur l'accession à un savoir de régularités de comportements où participe la langue, mais aussi des médiations culturelles, notamment les rôles parentaux. Plus généralement on peut voir se développer de façon diversifiée le même enjeu : comprendre comment la signification s'établit en communiquant *in situ*. Code et décodage, qui sont des faits relatifs classiquement à la structure, sont dès lors envisagés dans un autre cadre, en étroite dépendance avec des inférences communicationnelles, sociales, culturelles, psychologiques. On conçoit d'ailleurs que, dans le cas de l'acquisition, même si la langue préexiste à l'enfant, la signification ne peut advenir que lorsqu'il y a eu conception ou compréhension de relations catégoriques entre des situations, des objets, des affects et du linguistique. Et cette compréhension catégorique — qui n'est plus pour l'adulte directement en relation avec l'assimilation générale de la structure — reste cependant au cœur de l'activité de langage et démultiplie (donne du volume) à la virtualité structurale de base en relation avec de nouveaux objets, situations, affects... Gumperz (1982) a développé une conception de cette activité sociale générale de langage : la compréhension des structures linguistiques (« l'input grammatical ») trouve sa signification dans un contexte plus vaste (« l'imput social »).

Communiquer et signifier ont ainsi été de plus en plus conçus en interaction générale dans les approches du langage et de la langue ces dernières années, et de ce fait la question de l'activité de langage en elle-même a pu prendre une place importante par rapport aux descriptions purement structurales ou fonctionnelles. Or, les conséquences à la fois de cette orientation générale d'un communiquer-signifier et de l'hétérogénéité méthodologique et théorique qui en découle dans le champ linguistique sont fondamentales. D'une part, l'évolution des modèles de la communication a permis la mise en œuvre d'outils de description des niveaux codiques à partir d'une conception de plus en plus fine des phénomènes eux-mêmes, et, surtout, de la description de leur relations intercodiques et des significations sociales qui s'organisent intrinsèquement aux formes. C'est ainsi que des notions comme celles d'échange verbal ou de communauté linguistique ont été définies de façon de plus en plus paramétrée. Des marqueur sociaux ou culturels ont été proposés pour comprendre la diversité linguistique d'une même langue, et rattacher ainsi son économie interne[11], et notamment ses changements, à une dynamique reliant les indexations que les sujets parlant ont sur la langue et les zones potentielles de variabilité, plus ou moins fragiles, du système qui permettent ce travail formel ou épilinguistique. Mais, si pour la linguistique de la communication, il est désormais bien clair que l'on ne peut éluder la reconnaissance d'implications sociales dans le matériau linguistique, ni la marque du linguistique dans les rapports sociaux, ce matériau reste un système de langue. La limite de l'objet d'étude reste bien celle d'un système toujours conçu en composantes codiques ou transcodiques.

Par contre, du point de vue des linguistiques de la signification, le rapport entre langage et social semble réglé, non par la conception d'une langue à «double articulation», mais de façon quasi générale par un troisième terme, de type logique. Ces types d'approche ont élargi leur unité à des séquences longues ou en tout cas transphrastiques qui synthétisent à la fois la théorie de l'action et la logique propositionnelle. C'est donc dans le temps de l'à-dire, ou de l'agir verbal, que de telles études envisagent le déploiement des conditions de vérité de l'énoncé, mais aussi des relations entre règles et comportements. L'ouvrage de Kripke (1982) consacré à Wittgenstein a relancé le débat, de façon certes polémique mais intéressante, sur cette question du «nexus» qui unit règles et comportements et, surtout, sur le problème de la signification. Y a-t-il ou non une relation de nécessité entre de l'*intention* et de la signification au passé et au présent[12]?

Pour Wittgenstein «aucune manière d'agir ne peut être déterminée par une règle, parce que toute manière d'agir peut s'accorder avec la règle[13]». La manière d'agir est ainsi, en quelque sorte, constamment signifiante, parce qu'elle s'organise sur un symbolisme externe, des représentations internes, avec un nombre d'expériences fini, mais un rôle régulier de la règle, qui ne répète pas des faits antérieurs mais constitue un univers de vérité ou du moins de validité. La règle, et donc le champ d'implication de la signification, n'est dans ce cadre pas une interprétation, mais la virtualité de remplacer une expression par une autre, ou mieux une signification établie par une autre. On remarquera que la correction de la signification n'est pas posable dans ce cadre théorique, et que l'opinion des agents sur le correct n'est qu'interprétatif.

Que ce soit dans le champ de la communication ou dans celui de la signification, les sciences du langage ont mis en place une notion générale associant communiquer et signifier dans le modèle. Cependant, selon les conceptions, on a pu dire que l'échange du signe — signifiant mais aussi unité reconnaissable — était toujours l'enjeu du domaine communicationnel, alors que la question des règles et modèles de représentation de connaissances relevait du domaine significationnel. Si cette distinction a présidé à bien des divergences théoriques dans la conception de la langue et du langage jusqu'à très récemment, elle devient désormais plus ténue, et l'idée générale d'un « communiquer-signifier » constitue un module théorique transversal aux deux domaines. En effet du point, de vue communicationnel, l'étude tend à se concentrer sur l'organisation et les propriétés formelles du langage en tant que permettant d'échanger des valeurs entendues finalement comme construction de représentations. Ces constructions peuvent être définies sur les niveaux les plus insignifiants du système — le phonologique, par exemple — et produire des significations socialement reconnues : norme, hypercorrection, archaïsme. Du point de vue de l'étude de la signification, la prise en compte des rapports du système de signes avec des opérations ou des catégorisations logiques supposant un environnement socio-culturel intégré dans ces opérations est désormais acquise[14].

En résumé de cette évolution des recherches, on peut poser que « tout énoncé » se donne comme un construit, notamment du fait des marques de relations qu'il véhicule, et comme un « opérant » du fait de la mise en instruction de relations qu'il organise. De ce fait, si tout énoncé est objet du monde puisqu'il agit sur ce qu'est la réalité, en tant qu'assemblage et catégorisation il est aussi schème cognitif qui modélise ensemble l'expérience et l'activité linguistique.

Généralement, la plupart des études sur le langage ont donc évolué d'une prise de position sur la structure et le système, à une investigation des processus, et à la recherche d'une compréhension des logiques de la mise en fonctionnement de la langue en tant qu'espace de représentation. Il y a très certainement là un retour du rationalisme, voire de la notion classique «d'art de penser», dans le champ du linguistique, lequel s'était constitué justement en s'en dégageant. On pourrait citer ici Arnauld et Nicole[15], dans le Second discours introductif à l'Art de Penser : «Il s'est trouvé des personnes qui ont été choqués du titre d'art de penser, au-lieu duquel ils vouloient qu'on mît l'art de bien raisonner. Mais on les prie de considérer que la Logique ayant pour but de donner des règles pour toutes les actions de l'esprit, & aussi-bien pour les idées simples, que pour les jugemens & pour les raisonnements, il n'y avait gueres d'autre mot qui enfermât toutes les différentes actions».

En évoluant vers une épistémé du communiquer-signifier les sciences du langage ont retrouvé cette grande problématique des logiques des actions de l'esprit. Elles l'ont cependant contrainte dans l'univers social, voire dans l'attention empirique aux micro-situations. Elles ont aussi, bien évidemment, intégré à la question du sens, le travail direct, et inconscient sur les formes. Il n'en reste pas moins qu'à l'épistémé structurale a succédé, avec le retour d'un certain sujet du langage, l'épistémé d'un nouveau rationalisme attentif aux relations entre logique et empiries.

1.3. L'activité de langage et la catégorisation du sens

A titre d'exemplification, et afin d'éclairer sous des angles différents ce que peut être l'approche de cette activité de langage dans son rapport à un sujet toujours social, nous allons donner quelques faits relatifs pour l'un au niveau phonologique, pour l'autre au niveau morpho-syntaxique, et pour le troisième au niveau sémantico-grammatical.

Le niveau phonologique est le niveau le plus inconscient et le plus compact de la structure différentielle de la langue, alors que d'autres niveaux constituent des zones d'affleurement des enjeux argumentatifs ou des représentations. Mais du point de vue de l'activité de langage, des relations communicationnelles et significationnelles entrent constamment en interdépendance entre les niveaux. Différents objets d'étude ont ainsi concourru à élargir la question de la langue à celle des activités de la communauté linguistique. Les questions typiques de champ de variations, outre la description de modèle standard, celles de la norme, de l'hyper- ou de l'hypo-correction, celles de la variabilité du système, ont mené à étudier tout autant le tabou linguistique, les pratiques lanagières et les co-variations, que sur les contacts de langue, les situations de bilinguisme, de diglossie, ou de multilinguisme (A. Decrosse, G. Kassaï, E. Sabeau-Jouannet, 1984). Ces travaux ont permis de spécifier les rapports entre marques, emplois et valeurs linguistiques en partant de la description de situations de communication. Les observations et leur théorisation ont dès lors permis de progresser dans la connaissance des zones sensibles du point de vue structurel du changement linguistique, tout autant que sur les indexations psycho-sociales opérées par le sujet parlant sur les placements en langue. Dans la mesure où ces approches ont été constamment référées à la texture globale du système linguistique (phonologique, morphématique, sémantique, syntaxique et morpho-syntaxique), il semble désormais clair que décrire une langue suppose une attention aux faits s'organisant entre marque, valeur, emploi et usages (Decrosse, 1981). Dès lors, une grande part de la recherche en linguistique a largement progressé sur les problèmes de la variation et de la co-variation, dans le fonctionnement du système linguistique, mais aussi sur l'investigation des rapports entre socius et langue au sein de la communauté linguistique.

Des notions comme celle d'économie linguistique ou de changement linguistique, énoncées très tôt par Martinet, et appliquées dans le champ de la linguistique fonctionnelle, ont bien montré comment la langue est impliquée dans les usages quotidiens et combien l'adaptation phonologique, par exemple, est tissée dans un complexe de variations où, si les limites en sont structurelles, leur indexation, leur motivation et leur cours normatif sont appropriés par les sujets sociaux, dans des dimensions régionales, culturelles, investies par des tranches d'âge mais aussi des projets d'identité. Ainsi, dans une description de système phonologique, avec une méthode aussi «pure» que celle des paires minimales, le chercheur est confronté à une série de problèmes de variation inhérente à la relation sociale (Decrosse, 1984, 191) : émission des oppositions réelles que l'usager donne en parlant (repérable à l'oreille et/ou par le sonogramme); repérage des oppositions qu'il pense faire dans son propre parler; repérage des oppositions qu'il croit entendre, mais qui ne sont pas émises de fait, dans les parlers d'autres groupes sociaux, culturels, villageois; repérage des postures de correction et des jugements épilinguistiques du locuteur motivés par la situation d'enquête; repérage des indexations normatives autour desquelles le locuteur glose; repérage des marques de la situation d'interwiew par rapport à d'autres situations locutives que le chercheur peut entendre (hors enquête) dans la communauté d'étude; etc. L'approche de l'activité de langage peut ainsi être très souvent une approche du travail effectué sur la forme par le locuteur, et du sens qui s'en dégage pour lui et les autres, en tant que sujets sociaux d'une communauté linguistique[16].

En Français, par exemple, l'opposition /â/ /a/ s'avère une opposition particulièrement instable structurellement. (Martinet, 1970). L'opposition, bien qu'existante, se réalise à des degrés divers. Pour comprendre en quoi cette opposition est structurellement instable, il est nécessaire d'envisager deux phénomènes : la répartition des phonèmes /â/ ou /a/ varie selon les unités lexicales sans relation directe à l'environnement phonétique (par exemple /tâ/ ou /ta/), selon les locuteurs. «Ces deux circonstances font de /â/ /a/ une opposition sur laquelle on a tendance à ne plus faire reposer le poids de la communication, étant donné les risques d'incompréhension ou d'incertitude qui en résultent» (Walter, 1977, 41-42). Dans ce cas l'activité linguistique touche le système d'opposition de la structure linguistique. Mais elle modifie non seulement des valeurs d'emploi mais aussi des valeurs d'usage : «c'est ainsi que par exemple l'on a constaté la baisse de la fréquence d'emploi de l'adjectif las au profit de fatigué pour éviter sans doute les risques de confusion avec là» (Walter, 1977, 44).

Du point de vue de la linguistique communicationnelle, la question de la variabilité du système et des variations, dont nous venons d'énoncer un exemple, a été le tournant structural et épistémique d'un modèle de l'ipséité du signe vers celui des covariations. Du point de vue de la signification, des faits structurels sont bien évidemment aussi des enjeux de l'activité linguistique et font que, ce contrat social qu'est la langue selon la définition de Saussure, intègre aussi, pour les linguistes contemporains des instructions sociales. Un cas largement commenté ces dernières années fut celui du genre «féminin» et de la féminisation des noms notamment de profession. C'est un cas exemplaire des relations entre activité linguistique et action sociale. En français, le genre se réalise dans l'opposition formelle non-marque (masculin), marque (féminin) — le e. En cela la classe des «substantifs féminins français n'est qu'un groupe de noms qui ont en commun certaines caractéristiques formelles» (Martinet, 1962, 31-32). On constate cependant que pour la plupart des locuteurs français le genre féminin est reporté sur la catégorie de sexe, et ce contrairement à d'autres langues, comme l'anglais notamment. Ceci s'explique parce que en français le genre féminin comme marque, est redoublé par l'article, et prend également en charge la plupart du temps, la notion de «femelle», notamment pour les animés. Ceci a conduit à désigner par le terme marqué, la femme en tant qu'*épouse de* (la préfète, épouse par exemple du préfet); ou, à établir une hiérarchie entre un lexème au masculin ou au féminin : un secrétaire, une secrétaire. Enfin la langue a pu ne pas suivre la professionnalisation rapide des femmes, et seul le mot non-marqué est disponible : professeur, metteur en scène [17]. De nombreuses revendications ont donc porté sur ce fait de structure, et sur ses relations paradigmatiques, donnant lieu à une activité métalinguistique importante dans la communauté des locuteurs/trices, puisqu'une commission ministérielle a travaillé sur cette question, ainsi que nombre d'écrivaines [18]. Ces deux cas exemplaires montrent bien comment les jeux formels de la langue sont fortement liés à des conceptions d'univers signifiants, et combien l'activité de langage peut aller jusqu'à faire signifier ces relations formelles comme objet du monde. L'activité de langage peut ainsi conduire jusqu'à établir de grands récits socio-culturels sur les formes elles-mêmes.

Inversement, les propriétés grammaticales peuvent disparaître complétement derrière les espaces cognitifs qu'elles permettent de constituer, à l'intersection d'une compétence culturelle et d'une prise en charge implicite de cette compétence par le dispositif grammatical. Ce type d'étude de la sémantisation montre bien les limites d'une sémantique du signifié — sémantique d'une relation simple, classificatoire ou projective, entre langue (*Se/Sa*) et monde (*chose*) — pour envisager la complexité (et l'ambiguïté) de construction du référent à partir des propriétés grammaticales et des modes d'être logiques de la construction du sens.

« a. Voici une photo des chefs d'Etat européens.
b. Sur la photo, Mme Tatcher est entièrement cachée derrière le chancelier Kohl.

Mme Tatcher n'a pas d'équivalent visible sur la photo, mais étant donné l'introducteur Im' = *sur la photo* et l'espace correspondant M', (b signifie que le correspondant de Mme Tatcher dans M' est derrière le correspondant de M. Kohl. (L'exemple 53) suppose que chaque chef d'état, c'est-à-dire chaque "modèle", autrement dit chaque déclencheur potentiel dans M a un correspondant dans M'» (G. Fauconnier, 1984, ex. 53)

La signification est ici appréhendé comme « établie » par du linguistique — les propriétés grammaticales de certains mots comme les déclencheurs, les indicateurs — qui permettent d'organiser la logique interne de la phrase et son extériorité virtuelle. « A des principes de constructions simples et des structures linguistiques simples peut donc correspondre une multiplicité de constructions d'espaces uniquement par l'effet de sous-détermination (...) On parlera tout au long de l'étude de constructions associées au discours, d'éléments mis en place, signalés ou identifiés, par des expressions » (Fauconnier, 1984, 11-12). Dans cette approche la référence ne peut plus être considérée comme définie par les signifiés, mais comme mouvement « des éléments abstraits dans les espaces (de représentation) vers des entités du monde réel ou peut-être des mondes possibles » (Fauconnier, *id.*, 12).

L'univers de validité de l'énoncé est ainsi constitué dans ce dispositif grammatical de sémantisation virtuelle, mais il peut toujours acquérir de nouvelles valeurs, selon des règles d'instruction de sens, et de croyance qui peuvent modifier sa validation et sa véridiction. On peut dire que dans ce cadre théorique il y a donc catégorisation pour la construction du sens non pas à partir de la valeur mais à partir de catégorisations sémantico-syntaxiques qui vont produire des relations d'images mentales, et une cohésion localisée à un moment donné. Cette catégorisation s'organise dans une encyclopédie virtuelle de fonctionnement entre grammaire et présupposés qui est nécessaire à la construction du sens. Le sens est d'ailleurs non pas fonction de l'exactitude du réel dans l'image verbale, mais fonction des espaces constitués par les identificateurs et plus généralement des propriétés grammaticales de construction de rôles et d'opérations de transfert et de co-référence.

Les différents exemples que nous avons donnés montrent que la catégorisation du sens est un élément important de l'activité de langage. Ils en prouvent aussi la diversité procédurielle. Diverses questions s'en suivent telles que : l'activité linguistique est-elle réductible à des programmes que l'on peut pré-définir à partir du problème des pré-supposés ? Ou, de façon différente, le langage se construit-il uniquement de co-références ? La langue est-elle fondamentalement actionnelle ? Y a-t-il des universaux logiques fondant les relations linguistiques autres que ceux de la logique différentielle du système structural ? Doit-on au contraire considérer la signification comme une technicité discursive de la famille des tropes, et agrandir leur inventaire pour considérer généralement les genres discursifs comme des tropes ?

Si on regarde plus généralement les tendances linguistiques et communicationnelles, les questions se diversifient encore. Pour la linguistique de la communication, il est certain que le système linguistique est une structure formelle intrinsèque et, que même les variations sont des ensembles de régularité, alors que la linguistique de la signification, et la pragmatique, explorent le langage à partir de l'idée que des règles principielles de symbolisation sont caractérisées par la relation entre le système de valeur en langue et les conditions d'emploi linguistiques d'unités morpho-syntaxique et d'implicatures. Loin de considérer le subjectivisme ou l'intention du locuteur, ces recherches ont au contraire mis l'accent sur l'observation des caractères structuraux de cette relation en développant l'idée de structure jusqu'à l'acte discursif, envisagé comme une combinatoire complète. Ainsi, dans son travail sur l'exemple célèbre du *Mais* en Français, Ducrot a développé un raisonnement fondamental sur le fait que la diversité des *Mais* n'est qu'apparente et se réduit à la diversité de leurs conditions d'emploi.

Cependant, des deux points de vue, communication, et signification, la conception de la validation du signe semble bien dépendre de la situation interlocutive considérée comme «problema». A un niveau épistémologique, dans la mesure où le système et les pratiques sont en inter-relation dynamique, la différence traditionnelle entre communication et signification disparaît au profit de la reconnaissance linguistique d'un socio-sens. En effet, qu'il s'agisse de comprendre les faits de co-variation ou ceux des pré-supposés de l'acte de langage, le cadre macro et micro-social est requis, sous des formes différentes, mais intrinsèques à l'approche du linguistique. En cela, le savoir que nous avons en ces années post-structurales sur le langage est à la fois parfaitement systématique et complètement incommensurable, soumis au fait que le linguiste doit évaluer à quelles conditions il peut dire qu'il accède à la connaissance du langage sans régler cette connaissance sur la compactification d'un objet standard «langue». Et il doit poser le rapport de cette connaissance à l'incertitude qu'organise dans son objet la reconnaissance de propriétés linguistiques contextualisées.

2. L'HISTORICITÉ ET LES SYSTÈMES SYMBOLISANT

Le dépassement de l'idée de structure, le développement de notions comme celles d'acte, de symbole, de fonctionnement symbolique, de textualité, ont été des opérateurs nécessaires à ce développement des approches et des méthodes. En effet plus flous et plus souples à manier que le signe linguistique dans l'approche de l'activité générale de langage en société, ils ont permis d'accéder à des opérations entre langage, cognition et société. L'acte suppose un fondement en un sens empirique du procès de signification; le symbole, moins séparé que le signe, de la réalité permet d'approcher des zones cognitives que le signe ne rencontre pas. Quant au symbolique il englobe le fonctionnement général du processus cognitif, en-deçà du système formel de la langue. Ces passerelles modéliques permettent de concevoir la langue comme un «process» et ont fait avancer sur l'ensemble des procédures par lesquelles la construction du langage rend possible la vie sociale. La discussion entre linguistique, sémiologie et sémiotique a été centrale dans le développement et la saisie de l'activité de langage comme non seulement action sociale, mais aussi mode symbolisant socio-historique.

2.1. Linguistique ou Sémiologie générale ?

Le geste méthodologique essentiel de Saussure avait été celui d'extraire la langue de l'ordre naturel du langage, et de conceptualiser celle-ci en tant que fait social et principe classificatoire. «Il faut se placer de prime abord sur le terrain de la langue et la prendre comme norme de toute autre manifestation de langage» (Saussure, CLG). Ce geste inaugural de la linguistique comme science moderne de l'homme et de la société, et comme science pilote, a été instaurateur d'une hiérarchie entre la langue et les divers autres codes, dans la mesure où il permettait d'introduire un ordre naturel — la langue — dans l'ensemble multiforme du langage et des activités de communication. Cependant cette extraction n'est pas sans poser problème, dans le corps même du texte saussurien. Elle entretient de fait un paradoxe avec le projet saussurien d'une sémiologie générale puisque la sémiologie devait devenir englobante, car «science qui étudie la vie des signes au sein de la vie sociale» (Saussure, CLG). La sémiologie, qui est une partie et peut-être toute la psychologie sociale, dépend encore pour Saussure du psychologue : «C'est au psychologue à déterminer la place exacte de la sémiologie, la tâche du linguiste est de définir ce qui fait de la langue un système spécial dans l'ensemble des faits sémiologiques.» Si la langue est pour Saussure un des systèmes de signes aux côtés de l'écriture, des formes de politesse, des signaux militaires, etc., il est cependant doté d'une logique particulière tout en étant «soumis» à une classification plus générale. Paradoxe, dont on connaît le renversement opéré par Barthes, définissant la linguistique comme système général puisque modèle ordonnant.

On peut penser que pour Saussure la sémiologie se situe dans la confluence de deux modèles. La constitution du domaine le plus important de la sémiologie, la linguistique autour d'un objet spécifique et unique de par nature, et l'insertion de toute cette sémiologie dans une psychologie, éclairante de la vie sociale. La déclaration du CLG, «la linguistique a pour unique et véritable objet la langue envisagée en elle-même et pour elle-même» a pris le pas sur l'idée d'une insertion de la linguistique dans cette sémiologie générale. La question de cette sémiologie (psychologie) générale est cependant tout à fait intéressante resituée dans son contexte d'époque. La psychologie sociale fait référence à la Classification des Sciences du philosophe A. Naville, et si la sémiologie appartient à cette psychologie sociale, c'est qu'elle traite des systèmes fondés sur l'habitude et la convention, qui permettent les relations entre individus et par conséquent la vie sociale. La notion de la langue contrat-social n'est compréhensible qu'en relation avec cette référence à la psychologie sociale de l'époque.

Les évolutions ultérieures de la sémiologie ont conduit à définir les concepts de connotation et de style. Ces outils de la glossématique de Hjelmslev (1963; 1968), qui ont également servi à la Sémiotique Française, ont instauré l'appréhension des rapports entre la structure signifiante, les modes de symbolisation et leur fonction sociale. Ce développement a été considérable puisqu'il a libéré le signe de son moule linguistico-formel, pour lui substituer, comme unité, le mode signifiant, défini par la mise en relation d'un plan de l'expression et d'un plan du contenu. L'avantage de cette formalisation étant de produire une théorie du fonctionnement de la signification dans un volume général social, culturel et langagier du sens, et non dans une pure chaîne dénotative ou syntagmatique.

2.2. La sémio-morpho-genèse comme approche de l'histoire du sens

La distinction, dès lors entre dénotation, métalangue et connotation, a ouvert l'étude des pratiques signifiantes, en-deçà d'un contexte purement linguistique, au sens saussurien. Dès les Mythologies, Barthes utilisa ces concepts pour penser le mythe dans les sociétés modernes, système sémiologique second qui saisit le code premier pour le faire signifier (langue, photographie, peinture, rite, etc.). Le mythe a donc une double fonction : «il désigne et il notifie, il fait comprendre et il impose». Ce système sémiologique appelle une lecture, qui est un véritable déchiffrement par l'analyste de cette organisation immanente à sa vie quotidienne.

La forme des signifiants de connotation constitue la face signifiante de l'idéologie, et la forme des signifiés, l'idéologie. On peut après-coup donc penser que la sémiologie Barthésienne oriente l'étude de la signification vers celle des systèmes signifiants en tant qu'ils expriment socialement. «La communication instaurée par le système rhétorique est en un sens plus large que la communication dénotée, car ce système ouvre le message au monde social, affectif, idéologique : si l'on définit le réel par le social, c'est le système rhétorique qui est le plus réel» (Barthes, 1964). Cette nature de la fonction sémiologique distingue le langage humain des autres systèmes de signes, sans le réduire à l'idéalité du signe linguistique saussurien. C'est «le pouvoir de constituer les objets en signes, de transformer ces signes en langage articulé et le message littéral en message connoté» (Barthes, 1964).

La sémiologie de Barthes est donc une critique du signe au profit d'une recherche sur les systèmes signifiants et les modes de signifiances : lecture, écriture sont les fers de lance de cette méthodologie. Systèmes, modes et pratiques sont envisagés en rapport avec leur fonction sociale. Les limites de cette avancée théorique, Barthes les pose lui-même en 1971, montrant ainsi les limites générales d'alors en ce qui concernait la science du langage : «il manque une théorie politique du langage, une méthodologie qui permettrait de mettre à jour le processus d'appropriation de la langue et d'étudier la "propriété" des moyens d'énonciation, quelque chose comme le Capital de la science linguistique».

En parallèle, la sémiotique, au sens de Greimas (1966; 1970), puis de l'Ecole de Paris, se focalise sur l'organisation des ensembles signifiants (textes, droit, contes, religion) à partir de l'étude des conditions de la saisie (et de la production) d'effets de sens. Cette position met en scène une théorie unitaire de la signification. Ce recentrage sur la signification, contrairement à ce qui chez Barthes était la recherche de socio-énonciations («le mythe est une parole»), permet d'affranchir la sémiotique de la primauté du modèle linguistique. Ce recentrage a permis de poser l'idée d'un procès sémiotique général, transversal aux divers manifestés, et qui ne peut être capturé par un modèle linguistique. En autonomisant l'étude de la signification, en la désinsérant d'une constitution pluri-disciplinaire, la sémiotique de Greimas anthropomorphise les formes de ce procès avec des notions primitives comme celles d'actants, et le logifie, conjointement avec les modèles des inverses, contraires, subcontraires. Se focalisant sur l'organisation d'ensembles signifiants elle se distingue de l'enjeu énonciatif de Barthes : la distance posée par le procès de lecture («l'endurance de sa systématicité»).

Ne négligeons pas l'idée de Barthes, cependant, à la fois philosophique et interactive, que la mise en perspective sociale des signes est le fait d'un sujet désirant (inducteur donc d'une autre scène, d'une négativité), lui-même lieu de contradictions socio-économiques, lieu qui constitue un intermédiaire incessant entre la pensée et la quête du sens. Pour l'Ecole de Paris la position éthique est différente. L'autonomie de la signification constitue un principe d'immanence du sens dans laquelle la forme est déterminante et non la matière formée. D'où la prise en compte par la sémiotique de l'ensemble du monde, «réel», «geste», «vécu», tout autant que «texte», «droit», etc., puisque le monde est abordé sous l'angle du sens... Dans le cadre de la théorie Greimassienne et de l'Ecole de Paris, la conception générale de la signification est mise en relation avec non pas le sociologique, ou encore la présence de la société comme chez Barthes, mais avec l'organisation de l'échange symbolique, et donc social (Greimas, 1976).

La préoccupation sous ses diverses formes d'une sémio-genèse et d'une catégorisation sociale des formes, intégrant production et interprétation, est, on l'a vu plus haut, aujourd'hui au cœur de l'investigation sur le langage. L'idée d'ailleurs de règles sémio-génétiques n'est pas nouvelle; la sémiotique les avait envisagé d'un autre point de vue, macro-historique, en posant la relation d'engendrement de la signifiance comme l'opération psycho-socio-historique fondamentale constitutive du sens et du socius. Le concept de signifiance, a permis de concrétiser des méthodes d'étude sur les types de stabilisation et d'instabilité du sens et sur ses articulations au procès socio-historique dans l'acte langagier lui-même.

La description des systèmes sémiques et des mythes, celle des organisations narratives, et de l'intertextualité, la problématique de la substance et de la forme, à la suite ou en relation avec les travaux de la glossématique de Hjemslev, celle de l'analyse du conte de Propp, celle de la théorie de la communication de Jakobson, et leur développement par Barthes, Greimas, Pottier, ont conduit à définir la structure des mythes et des récits en mettant l'accent sur l'investigation du sens plus que sur celle du code. De telles orientations d'analyse qui ont mis en relation théorie de la langue, théorie des systèmes de signes et pratiques sociales de façon irréversible sont en rapport épistémique certes plus que généalogique, mais en rapport intense avec une recherche sur les modèles linguistiques. En effet, l'étude des opérations de la mise en signe, de la semiosis et de la sémio-genèse qui a pris ainsi depuis les années 60, une place singulière et motrice, a permis d'approcher de nouveaux objets d'études en se donnant comme objet des pratiques ou des programmes où s'articulaient différents systèmes. Ces recherches conduisirent à critiquer la notion statique de code, ainsi que l'opposition langue/parole, en en montrant les limites : le système ne peut être dissocié de l'acte. Le cogito sémiotique, rappelons-le est loin d'être une «personne». C'est un mouvement qui peut s'inscrire comme un procès impulsant les formes tout autant qu'il est parlé par elles : texte, sémiosis, intertexte... Sous ses divers aspects, des schémas actantiels de la grammaire narrative, au dialogisme du texte, des relations intrinsèques entre textes verbaux et non-verbaux, le cogito sémiotique est indissociable de la fonction socio-symbolique, et de l'idée que nul réel ne peut se penser hors système de la signifiance, ou si l'on préfère hors-langage.

De ces recherches sur la sémiosis, un certain nombre de questions sont désormais incontournables. Quels types de pertinence — et non de variables — entre la clôture de l'objet (par exemple le texte) et l'intertexte où il s'engendre? Quels sont les types de relations et de modalités actantielles intrinsèques aux pratiques signifiantes? Quels sont les opérateurs sémio-linguistiques entre le socio-symbolique, le sujet et l'autre? Ces questions ont constitué autant de perspectives qui ont décloisonné un objet langue compact en tendant à donner comme objet de recherche l'engendrement signifiant en tant que socio-acte et socio-sens. Mais plus généralement, le parcours de la sémiologie, et de la sémiotique, à travers l'histoire moderne de ce siècle a permis d'émettre légitimement l'hypothèse suivante : les sociétés parlent de leurs signes tout autant qu'elles sont parlées par ceux-ci. Plus encore, cette double articulation socio-symbolique est une réserve analytique qui, lorsqu'elle s'articule scientifiquement, dynamise la pensée de la signification, du sens et du langage, et, les traits formants des modèles des sciences de l'homme et de la société. La discussion sémiologie, linguistique, sémiotique a permis de déplacer la binarité langue / langage pour appréhender la circulation des formes et du sens dans la société définie comme ensemble complexe des modes de symbolisation. Ainsi l'évolution rationnelle et explicite de la sémiologie, posée dès ses prémisses comme science englobante, car état d'une science de la convention sociale, telle qu'elle était projetée par Saussure, en se déployant d'une conception de la connotation, articulant codes, système de la langue, et pratiques socio-culturelles vers une structuration d'un modèle interne de plus en plus stricte de la signification a pu saisir l'historicité des sociétés, et ce notamment à travers les pratiques et les modes esthétiques. Dans ce parcours s'est développé un positionnement socio-sémiotique de diverses façons : sentiment de la société, théorie du sens comme théorie du socius, enjeux dialectiques-critiques des analyses des «limites esthético-éthiques» du sens et de la société. Ce statut conféré au socius a permis de construire peu à peu une théorie générale de la signification qui ne serait pas un double moins performant de la théorie linguistique ou sociologique mais, au contraire, une vision nécessaire à la compréhension générale du fonctionnement de la connaissance en société, et dans laquelle la saisie des modes de production de la signifiance, et non plus seulement des systèmes ou des pratiques signifiants, devenait possible.

2.3. Idéologie et dialogisme

La question de l'idéologie a bien sûr été au cœur de ce débat avec les théories du texte et de la culture. Ces recherches ont contesté l'absolu du principe d'immanence qui construirait le texte et son énonciation, hors de leur réalité matérielle et sociale. Les plus marquantes sont héritières des Formalistes. Deux tendances s'en sont historiquement dégagées : les travaux sur l'idéologie et le dialogisme du signe, et, les ouvertures du texte à l'histoire. L'évolution au cours des années 1970 des positions de J. Kristeva[19], montre le déplacement d'un héritage formaliste du signe défini comme objet d'étude du procès socio-historique, vers la conception d'une science sémiotique dialectique dans l'ensemble des sciences.

Le choix des objets est dans ce champ méthodologique fonction de leur force sociale. A la jonction des propositions de Bataille sur la transgression et sa fonction sociale, et, d'une mise en place d'un modèle rigoureux, celui de l'articulation de la chora sémiotique[20] (antérieure mais reconduite dans la langue) et du symbolique, que vient retraverser cette première organisation signifiante, ces travaux ont une place centrale de commentaire et de relecture de l'histoire de la pensée et des pratiques de la signification. Impliquant le matérialisme dialectique, c'est-à-dire les rapports de forces contradictoires, dans la substance et la forme des signes, et dans les pratiques signifiantes, cette vision idéologique pose la nécessité de l'étude des domaines les plus actifs dans le développement de la pensée moderne. Cette modélisation d'une sémiotisation antérieure à la cohérence, à l'Un, de la fonction symbolique, permet aussi d'envisager la place socio-épistémique du sémioticien, analyste de l'impensé. Rejoignant la notion d'idéologème développé par Bakhtine, mais l'incluant dans le mode et non l'objet ou le produit, cette posture se dissémine jusque dans la prise de position thétique d'une place dialectique, voire politique, du sémioticien dans le tissu social et l'évolution des sciences.

Les concepts d'intertexte et d'intertextualité liés à ces recherches sur le texte et la culture démontent l'unité de l'objet, son monolithisme pour y entrevoir la tresse de discours, les fragments polyphoniques où se matérialise le sens. Se dégageant de la position glossématique où les aspects connotatifs travaillent paradigmatiquement et imaginairement, cette polylogie du signe, ou plutôt des pratiques signifiantes, organise un incommensurable de la signification toujours rouverte à son altérité. L'Ecole de Tartu et Lotman, ont rejoint cette grande position esthético-éthique, tout en spécifiant des critères attachés à la notion d'œuvre. Celle-ci est vue comme modélisant la réalité extérieure qu'elle prend radicalement en charge au moyen de son organisation formelle. Cette focalisation sur l'organisation signifiante de l'œuvre permet de déployer une conception de la réception sociale éthico-artistique, en tant que stratégie de signification.

Cette idée est intéressante en regard de la technique classique de la linguistique qui, pour constituer son objet, doit le soumettre à la techné de la variation. En effet pour isoler des faits pertinents, les linguistes doivent classiquement, faire varier, comparer, contraster. Les paires minimales en sont un exemple type en linguistique fonctionnelle. Mais les phrases acceptables ou non-acceptables en linguistique générative sont une autre forme de cette techné expérimentale de la variation. Cette techné est possible du fait que l'objet langue reste toujours analysable «en parties», que ces parties sont relativement autonomes bien que dépendantes (phonologie, morphologie, syntaxe, sémantique...). Il est donc possible dans un des ensembles de faire varier pour isoler des régularités, sans toucher à la consistance générale de la langue : une différenciation touche une partie mais pas le tout. Il peut ainsi y avoir par exemple similarité phonique, et, divergence syntaxique que la techné expérimentale mettra en évidence sur la partie syntaxique. La double articulation du langage est certainement un fondement explicatif de cette possibilité de faire varier tout en gardant l'autonomie de la langue. La possibilité de commutation est un des effets de ceci, à la fois dans la langue et dans l'analyse de celle-ci. De cette nature formelle la langue se constitue entre du pertinent (la langue) et du reste (la non-langue). Or ce que la sémiologie et la sémiotique ont apporté de neuf, c'est que la techné expérimentale de la variation peut être, aussi, relayée par une synthèse négative dans la connaissance du langage. La possibilité d'inscrire des torsions sur les limites du pensable — cette structure qui fonde le sujet et le sens — pour avancer dans la découverte du fonctionnement de la connaissance.

3. UN COGITO LINGUISTICO-SOCIAL

Les recherches sémiotiques sur les modes de symbolisation ont concrétisé la conception d'un champ de recherche englobant le langage, la textualité, l'idéologie, et l'histoire. Simultanément la question du sens en linguistique prenait une grande force dans l'ensemble du champ, donnant à penser ensemble les relations entre activité linguistique et activité socio-cognitive. La conséquence fondamentale de ces recherches est de donner désormais la possibilité de penser que la question langage obéit à trois grands paradigmes :

A. la pensée du langage en tant qu'intrinsèquement interactif ;

B. la (topo)logique de co-relation entre des éléments sociaux et langagiers ;

C. l'analyse de systèmes sémiotiques non «cessibles» du procès linguistique.

Il n'en reste pas moins qu'il est encore nécessaire de consolider la problématique et la méthodologie de la relation entre activité de langage, cognition et organisation sociale.

3.1. Contre la théorie de la langue reflet-social

A la lecture des nombreuses descriptions linguistiques contemporaines on peut légitimement penser que ce qui motive l'actualisation du sens, dans cette circulation constante, est afférent à un procès socio-logique. C'est là où se marque bien la différence d'avec l'idée plus traditionnelle et désormais peu convaincante en linguistique de motivation singulière. Du point de vue anthropologique, l'influence de Levi-Strauss est certaine puisqu'il avait déjà insisté sur le fait que les pratiques ne sont ni la projection, ni le résultat d'un jeu conceptuel qui se déroulerait dans l'esprit. Mais Lévi-Strauss référait finalement cette idée de pratique à un géno-type «la praxis» : «entre praxis et pratiques s'intercale toujours un médiateur qui est le schème conceptuel par l'opération duquel une matière et une forme dépourvues l'une et l'autre d'existence indépendante, s'accomplissent comme structures» (Lévi-Strauss, 1964). Une telle approche permet sans doute d'allier à un moment donné de l'histoire des sciences la conception de la nécessité du signe, dans une conception sans doute plus proche de Benveniste que de Saussure, et, la proposition marxiste de la construction entre infrastructure et superstructure. Si dans cette proposition de Lévi-Strauss, les pratiques localisées dans le temps et l'espace ne peuvent de fait se confondre avec la praxis, «totalité fondamentale des sciences de l'homme», il en résulte deux conséquences : la réalité empirique peut être saisie via les pratiques, et deuxièmement la théorisation de la superstructure laisse un primat à l'infrastructure puisqu'il y a un médiateur entre praxis et pratique. Cette vision anthropologique a deux incidences directes sur la question langage : donner à repenser immédiatement les relations entre signe et réalité comme «médianes» (et non seulement arbitraire), mais aussi, donner à réfléchir sur l'idée d'unité constitutive en structure puisqu'un médiateur opère tout de même entre une matière et une forme.

Quelle que soit donc la position actuelle que nous pouvons adopter sur la conception générale proposée ainsi par Lévi-Strauss — et il est certain que nous en sommes décalés — les deux questions qui s'en dégagent sont toujours d'actualité. Elles touchent à la question fondamentale de la transformation du fait en signifiance, mais aussi à ce qui distingue l'objet du signe. Le mythe rend bien compte de cette différence. «Les mythes signifient l'esprit, qui les élabore au moyen du monde dont il fait lui-même partie. Ainsi peuvent être simultanément engendrés, les mythes eux-mêmes par l'esprit qui les cause, et par les mythes une image du monde déjà inscrite dans l'architecture de l'esprit». Mais, cette relation n'est pas un thésaurus. «Pour qu'un mythe soit engendré par la pensée et engendre à son tout d'autres mythes, il faut et il suffit qu'une première opposition s'injecte dans l'expérience» (ce qui n'est pas possible avec les objets) «d'où il résultera que d'autres oppositions s'engendreront à la suite».

Dans la mesure où ces oppositions sont instituées, elles sont bien évidemment dans la droite ligne saussurienne d'une langue institution humaine communiquante. Mais dans la mesure où l'anthropologue bute sur le comment d'une opposition première qui s'introduit et décale l'état antérieur du système, le problème se complexifie. Doit-on y voir l'entrée du réel, en tant que catégorie, dans le langage? Doit-on la concevoir au contraire comme une généalogie portée par la structure? Doit-on enfin penser (ce que ne fait pas Lévi-Strauss), que c'est parce que le signe est médian, et parce qu'il y a des opérations intermédiaires entre matière et forme que l'opposition peut advenir? Une attention épistémique aux sciences du langage et aux lignes de force qui s'y constituent, permettent de se rendre compte des nombreuses ambiguïtés semblables à celles que suscitent le texte de l'anthropologue. Car si Lévi-Strauss montre bien que langage et culture sont en une même dimension, s'il donne à penser qu'une ordination des échanges, inconsciente d'ailleurs pour le plus souvent, est inconcevable hors langage, il distingue ceci d'un autre terme, la société elle-même organisée en systèmes explicites d'échange et de communication, non réductibles au langage. Le social se trouve dès lors scindé entre un mode constituant où langage et culture assurent le procès symbolique, et un mode constitué, la société.

Pour certains interactionnistes, attentifs à l'empirie sociale et à l'observation de la parole ordinaire, l'espace sera organisé comme contexte, implicature, rôle psycho-social, statut, rites; ce sera le «speech and sociability» dont la genèse américaine rencontre le dualisme de Lévi-Strauss. Le développement cependant de ce modèle depuis le pragmatisme de Dewey et G.H. Mead, puis avec l'Ecole de Chicago et l'interactionnisme symbolique, part d'une conception tout d'abord instrumentale du sens, voire de la vérité dans l'acte social. D'où l'intérêt pour les conditions de stabilité de l'échange, et le découpage de l'espace socio-culturel dans cette stabilité. L'idée de départ de l'analyse des interactions, rappelons-le, est clairement d'accéder à la compréhension de la genèse des signes du quotidien (et non finalement au pur langage...) comme une activité avec tous les effets systémiques que cela entraîne. Pas d'individu ou de signification hors ce cadre du signe en situation. Toute une tendance sera d'ailleurs tournée vers la proxémique (Hall, Birdwhistell, Goffman) et doivent sans doute beaucoup à Mauss. La description des variations sociales des formes corporelles est centrale dans ces études des rituels de l'interaction ainsi que l'analyse des systèmes d'images en jeu. Cet aspect des rites d'interaction donne au corps une place centrale dans la communication sociale; il est le représentant obligé de la place sociale tout autant qu'un moyen de conscience personnelle où se fabriquent et s'accentuent certains signes.

Dans nombre d'études interactionnistes, et souvent jusque dans les études conversationnelles ou, bien sûr, les recherches ethnométhodologiques, ce n'est pas tant le discours qui intéresse le chercheur, que la signification des pratiques corporelles comme pratiques sociales. L'attention est portée sur les forces contextuelles de production et d'interprétation des significations, la compréhension des enjeux sociaux de celles-ci à partir des traces de procédures «mentales» d'échanges d'images de soi et de l'autre. Le développement des six fonctions de la communication du schéma de Jakobson en sous-fonctions multiples, et leur indexation en termes de rôles et d'acteurs sociaux, est une constance de ces différents modèles, sortant donc le modèle Jakobsonien de sa pure formalité infra-langagière pour y intégrer une problématique des représentations et des stéréotypes psycho-sociaux. Certaines tendances américaines ont également accordé une importance au langage verbal en tant que tel, avec l'Ecole de Palo Alto notamment, sur la base de l'étude des échanges langagiers familiaux. D'autres ont mis l'accent comme Dell Hymes ou Fisher sur l'étude ethno-langagière des situations quotidiennes : «Buying milk at the super market, riding a bus, waiting at the corner for the "walk" sign to flash, standing in the ticket line at a movie (...). The proper etiquette in these circumstances is to be politely impersonal, not to intrude, not to annoy» (Fisher, 1976, 189-190).

La métaphore bien connue de l'orchestre est une notion visuelle et sonore qui rend bien compte des enjeux socio-spatiaux et de l'accordage verbal qui s'ensuit : réglage des positions, statuts, rôles dans une interaction verbale dépendante d'une culture donnée. Ce réglage est envisagé comme une condition cognitive de la socialité en contexte. Ce modèle ne voit pas le langage comme outil d'information, ou moyen de transmission, mais comme système d'ajustement constant, développant en quelque sorte le schéma de Jakobson et la notion de symbolique de Levi-Strauss. En cela l'interaction se dégage d'une cybernétique simple de la rétroaction mécaniciste (effet/cause) de Wiener ou du modèle linéaire des sciences de l'information (Shannon). A la notion de feed-back et de rétroaction qui supposent que dans un processus circulaire tout effet rétroagit sur sa cause, ou à celle de source d'information et d'encodage, s'est progressivement substituée l'épistémé d'une notion systémique assurée par un cogito social dont l'épistémé se rapproche de celle des sciences du vivant : un cycle complexe stimuli-organisme-réaction.

Ce cycle complexe ou système s'organise par des interactions, qui ne se réduisent pas à un échange linéaire du message, ou à des déterminations par des relations d'effets à causes, ou à une quelconque maîtrise — mais qui sont une multiplicité d'éléments culturels dont la dynamique va être produite et interprétée comme significative tout au long de «calculs», «réglages» etc. L'enjeu cognitif de l'interactionnisme est placé dans l'espace d'une agora socio-culturelle. En cela il peut rappeler certains propos de la linguistique générale et descriptive qui avait elle-même déjà donnée une large place à la communauté linguistique définie comme : «un ensemble de variables permettant divers degrés d'adaptation à des interlocuteurs situés à des positions sociales ou dialectales plus ou moins éloignées» (Jakobson, ELG). Mais contrairement, à l'interactionnisme, Jakobson expliquait cette constituance interne par la notion même de code, qui contient présent, dans l'échange du circuit de la parole, les changements linguistiques dans une simultanéité de la forme initiale et finale.

Attentif à l'invariant des variations, Jakobson insistait sur l'interchangeabilité inhérentes de ces formes simultanées dans la communauté linguistique. Il privilégiait ainsi le concept de temps (et non d'échange) qui prenait une dimension dynamique sociale, irréductible à la rupture entre histoire de la langue et reconnnaissance de l'ipséité du signe en synchronie. Cette dimension dynamique du temps social dans le code existe aussi chez André Martinet dans la notion de changement linguistique ou encore d'adaptation phonologique. Ce temps fonctionnel de la communauté linguistique, propre au structuralisme, est toutefois bien loin de l'échange tel que le conçoivent les interactionnistes pour qui la situation de communication est un constructeur où le non-verbal a un rôle prépondérant et où les espaces sont régulateurs hors-jeu proprement dit de la langue. La compréhension dans l'interaction est donc méthodologiquement articulé à l'espace «matériel», étant entendu que celui-ci est un vaste complexe de règles et non une substance. Le type d'approche des règles et rites d'interaction spécifique à l'analyse des interactions suppose également des relations d'images, où les logiques discursives de pré-supposés sont cette fois-ci ramenées à des composantes sociales, culturelles ou psychologiques.

C : Say... There are no pigeons inside?
V : No no!... Well otherwise I would not have brought them here, you know.

Here the cue is of pragmatic nature : it is of course incongruous for a buyer to inquire about the presence of birds in a head of lettuce. The seller responds as il it were perfectly normal utterance, with tongue in cheek. This particular stretch of discourse was followed by a lot more bantering between the same individuals, who seemed to be very familar with each other. (J. Lindenfeld, 1990.)

A la lecture des différents textes américains théoriques ou méthodologiques sur l'interaction, on peut même se demander si ce n'est pas la propriété d'espace qui gère l'échange socio-verbal. Plan d'articulation des phénomènes, opérateur synthétique, l'espace (ce qui n'est pas sans rappeler les relations de l'agora et de la démocratie dans la Grèce antique) gère, médiatise, constitue en fait l'*a priori* du jugement axiologique. «Comment re-spécifier continuellement, comment redéterminer la production de l'intelligibilité, de "l'accountability", de la société ordinaire?» demandait Garfinkel. La position de Garfinkel suppose dès lors que pour accéder à cette accountability, et ne pas recueillir des «stories-for-the-telling», le linguiste doit jouer un rôle correctif en participant. La prise de position de Garfinkel n'est pas sans rapport avec la sociologie compréhensive de Schütz, dont on peut penser que le concept de «constitution» a fortement influencé l'ethnométhodologie. Ce concept suppose que la constitution de la réalité sociale est analysée, «constituée», dans l'expérience pré-scientifique. Pour Schütz cette constitution est fondée dans la conscience en tant qu'élaboration du sens dans des rapports sociaux. Ce pré-supposé sous-tend la conception de l'accountability de Garfinkel, mais avec un renversement : pour Garfinkel, les «méthodes» se constituent non pas dans un sujet social conscient, mais dans l'interaction sociale. En quelque sorte dans une matérialisation objective du rapport social et psychologique. L'ethnométhodologie, de ce fait, suppose une observation participante dans la saisie des méthodes et ces méthodes sont celles de la constitution du sens dans le socius envisagé uniquement sous l'angle de l'interaction. Dans cette visée le sens n'existe que comme élaboration sociale, ce qui n'exclut pas une catégorisation spontanéiste de l'expérience pour Garfinkel dans cette *accountability* qui est en quelque sorte tâtonnements réussis du sujet pour signifier/interpréter dans l'interaction.

Pour Dell Hymes, et l'ethnographie de la communication, le recueil de données est aussi incluant de la situation. Il s'agit de dépasser l'idéologie d'une structure du langage comme code référentiel, négligeant ainsi la signification et «d'expliquer la signification dans la vie humaine, non dans l'abstrait» (D. Hymes, 1974). La situation de communication constitue dès lors une forme et un invariant anthropo-culturel, dont on pourra cerner les variations planétaires, comme pour les marchés, par exemple, avec la dimension structurale qui s'y ordonne du cru et du cuit. S'établissant comme syntagme social, l'interaction permet de rassembler la grande notion ethnologique de culture(s), et la dimension sociologie d'un processus. Cependant, ces travaux, en considérant la structuration contextuelle langagière, tendent à définir des typologies de pratiques conversationnelles plutôt qu'une catégorisation stricte des niveaux formels linguistiques, ou encore de ce qu'on appelle la pertinence.

3.2. L'activité de langage et la pensée du conflit social

A la différence des autres sciences sociales et humaines, comme l'histoire, la psychologie, ou la sociologie, qui ont été traversées par d'importantes crises théoriques, la linguistique a elle évolué constamment par pans, activant des transformations conceptuelles autour de diverses idées : société, histoire, cognition, textualité. La cristallisation de la dimension énonciative à la suite des propositions de Benveniste et Guillaume a radicalement accéléré le mouvement, en posant le principe communicationnel en rapport avec des places énonciatives. Les enjeux théoriques comme ceux de pratiques sociolinguistiques, ou de discours, ont permis de concevoir les relations de langage comme des actions sociales. De cette évolution, on peut penser qu'elle était logique dans la mouvance post-structurale[21], attentive à l'idée de flux, de communicabilité, de changement et de conflits sociaux. Remarquons, d'ailleurs que l'activité de langage dans nos sociétés est constamment sollicitée suscitant de nouveaux objets de recherche, comme information, médias, rapports de socialisation, etc.

La notion sociolinguistique de pratiques est, elle aussi, une manière d'appréhender les pratiques comme socialement marquées. Dans ces problématiques la situation de communication est importante mais en tant qu'expression d'une théorie générale du socius par le locuteur. L'interaction n'opère plus le réglage *in situ* du sens, et la pratique est fabriquée dans un rapport social général, où les relations de classe, de domination, et de stigmatisation, de conflits deviennent opérants en langue-même. Les travaux de Labov[22] ont été un seuil important de la problématisation d'un sujet — social — parlant pris dans un modèle général de la différenciation. S'intéressant au changement linguistique, mais dans une conception à la fois générative et variationniste, Labov s'est appuyé sur une théorie implicite du social à l'œuvre dans toute locution : les sujets «savent» ou projettent inconsciemment leur place sociale. Ils sont implicitement porteur d'une conscience de l'équilibre social, envisagé à la fois comme stratifié et évolutif. La nature fondamentalement variationniste de la langue s'explique par cette conscience locutive. Les locuteurs se répartissent entre les trois catégories désormais classiques de la sociologie américaine : down, middle, hight. Ces catégories sont elles-mêmes de nouveau sous-divisées, et le passage de l'une à l'autre est envisagé dans le processus supposé ascensionnel de la société américaine.

La langue varie donc du fait de ces rapports sociaux implicites, dont il faut souligner le caractère intégrateur. Mais, en tant que système de variations elle est partie intégrante de l'organisation sociale. Le déplacement opéré par Labov sur la logique générative est intéressante : la langue est perçue comme lieu de l'intuition sociale, et la donnée linguistique est considérée comme un potentiel de co-variations et de transformations. La générativité est donc comprise non pas d'une structure profonde vers une structure de surface, mais dans les possibilités de variabilité du système et dans la dynamique quantitative des co-variations. Cette idée d'une «variation inhérente» à la langue où l'intuition des locuteurs s'exerce conduit à étudier la variabilité des jugements des locuteurs sur la langue [23].

Dans la société stratifiée définie par Labov, à la façon du libéralisme américain, «par elles-mêmes les variations du comportement linguistique n'agissent guère sur l'évolution sociale, pas plus qu'elles ne lèsent de façon dramatique les chances d'un individu». Dans cette société, typique de la sociologie américaine, et représentée par la référence à B. Barber dans *Sociolinguistics*, à qui Labov emprunte la définition de la «stratification sociale (...) produit de la différenciation et de l'évaluation sociales», les indices de statut sociaux sont légitimes et ne peuvent mettre en échec le processus généralisé d'équilibre et de consensus. Donc la variation linguistique participe de cette intégration socio-consensuelle, même si elle en marque les différences stratifiées. «On peut considérer que le changement linguistique se déroule selon trois étape. (...) A l'origine le changement se réduit à une variation parmi des milliers d'autres, dans le discours de quelques personnes. Puis il se propage et se voit adopté par tant de locuteurs qu'il s'oppose de fait à l'ancienne forme. Enfin il s'accomplit et atteint à la régularité par l'élimination de formes rivales.» (W. Labov, 1973).

L'intérêt de cette réflexion, intégrée rappelons-le dans la lutte pour la scolarisation des minorités, est de déplacer la conception transformationnelle linguistique vers une conception de la transformation sociale du sujet à travers et avec la langue. Car il s'agit bien de langue et non de communication, au sens des ethno-sciences du langage. La variation porte sur des parties du système et inclut la pertinence ou non. Dans ce dernier cas il ne s'agit plus de co-variation, mais de fait isolé. La langue traversée par des enjeux et des conflits sociaux, eux-mêmes cependant vus dans un certain équilibre, est hétérogène : Labov nomme dialectes cet objet linguistique, et le décrit cependant de façon unitaire à l'aide de règles variables, de changements linguistiques, de co-variations. Parallèlement l'idée d'idiolecte, familière aux linguistiques structuraux, est récusée, puisqu'il n'y a pas de locuteur «à style unique». Ces styles sont soumis à la domination symbolique qu'exerce sur le locuteur la norme imaginaire de la langue (et non de l'interaction). Cette polyvariabilité de la langue fait de la compétence linguistique une multi-compétence où le locuteur est émetteur et récepteur hétérogène, pensant des règles variables détenteur de plusieurs jugements de grammaticalité. Ces relations linguistiques, ou du moins la façon dont le sociolinguiste les saisit, sont quantitatives : «notre objet est un ensemble de relations quantitatives qui constituent la forme même de la grammaire»[24]. Le locuteur est sensible lui aussi à ces lois quantitatives qu'il rencontre sous forme de «perceptions catégoriques». En fonction des probabilités de co-variations le locuteur exerce une auto-surveillance de sa/la langue.

L'attention à la situation de communication ou à la probabilité de la co-variation sont deux types d'approche de la norme et des règles psycho-sociales de production et de réception du langage. Rejetant le recueil du corpus traditionnel, pour induire une conception forte de la construction des observables dans les empiries, ces méthodes décloisonnent la systématicité de la langue pour y comprendre du fait social, (communicationnel ou linguistique). Ces théories produisent une pensée à la société comme écosystème du langage. Elles conduisent donc à interroger, du point de vue des normes interactionnelles, ou des normes linguistiques, le contrôle psycho-social qui s'organise dans l'activité de langage. Elles aboutissent, d'un certain point de vue à une réification de l'entropie sociale à laquelle participe le langage

4. LE MODÈLE DE LA FONCTION CRYPTIQUE

Le parcours sémio-linguistique que nous tenons depuis le début de notre investigation tend à montrer que l'intercompréhension est basée non sur l'échange pur et simple du signe, mais sur l'immersion de cet échange dans un contexte socio-culturel dont participent des univers de croyance et d'action, mais aussi une organisation sociale dans son historicité conflictuelle. Mais, en approfondissant peu à peu les méthodes d'étude et les critères des niveaux de régulation et de contraintes entre Cognition, Symbolique, Social, on est amené à entendre plus précisément les questions vives posées par le débat philosophique autour du criticisme, dont celle du statut historico-herméneutique du sens et celle de la connaissance ordinaire. Dans ce débat, nous apporterons l'hypothèse qu'entre le sujet parlant et l'activité linguistique un processus est sans cesse inachevé, indéfiniment mis en route, faisant acquérir au locuteur durant son existence tout autant de nouvelles constructions sémio-linguistiques de la référence (et donc de l'expérience), qu'un usage général communicationnel, dont la constance s'organise sur les transformations intrinsèques. Habermas irait dans ce sens de façon plus radicale : «l'activité communicationnelle sert à à transmettre et à renouveler le savoir culturel». La position n'est peut-être qu'un degré plus forte que la précédente. D'un côté on a un savoir de «résolution», de l'autre on a un renouvellement de savoir. Le tout en langage, et sur le langage.

4.1. Langage, Langue, Monde

Penser que la langue est une activité sociale a des conséquences importantes sur le modèle. En effet, pour l'ensemble des linguistes structuraux traditionnels, mais aussi, implicitement, pour tout linguiste descriptiviste, la langue est finalement une grille devant du réel. L'idée reste, persiste, et est méthodologiquement difficilement contournable, que «le système de relations analytiques d'une expression aux autres expressions ne présupposent pas la présence des choses» (Jakobson, 1963, 42). Or, tout linguiste sait aussi que les savoirs extra-verbaux s'organisent avec la matière verbale, mais méthodologiquement, s'il n'est pas sur un objet compact, fermé, définitif, tel que le texte, ou des faits spécifiés par leur formation discursive — faits dont le champ peut s'étendre du tabou linguistique au discours politique ou aux rites de politesse, par exemple — la difficulté est quasi insurmontable de comprendre le rapport entre linguistique et savoir non-linguistique. En un premier temps, du moins on ne peut tenter d'accéder à la compréhension de cette organisation complexe entre deux ordres. On remarquera d'ailleurs que si tant de recherches actuelles sont menées sur les deux niveaux, c'est bien parce qu'il y a déjà une description systématique de la langue : anglais, français, surtout. Face à une langue non encore décrite les problèmes sont beaucoup plus complexes.

Cependant, l'attention aux relations constituées par des propriétés formelles linguistique et à l'action de construction de représentations qu'elles produisent peut être une autre manière de décloisonner l'approche du verbal considéré comme un en-soi. Il est certain que le descriptivisme a encore un rôle à jouer dans la question langage dans la mesure où ce type de recherche formelle permet de donner une structuration au matériau d'analyse. On évitera ainsi l'interprétation «sauvage» de faits, interprétation qui est l'un des avatars du décloisonnement actuel de l'objet langue. L'alternative est donc la suivante : poser des lois dans la construction intrinsèque de l'objet, ou, considérer le matériau comme une conjecture infinie. De cette alternative, il semble actuellement plus fructueux de choisir le premier moment, bien que le second ait été important ces dernières années et ait permis à l'investigation de prendre un nouvel élan. En vue d'une formalisation, nous posons que le langage a donc une fonction fondamentale qu'il peut réaliser grâce aux propriétés formelles du matériau linguistique : l'activité de langage crypte la relation entre le monde, le cogito et la langue. Cette fonction s'instaure comme une virtualité constante ; en quelque sorte une ontologie ordinaire prise entre les diverses matérialités. Dans une telle perspective ce n'est pas la langue qui « grille » le réel, ni inversement le socius qui « détermine » la pratique langagière. C'est au contraire la relation triadique entre une expérience constante du monde, une activité cognitive et un matériau formel linguistique qui constitue la nature de cette fonction.

La question se pose alors de savoir si, avec une telle approche, on s'écarte des deux méthodes générales — intuition et/ou corpus ? L'intuition et le corpus ont l'intérêt méthodique de limiter le « terrain » et de le rationaliser en tant que construction d'observables en appliquant des critères formels : rôle constant de la métalangue, ou rôle structurant d'outils d'enquête comme les paires minimales, ou le morphème. Car le problème face à l'infini du langage est de trouver des critères de répétabilité. Le structuralisme de la langue, système ou fonction, a bien prouvé que ce n'est pas la quantité d'information qui organise les connaissances sur le langage, mais la possibilité systématique que recèle telle donnée. Mais les limites de l'expérimentation traditionnelle sur la langue qui s'en suit, ont tenu aussi à cette systématisation des données. L'expérience de variation qui est au cœur du recueil des données ne peut effectivement se faire que dans un système de régularités et de variables contraintes. Mais cette expérience perd alors un certain nombre de faits qui n'entrent pas dans cette systématicité ; ces faits sont alors considérés comme non-pertinents car on ne peut organiser de comparaisons constantes entre eux et d'autres faits. Cependant, on peut penser que les sciences du langage n'ont pas seulement à traiter d'identités et de différences. Qu'elles ont à comprendre non seulement des états mais aussi des processus. On propose donc d'envisager comme unité d'analyse de la fonction cryptique du langage une interface constituée formellement par des propriétés de linguistique dans la mesure où celles-ci organisent des régulations virtuelles entre le monde, le cogito et la langue. Au cours de son énonciation, le locuteur investit par ces régulations virtuelles des mondes successifs, dans lesquels la référenciation peut se modifier constamment par ce travail cryptique.

Les relations de cryptage sont donc envisagées comme une sémiotisation d'un continu anthropologique élémentaire, monde, cognition, langage, où aucun des éléments de la relation ne préexiste à l'autre, mais où ils sont en perpétuelle interaction et évolution. On s'intéressera donc dans les matériaux analysés à la façon dont le sujet parlant, toujours social, construit du sens dans une dynamique langagière constante, irréductible à un prédicat monadique. L'intérêt de ce modèle est donc de conceptualiser la relation humaine au langage entre le système, l'activité, et l'ontique comme une fonction générale de sémiotisation et de modélisation, en dépassant les relations binaires langue/société, ou langue/discours. Au contraire, la notion de fonction cryptique permet d'avancer dans la complexité de la fonction symbolique. D'une part, en incluant dans le recueil de matériaux, la construction du procès cognito-ontique, d'autre part, en se faisant critique d'une certaine idéalité du signe en considérant la variété des espaces de représentations constitués par le cryptage.

4.2. Exemples

Nous allons introduire par deux exemples afférents à une même situation socio-culturelle le type d'analyse proposée. Le contexte socio-culturel est celui d'un musée des sciences : la Cité des Sciences et de l'Industrie à Paris. La situation est celle d'un *expôt* (aussi désigné du terme de *exhibit*) qui propose une présentation d'un résultat scientifique appliqué. Il s'agit de donner à comprendre par une simple indication de placement et de distance, des lois physiques de transmission du son relatives au gaz carbonique. L'expôt est désigné par l'intitulé «Boule sonore», et occupe un espace de 30 m^2, avec en son centre une boule de 5 m de diamètre, un cartel donnant les indications et sur le mur un panneau. Un panneau peu visible sur la boule explique le phénomène. L'interaction s'organise donc entre l'objet, très présent par sa taille, sa luminosité, un petit texte écrit performatif, et des visiteurs qui sont rarement seuls, étant soit à plusieurs, soit mêlés à d'autres visiteurs avec qui s'organisent forcément des relations de regard et d'évaluation. Dans la première situation, les visiteurs sont deux jeunes gens d'une vingtaine d'années, qui visitent la cité pour la première fois. Dans le second cas ce sont trois adolescents, deux garçons, une fille, en classe de seconde.

Situation 1

Cartel (écrit) :
Placez vous chacun d'un côté de la boule, en face l'un de l'autre.
Parlez en chuchotant.

A : Tu m'entends ?
B : C'est formidable, je t'entends malgré la boule
A : C'est scientifique.

A et B s'en vont perplexes sans voir ni lire l'explication.

Les espaces de représentation mis en jeu dans l'interaction globale sont :
R = science
R1 = réalité de tous les jours
R2 = situation proposée
R3 = représentation en situation

Malgré est dans l'interaction l'introducteur du rôle contradictoire entre R1 et R2, mais aucune propriété grammaticale ne construit un espace de représentation entre R et R3, ou encore R et R1. L'ensemble de la formule, *je t'entends malgré* assure une connection entre R1, R2 et R3, exclusive de R.

Dans cette situation «la boule» prend une valeur dialogique entre la proposition implicite du cartel, de type scientifique, et la représentation assumée par le locuteur B. Dans l'espace R non exprimé ici, la boule est un élément identitaire possédant un contenu référentiel scientifique. Cet espace participe à l'interaction (cartel + panneau explicatif) mais n'est pas perçu par les deux sujets. Par contre ceux-ci constituent la valeur de la boule, dans l'espace R1 : la boule joue un rôle «ordinaire», que l'espace R2 (celui de la situation proposée) n'arrive pas à déplacer. En conséquence la valeur assurée par le cryptage en situation donne à celle-ci une image inverse de celle attendue en R, et constitue R3 comme inverse de R.

On obtient une toute autre configuration cognitive dans la seconde situation, ou les locuteurs construisent une pré-supposition distinguant l'expérience ordinaire et celle qui est présentée.

Situation 2

Cartel (écrit) :
Placez vous chacun d'un côté de la boule, en face l'un de l'autre.
Parlez en chuchotant.

A. Tu y vas ?
B. Où, tu te mets où ?
C. On se met autour.
B. c'est giga, dis ici. Qu'est-ce que tu comprends ?

A. Chut ! - Je chuchote
C. Ah je t'endends bien. Y-a-un truc.
A. Oui c'est le secteur Physique.
C. Ah ! on n'a pas appris ça au bahut.
A. c'est le matériau sûr.
B. non, c'est la courbe, je te dis, c'est la courbe.

Ils tournent autour de l'expôt et lisent l'explication.

Cinq espaces mentaux sont mis en jeu :
R = science
  R1 = situation proposée
  R2 = réalité quotidienne
  R3 = réflexivité situationnelle (je chuchote)
  R4 = réalité scientifique
  R5 = raisonnement en situation

La valeur de la boule en tant que valeur dans l'espace R est perçue en relation avec une valeur dans R1 et R4 (les deux premières répliques, avec notamment le connecteur «c'est giga ici»). La dynamique construite entre R1 et R4 conduit à pré-supposer R, et induit R5. La valeur de la boule dans R2 («Y-a un truc») est directement rabattue sur une valeur de R5 qu'implique le pré-supposé scientifique : «secteur physique». La valeur de boule dans l'espace R conclut l'interaction (lecture de l'explication).

Ces deux exemples montrent comment la signification peut s'établir à partir de la construction d'espaces de représentations multiples, et combien elle est «flottante». Le cryptage se constitue et n'est pas constitué *a priori*. Ainsi la valeur de «boule» dans les deux exemples précédents est une valeur non seulement au sens structural (boule vs carré, par exemple, ou *b*oule vs *r*oule, etc.) mais c'est aussi une valeur virtuelle qui accède à sa plénitude dans un procès d'incomplétude. La construction de la valeur suppose des mises en relation d'espaces de représentation, dont les intersections peuvent se déplacer. Dans le premier exemple, le rôle d'introducteur de «malgré» confère à boule une signification à partir de rôles contradictoires dans l'ensemble de l'interaction musée/visiteur, entre la valeur en R où boule = loi physique de transmission du son, et la valeur en R1 constituée par des expériences quotidiennes où tout obstacle perturbe la réception du son. «Je t'entends malgré» constitue le connecteur distinctif entre R2 et R3 et confère à boule une signification localisée attribuée en situation. Le cryptage est tout à fait différent dans le second exemple, où la valeur de boule, loin d'être comprise comme un objet du monde, est support d'un raisonnement.

Il est bien évident qu'en envisageant d'étudier ces cryptages, notre position théorique et méthodologique couple les deux courants traditionnels de pensée des sciences modernes du langage, en évoluant d'une coupure entre communication (la situation de communication comme paramètre exclusivement explicatif d'enjeux discursifs) et signification (le signe comme valeur purement différentielle en langue), vers une synthèse reformulant les deux approches. Outre le développement des connaissances sur les procédures de l'activité de langage, cette investigation peut d'ailleurs permettre d'avancer dans des micro-situations sur l'étude de ce que Bakhtine avait pressenti, à un niveau macro-structurel, du dialogisme, avec l'observation de grands fonctionnement sociaux régulateurs comme le carnaval, par exemple. L'étude de la fonction cryptique du langage ouvre sur la question d'une théorie mixte de la signification-communication. «Le centre de gravité de la langue n'est pas situé dans la conformité à la norme de la forme utilisée, mais bien dans la nouvelle signification que celle-ci prend en contexte» (Bakhtine, 1984). Nous insistons cependant sur le fait que cette évolution dans l'approche de l'activité de langage n'est compréhensible qu'en définissant dans le modèle d'autres niveaux que ceux du pur système linguistique. D'autres niveaux, car il ne s'agit plus de concevoir uniquement le fonctionnement de cet extraordinaire mécanisme d'abstraction différentielle qu'est une langue à la façon structurale, mais d'appréhender une nouvelle articulation entre la réalité, le «ti estin» grec, et le langage envisagé en tant que «problema».

4.3. Discussion

Cette relation entre «ti estin» et «problema» est d'ailleurs une fonction première du langage. C'est par ce double lien que l'infans — celui qui ne parle pas — accède à la langue, constituant par itération et latence phonologique, puis morphologique, qui ponctuent des réactions émotionnelles à l'environnement, l'entrée dans la syntaxe et dans l'échange linguistique. C'est aussi par ce double lien que se perpétue le dire, l'infini du pouvoir-dire et du réglage infini du sens... Et c'est encore par ce double lien qu'évolue les langues (A. Decrosse, 1986; 1987), ce que prouvent bien un certain nombre de politiques linguistiques agissant sur de l'organisation sociale et du système linguistique [25].

Le questionnement portant seulement sur la langue ou la discursivité en tant que grille autonome du réel ne peut pas par contre résoudre la compréhension de ce qui fait que la langue permet de «saisir» le monde, c'est-à-dire l'identité, la différence, l'être et le non-être. La langue est activité de langage, et n'est pas indépendante de l'expérience d'être au monde. Les relations entre le virtuel de l'être du monde, et, d'autre part cette fonction vitale propre à l'humain, et non à l'ensemble du vivant, qu'est le langage, permettent de comprendre comment se construit de la réalité. Ce n'est donc qu'à la conjonction d'une reconnaissance du «-qu'est-ce qui est?» et du «que dire?», qu'une double articulation, bien distincte de celle propre à la nature fonctionnelle de la langue définie par Martinet, que s'organise la fonction fondamentale du langage, la fonction cryptique. L'approche du cours des choses est indissociable de «la façon de dire». C'est à partir de là que l'homme peut penser et évoquer du réel, et avoir la faculté de silence tout comme celle de vouloir tout-dire. En développant un modèle de la fonction cryptique du langage on développe donc une approche de cette connaissance de l'anthropologie du sens. On distinguera bien pour cela le réel de la réalité qui est un construit cognitif. Ainsi dans notre premier exemple l'inter-relation langage / réalité peut évoluer au cours de la situation. Un autre visiteur du musée pourrait dire : «Mais non, la boule au contraire véhicule le son» et expliquer pourquoi et comment. Dès lors le premier locuteur pourrait déconstruire son cryptage et poser au contraire «Certaines boules, selon leur forme et leur matériau peuvent véhiculer le son.» Ceci est une illustration possible des relations entre activité de langage et réalité. Mais, la multiplicité des niveaux et des organisations infra-langue peut, elle-aussi, toujours être envisagée comme source fonctionnelle d'équivoque, tout comme la complexité des relations du langage au monde ne peut être globalisée dans un «art de dire» dont on connaîtrait causes, techné et effets dans leur ensemble. La fonction cryptique du langage revient donc à concevoir un procès où l'opérativité [26] travaille avec des incomplétudes.

Rappelons que tout scientifique du langage a dû apprendre au cours de sa longue initiation à son objet d'étude, l'humilité quant aux résultats qu'il construit, et ce, ne serait-ce qu'en décrivant des langues qu'il ne connaît pas *a priori*! La difficulté posée ici n'est pas plus grande, dans la mesure où aucune description n'est jamais complète et que ce qui fait la *ratio* de chacune est la systématisation claire du point de vue apporté. Et si les sciences du langage sont en cela une partie d'une connaissance de l'humain, au même titre que d'autres arts et sciences de l'humain, elles apportent certes des lumières, mais n'effacent pas les résistances à la connaissance que peut produire la réalité, ou ce qu'en d'autres temps on n'avait pas peur de nommer «métaphysique». Ainsi, même si la fonction cryptique touche à des question telles que : quel est le caractère opératif du rapport entre l'être et le monde, le linguiste ne doit pas s'en préserver. Réalité, cognition et langage ont donc des implicatures complexes, et ceci doit bien nous garder de faire de la langue le modèle du monde, tout autant que de celle-ci le reflet du réel, contrairement à des optiques déjà fort d'ailleurs anciennes comme l'hypothèse Sapir-Worf pour la première tendance et la conception Marriste pour la seconde. Il n'en reste pas moins que ces deux pôles ont eu en commun l'idée que le langage est médiateur, et l'on retrouve cette fonction médiatisante du langage dans l'ensemble des théories linguistiques d'une manière ou d'une autre : ainsi signifier, c'est représenter mentalement des objets et des relations du monde, communiquer c'est établir par le langage un media entre soi et l'autre. Le nom propre est un cas spectaculaire de la médiation par le langage et de l'insertion du corps, du désir, et ultimement de la mort, dans une généalogie familiale et une histoire sociale. Tout découpage de l'expérience suppose un rôle médiateur du langage pour accéder à la prise de conscience, ou au dépassement de l'expérience. De même, l'organisation sociale se donne à comprendre avant tout à travers des mythes, des rites, des institutions, c'est-à-dire du langage immédiatement perceptible. On pourrait ainsi multiplier les exemples sur l'importance de la fonction médiatrice du langage, force dont les religions ont toute compris la puissance en donnant aux mots du dieu le pouvoir créateur. Cependant, il est bien évident que le réel n'est pas entièrement tissé dans le langage, ce que marque bien l'infini du dire, redire, dire autrement, dire encore, dire toujours... Car le langage, pris dans l'espace et le temps est un principe et une activité de symbolisation, qu'aucune verbalité ou verbosité ne peut épuiser.

NOTES

[1] Si on considère cette activité linguistique comme une action en société, on peut penser à la suite de Max Weber, que l'attribution de sens à cette action — ici verbale — est un jugement subjectif des acteurs, qui demande un travail dans le temps — dont d'anticipation

et de retournement sur l'action — mais aussi une coordination, voire une modification sur un certain nombre de suppositions, tout au long de l'acte.

[2] Pour l'analyse conversationnelle ethnométhodologique, ces procédures comprises dans la notion de «paire adjacente» et de «co-acteur» (Sacks, Schegloff, Jefferson, «A simple systematics for the organization of turn taking in conversation», *in Language* 50, 1974).

[3] Selon le travail critique de Tullio de Mauro sur notamment les cahiers consacrés par Saussure aux Nibelungen (150 feuillets et 4 cahiers) on lit des observations importantes sur le caractère sémiologique du symbole.

[4] Saussure, 1931, p. 169, 3e édition; c'est du fait de cette relation d'ailleurs de l'équilibre au principe de condition mutuelle que, pour Saussure «la langue est une forme et non une substance».

[5] Ou, dit autrement, le symbole n'obéit pas aux lois de la double articulation définie par A. Martinet.

[6] «C'est dire que sans perdre sa spécificité, sans devenir une psychologie, une histoire, une biologie, mais en théorisant le procès du sujet dans le signifiant, la linguistique tend à se construire comme un ensemble d'articulations de sutures, non connexes, voire antinomiques, chacune saisissant un topos du sujet dans le procès de la signifiance.» (J. Kristeva, 1977, p. 320.)

[7] Ce qui a d'ailleurs donné naissance aux diverses branches interdisciplinaires que sont sociologie du langage, sociolinguistique, psycholinguistique, analyse de discours, analyse textuelle, sociosémiotique.

[8] «La valeur prise dans son aspect conceptuel est sans doute un élément de la signification» (Saussure, 1931, p. 158).

[9] Cette conception est plus spécifiquement en son origine anglo-saxonne, et doit beaucoup à la philosophie analytique et à la conception logique des conditions de validité d'un énoncé.

[10] «les sémantiques formelles (tant extensionnelles qu'intensionnelles), la théorie de la référence et une partie de la sémantique lexicale, la théorie des actes de parole(s), la théorie de la présupposition et la théorie des implications conversationnelles», *in* Linguistique et Philosophie du langage, A. Decrosse, F. Nef, F. Recanati, BUSCILA n° 1, (bulletin des sciences du langage), MSH 1984, publié avec le soutien du Ministère de la Recherche et du Ministère de l'Education Nationale.

[11] «Pour tenter de résoudre la contradiction qui consiste à décrire l'unité dans la diversité, on peut effectuer une étude approfondie de plusieurs idiolectes différents et considérer d'abord les éléments de chaque système dans leurs relations réciproques. On peut ensuite rapprocher les différents systèmes obtenus à l'issue d'une telle étude, ce qui permet d'envisager chacune des oppositions en rapport avec les locuteurs qui la pratiquent. Il est alors possible de hiérarchiser les diverses oppositions, et on pourra assigner à telle opposition respectée par la majorité des locuteurs une place de première importance, tandis qu'une opposition pratiquée seulement par la moitié des locuteurs occupera une place moins centrale dans le système général de la communauté, et qu'une opposition qui ne se maintient que chez une minorité des sujets sera considérée comme tout à fait marginale. (...) C'est ainsi que peut être mis en relief le caractère absolument central de certaines oppositions», (H. Walter, 1977).

[12] Kripke met en regard la position de Hume sur ce problème, et notamment la relation de nécessité et la relation inférentielle déductive, et, celle de Wittgenstein sur l'intention passée/présente.

[13] Wittgenstein, (1975, paragraphe 201). On trouvera chez le même auteur une approche autre de cette question avec le thème de la constitution du mètre étalon, dans la mesure où la question du langage, avec la nomination, prend une place socio-symboliquement fondatrice; Cf. Bouveresse (1985).

[14] On remarquera cependant un retour de la phrase contextuée dans ce type d'approche qui intègre dans le modèle une théorie de la référence empruntant aux travaux de logiciens comme Frege, Russel, Church, Quine.
[15] *La Logique ou l'Art de penser*, A. Arnauld, P. Nicole, 1662.
[16] Dans la description du système phonologique de la région Nice-Arrière-Pays (ATP CNRS EPHE, A 6556Z06, «Etude des Variétés régionales», sous la direction d'Henriette Walter) A. Decrosse a ainsi pu montrer l'importance socio-culturelle de la différence de réalisation du «e muet». Très fréquemment non arrondi à Nice, il est assez fréquemment légèrement arrondi dans la région Gawat. Ce signe est un point d'indexation fort dans l'épilinguistique des locuteurs de l'appartenance et de l'identité Gawat ou Nissart.
[17] Pour l'ensemble de la description du genre féminin comme morphème marqué en français, on se reportera à l'article de J. Schön, «Le sexe c'est la femme», *in* Actes du deuxième colloque de linguistique fonctionnelle, Clermont-Ferrand, 22-25 juillet 1975, édité par la SILF.
[18] Pour la description et l'étude des faits métalinguistiques relatifs à cette question, on consultera dans les Actes du Colloque National de Recherches sur les Femmes, organisé par le Ministère de la Recherche, 1982, et notamment la section «Langage, écriture, société» sous la présidence de A. Decrosse. D'un autre point de vue on a pu décrire la relation différente des sujets parlants à la prédication selon leur classe de sexe, et notamment étudier de façon quantitative l'opposition des fonctionnements prédicatits et énonciatifs /direct *vs* indirect/, et /JE-TU *vs* Présentatif (c'est, il y a...)/ (A. Decrosse, 1979).
[19] *De Semiotiké à Polylogue*, la théorie du signe s'ouvre à la question historique d'un sujet considéré comme lieu de la contradiction sociale, mais aussi lui-même clivé entre du sémiotique (entendu dans un sens très particulier) et du symbolique.
[20] Cf. J. Kristeva, «Le dispositif sémiotique du texte» *in La Révolution du langage poétique*, (1974, 223) : «Les différentielles signifiantes sont donc plus que des phonèmes. Elles comportent outre la valeur distinctive de ceux-ci dans le système de la langue, des particularités phonétiques qui n'ont pas de valeur distinctive, mais qui suivant leur base articulatoire, supposent des investissements pulsionnels différents.»
[21] 53 La prédominance d'une vision de la société comme espace communiquant, analysée dès 69 par M. Serres dans l'opposition entre une société du forgeron typique des sociétés industrielles de la production et du produit, et la société d'Hermés, typique d'une ère post-industrielle où le produit est essentiellement la communication, se retrouve dans ces définitions du langage comme acte, enjeu, circulation du sens, signifiance, pratique. Ces perspectives ne rompent d'ailleurs pas avec la visée constitutive du structuralisme qui définit les systèmes linguistique, de parenté, du mythe, dans un système général d'échange.
[22] Voir à ce propos les discussions entre W. Labov et le collectif Langage et Société qui se sont tenues à la Maison des Sciences de l'Homme en 1979 et qui ont été publiées dans *Langage et Société*, année 79.
[23] Nous insistons avec Labov sur l'hétérogénéité de ces jugements, et donc des données. En effet seuls certains jugements intuitifs vont vers l'uniformité, dans le «process de correction sociale explicite. La plupart des règles linguistiques restent bien en dessous de ce niveau, et ne s'accompagnent donc d'aucune norme sociale perceptible» (Labov, 1976, 218).
[24] Voir à ce propos «La notion de règle variable chez Labov», A. Decrosse, *in* «Discussion avec W. Labov», MSH, 1979.
[25] Le français, en tant que langue nationale et politique linguistique, s'est ainsi établi en étroitement en relation avec l'idée de la clarté du français en tant qu'ordre socio-rationnel; Cf. A. Decrosse, 1986.
[26] Il est tout à fait intéressant de penser que ce procès peut opérer non seulement sur du sens, mais sur les formes en elles-mêmes et pour elles-mêmes de la langue. Voir à ce propos le cas des relations sociolinguistiques et épilinguistique du Niçart/Gawat/Français régional, étudié dans A. Decrosse (1982; 1987).

CHAPITRE III

PRATIQUES DU SENS

Section 1
Silence, sujet, histoire

Eni Pulcinelli ORLANDI
Université de l'Etat de Campinas, Brésil
Institut d'Etudes du Langage

1. SILENCE ET DISCURSIVITÉ

Il ne s'agira pas, dans cette réflexion, de parler du silence, celui que l'on retrouve dans l'image, ou la musique. Nous nous proposons de traiter ici du silence, tel qu'il peut s'exprimer comme discours social, et tel qu'il peut signifier en soi-même. Ce type de silence qui n'est pas simple ellipse régit alors les processus de signification. Ce silence a, de fait, un statut explicatif, bien qu'il «taise» tout mot, parole ou phrase. Il est en étroite interaction avec le langage verbal, mais leur rapport est d'une complexité peu étudiée.

Une remarque s'impose néamoins. Le silence, tel que nous l'envisageons comme processus signifiant n'englobe pas un autre aspect du silence, celui de la conception mystique. Or, cette dernière conception est souvent dominante dans l'approche du silence, et en a fait traditionnellement un thème exclusivement relié au sacré, et à l'histoire des religions. Ainsi, le silence a souvent été considéré par des auteurs comme Hastings comme un soutien à l'adoration religieuse de la divinité, ou encore comme une méthode qui prépare l'âme à des expériences personnelles. De nombreux groupes, de diverses importances l'ont pratiqué dans le monde entier[1], à presque toutes les périodes de l'histoire religieuse de l'humanité. Cette longue histoire de la réflexion sur le silence, et de ses rapports à des déterminations religieuses ou mystiques, a beaucoup contribué à instituer une tradition où l'on ne réfléchit pas au silence dans sa matérialité significative. Il faut donc réellement faire un certain effort pour «laïciser» la réflexion sur le silence et concevoir d'autres rapports de celui-ci à l'histoire des sociétés. Ceci n'est pas une tâche facile, et même lorsque l'on prend un écart raisonnable par rapport à cette conception mystique du silence, on finit souvent par reprendre le vieux «ton» religieux. Il est en effet difficile de ne pas penser en termes religieux que «Tel est l'homme. Le monde est en lui. Et lorsque il s'en retire, ce n'est point seulement de la foule extérieure qu'il s'eloigne, mais de cette foule énorme qui fait en lui sa demeure.» Mais à la relation traditionnelle du silence à la retraite et à la transcendance nous opposons une autre nécessité. Celle de considérer le silence non pas comme éloignement du monde, mais au contraire possibilité de présence sociale et historique. Le silence dans ce type de pratique significative ne renvoie alors pas à l'ineffable, ni à «l'élément mystique» (Wittgenstein, 1961).

On pourrait, aussi d'autre part référer le silence à la philosophie, puisque «vouloir ramener la philosophie au silence comme le font toutes les pensées de l'existence (...) laisse place au silence fasciné devant l'éclat sans faille des mondes traditionnels» (A. Juranville, 1984). Notre intérêt portera au contraire sur le silence comme processus de production de sens d'un type particulier, inscrit dans les rapports sociaux et les forces qui les règlent. «L'histoire comme rupture en appelle à l'au-delà du silence de la philosophie» (A. Juranville, 1984). Le silence peut dès lors être conçu comme une présence réelle dans la constitution sociale du sens et du sujet du langage. Pour approcher cette constitution, on peut envisager deux ordres de questions, l'un se référant directement au sens, l'autre concernant la conception du sujet du langage. Du premier point de vue, on peut s'interroger sur les relations entre la censure et l'histoire du sens, mais aussi sur des faits tels que pour dire «X» il faut ne pas dire «Y». Ou, encore on peut poser la question de la littéralité comme unité et permanence d'*un* sens, établissant par là-même les voies silencieuses de l'autre. Du second point de vue, c'est d'une investigation plus fondamentale sur la relation entre sens, signification et dicibilité qu'il s'agit, lorsque on aborde justement le silence comme fondateur de cette relation.

1.1. Silence et/ou implicite

Il faut tout d'abord distinguer ces deux concepts, de silence et d'implicite, qui sont des concepts proches mais de nature différente. La distinction silence/implicite (Ducrot, 1972) permet de les considérer comme deux notions avec des présuposés théoriques et des conséquences analytiques diverses [2]. De même que la notion d'ambiguïté, résulte de la disciplinarisation de la notion de polysémie par les méthodes d'analyse linguistique, la notion d'implicite (Ducrot, 1972) avec l'opposition entre « signification manifeste » et « signification attestée » est une forme de « domestication » de la notion du non-dit par la sémantique (notamment celle de l'argumentation). Cette domestication se fait par l'exclusion de l'opacité du non-dit en discursivité.

Dans ce point de vue disciplinaire sur l'implicite, le silence est conçu de façon relative-négative en référence nécessaire au dire. Il signifie par sa dépendance aux mots, et n'est pas envisagé comme contrepartie du dit, mais comme une fonction ancillaire au dire. On peut cependant produire un changement de mode d'approche et prendre pour « terrain », le silence. Défini comme *en-soi*, le silence, peut alors constituer une valeur positive, et permettra d'appréhender des déterminations significatives du non-dit, lesquelles n'ont pas été encore exploitées de ce point de vue dans l'analyse du langage. Ce changement de terrain permet alors de postuler que le silence ne parle pas, mais qu'il signifie. Ce changement de perspective est important puisqu'elle permet de distinguer silence et implicite en posant que le silence n'a pas un rapport nécessaire au dire pour signifier. Aussi, contrairement à l'implicite, le sens du silence ne dérive pas du sens des mots.

Ces remarques étaient nécessaires pour pouvoir considérer, dans le champ épistémologique mais aussi disciplinaire des sciences du langage, le rapport fondamental du mot au silence sans, pourtant, réduire celui-ci à un complément du mot. Dès lors, on s'éloignera de quelques formes particulières de catégorisations du silence déjà fixées, en réaffirmant premièrement que le silence ne recouvre pas le même champ (théorique, analytique) que l'implicite; deuxièmement, en considérant que le silence, tout comme le langage, n'est pas transparent.

1.2. Le silence et la signification

Un autre aspect du déplacement théorique que nous proposons concerne la relation d'immanence entre silence et absence de mots. Or le silence ne se réduit pas à l'absence de mots, et l'on peut concevoir que les mots eux-mêmes sont pleins de silence. Il est tout aussi dogmatique d'exclure l'idée qu'il y aurait un silence des mots, que de vouloir donner sens au silence par une quelconque mise-en-mots interprétative. On peut, à la limite, considérer la traduction du silence en mots comme un rapport paraphrastique avec toutes les implications qui en découlent. Ce qui revient à dire que la matérialité signifiante du silence ne peut être confondue avec celle du langage, ce qui implique des instruments d'analyse différents dans les deux cas.

Si le silence ne se définit pas comme tel, ou par sa seule relation négative à la réalisation de la partie sonore du langage, comment doit-on l'envisager dans le rapport significatif son/sens? En tant qu'objet d'étude on ne le considérera pas comme une absence, de sons ou de mots, mais au contraire comme un principe et un fondement nécessaire à toute signification; il est l'horizon du dire et non son manque. Puisqu'il est l'espace «différentiel» de la signification, on peut même considérer qu'il est la condition même de la production du sens : le «lieu» qui permet au langage de signifier. Le silence dont il est ici question n'est donc pas le silence défini traditionnellement par sa nature, ou même sa qualité. On considérera que le silence est un processus différentiel nécessaire au fonctionnement du langage, et qui participe à l'échange général du sens, tout autant comme élément du procès historique que comme matière signifiante. De la même façon que pour le linguiste, le bruit en tant que matière physique ne se pose pas comme objet de réflexion, le silence physique seul ne peut nous concerner. D'après J. de Bourbon Busset (1984) le silence n'est pas absence de mots, il est ce qu'il y a entre les mots, entre les notes de musique, entre les lignes, entre les astres, entre les êtres. Il est le *tissu interstitiel* qui met en relief les signes qui, eux mêmes, mettent en valeur la nature du silence qui ne doit pas être conçue comme un «moyen». Le silence, dit l'auteur, est «l'intervalle plein de possibles qui sépare deux mots proférés : l'attente, le plus riche et le plus fragile de tous les états...». Le silence est «imminence».

Nous pousserons cette idée jusqu'à émettre l'hypothèse que le silence n'est pas seulement intervalle entre les mots, mais qu'il y participe et les traverse, en tant que processus différentiel. Dans cette conception le silence participe alors aux conditions de la signification. Mais, il en résulte aussi que le langage se constitue dans un procès d'incomplétude. Dans notre perspective, le sujet du langage est donc dans un rapport important à l'incomplétude. Dans cette visée, la quête d'une complétude du langage — ce qui impliquerait l'absence du silence — ne peut que mener au manque du sens (le non-sens), même si, du point de vue strictement syntaxique il y a grammaticalité. L'exemple suivant montre bien comment le silence doit s'articuler dans le dire, faute de quoi celui-ci s'inscrit dans un processus infini de compactification : «La femme que j'ai vu, qui avait un livre, qui était jaune, qui avait été acheté par son cousin, qui habitait à côté...»

Ainsi, en discours, le sujet du langage établit nécessairement un lien avec le silence, et l'on peut concevoir d'ailleurs que cette relation ne s'établit pas à un niveau tout à fait conscient. Pour parler, le sujet a besoin de la virtualité du silence qu'il ré-instaure en parlant. Le silence peut d'ailleurs être encore plus que ce principe différentiel, et il peut signifier par lui-même. «Le silence ne sont pas les mots tus qu'on garde dans le secret sans le dire. Le silence garde un autre secret que le mouvement des mots n'atteint pas» (M. Le Bot, 1984). Le silence, en tant que fait de sens, rend présent non l'imminence du non dit que l'on pourra toujours formuler, mais l'indicible de la présence du sujet au sens. Il s'agit là du principe de la polysémie : plus on dit, plus le silence s'installe, et plus *des sens* sont rendus possible. On a donc encore et toujours à dire sur fond de silence, et, le langage s'organise dans ce passage incessant des mots au silence et du silence aux mots[3]. Ce mouvement permanent caractérise la pluralité de la signification. Determiné en même temps par le contexte et par des contextes, ce mouvement, ce déplacement, inscrit dans la constitution du sens un rapport phénoménologique constant à la subjectivité.

Le sujet dédouble donc le silence dans sa parole. Il le matérialise, et dans tout discours il y a toujours un «projet», un avenir silencieux, plein de sens. Si le discours est aussi ce «projet silencieux» par lequel le sujet se lance vers le mouvement incessant du sens, le langage ne peut plus être institué comme une pure matière sonore. Inversement, on est conduit à postuler que pour que ce projet s'accomplisse, le sujet doit prendre un appui inconscient mais formel sur le silence. Dans cette perspective, le sens n'a pas non plus d'origine (P. Henry, 1988), et il n'y a que des états continus de signification. L'avant, l'état antérieur, n'est pas le «néant» mais encore le silence, cet horizon du sens, et l'état suivant est inscrit dans cette continuité.

Ce mouvement génétique incessant du silence peut expliquer une part de la polysémie dans la mesure où le silence produit aussi des résidus ou des surplus par rapport au langage verbal. Par ailleurs, on peut imaginer ce qui se produirait, si le silence n'existait pas : «les langues auraient sombré dans la plénitude du sens» (Marc Le Bot, 1984). Le même auteur dit que «si les sens et les mots n'étaient pas bordés par le silence, le sens des mots depuis longtemps aurait tout dit de ce qui peut se dire». Dans cette perspective où le sens est multiple grâce à l'horizon du silence, le langage peut être considéré comme catégorisation du silence. Le langage opère en effet la mise-en-segments, ou mieux, le découpage de la signification en unités discrètes en rapport avec la nécessaire dynamique ontologique du silence. Ainsi, une fois découpé (matérialisé), le sens n'est pas épuisé. Il reste toujours et encore à être dit. Si le silence n'avait pas une fonction en soi, une fois catégorisé, le sens serait définitif. La langue se diluerait dans l'usure des mots, et elle deviendrait convention pure [4].

2. PROPOSITIONS POUR UNE ANALYSE DU SILENCE

L'analyse du silence, tel qu'il vient d'être défini, demande d'autres instruments que ceux employés pour l'analyse du langage verbal. Cette nécessité est, d'ailleurs, l'un des indices importants des limites du formalisme et du positivisme.

2.1. Le Travail du Silence dans le Langage

Le but de l'analyse du silence que nous proposons n'est pas l'interprétation. Ce n'est donc pas la recherche de l'attribution d'un sens au silence. C'est à la compréhension des possibilités signifiantes fondamentales du silence que nous nous intéresserons, ainsi qu'à l'observation des relations de ces possibilités aux conditions sociales ou culturelles de leur production.

Le silence est, on le sait, continu; il n'est pas ordonné en unités discrètes. Aussi n'est-il pas directement appréhensible du point de vue de l'analyse. Mais comme silence et mots se lient de façon inextricable, c'est sur ce rapport qu'il est possible de travailler. A partir donc du déplacement épistémologique et disciplinaire proposé, nous sommes amené à formuler la distinction méthodologique suivante, afin de donner au silence une spécificité théorico-explicative :

a) d'une part, l'analyse doit considérer la fragmentation du discours par des faits de silence, lequel apparaît dès lors comme un rapport sous la dominance du segmentable;

b) d'autre part, l'analyse ne doit pas évacuer la prise en considération de la signification, à laquelle participe le langage, comme un continuum non segmentable mais signifiant.

Cette orientation méthodologique couplée ne nous limite plus dans l'analyse du langage à la quête des unités discrètes, et permet de concevoir la matière signifiante du silence dans ses différences au matériau verbal mais, aussi, dans les relations qu'elle entretient avec lui. Prenons pour exemple la censure. On peut analyser la forme linguistique de la censure, et ses relations au silence, par le repère de ses traits (unités discrètes) dans le texte. Ce sont des «donnés», informatives, de la censure. Mais on peut aussi analyser les conditions de production de ce «fait» (langagier) qu'est la censure, et considérer les relations entre une politique publique de parole et les actes de silence qu'elle engendre en tant qu'actes signifiants.

2.2. La politique du Silence

L'exemple de la censure nous conduit à envisager une nouvelle distinction au sein même de la notion de silence. Outre le silence fondateur, tel que nous l'avons conçu plus haut dans la question même du langage, on peut donc envisager des politiques du silence, et des politiques de mise-en-silence. Les premières organisent un silence constitutif de l'ordre social général, les secondes, comme la censure, sont plus locales et concernent certains groupes socio-historiques. La relation dit/non-dit peut donc être contextualisée socio-historiquement, et en particulier par rapport au «pouvoir-dire».

En renvoyant cette relation socio-historique de la politique du silence au caractère fondateur du silence dans le procès du sens, il est possible de rapprocher l'étude de l'histoire discursive d'une société et de ses silences, de celle de la construction anthropologique du pouvoir-dire et de sa relation au silence fondateur. En effet, la politique du silence se définit par le fait que, en disant quelque chose, on efface nécessairement d'autres sens possibles, mais indésirables, dans une situation discursive donnée. En cela il y a convergence entre la question discursive du silence et sa fonction fondatrice dans le langage. Mais il y aussi différence entre silence fondateur et politique du silence. La politique du silence produit un découpage entre ce que l'on dit et ce que l'on ne dit pas, tandis que le silence fondateur n'établit aucune division *a priori* puisqu'il signifie en (par) soi même. Ce silence fondateur, appartient à l'ordre même du sens et préside à toute la virtualité de la production langagière. Au contraire la politique du silence est un effet de l'ordre du discours et agit comme une rhétorique. Cette politique du silence installe un anti-implicite : on dit «X» pour ne pas (laisser) dire «Y» — Y étant le sens à écarter du dit. La politique du silence construit des exclusions nécessaires des significations que l'on veut qui soient évitées. Elle «canalise» donc le procès du sens dans les limites de certaines formations discursives, masquant ainsi les possibilités de mettre-en-œuvre le travail significatif d'«autre» formation discursive.

Un exemple de cette forme de silence est la dénomination «Nouvelle République» au Brésil. Attribuée au régime qui a suivi la dictature militaire, cette dénomination permettait d'effacer le fait que ce qui avait précédé était une dictature (Orlandi, 1989). Cet exemple peut être généralisé sous forme de procédure : toute dénomination efface nécessairement d'autres sens possibles. Cette procédure montre bien que le dire et la mise-en-silence sont inséparables et que cette contradiction est inscrite dans les mots mêmes[5].

Le silence local relève de cette même politique du silence, mais met en jeu d'autres aspects du langage, notamment la relation de travail sur l'interdit. Sans doute sa manifestation est plus visible, comme l'est la censure. On peut d'ailleurs considérer la censure comme une forme faible de la production générale du silence, puisque il s'agit fondamentalement d'une stratégie politique circonstanciée par rapport au procès général du sens. Ainsi, sans confondre analytiquement ces deux modes d'existence du silence — le fondateur et le politique — il n'est pas possible, toutefois, de les séparer catégoriquement du point de vue théorique. Si, d'ailleurs, le repère du fonctionnement du silence fondateur est plus difficile et exige l'observation à travers des défaillances du sens, le repère des effets de la politique du silence est beaucoup plus aisé puisque l'on peut expliciter cette politique à partir de faits langagiers spécifiques historiquement. De tels faits socio-historiques de langage donnent néanmoins accès, aussi, à certains modes de fonctionnement du silence fondateur.

3. SILENCE ET VOIX SOCIALES

On pourrait ici revenir à la façon dont la censure fonctionne comme mécanisme d'oppression. Mais ce thème a largement été traité et les recherches ont démontré comment en interdisant certains mots on oblitère du sens. En effet, dans le discours, le sujet et le sens se constituent en même temps, et de ce fait, lorsqu'on interdit au sujet d'occuper certaines «places», on interdit certaines possibilité du sens.

3.1. Domination et Résistance

En conséquence, on peut comprendre du point de vue de l'analyse du langage et du silence comment la censure n'est pas un fait de conscience pour celui qui parle, mais un fait discursif qui se produit dans les limites des différentes formations discursives qui sont en rapport. Ainsi conçue, la censure peut être comprise comme l'interdiction de l'inscription du sujet dans des formations discursives determinées. En conséquence, l'identité du sujet est immédiatement affectée en tant que sujet du discours car, on le sait, (Pêcheux, 1975), l'identité résulte d'un processus d'identification d'après lequel le sujet doit s'inscrire dans une (et pas dans une autre) formation discursive, pour que ses mots aient un sens. Dans une conjoncture donnée, les formations discursives déterminent « ce qui peut et doit être dit » (Henry, Haroche, Pêcheux, 1972). La censure établit un jeu de rapports de force par lequel elle explicite, de façon locale, ce qui ne doit pas être dit pour que justement le sujet puisse dire. Le rapport au « dicible » est donc modifié quand la censure intervient. Dans cette optique, il ne s'agit plus du dicible socio-historiquement défini par les formations discursives, mais de celui produit par des rapports de forces immédiats : on n'a pas le droit de dire ce qui a été interdit.

Dans la perspective de l'analyse du discours, tout texte[6] est pris comme partie du processus d'interlocution. Aussi le domaine de chacun des interlocuteurs est en soi partiel et n'a d'unité que dans (et par) le texte. En conséquence, la signification se fait dans l'espace discursif (l'intervalle) créé par (dans) les interlocuteurs, dans un contexte socio-historique donné. A ce domaine divisé de la constitution de l'unité textuelle, et de l'unité des sens, correspond un domaine d'incomplétude du sujet. Pour que le texte ne s'épuise pas dans un espace clos, le sujet et le sens sont nécessairement caractérisés par leur incomplétude. Parler c'est ainsi se diviser soi-même, car les processus discursifs se réalisent nécessairement par le sujet mais ils n'ont pas leur origine dans le sujet[7]. De cette contradiction inhérente à la notion de sujet et de sens, résulte un rapport dynamique entre identité et altérité : un mouvement qui, en marquant l'identité, l'atomise, car il met en œuvre une distinction et, en même temps, l'intègre, car l'identité est faite d'un rapport (d'un lien avec l'autre). Pourtant, s'il y a un effacement nécessaire pour la constitution du sujet — et cela fonde son incomplétude — il y a aussi un désir, ou plutôt une injonction à la complétude qui, dans son rapport à l'effacement, joue un rôle fondamental dans les processus de constitution du sujet (et du sens). L'incomplétude du sujet peut être comprise comme travail du silence. Le sujet veut être complet et, dans sa demande de complétude, c'est grâce à la fonction fondatrice du silence qu'il *travaille* son rapport aux différentes formations discursives. Ce *travail* peut d'ailleurs rendre plus visible la contradiction constitutive de ce rapport.

Discursivement, il n'y a ni un sujet-absolu maître de soi-même et du dire, ni un sujet-complément entièrement déterminé par le dehors : l'espace de la subjectivité formelle est un lieu de tension. L'incomplétude est une propriété du sujet (et du sens); le désir de complétude est le mouvement qui permet le sentiment d'identité ainsi que, parallèlement, l'effet de littéralité (unité) dans le domaine du sens. Cette dialogie de l'incomplétude et de la complétude est nécessaire, car sans cela, il y aurait asphyxie du sujet et du sens. Le sujet ne pourrait pas en effet «traverser» et ne serait pas «traversé» par les différents discours, puisqu'il ne pourrait ni se déplacer, ni changer les limites des différentes formations discursives. La situation typique de la censure traduit exactement cette asphyxie : elle est l'interdiction explicite de la circulation du sujet, par la décision d'un pouvoir de parole fortement réglé. Dans les régimes autoritaires, il n'y a pas de réversibilité possible dans le discours. Le sujet du langage ne peut pas occuper différentes positions et il doit prendre la place qui lui est assignée. Ceci l'empêche de fait de produire les sens qui lui sont interdits. Cettte situation est une implication peu subtile du fonctionnement discursif du silence : on dit «X» pour ne pas (laisser) dire «Y». Néanmoins, par la nature même du sujet du langage, et du fait du mouvement qui le constitue comme identité, ce «Y» signifiera par d'autres processus (S. Lagazzi, 1988), et peut donner lieu à une rhétorique de résistance.

3.2. Un Cas Exemplaire : les Autobiographies

La possibilité de l'imposition d'un sens (d'une «place» au sujet) ainsi que de son renversement résultent de la fonction fondatrice du silence : d'une part parce que le silence signifie, avant tout, en soi même, et d'autre part parce que le sujet a un rapport nécessaire au silence. Dans l'espace de tension constitutif de la subjectivité. Il y a une solitude du sujet face au sens où l'autre est tenu à distance (à la limite du dialogisme). Il y a aussi un corps-à-corps avec le sens qui se tient dans le silence et la solitude.

Comme exemple de cette solitude et de ce corps-à-corps du sujet au sens, nous pouvons évoquer un fait langagier très intéressant pendant la dictature militaire au Brésil. A partir d'une certaine époque lors de cette didacture, de nombreux individus ont écrit leurs autobiographies. Plus tard — dans la période de l'ouverture politique (les années 80) — ce phénomène de société a produit une avalanche de publications autobiographiques. Ce fait s'inscrit dans le rapport difficile du sujet du langage avec le pouvoir dire lors d'une époque de censure. Ce fait social s'établit aussi comme forme discursive spécifique liant la sphère publique à la sphère privée. Il se construit sous la catégorisation de «fiction», pour que le dire — interdit — devienne possible. Dans ces conditions, l'auteur rachète son impuissance face au réel : quand il raconte son histoire (refoulée) elle devient littérature (récit). Il entre dans l'Histoire (racontée). C'est une façon de sortir du silence et de transgresser les limites du sens, telles qu'elles sont définies par la censure. Ce type d'activité discursive est une résistance à l'oppression, au manque de liberté, et constitue un mode d'agir sur le réel, alors que le sujet du langage est dans l'impossibilité de critiquer ou de ne pas être d'accord. Ces autobiographies ont donc contourné l'impossibilité de dire «certains» sens. Par ailleurs, ce fait révèle aussi l'acuité de la crise d'identité sous la dictature. En effet, dans un Etat totalitaire, le sujet dominé par des limites du sens est obligé de se séparer des autres et, par retour, de soi même. Il exprime cette double séparation et l'exiguïté du champ discursif où il est acculé, par un mouvement de scission et de réflexivité : le sujet recompose ses relations, il leur donne une unité à partir de sa volonté, de son désir, en ce cas, d'être «auteur» et lu.

L'écriture permet alors la *mise-en-distance* de la vie quotidienne, la suspension des événements par l'observation. L'écriture autobiographique donne, dans ce cas, au sujet du langage la possibilité de signifier... en silence. Ainsi il peut y avoir un processus d'auto-référence et d'expressivité sans qu'il y ait intervention des contrôles propres à la situation ordinaire vécue de censure. L'auteur écrit pour signifier (à) soi-même. C'est une façon de réagir à l'automatisme du quotidien. Dans ces rapports entre langage et silence, le sujet opère une demande de complétude à travers des effacements : il efface les limites histoire/récit/Histoire. Autrement dit, il efface la limite entre le «je-personnel» et le «je-politique», entre le «sujet» et le «citoyen», ou entre le réel et la fiction, entre le «je-qui-raconte» et le «je-raconté», etc. Les effets de sens produits par ces mécanismes discursifs déplacent les limites du dire, non pas en les discutant directement mais par la mise-en-œuvre d'action contre la limite discursive qui est assignée par la censure. L'écrivain construit de nouvelles relations entre des formes de discours et leurs fonctions sociales : la sphère publique, la sphère privée, le particulier et le général, le réel et l'imaginaire. Par la conquête de sa dimension publique, cette écriture produit un effacement entre ce qui rend possible de parler de soi-même pour parler d'autrui, parler d'autrui pour parler de soi-même, ou parler de soi-même pour parler effectivement de soi-même.

A cette même époque, et en relation avec ce phénomène autobiographique, est apparu un conte qui eut une fonction exemplaire. Il s'agit d'un conte de C. Vogt qui parle de la mort d'un brésilien, lequel incarne tous les brésiliens. En conséquence, il y a du point de vue narratif une multiplication de dates, de lieux, de circonstances, de personnages et d'identités. Les narrations se multiplient, mais le fait reste toujours le même : la mort dans des circonstances politiques violentes. Ce récit pour permettre de passer de ce qui est refoulé (sphère privée — mise-en-silence) à ce qui est raconté (sphère publique), ne privilégie pas un «je» (*un* brésilien) mais parle de la perspective de tous les «je» (*tous les brésiliens*). Ils en sont plus définis et plus présents : par ce silence tous les brésiliens parlent. Dans cet exemple, l'effacement nécessaire et le désir de complétude jouent ensemble un rôle fondamental dans les processus de constitution du sujet et du sens.

4. DU SILENCE AU DICIBLE

La situation de censure, dont on a donné quelques exemples, est une situation bien sûr limite, mais qui en tant que telle rend plus visible les enjeux du silence dans le rapport du sujet au langage et dans la constitution de son identité. Ainsi, la censure desautomatise le rapport au silence et explicite le rapport du sujet au «dicible». C'est néanmoins parce que le silence signifie en soi que l'on peut expliquer la politique du sens. En effet, le silence fondateur fait que «ne pas dire» ait un sens. La censure joue sur le pouvoir-dire en imposant un certain silence. Parce que le silence signifie en soi, à la rhétorique de l'oppression, qui s'exerce par la mise-en-silence de certains sens («Y»), peut répondre la rhétorique de la résistance, ce silence signifiant autrement.

4.1. Le silence dans la politique du sens

Le dicible peut être conçu de plusieurs façons : comme formation discursive (ce qu'on peut et on doit dire); comme discours social : «tout ce qui se dit, tout ce qui s'écrit dans un état de société donné (...) ou plutôt (...) l'ensemble non nécessairement systémique ni fonctionnel du dicible, des discours institués et des thèmes pourvus d'acceptabilité et de capacité de migration dans un moment historique d'une société donnée. Bref, le discours social produit la Société comme coexistence, consensus, convivialité doxique[8]». (Angenot, 1984, 21) Si, d'un côté, la censure travaille sur l'ensemble du dicible en interdisant certaines zones, la rhétorique de résistance permet de signifier ce que du dicible le locuteur n'est pas autorisé à dire. Le sujet des autobiographies, dont nous avons parlé, construit par l'écriture un espace intermédiaire qui lui permet de ne pas se laisser parler par le discours social, mais, en même temps, fait qu'il ne dit pas ce qu'il n'est pas interdit de dire. Il y a ainsi un espace de silence où travaille son rapport au dicible. C'est ce silence qui rend possible l'élaboration du sujet, son rapport (sa distance) au discours social. Ce silence est le silence fondateur, silence présent dans *son* écriture et qui fait que les «autres» sens, censurés, peuvent advenir.

Passons maintenant à la considération des formations discursives. Les formations n'ont pas des frontières «catégoriques». La clôture d'une formation discursive «est fondamentalement instable, elle ne consiste pas en une limite tracée une fois pour toutes séparant un intérieur et un extérieur de son savoir, mais s'inscrit entre diverses formations discursives comme une frontière qui se déplace en fonction de la lutte idéologique» (Courtine, 1982). Le rapport du sujet aux formations discursives est traversé par son rapport au silence fondateur qui seul lui procure l'espace virtuel de ces déplacements. Enfin, c'est le silence fondateur qui inscrit le sujet dans le processus infini de signification, et permet de faire signifier, par d'autres enjeux langagiers, le sens qui lui était interdit.

4.2. Le silence comme indice de l'histoire particulière du sujet

Dans toute formation sociale, que ce soit du fait du silence fondateur, ou du fait de politique du silence, le silence reste à la base de la constitution du sujet et du sens. On peut même insister, du point de vue du modèle d'analyse que nous proposons, sur le fait que le rapport du sujet du langage aux formations discursives s'instaure du silence comme composante essentielle. En effet le silence permet la constitution de l'histoire du sujet, non comme reproduction, mais comme transformation des sens[9]. Le sujet n'adhère d'ailleurs pas au discours social automatiquement. Il y a des espaces de silence qui sont un indice de son histoire particulière dans son rapport au langage, ou mieux, face à l'articulation entre les différentes formations discursives.

On appelle «interdiscours le "tout-à-dominante" des formations discursives, en précisant bien qu'il est lui aussi soumis à la loi d'inégalité-contradiction-subordination dont nous avons dit qu'elle caractérisait le complexe des formations idéologiques» (Pêcheux, 1975). L'*interdiscours* appartient donc au niveau de constitution du discours, sa verticalité (Courtine, 1982), et relève de l'ordre du répétable. Il est *a priori* l'instantiation de l'énoncé, tandis que l'*intradiscours* est instauration de l'énonciation. C'est l'interdiscours qui règle les déplacements des frontières de la formation discursive, en incorporant les éléments pré-construits. Mais, c'est le silence qui travaille les limites du déjà-dit dans l'interdiscours. La notion d'interdiscours peut-elle absorber celle du silence? Dans la mesure où celle-ci serait déjà habitée par du déjà-dit «complet», non. Dans la mesure où à ce déjà-dit a participé la fonction fondatrice du silence, oui. Le silence est une dimension irréductible du langage, rompant la plénitude du déjà-dit tout comme il a participé à la construction de ce déjà dit. On distinguera donc le silence du déjà-dit (illusoire, ou discursivisé), du silence (fondateur) qui permet l'ouverture de la multiplicité du sens, et qui, en conséquence, rend possible une certaine distance du sujet par rapport au « dicible ».

Il y a, on le sait (Foucault, 1971) une dispersion du sujet, par laquelle il peut prendre différentes « positions ». Par ailleurs, l'identité du sujet résulte des processus d'identification. Le silence travaille les différences inscrites dans les processus d'identification du sujet. La différence, qui instaure cette identité, n'est possible que par le silence fondateur où s'origine la possibilité du sens. Certes, les formes du langage permettent d'établir la séparation et sinon, le sujet, traversé par de multiples discours, s'éparpillerait dans cette dispersion. Si le sens est erratique, le sujet du langage est lui-aussi mouvant. Mais ce qui le lie comme identité, c'est-à-dire comme être pris dans la dialectique de l'un et de l'autre, ce ne sont pas les segmentations de la langue, ni encore les contenus, ni sa configuration spécifique (il en a plusieurs). C'est sa nature-même d'être en relation au silence fondateur.

Enfin, si l'on pense que le silence est virtuellement constitutif de toute signification, la détermination historique des processus de signification ne porte pas sur le dire dans sa seule positivité. A l'égard de l'histoire, le silence importe de plusieurs façons : par rapport au futur (le « projet » du discours, la multiplicité des sens); par rapport au passé (le déjà-dit qui retourne sous la forme de l'interdiscours). La dimension historico-politique du sens, autrement dit, le partage entre ce qui signifie et ce qui ne signifie pas, mais aussi l'historicité du sujet (le rapport entre les processus d'identification dont résulte l'identité) travaille l'incomplétude du silence et les limites du dire[10]. Ainsi que le sentiment d'unité du sujet, le sentiment de l'unité du sens, c'est-à-dire, la littéralité, dérive d'un rapport au silence et à l'incomplétude. Enfin, dans la mesure où le silence fondateur, tel que nous l'avons défini auparavant, rend possible la signifiance, le sens apparaît donc comme « perpétuel ». En cela l'analyse du silence permet de mieux comprendre l'effet discursif de la « permanence » du sens, ou celui de de la « stabilité » des référents. Ce n'est en effet que par l'arrière-plan du silence que l'on peut distinguer la répétition, le déjà-dit.

L'interdiscours, nous l'avons dit, est travaillé par le silence. Quand l'interdiscours efface le silence fondateur, faisant que le non-dit apparaisse comme déjà-dit, il produit l'illusion que le sens peut être unique. Pourtant les significations ne s'immobilisent pas dans cette illusion et le sens ne cesse pas d'errer (dans les deux sens du mot « errer » : celui de se tromper et d'aller à l'aventure). D'où on conclura que ce travail silencieux du rapport de l'homme à la réalité procure à l'homme sa dimension historique, car le silence est sens.

NOTES

[1] En Grèce, le silence avait une place importante dans les sociétés pythagoriciennes et dans les cercles orphiques. Pythagore demandait un ou même trois ans de silence comme une forme d'initiation dans l'ordre religieux. Socrate réfère maintes fois à l'importance du silence comme forme de connaissance, et en le comparant à la parole, il affirme que le silence est beaucoup plus décisif que celle-là. Il est par ailleurs remarquable que dans l'Ancien Testament il y a plusieurs références au silence tandis que dans le Nouveau Testament il n'y en a que de rares mentions. St Augustin, dans ses confessions, parle du silence quand il relate son séjour à Ostia avec sa mère. Les mystiques, les chrétiens, les néo-platoniciens, les perses, les hindous, les arabes, les juifs au Moyen Age ont fait un large usage du silence comme moyen de rencontrer Dieu. Les mystiques catholiques de la Contre-Reforme et les quiétistes du XIIe siècle appréciaient beaucoup le silence, et ils firent de la pratique de la présence de Dieu dans le silence le centre de leur religion. Les trappistes, on le sait, font le vœu du silence (éternel). Chez les protestants, on peut rappeler la Société des Amis ou plus particulièrement les quakers pour qui le silence a une place centrale. Sans oublier les ermites qui ont adapté, sous des formes diverses, aux différents types de société, sa présence continue tout au long de l'histoire de l'humanité. Finalement, du mysticisme à la superstition il n'y a qu'un pas à franchir. On n'arrêterait pas d'énumérer toutes les sectes et les fidèles qui attribuent au silence un pouvoir magique.

[2] Voir également E. ORLANDI, 1987, où une distinction plus précise de implicite/silence a été élaborée.

[3] Ici on peut se référer en ce qui concerne le mot et le signe à Saussure et au rapport du paradigme au syntagme, et à la distinction entre axe de substitution et axe d'association; le silence s'inscrirait lui dans la théorie du discours.

[4] Le lapsus met en rapport ces deux versants de la polysémie : il commet un excès (il dit de trop) et il montre un manque (quelque chose de ce qui est en silence). Il y a des formes organisées et des formes non-organisées de manifestation du silence fondateur : le lapsus en est une manifestation non-organisée.

[5] Ces considérations prennent appui sur des aspects étymologiques du silence. En sanskrit la racine ambivalente «*mu*» est à l'origine de mots qui signifient tantôt parler comme rester en silence : *mutus* (latin : «muet»), *mytheomai* (grec : dire), etc. Présence et silence se nouent dans le même événement langagier pour signifier.

[6] «Texte» est ici conçu dans le cadre de la théorie du discours. Il correspond donc, sur le plan analytique, à ce qui signifie le discours sur le plan théorique : unité de signification dont le rapport aux conditions de production est constitutif.

[7] C'est la question de l'illusion du sujet d'être à la source du sens (Pêcheux, 1975).

[8] Nous n'effaçons pas ici la distance entre les différentes théoriques qui séparent ces différentes notions de dicible; la formation discursive se rapporte plutôt au domaine de la constitution du dire et au rapport langue/histoire, et l'autre à la formulation et la circulation sociale du dire.

[9] C'est l'articulation du sujet «dans» le discours au sujet «du» discours.

[10] Le découpage produit par l'implicite (Cf. Ducrot, 1972) crée l'illusion de complétude : comme si, par l'addition du non-dit au dit, on produisait la totalité du signifié.

Section 2
Sociosémiotique des Images

Jean DAVALLON
Université Jean Monnet, Saint-Étienne

1. EST-IL OPPORTUN DE REVENIR SUR LA SÉMIOTIQUE DES IMAGES?

La sémiotique des images semble aujourd'hui avoir atteint une vitesse de croisière. Plusieurs raison à cela. Tout d'abord, dans le champ français, la sémiotique n'a plus vocation, comme cela fut le cas dans les années soixante à soixante-dix au moment de la constitution de la sémiologie comme champ théorique et disciplinaire autonome, à devenir cette science du langage chargée de couvrir l'ensemble des divers systèmes de signes. De telles visées systématiques ne sont plus guère de mise aujourd'hui. Par ailleurs, l'image est, à l'évidence, reconnue comme un des objets à part entière de la sémiotique; elle n'a plus à conquérir cette reconnaissance. Enfin, le développement de la production des «images de synthèse» a quelque peu déplacé les centres d'intérêt en matière d'étude des images et relativisé certaines interrogations, comme celle, par exemple, portant sur l'«analogie», c'est-à-dire la relation entre le représenté en image et la réalité du monde extérieur. Aussi, la sémiotique des images semble-t-elle aujourd'hui plutôt préoccupée par l'approfondissement de questions ou de domaines restreints (comme la photographie ou la peinture), sans que cet approfondissement n'aille désormais jusqu'à remettre fondamentalement en cause ni son existence ni sa définition.

1.1. L'approche sémiotique des images : un enjeu théorique

La sémiotique des images est un domaine établi, reconnu, qui ne constitue plus un enjeu théorique. A l'inverse elle offre maintenant un éventail d'outils utilisables sur le plan pratique par ceux qui fabriquent des images dans des divers domaines — comme celui de la publicité, par exemple. C'est pourquoi, la sémiotique des images semble bien une «affaire classée», sur laquelle il est inutile de s'appesantir encore et de revenir un fois de plus. Cependant, allant à l'encontre de ce qui passe pour un état de fait, je défendrai la thèse que la sémiotique des images reste toujours un enjeu théorique fort portant sur cette limite où la sémiotique est forcément une socio-sémiotique.

L'«assagissement», de la sémiotique des images (elle est devenue, nous venons de la voir, une discipline «rangée»), ne doit pas abuser. En réalité, cette sémiotique ne constitue pas un ensemble, un corps théorique, achevé. Elle est au contraire morcelée dans ses références et éclatée dans la diversité des objets qu'elle étudie. Elle reste un chantier théorique permanent qui n'arrive pas à s'unifier avec une certaine ampleur et qui reste soumis à une sorte d'éparpillement du fait de la difficulté à établir ce qu'est au fond une image. On peut donc établir le constat d'une double indéfinition, donc, avec d'un côté la théorie pluralisée de la sémiotique des images — et de l'autre l'objet, l'image qu'il est difficile de définir. Cette indéfinition constitue aussi, un double enjeu du champ disciplinaire des sciences du langage et du signe : où commencer, et où arrêter la théorisation des faits de langage, et quel rapport l'image entretient-elle plus généralement avec les faits de culture, au sens anthropologique. Cet état de fait dicte par conséquent de lui-même les différents points à examiner. Il s'agit tout d'abord de dresser l'état d'éparpillement de la sémiotique des images et de reprendre la question de la définition de l'image. A partir de là, il sera alors possible de définir le champ sociologique d'une approche des images pour enfin faire le point sur les apports d'une sociosémiotique des images.

L'histoire de la sémiotique des images nous intéresse ici car où elle permet de saisir les questions qui ont scandé et articulé le développement de cette sémiotique et de déterminer les grands moments de la constitution de sa problématique. Mais est-il est vraiment légitime de traiter la «sémiotique des images» comme une entité théorique autonome ? Ne devrait-on pas plutôt parler simplement «d'approche sémiotique de l'image», ou plus prudemment encore «des images» ? Une telle réserve préliminaire sur le statut de la sémiotique des images installe tout de suite au cœur du débat, à savoir pose la question cruciale de la spécificité de la sémiotique des images par rapport à la sémiotique générale. Ainsi, l'examen attentif des textes traitant de sémiotique des images fait apparaître la place privilégiée de cette sémiotique dans les débats théoriques qui ont traversé et traversent encore la sémiotique générale[1].

Lorsque les sémioticiens français (à l'époque, on disait : «sémiologues») commencèrent à mettre à exécution le projet saussurien de l'étude de la vie des signes au sein de la vie sociale, ils ne purent manquer de se trouver confrontés au geste saussurien qui fut le geste fondateur de la linguistique comme science — geste instaurateur d'une hiérarchie entre la langue et les autres systèmes de signes (écriture, rites symboliques, formes de politesse, signaux militaires, etc.); mais aussi — peut-être l'avait-on quelque peu oublié — le geste d'inclusion de l'étude des systèmes de signes dans la psychologie sociale. «C'est au psychologue, à déterminer la place exacte de la sémiologie ; la tâche du linguiste est de définir ce qui fait de la langue un système spécial dans l'ensemble des faits sémiologiques» (Saussure, CLG). Ainsi, la sémiologie saussurienne se situe-t-elle au confluent de deux mouvements inverses mais complémentaires : la constitution de la plus importante branche de la sémiologie (la linguistique) autour d'un objet spécifique (la langue) et l'insertion de la sémiologie dans la psychologie. Le premier mouvement — «La linguistique a pour unique et véritable objet la langue envisagée en elle-même et pour elle-même» (Saussure, CLG) — a retenu pendant longtemps toute l'attention; au risque d'ailleurs d'éclipser le second mouvement, pourtant déterminant du point vue sociosémiotique : celui de l'insertion de la sémiologie dans la psychologie sociale. Or, ce dernier introduit un contrepoint à la définition des systèmes de signes comme expression de la pensée, en situant la langue comme un instrument de communication sociale entre les hommes. De ce fait, le terme «expression de la pensée» prend un tout autre sens que celui que lui donne la tradition grammairienne. La langue n'est plus le décalque d'une pensée organisée antérieurement, qu'il lui faudrait imiter, elle est au contraire une mise en forme et une organisation de la nébuleuse de la pensée en vue de la communication. La référence de Saussure à la Classification des sciences du philosophe A. Naville est ici tout à fait éclairante : la sémiologie appartient à la psychologie sociale car elle traite des instruments qui permettent la relation entre les hommes et, par conséquent, la vie sociale[2]. Certes le découpage des sciences en 1950-1960, à l'époque de la grande émergence disciplinaire de la sémiologie et sémiotique, n'est plus celui du temps de Saussure. Mais au chapitre des systèmes de signes à étudier, autres que la langue, se trouve inévitablement en bonne place les images. Bien plus, il apparaît que l'étude de ces dernières, en tant que systèmes de signes, va constituer un enjeu théorique de premier plan.

1.2. Le chantier de la sémiotique des images

A la relecture des textes inauguraux de la sémiotique des images (Barthes, 1961 [1982]; 1964 [1982]), il apparaît que l'approche sémiotique de l'image amène inévitablement à amorcer une théorie sémiotique spécifique de l'image, dans la mesure où il impossible d'appliquer directement les modèles forgés pour l'étude de la langue à l'image. Les difficultés rencontrées lors d'une telle application obligent donc à s'interroger sur ce qui fait la «nature» sémiotique de l'image et sur ce qui la distingue de la langue naturelle. C'est ainsi que, progressivement, s'est esquissée une théorie sémiotique de l'image, et que se sont élaborés des modèles propres à décrire le fonctionnement et la nature de l'image en tant que fait de langage spécifique. C'est ainsi que se sont croisées la question de l'autonomie relative de la sémiotique des images (du côté de la théorie) et celle de la spécificité de l'image (du côté de l'objet).

D'où cet effet en retour, quelque peu inattendu : cherchant sa légitimité et sa faisabilité, la sémiotique de l'image a opéré de fait comme «analyseur» de la sémiotique générale. Rencontrant et pointant les limites du «patron» linguistique, pour reprendre le mot d'Hubert Damisch, elle a sans arrêt demandé à la sémiotique générale de revoir ses modèles, et tout particulièrement dans le sens d'une ouverture à la dimension textuelle, pragmatique et sociale. Le grand mouvement d'ouverture de la sémiotique des images s'est situé, en France, entre les années 60 et 70, avec les travaux mentionnés plus haut de Roland Barthes, mais aussi ceux de Christian Metz qui a posé explicitement la question du rapport des images à la langue. Metz propose ainsi un modèle du cinéma qui lève tout de suite le handicap qui pesait sur l'approche sémiotique de ce dernier. Il définit en effet le cinéma comme un langage sans langue (Metz, 1964). Geste théorique d'une grande importance qui affirme la différence entre le domaine des images et celui du linguistique. Ce geste fut un des facteurs du développement d'une sémiotique du cinéma, dont on ne dira jamais assez l'importance dans l'organisation du champ théorique de l'analyse des images.

A côté de ces travaux, qui visent la description du fonctionnement de la signification dans son ensemble, en existent bien entendu d'autres, tels que ceux de Umberto Eco (1968; 1978) sur le signe et la communication iconique, ceux de Jacques Bertin (1967) qui traitent de la transmission de l'information par les cartes et les graphiques, ou encore ceux de René

Lindekens (1971; 1976) sur la photographie et la sémiotique visuelle, pour ne citer ici que les plus marquants. Or, l'examen détaillé de ces travaux et leur comparaison avec ceux qui les suivront montrent une convergence certaine. Certes, leurs problématiques ou leurs objets sont différents; mais leurs références conceptuelles et leurs préoccupations théoriques sont très proches : elles tournent toutes autour de la définition du signe iconique, de la question de l'absence de langue en matière d'image, et, au bout du compte, essentiellement autour de la question de l'analogie, c'est-à-dire de la ressemblance avec la réalité. Cette convergence d'intérêt conceptuel donne son unité à ce que l'on pourrait appeler, par analogie avec les moments de la linguistique, une «sémiotique des images de première génération». Elle aboutira d'ailleurs, non sans quelque paradoxe, à faire émerger et reconnaître la primauté du niveau textuel sur le niveau du signe; contrairement à ce qui pouvait être pensé au départ, l'image n'est plus alors considérée comme une catégorie de signes, mais comme un fonctionnement sémiotique particulier mettant en œuvre des moyens techniques et produisant des effets de sens[3].

1.3. L'image, entre le texte et l'énonciation

A la fin des années 60 et au cours des années 70, les intérêts se sont portés donc vers l'étude du fonctionnement de l'image comme texte. Cela est tout à fait manifeste dans les recherches qui continuent l'examen de la notion de signe iconique (Odin, 1976; Lindekens, 1976; Eco, 1978; Groupe Mu, 1979), ou encore dans la sémiologie du cinéma, qu'il s'agisse des travaux de Christian Metz, ou ceux de chercheurs prolongeant ses travaux[4]. Le champ conceptuel de référence s'organise autour de l'énonciation, de la lecture, du spectateur, d'une approche du fonctionnement du texte à partir d'emprunts fait à la psychanalyse.

Mais le phénomène nouveau qui caractérise le plus cette sémiotique de l'image de seconde génération, concerne l'apport de la théorie de la peinture. Cette théorie — qui est en fait une sémiotique de l'art — se situe de plain-pied avec le nouveau champ conceptuel de la sémiotique des images. On peut même dire qu'en grande partie elle la constitue. Ce sont les travaux de Jean-Louis Schefer, de Louis Marin, d'Hubert Damisch qui bouleversent les catégories de procès et de système, montrent l'importance primordiale des dispositifs énonciatifs et ouvrent une analyse de la production des unités de signification au cours de la réception[5]. La sémiotique de l'image se trouve ainsi détachée du «patron» linguistique, même si le langage (dit «naturel») est présent au cœur même du fonctionnement de l'image à travers la réception. Bien plus, l'image est, en ce cas, considérée comme signifiante dans la mesure où elle est traversée, «investie» par le langage. La réception est pensée comme une lecture (Schefer, 1969; Barthes, 1969; Marin, [1969b] 1971).

Langage et réception ont donc été considérés comme les pièces maîtresses du fonctionnement sémiotique de l'image. Mais, à l'inverse aussi, cette sémiotique de l'image se réfère aux autres savoirs sur l'image ou sur l'art tels que la psychologie ou la sociologie de la perception ou de l'art, par exemple (Louis Marin, 1980b). Les conditions étaient par conséquent réunies pour aborder l'image d'un autre point de vue : non plus en fonction d'une définition *a priori* de la signification, mais à partir des particularités de chaque types de langages. Ou encore, non plus à partir de ce qui est commun aux faits de signification, mais plutôt à partir de ce qui les distingue les uns des autres. Ce changement de point de vue fut tout à fait considérable, et c'est seulement aujourd'hui que l'on peut commencer à en mesurer les effets. Tout ce qui définissait le fonctionnement sémiotique de l'image (mais on serait tenté de se demander si en réalité ce séisme épistémologique ne s'étend pas bien au-delà de celle-ci) se trouve ainsi aujourd'hui en voie de reproblématisation.

2. ÉTAT DES QUESTIONS DE PROBLÉMATIQUE DANS LES DÉVELOPPEMENTS RÉCENTS DE LA SÉMIOTIQUE DES IMAGES

A l'examen des diverses recherches en matière de sémiotique des images qui se sont menées par la suite, et notamment ces dernières années, nous sommes frappés par deux choses. En premier, il existe un ensemble relativement bien délimité de terrains d'étude : cinéma et vidéo, photographie, image publicitaire et image d'art (plus particulièrement le tableau). Le sémioticien n'étudie pas tous les types d'images, mais seulement certains, qui seraient plus particulièrement «bons à étudier» : dont l'étude, si l'on veut, est à un moment donné pertinente et rentable. Ces types d'images privilégiés tendent à être représentatifs de ce qui fait la spécificité de l'image comme objet de recherche pour la sémiotique. Nous sommes ici en présence d'une sorte de définition spontanée de l'image du point de vue du sémioticien. En second, il apparaît que ce choix privilégié de certains types d'images correspond à des questions et à des problématiques. C'est ainsi que le cinéma et la vidéo sont un terrain de prédilection pour l'étude des dispositifs d'énonciation; la photographie pour celle de la représentation du monde extérieur par l'image; l'image publicitaire pour celle de la production des effets de sens. Quant à l'image artistique, elle permet tout à la fois l'étude de l'énonciation et celle de la place de la matérialité du support (et donc la perception) dans la production des effets de sens. Derrière chaque type d'image, se profile un réexamen d'un des aspects fondamentaux du fonctionnement de l'image.

Ainsi, au total, la comparaison des diverses études montre à la fois une redéfinition de ce que sont — sémiotiquement parlant — les images et une reproblématisation de l'approche sémiotique des images. Autre façon de croiser la question de la spécificité de l'image avec celle de la spécificité de la sémiotique de l'image. Il vaut donc la peine de revenir sur les questions de sémiotique soulevées dans ces études. On peut considérer à ce propos trois grands problèmes les dispositifs énonciatifs, la relation sémiotique et la sémiotisation.

2.1. Les dispositifs énonciatifs et l'image

Avant d'en venir aux exemples concernant ce déplacement de focalisation théorique de l'énonciation aux dispositifs énonciatifs, il n'est pas inutile de rappeler le rôle charnière joué par les travaux d'Emile Benveniste et tout particulièrement la distinction entre les modes de signifiance, le sémiotique et le sémantique, mais aussi le problème de l'énonciation et la distinction entre histoire et discours (Benveniste, 1958 [1966]; 1959 [1966]; 1969 [1974]; 1970 [1974]). Ces travaux ont constitué une sorte de point de bifurcation dans le champ linguistique et sémiotique dans son ensemble et ont ouvert la sémiotique à une «pragmatique des stratégies énonciatives», et dans le cas de l'image à la problématique d'une sémiotique de l'«image en relation».

Dans le champ spécifique de la sémiotique des images, il est possible de reconnaître trois modalités différentes de cette pragmatique des stratégies énonciatives. La première concerne le passage de la sémiologie de l'art à la sémantique (au sens de Benveniste) des systèmes représentatifs (Marin, 1971). Travaillant sur l'*épistémè* de la représentation et plus particulièrement le XVIIe siècle, Louis Marin trouve, dans le fonctionnement de la peinture d'histoire, un croisement entre histoire et discours. Ainsi, un tableau d'histoire — tel que les Bergers d'Arcadie — opère une dénégation-transformation de l'énonciation discursive par (et dans) le système perspectif. Les caractéristiques de discours, c'est-à-dire les références au sujet portées par le système perspectif, sont mises au service du récit iconique et ce dernier s'inscrit dans la perspective et le composé des figures qui sont la structure formelle de l'énonciation-représentation, tout en les transformant à son profit pour représenter l'histoire[6].

L'intérêt de cette approche est qu'elle déplace la sémiotique de l'image vers une sémiotique de la culture : ce sont les caractéristiques d'un mode de signifiance discursive-énonciative (la représentation) qui deviennent l'objet de la recherche. Les images, commes objets culturels, sont des machines de discours dans lesquelles l'iconique, la signification, la théorie se mêlent pour devenir des outils de stratégies qui asssurent ainsi le branchement des dites machines sur l'institutionnel. Les œuvres sont des «faits sociaux totaux», pour reprendre l'expression de Marcel Mauss. Si cet aspect de l'analyse n'est pas premier dans *Détruire la peinture* (Marin, 1977); en revanche, il vient au premier plan dans un ouvrage comme *Le portrait du roi* (Marin, 1981).

La seconde modalité de cette pragmatique des stratégies énonciatives nous est offerte par la sémiotique du cinéma. Cette sémiotique développa très tôt une réflexion sur l'énonciation en ayant recours à la psychanalyse et à la réflexion sur l'opposition entre «histoire» et «discours» (Metz, 1977). Dans le film de fiction, les événements semblent de raconter eux-mêmes; les marques d'énonciation sont effacées. Le seul composant de l'énonciation serait le spectateur comme pure capacité de voir, comme réceptacle. Sauf exception (lorsque le spectateur a l'impression qu'on lui parle de cinéma), on reste dans le registre de l'«effet-fiction», caractérisé par un double processus d'identification : secondaire (au personnage) et, surtout, primaire, en tant qu'identification à l'instance voyante, c'est-à-dire au dispositif (l'«œil» de la caméra[7]).

Cette conception du dispositif énonciatif allait faire l'objet de nombreux travaux ultérieurs, et notamment autour de la notion d'énonciation (Metz, 1987). Différents sémioticiens du cinéma attirèrent l'attention, bien au-delà du rapport de l'image au spectateur, sur le rapport de l'image au monde, et sur l'analogie comme ressemblance et comme indication. Ils posèrent la question de l'articulation de ces deux rapports et, de l'étude, non seulement de la perception des objets du monde au travers de l'image, mais encore la perception, la connaissance et les attentes du spectateur vis-à-vis des modalités pratiques de production des images[8].

La troisième forme de la pragmatique des stratégies énoncatives se trouve dans les développements récents des travaux des sémioticiens se référant à la théorie sémiotique de Greimas (Greimas, 1984; Fontanille, 1983). L'intérêt qu'ils ont porté ces dernières années à la «mise en discours» (reprenant l'expression de Benveniste) est venu se conjoindre aux questions posées à la sémiotique par l'analyse des images. L'énonciation y est abordée de deux manières. Soit en tant qu'elle est un procès implicite et logiquement présupposé par l'énoncé, sous la forme d'une mise en scène par l'énonciateur qui propose ainsi un parcours interprétatif à l'énonciataire; soit en tant que l'énonciataire est un actant engagé dans la dimension interprétative dans un même univers communicationnel inclut celui qui à fait l'image et celui qui la regarde. La transformation de l'énonciataire est alors modélisable selon le schéma narratif (Thürlemann, 1980a, 1980b, 1982, 1983; Davallon 1981; Floch 1982).

Cette approche de l'énonciation présente l'intérêt d'ouvrir sur une analyse de la représentation des stratégies communicationnelles à l'intérieur de l'image elle-même; représentation qui s'opère sous forme de dispositifs. Elle permet ainsi de décrire les transformations de l'énonciataire telles qu'elles se trouvent programmées à travers ces dispositifs. Mais les postulats de la sémiotique greimassienne, concernant d'une part l'autonomie absolue du langage vis-à-vis du réel (le principe d'immanence), et d'autre part, la place du sujet concret dans la production de la signification (la conception de la description scientifique), limitent de fait l'application de cette sémiotique à l'image. D'une part, elle isole cette dernière de son «support» médiatique, de son existence d'objet culturel. Or, il semble établi aujourd'hui que l'on ne saurait aborder l'image en dehors de sa matérialité. D'autre part, elle ne s'est pas interrogé sur la place du lecteur concret dans le fonctionnement de la signification des images[9].

2.2. La relation sémiotique : les couplages semi-symboliques

La seconde grande question soulevée dans les études récentes concerne ce qu'il en est de la relation sémiotique elle-même dans le cas de l'image. Une fois reconnue l'importance de la dimension textuelle dans la production du sens, la problématique du signe comme unité élémentaire de signification s'est trouvée remplacée par une problématique de la signifiance (au sens, évoqué plus haut, que Benveniste donne à ce terme), c'est-à-dire de la relation qui fonde le processus même de la signification[10].

Or, c'est bien dans une telle problématique (celle de la signifiance et non du signe) que s'inscrit la conception des couplages semi-symboliques développée par l'Ecole de Greimas. En effet cette conception va bien au-delà du niveau plus superficiel des structures discursives puisqu'il s'agit de la mise en relation de «catégories» appartenant respectivement au plan de l'expression et au plan du contenu. Comment ce mode de relation sémiotique, qui caractérise tout particulièrement (uniquement?) l'image ou l'espace, se met-il en place? Une construction systématique de la dimension formelle de l'image est opérée à partir des

« contrastes » observés et définis, selon Greimas (1984, 18), « comme la co-présence, sur la même surface, de termes opposés (contraires ou contradictoires) de la même catégorie plastique [...] ». Cette construction aboutit à une segmentation de l'image selon trois axes catégoriels (topologie, forme et chromatisme). Cette phase de construction est très importante, car elle permet de traiter l'organisation formelle sur le mode sémiotique : à la manière d'un plan de l'expression, d'un signifiant. Les unités ainsi repérées constituent des « formants » : « organisations particulières du signifiant qui ne se définissent que par leur capacité d'être rejointes par des signifiés et de se constituer en signes » (p. 17).

L'étude de l'organisation systématique du contenu de l'image permettra alors de définir des oppositions structurant le signifié selon des catégories elle-mêmes abstraites. Il sera ainsi possible de lier certaines oppositions des traits plastiques à certaines oppositions des unités du signifié selon la procédure d'homologation. Dès lors, nous serons en face d'un mode particulier de relation Expression-Contenu : celui d'un « système semi-symbolique », défini par une conformité entre catégories de l'expression et catégories du contenu[11]. Ainsi, par une mise en relation de l'organisation (sémiotiquement parlant, je dirais : de la mise en forme) de l'expression et du contenu, naissent des unités de signification. Mais la particularité de ces unités est de couvrir l'ensemble de l'image (du texte), sans pour autant être assimilables à tel ou tel élément particulier ; ni même être homologables à la totalité de l'image. Ces unités, dès lors, présentes et efficaces dans l'image ne sont pas repérables comme unités à partir d'un code préalable Ceci les distinguent des unités significatives de la langue naturelle qui, sont, elles aussi, non repérables hors analyse, mais qui font partie néanmoins d'un code acquis par le lecteur. Enfin ces unités de signification sont prioritairement spécifiques d'une image, même si elles utilisent des axes catégoriels partiellement codés tels que la « composition » spatiale, chromatique et dessinée.

2.3. La relation au monde : la fonction indiciaire

Mais, aujourd'hui, la significance en image est non seulement abordée dans sa dimension interne à l'image, elle l'est aussi à travers la relation que l'image entretient avec le monde extérieur. Nous retrouvons ici une des questions les plus insistantes (présente dès les premières recherches sémiotiques sur l'image) : la question du rapport de l'image au monde, que l'on appelle cela « analogie », « ressemblance », « iconisme » ou « iconicité », « effet de réel », etc. La photographie reste le terrain de prédilection de l'examen de la question de la signification en image dans son rapport au monde extérieur. Déjà, le permier article de sémiotique de l'image de Roland Barthes portait sur le « message photographique », et une série de recherche de divers sémioticiens sur ce thème, tels que Hubert Damisch ou Umberto Eco, avait ponctué le développement de la sémiotique des images (Damisch, 1963; Barthes, 1964; Eco, 1970; Metz, 1965, 1968; Lindekens, 1971 [12]).

Mais il faudra attendre les années 1980 avant que ne se mette en place un autre système de référence théorique, se décalant notamment de la glossématique de Hjemslev, et qui ouvrira sur un nouvel examen de cette question sera repris : la théorie de Peirce. Le débat bascule alors. La discussion inaugurale, qui portait sur le fait de savoir si l'image photographique est d'abord ressemblante en tant que copie du monde, ou au contraire codée sur le plan perceptuel et sur le plan culturel, se transforme, c'est à la reconnaissance du lien effectif qu'elle entretient avec la réalité qu'elle représente que s'intéresse désormais les sémioticiens.

L'intérêt de la théorie peircienne est précisément qu'elle offre un modèle conceptuel pour penser ce lien. En effet la définition du signe y est plus ouverte et plus dynamique que dans la sémiotique héritée de Saussure; elle prend en considération, entre autre, la modalité de relation à l'objet, distinguant, on le sait, l'icône, le symbole et l'indice (Peirce, 1978). Or, si la reconnaissance du caractère ressemblant ressortit à la catégorie de l'icône, si le caractère codée de l'image à celle du symbole, la relation de reproduction mécanique de la réalité peut être abordée avec la catégorie de l'indice. Telle est du moins l'approche que l'on trouve développée dans les ouvrages de Dubois (1983), Van Lier (1983), Schaeffer (1987).

Le changement de point de vue est radical. Il lève la clôture imposée par le principe d'immanence qui enfermait la dimension sémiotique dans l'objet lui-même. L'assiette de cette dimension sémiotique s'élargit. Mieux, elle se déplace vers l'acte producteur de l'image (point analysé plus particulièrement par Philippe Dubois) et vers la réception (Jean-Marie Schaeffer). L'image photographique est considérée comme « entre » le monde et le récepteur. Les signes ne sont pas plus des composants établis et localisés dans un objet, mais l'effet d'une dynamique dont le siège inclut la production de l'image et sa réception. L'intérêt de ce nouveau point de vue est d'enraciner le fonctionnement sémiotique de l'image photographique dans une spécificité définie à la fois par le geste producteur de l'image, par l'activité du regardant (activité perceptive et interprétative) et par la prise en charge sociale de ce geste et de cette activité.

3. LA QUESTION DE LA SPÉCIFICITÉ DE L'IMAGE

Comment classer les images? Images photographiques, électroniques, peintes ou imprimées; images enregistrées ou synthétiques, mathématiques, graphiques ou réalistes; abstraites ou figuratives, fixes ou animées, grandes ou petites, colorées ou monochromes; mentales, réelles ou imaginaires; exposées, conservées ou bien éphémères; images sacrées, esthétiques ou maudites; images informatives, religieuses, conceptuelles ou érotiques... Dans notre société les images sont innombrables; leur emplois hétéroclites; divers leurs statuts. Et leur variété s'annonce pour bientôt infinie.

Tel Protée, l'image, dès que l'on essaie de la saisir, se transforme en toute sorte d'objets merveilleux. Aussi, les tentatives de classifications des «images», qu'elles s'appuient sur des critères techniques de production et les caractéristiques des supports (image peinte, photographiques, électronique, etc.), semblent, malgré la séduction qu'elles exercent toujours, vouées à n'embrasser que diversité et métamorphoses. Malgré des débuts souvent prometteurs, elles s'achèvent la plupart du temps sur le mode de l'inventaire de cette fabuleuse encyclopédie chinoise chère à J.-L. Borges. Pourtant, quels que soient les déboires de ces essais de classifications savantes, chacun continue à parler des «images». Et l'on pourrait dire, si nous n'avions la crainte de paraître abuser de la tautologie, que le sens commun continue malgré tout de désigner les images pour ce qu'elles sont; à savoir : des images. Quelle signification accorder à cette divergence d'attitude entre pratiques savantes et pratiques du sens commun?

3.1. Taxinomies savantes, sens commun et approche sémiotique

Remarquons qu'en réalité un dénominateur commun sous-tend les différences d'attitude entre pratiques savantes et pratiques du sens commun. Or, ce dénominateur n'est autre que le postulat de la spécificité de l'image. En effet, c'est la façon d'envisager — et surtout d'aborder — cette spécificité qui oppose classifications savantes et pratiques du sens commun. Les tentatives de classifications admettent la plupart du temps ce postulat sans chercher à l'examiner plus avant, ni *a fortiori* à le traiter sémiotiquement; elles reprennent au contraire les découpages usuels entre les différents types d'images ainsi que les caractéristiques attribuées à ces dernières par le sens commun; elles cherchent surtout à ordonner ces «types» et ces «caractéristiques», à les rationaliser, à faire apparaître des cohérences là où le fonctionnement social courant se contente d'intuitions, ou d'évidences. Le résultat en est que la spécificité de l'image est invoquée — ou à l'inverse, révoquée — avant d'avoir été scientifiquement examinée. La «spécificité de l'image» reste de l'ordre d'une pré-notion importée depuis la pratique courante; non un fait construit par l'analyse.

Mais il existe entre classifications savantes et pratiques courantes une différence radicale de finalité et par conséquent, d'attitude. Le sens commun s'appuie sur la règle sociale selon laquelle la définition d'une pré-notion comme celle d'«image» peut toujours être requise. Pour le courant, hormis nécessité d'interaction entre locuteurs, elle n'est pas énoncée explicitement. Elle reste au contraire dans le domaine de l'implicite. Rien de tel dans le cas des classifications savantes qui se voient inévitablement et principiellement contraintes d'expliciter les caractéristiques qu'elles considèrent comme pertinentes pour différencier et les images prises dans leur ensemble des autres objets culturels et les différents types d'images entre eux. Il leur faut énoncer critères et définitions. On comprend donc pourquoi ces tentatives de classification savante, admettant la spécificité de l'image comme allant de soi, se trouvent mises en demeure de fonder explicitement et scientifiquement les implicites du sens commun. Paradoxes et contradictions qui en découlent expliquent aussi leurs déboires : tout se passe comme si elles avaient à faire preuve de l'existence d'une nature spécifique de l'image; ou, pour parler comme le philosophe, à faire preuve d'une «essence» de l'Image dont les images concrètes ne seraient en somme que la manifestation partielle, diverse et imparfaite.

Faut-il donc abandonner pour autant toute référence à une spécificité de l'image? La sémiotique peut-elle aider à définir cette spécificité? Qu'en est-il, sémiotiquement parlant, de la spécificité des images? Quels enseignements tirer de notre fréquentation des chantiers de la sémiotique des images?

Tout d'abord, du point de vue de la définition de l'image, il est important de conserver à l'esprit que tout n'est pas sémiotique dans l'image. L'image n'est pas d'abord, avant tout et toujours un objet sémiotique. En tant qu'objet (photographie, tableau, illustration, etc.), elle n'est pas orientée *a priori* et obligatoirement vers une fonction sémiotique et communicationnelle comme peuvent l'être des mots, des phrases ou un texte littéraire. Christian Metz faisait remarquer dans son introduction au numéro de *Communications* sur l'analyse des images : «Tout n'est pas iconique dans l'icône et il y a de l'iconique hors d'elle», et en appelait donc ainsi à une certaine prudence, car «pour la recherche sémiologique, les découpages les plus importants ne coïncident pas forcément avec les unités d'intention sociale consciente (= genres), ni avec des unités technico-sensorielles [...]» (également Metz, 1970, 7), et *Langage et cinéma* (1971, 182-183). Ensuite, second enseignement, l'approche et la conception que l'on se fait des images changent selon les modèles et les capacités de la théorie sémiotique. Ainsi, le regard (sémiotique, s'entend) porté sur la photographie s'est modifié lorsque l'on a moins mis sur la ressemblance que sur l'énonciation, puis sur la fonction indicielle. En ce sens-là, la remarque de Christian Metz citée à l'instant doit être prise au pied de la lettre et doit être complétée : tout n'est pas iconique dans l'icône, pour la bonne raison qu'il apparaît aujourd'hui que l'iconisme n'est peut-être pas l'unique critère à retenir pour la définition de l'image. Pendant longtemps, la référence de la sémiotique au linguistique amenait à opposer le linguistique et l'iconique comme deux mondes, deux domaines antagoniques. A la limite, chacun de ces deux mondes demandait une sémiotique spécifique ; la difficulté résidait dans le fait que la sémiotique de l'image — sorte de «sémiotique de l'iconisme» — était toujours référée à la sémiotique de la langue et en même temps posée comme son envers. Sa construction s'apparentait alors à la quadrature du cercle. Dès lors que l'on raisonne en termes de fonctions sémiotiques, ce ne sont plus des domaines d'étude que l'on oppose, mais des fonctionnements que l'on différencie. Et c'est selon cette distinction entre domaines et fonctionnements que je reviendrai un peu plus loin sur l'approche barthésienne des images. Car il y avait dans cette approche, nous le verrons, une intuition de la dymanique des fonctionnements, alors même que la théorie qui lui servait de référence — à savoir, pour l'essentiel, la théorie saussurienne du signe — se fondait sur une taxinomie comportant autant de domaines que de systèmes de signes, avec pour principal de ces domaines la langue.

Enfin, troisième enseignement de notre fréquentation des chantiers de la sémiotique des images : la nécessité de relativiser l'opposition proposée par Christian Metz (toujours dans le passage cité) entre les découpages sémiotiques, d'une part, et, les genres (unités d'intention consciente) ou les unités technico-sensorielles (correspondant aux canaux), d'autre part. Cette relativisation est tout à fait indispensable lorsque l'on raisonne en termes d'unités. Il convient de se rappeler que les unités sémiotiques sont des constructions de l'analyste et non la réalité des choses, sous peine de s'exposer aux mésaventures de ces classifications savantes qui risquent de prendre les découpages spontanés pour des catégories scientifiques. Mais dès lors que l'on raisonne en termes de fonctions et de fonctionnement, il en va tout autrement ; car les unités ne constituent plus la base de la construction scientifique; ce sont plutôt des processus (comme c'est le cas par exemple dans la définition des signes chez Peirce). Dès lors, les découpages spontanés, s'il ne sont pas à reprendre tels quels, restent tout de même à analyser. Et, à mon sens, c'est ce que fait précisément Christian Metz dans *Langage et cinéma* par exemple, lorsqu'il reprend les acceptions courantes du terme «cinéma» ou «film» afin de définir une spécificité du fonctionnement sémiotique de l'un, puis de l'autre. Or, qu'observe-t-on alors? Que cette spécificité est rapportée d'une part à la matière de l'expression et d'autre part au jeu entre système codique et système textuel. Autrement dit, c'est bien à un fonctionnement et à un processus producteur de *semiosis* (et non seulement producteur d'effets de sens, c'est-à-dire producteur d'une mise en relation de deux plans) qui est ainsi analysé comme distinguant le cinéma d'autres media.

A ce niveau-là, je dirai que l'analyse sémiotique vient non pas justifier (ce qui ne voudrait rien dire) mais éclairer, expliquer les découpages opérés par le sens commun, c'est-à-dire les découpages sociaux et les découpages techniques, présents à un moment donné dans une société, reconnus et dits comme tels. C'est en ce sens que la sémiotique peut analyser «de l'intérieur» la spécificité d'un ensemble social et technologique tel que les images.

3.2. L'image comme ensemble technologique et social : pour une approche sociologique de l'image

Une autre voie a été mise œuvre, celle de considérer la spécificité de l'image de l'extérieur. Elle prend son point initial dans ce constat : il est indispensable de prendre acte du fait que les sujets sociaux «reconnaissent» les images comme telles. Car il existe bien une spécificité de l'image reconnue dans la pratique sociale et qui, de surcroît, n'est pas dépourvue d'opérativité. L'oublier serait, selon l'expression de Marx, rappelée par Pierre Bourdieu, «prendre les choses de la logique pour la logique des choses». La spécificité de l'image est bien une catégorie opératoire de la «sémiotique spontanée» des sujets sociaux : ces derniers fabriquent des «images» qu'ils reconnaissent comme telles et nomment comme telles; qu'ils différencient, par exemple, aussi bien du discours linguistique que des constructions architecturales; dont ils savent identifier les usages comme les techniques de fabrication.

Il faut se demander en effet si la difficulté que nous avons à ordonner les «critères» de reconnaissance «employés» par les sujets sociaux en des grilles structurales (les guillemets sont là pour indiquer que ces opérations ne sont pas forcément ni conscientes ni intentionnelles pour le sujet opérateur), ne tient pas à ce que nous assimilons la logique qui régit les comportements des dits sujets avec la logique des modèles que nous construisons pour en rendre compte. Autrement dit, si nous ne procédons pas comme s'il convenait de mettre à jour, de recenser des grilles conscientes et systématiques qui seraient celles-là mêmes qu'utiliseraient les sujets sociaux dans la pratique courante pour «déduire», «calculer» — consciemment et logiquement — l'appartenance des objets culturels qu'ils ont sous les yeux à la catégorie des images. Le risque est alors d'être déçus de ne pouvoir y arriver; dès lors, animés d'une légitime (mais excessive) prudence, nous rejetons jusqu'à l'idée d'une possible spécificité de l'image, nous interdisant par là-même d'envisager les images pour ce qu'elles sont : une donnée appartenant à ce que le sociologue définit comme le sens pratique.

S'engager sur cette seconde voie d'analyse de la spécificité de l'image nécessiterait au contraire de mener conjointement et simultanément deux opérations : la première consisterait à rouvrir le dossier des emplois que nous faisons du terme «image» dans notre société ainsi que le dossier des controverses dont ce terme fait l'objet; la seconde, de rapporter ces emplois aux pratiques sociales qui les sous-tendent.

Un bref examen comparé, mené de manière exploratoire, laisse supposer que l'on appelle «image» une mise en forme visive (c'est-à-dire, la mise en forme d'une surface en une unité de vision réelle ou imaginaire). Cette mise en forme est en relation directe avec une donnée extérieure à l'espace où elle opère : l'image venant toujours «à la place» de quelque chose — que ce quelque chose soit une réalité du monde extérieur ou bien un ensemble abstrait, comme lorsqu'on parle d'image en mathématique. C'est dire l'importance de la composante psychologique à la fois perceptive, cognitive et affective dans ce qui fait la représentation sociale de l'image (c'est-à-dire la «définition» qui a cours dans notre société). Mais c'est dire aussi la dimension sémiotique impartie par notre culture à l'image puisqu'elle la caractérise par une relation de substitution entre l'image concrète — réalité formée, structurée et organisée— et un donné extérieur.

En effet, nous savons qu'une des fonctions premières de la signification est, comme le rappelait Benveniste, de faire évoquer une chose par une autre. Cependant, le fonctionnement signifiant de l'image n'est pas considéré comme équivalent à celui du langage (au sens courant du terme). Sur ce point il y a accord du sens commun et du sens savant. A l'inverse, l'image n'est cependant pas considérée comme un pur agencement spatial in-signifiant (l'art contemporain qui se réfère à l'image tout en l'excluant constitue en ce sens une limite). L'image serait ainsi située entre ces deux bornes : entre le monde de l'agencement spatial et celui de la signification. L'exploration des confins de cette représentation sociale (comme entre-deux-mondes) est tout à fait intéressante : nous y trouvons la page d'écriture, le drapeau ou en partie l'architecture (dans sa dimension visive). Soit : un espace dominé par la logique de la langue, un agencement spatial attaché à une totalité de signification (un symbole) et une mise en espace effective qui demande un usage pratique (un parcours) pour que soit saisie la signification. Ce bref examen demanderait évidemment d'être approfondi ; mais dès à présent il conduit à prendre au sérieux ce qui est présenté tantôt comme «énigme de l'image», tantôt comme «puissance, magie ou charme des images».

Il faudrait se demander surtout si tous ces termes ne recouvrent pas un fonctionnement sémiotique dont une des caractéristiques principales serait la proximité avec les mécanismes perceptifs — lesquels, faut-il le rappeler ici — s'appuient et incluent une mise en jeu du corps. Tout se pase comme si l'image était considérée comme étant «déjà» un fait de langage, sans appartenir «encore» à la logique consciente du langage. C'est ce fonctionnement sémiotique que l'on désignerait alors sous le terme habituel de persuasion, entendue comme une adhésion intellectuelle ou affective obtenue non par la violence ou par la raison, mais par ce jeu d'entre-deux-mondes : entre forme et sens.

Cette force de l'organisation interne de l'objet et ses effets de langage renvoient à une technique du corps[13]. Il ne faut pas cependant perdre de vue que l'interrogation que nous venons de formuler sous forme d'hypothèse demanderait à être vérifiée de l'«intérieur» par l'analyse sémiotique. Les caractéristiques de l'image évoquées ne livre pas une connaissance scientifique de cette dernière, mais renvoient à une connaisance de ce qui rend cohérent la représentation qu'en ont les sujets sociaux dans notre culture. Cette connaissance est résultat d'une analyse et donc une construction de l'analyste. Comme telle, elle effectue donc un tour de force sur la «représentation» sociale qu'elle est censée décrire : elle extrait de la réalité sociale une cohérence achronique et consciente en rupture avec la logique pratique de la production et de la réception, par les sujets sociaux, de ces *realia* que sont les images concrètes ou encore les discours tenus sur ces dernières.

Rapporter la question de la spécificité de l'image à la pratique sociale où elle prend sa naissance et étudier la logique de ces pratiques de production et de réception des images au cours desquelles s'opère précisément la reconnaissance des images comme telles constitue dès lors la seconde opération indispensable de l'analyse. Il faut en effet prêter attention à ceci : si la reconnaissance s'opère à la vue d'unités concrètes qui s'offrent à la vue dans leur matérialité et leur totalité singulières (= les images comme *realia*), et si elle revient dans les faits (pour l'observateur) à poser l'appartenance de ces unités à un ensemble idéal (= l'image comme ensemble de toutes les images passées, présentes ou possibles), nous avons vu qu'elle n'en laissait pas moins « ouverte », floue, imprécise, indéterminée et largement inconsciente la « définition » de l'image[14]. Même s'il est admis par convention implicite que l'explicitation de cette définition est toujours possible et donc, en droit, toujours exigible, elle n'en est que rarement évoquée. S'il arrive qu'une telle définition de l'image vienne à être énoncée, elle reste locale et ponctuelle, et surtout fondamentalement attachée aux circonstances et à la finalité pratique de la situation qui en a commandé l'élaboration et l'énonciation : fins de stratégie discursive entre interlocuteurs ou de conception d'un certain type d'image. Tel sera le cas, par exemple, d'une discussion au cours de laquelle nous parlerons d'hologrammes, cherchant alors à savoir s'il s'agit bien d'images, ou encore d'une argumentation visant à montrer que telle peinture n'est qu'une « image ». La conséquence en est que la définition ainsi avancée répond d'abord à l'urgence de la situation : il s'agit de « bricoler » au mieux et au plus efficace, en fonction de la conversation ou de l'argumentation et non pas au regard de critères ou de principes scientifiques abstraits. Et encore s'agit-il là de cas où la définition se doit d'être énoncé, or la plupart du temps nous ne sortons même pas des pratiques de reconnaissance elles-mêmes.

Les sujets sociaux produisent et utilisent des images, les fabriquent, les découpent, les assemblent, les diffusent, les inventent ou les achètent, les exposent, les lisent, les apprécient et les évaluent, les commentent, les jettent ou les conservent, et bien d'autres choses encore. Chaque fois ils reconnaissent les images — voire, ils reconnaissent simplement la pratique adaptée demandée à l'objet en question; mais à chaque fois il s'agit pour eux de répondre aux exigences et à l'urgence de la situation par application — ainsi que le montrent les travaux de Pierre Bourdieu (spécialement 1980) sur le sens pratique — de schèmes de perception, d'appréhension et d'action implicites dont certains fragments seulement viendront à être énoncés si besoin est. Ces schèmes, nous explique l'auteur, sont constitués historiquement et socialement reconnus, incorporés par le sujet social sous certaines conditions et selon certaines modalités qu'une sociologie de la perception des productions culturelles peut décrire.

3.3. La réception des images comme pratique sociale

Une image est d'autant plus lisible que l'écart entre ses caractéristiques formelles (auxquelles, nous le verrons plus loin, il faut ajouter celles de la situation de sa réception par le sujet social) et les catégories de pensées (schèmes de perception et d'action incorporés) est moins grand, ou, inversement que l'adéquation entre le code exigé par l'image (ainsi que la situation de réception) et le code incorporé, intériorisé par le sujet social est plus grand. Or, ce qui est vrai de la lisibilité et du déchiffrement l'est encore plus de la «rencontre» perceptive et affective entre image et sujet social regardant. L'étude de la perception des œuvres d'art fait apparaître ce phénomène de manière très nette. «Le bien-être que procure la contemplation esthétique, pourrait résulter de ce que l'œuvre d'art donne une occasion d'accomplir, sous une forme intensifiée par la gratuité, ces actes de compréhension réussis qui font le bonheur comme expérience d'un accord immédiat, préconscient et préréflexif, avec le monde, comme rencontre miraculeuse entre le sens pratique et les significations objectivées» (Bourdieu, Delsaut, 1981, 7-8).

Ces relations s'établissent entre le «corps socialisé» et un «produit social» et c'est cette rencontre qui est le principe-même de «l'amour de l'art» et à l'origine de l'impression que l'objet fait miraculeusement et immédiatement sens, puisque «[...] l'habitus sollicite, interroge, fait parler l'objet qui, de son côté, semble solliciter, appeler, provoquer l'habitus; c'est ainsi que les projections de savoirs, de souvenirs ou d'images qui [...] viennent se fondre avec les propriétés directement perçues, ne peuvent évidemment surgir que parce que, pour un habitus prédisposé, elles semblent magiquement évoquées par ces propriétés (l'effet magique que s'attribue souvent la poésie trouvant son principe dans cet sorte d'accord corporel qui permet aux mots de faire lever des expériences enfouies dans les plis du corps). Bref, si, comme ne cessent de le proclamer les esthètes, l'expérience artistique est affaire de sens et de sentiment, et non de déchiffrement et de raisonnement, c'est que la dialectique entre l'acte constituant et l'objet constitué qui se sollicitent mutuellement se situe effectivement dans l'ordre préconscient et préréflexif des pratiques directement engendrées par la relation essentiellement obscure entre l'habitus et le monde» (Bourdieu, Delsaut, 1981).

On tira quelques conséquences de cette problématisation. Premièrement, s'intéresser au fait que les sujets sociaux reconnaissent les images comme telles ne consiste nullement à épiloguer sur une tautologie de la logique logique, mais bien à entreprendre l'analyse d'un phénomène proprement social, relevant de la logique des pratiques (du sens commun et du sens pratique), socialement et historiquement produit et reproduit, selon lequel une image paraît (et, éventuellement, est dénommée telle) lorsqu'elle est conforme, dans une situation donnée et pour un sujet social donné, aux schèmes incorporés de perception, d'appréhension et d'action constituant sa représentation sociale. De ce point de vue, la sociologie contribue largement à la compréhension de la question de la spécificité de l'image en décrivant et en expliquant le fonctionnement pratique et social de cette spécificité. En un certain sens, montrant que l'énigme ou la puissance de l'image n'a rien de magique ni de miraculeux, mais relève d'un accord pratique quasi corporel entre ce produit social qu'est un image concrète en situation sociale et un sujet (corps et esprit) socialisé, elle vient compléter et relativiser ce que Roland Barthes appelait «l'effet». Deuxièmement, s'il existe un tel jeu de renvois entre l'approche sémiotique et l'approche sociologique — ce qui tend à prouver le bien-fondé d'une sociosémiotique de l'image — encore convient-il d'en penser plus précisément l'articulation. Pour cela, il convient de s'arrêter plus en détail sur la manière dont la sociologie peut nous aider à comprendre la fonction et le fonctionnement de l'image.

3.4. La dialectique des produits et des pratiques

La sociologie éclaire les conditions sociales et historiques qui, dans une société donnée, rendent possibles — modulent ou interdisent — l'adéquation entre d'un côté les représentations et les schèmes de perception incorporés par certains sujets sociaux (ils constituent leur «compétence») et de l'autre, les représentations et les schèmes de perception objectivés dans l'œuvre (son organisation formelle et représentative). Ce faisant, elle rappelle déjà combien il serait illusoire de prétendre débusquer l'origine de ces conditions soit dans les seuls sujets, soit dans les seules œuvres; mais plus positivement, à mon sens, elle a le mérite d'attirer l'attention de qui cherche à étudier la question de la spécificité de l'image dans notre culture sur la dialectique entre objet constitué et acte constituant : en l'occurrence, donc, sur la dialectique entre image concrète et acte de réception ou de production. Ce qui revient à prendre en compte, au-delà de l'image concrète constituée, mais aussi au-delà de la pratique opérée de sa réception et de sa production, les processus, conditions et structures qui en sont le principe générateur. Autrement dit, pour reprendre une expression de Pierre Bourdieu, à considérer le *modus operandi* au-delà de l'*opus operatum*. Cependant, dans de telles conditions, la question de la spécificité de l'image risque purement et simplement d'être dissoute, car au fond elle n'est plus l'objet du débat.

Or, si nous regardons en direction non plus de ce que le sociologue nous rappelle ou nous invite à faire, mais de la façon dont lui-même aborde la question de l'image, on s'aperçoit que le *modus operandi* sous-jacent à la dialectique de l'image concrète et de l'acte de réception ou de production peut faire l'objet de deux approches différentes[15].

La première approche de ce que l'on pourrait appeler le principe générateur de la dialectique de l'image concrète (= l'objet constitué) et de la pratique de réception et de production (= l'acte constituant) met l'accent sur le processus d'adéquation, de rencontre des dispositions (incorporées) et des formes (comme schèmes objectivés). Adéquation dont le principe est à chercher dans une proximité structurale des conditions de production des dispositions et les conditions qui régissent la siituation dans lesquelles elles fonctionnent[16]. Une telle approche décrit donc les modulations de cette adéquation à l'intérieur d'un groupe ou d'une société donnés; elle permet de mettre au jour les divers modes d'ajustement des dispositions incorporées avec la structure du champ social. En ce cas, les images constituent une partie de l'ensemble des œuvres culturelles qui, dans la mesure où leurs caractéristiques formelles renvoient à la structure du champ, servent d'opérateurs de classement des sujets sociaux, au sens où ces derniers en les reconnaissant, en les recevant et en les classant se classent eux-mêmes. Les images permettent donc au sociologue de mener une analyse des relations existant entre les systèmes de classement des sujets sociaux (le goût) et les positions que ces derniers occupent dans les classements objectifs de leurs conditions d'existence (la classe sociale). On notera cependant l'aspect déterministe d'une telle approche, lorsqu'elle est réduite à elle seule. Etant donné l'automatisme et le bouclage du fonctionnement, n'a-t-on pas l'impression en effet que le sociologue, connaissant la position de sujets et des objets peut en déduire comment et sur quoi porte l'adéquation, comment et sur quoi porte la croyance? Tel cet horloger qui connaîtrait parfaitement l'art avec lequel ont été fabriquées deux pendules et qui serait ainsi assuré, selon l'exemple que Bourdieu emprunte lui-même à Leibniz, de leur accord. Et l'auteur ne parle-t-il pas d'ailleurs, à propos de l'adéquation des dispositions et des structures objectivées, d'«automatisme spirituel»[17]?

Il est certain qu'à ne considérer que cette première approche, la dialectique de l'objet constitué et de l'acte constituant revient à reproduire — ou plutôt à «réaliser» — l'automatisme du modèle. Elle tient hors de son champ de pertinence les processus de transformation (et surtout leurs conséquences) pouvant survenir tant du côté des schèmes de perception, d'appréhension des images (des catégories et cadres de pensée et d'action conscients ou non) que du côté de l'organisation interne (formelle et représentative) des images. Dans cette perspective, il ne saurait donc y avoir place pour une quelconque efficacité de l'image comme image; la question de la spécificité de celle-ci se trouvant évacuée *ipso facto*, puisque le principe d'intelligibilité des situations particulières (en l'occurence la situation de réception ou de production) réside dans les processus sociaux généraux. Il s'agit d'une explication, non de la description d'un fonctionnement. Mais les choses changent lorsque l'on met en parallèle cette première approche avec une autre approche, qui met, elle, l'accent non plus sur les conditions et les implications de l'adéquation, mais sur les opérations, les variations et les transformations nécessaires au maintien d'une possible adéquation. L'approche des transformations nécessaires au maintien de l'adéquation des dispositions (incorporées) et des formes (comme schèmes objectivés) est celle-là même que l'on trouve développée chez Bourdieu, justement à propos de la logique de la pratique et à propos — point important ici — de la perception des œuvres d'art. Le fait que les schèmes de perception soient inconscients et que leur cohérence n'obéisse pas à des intentions apparentes oblige à concevoir la pratique des sujets sociaux sur le mode du bricolage continu. Et c'est à dessein que j'utilise le terme «bricolage» qu'emploie Claude Lévi-Strauss pour qualifier la pensée mythique. Il faut bien admettre que l'application à l'image des schèmes incorporés n'est pas toujours «réussie», ni même ne fonctionne sur un principe binaire d'adéquation réussie *vs* échouée. Il existe des applications biaises, des transferts de schèmes d'une situation à l'autre ou d'un type d'objet à l'autre : ce qui permet, entre autres, de regarder les nouveaux types d'images à l'aide de schèmes anciens, ou par recours à des schèmes empruntés à d'autres domaines tels que ceux de la littérature, de l'architecture, etc. Il existe des applications paradoxales, lorsque nous utilisons des schèmes dont la logique interne est incompatible avec la situation ou l'objet présent. Il existe probablement des applications réussies par malentendu; d'autres qui échouent par excès d'adéquation. Il faut donc bien admettre, à l'image de l'éthnologue rencontrant les rites et les principes classificatoire des sociétés exotiques, qu'«il s'agit en fait de restituer la logique floue, souple et partielle de ce système partiellement intégré de schèmes générateurs qui, partiellement mobilisé en fonction de chaque situation particulière, produit en chaque cas, en-deçà du discours et du contrôle logique qu'il rend possibles, une "définition" pratique de la situation et des fonctions de l'action — presque toujours multiples et imbriquées — et qui engendre, selon une combinatoire à la fois simple et inépuisable, les actions propres à remplir au mieux ces fonctions dans les limites des moyens disponibles» (Bourdieu, 1980, 435).

Par conséquent, cette cohérence sans intention apparente et cette unité sans principe unificateur immédiatement visible, qui sont caractéristiques des réalités culturelles, ne sauraient découler d'une détermination sociale immédiate, a-chronique et a-spatiale, et en son principe de nature structurale. Elles sont au contraire le produit d'une construction historique mettant en jeu une dialectique des structures incorporées et des structures objectivées comme les «vieilles maisons, selon la belle métaphore de Bourdieu (1980, 28), avec leur adjonctions successives et tous les objets, partiellement discordants et fondamentalement accordés, qui s'y sont accumulés au cours du temps».

Dans le champ qui est le nôtre ici, cela signifie que cette dialectique de l'image, comme objet constitué, et des pratiques de réception et de production; cette dialectique donc, locale, partielle, soumise aux aléas de la logique pratique, dépendante des images réelles comme des sujets sociaux et de la situation de leur rencontre, est un moment essentiel parce qu'indispensable du processus de reproduction des conditions de possibilité de l'adéquation entre les structures objectivées et les structures incorporées (et, par-delà, du fonctionnement même de la croyance). En d'autres termes, les pratiques de réception et de production des images sont le lieu de la reproduction des schèmes de perception, d'appréhension et d'action, sous leur forme incorporée comme sous leur forme objectivée; — reproduction qui est, nous l'avons dit, ajustement, mais aussi transformation réciproque des schèmes incorporés (la compétence) et des schèmes objectivés (l'organisation des images). Pour reprendre la métaphore des deux horloges de Leibniz : le parfait accord de ces dernières tiendrait non à une quelconque harmonie pré-établie mais à leur remise à l'heure mutuelle. Ce qui veut dire que la transformation commande l'adéquation et non l'inverse. Et que, peut-être n'est-il pas inutile de le préciser ici, que ce fonctionnement social des pratiques sociales est en son principe même un fonctionnement de nature sémiotique. On trouve un exemple de cette pré-éminence de la transformation sur l'adéquation chez Pierre Bourdieu lui-même, lorsqu'il traite du «réalisme» photographique. «Une œuvre, écrit-il à ce propos, apparaît comme "ressemblante" ou "réaliste" lorsque les règles qui définissent les conditions de production coïncident avec la définition en vigueur de la vision objective du monde ou, plus précisément, avec la "vision du monde" du spectateur, c'est-à-dire avec un système de catégories sociales de perception et d'appréciation qui sont elles-mêmes le produit de la fréquentation prolongée de représentations produites selon les mêmes règles. C'est ainsi qu'en conférant à la photographie un brevet de réalisme notre société ne fait rien d'autre que de se confirmer elle-même dans la certitude tautologique qu'une image conforme à sa représentation de l'objectivité est vraiment objective [18].» Notons que l'auteur poursuit en précisant que, pour ce faire, il suffit à la société d'oublier que la représentation photographique paraît ressemblante et objective à cause de sa conformité aux lois de la représentation produites et mise en œuvre par la peinture. C'est dire l'importance des pratiques de réception et de production; c'est dire aussi qu'au sein de ces pratiques co-existent des processus d'adéquation et de transformation; c'est indiquer enfin et surtout un domaine qui est celui de l'action des produits sur la compétence et, par conséquent, celui de la production de produits susceptibles de reproduire la compétence. Bref, domaine des pratiques et des objets culturels; domaine, très exactement, de la dialectique des produits et des pratiques.

Le moment est venu de faire le point sur nos investigations précédentes du côté des deux modes d'approches tels que nous avons pu les dégager de la sociologie des pratiques culturelles. Nous avons vu que dans la première (l'approche en terme d'adéquation), la question de la spécificité de l'image n'avait pas de sens; dans la seconde cette spécificité (celle de l'image photographique, par exemple) est bien reconnue par l'analyse, mais elle est résolue sur un plan général : le jeu des conditions de production et de réception aboutissent à la conformité des représentations objectivées (le réalisme de la photo perçue comme fait d'objectivité) avec les critères de représentation (la représentation de l'objectivité). Il y a donc, dans cette seconde approche, une conception de la transformation qui se résout au bout du compte en ajustement et en adéquation (ce que j'ai appelé plus haut en un «effet de bouclage») et qui se traduit par une mise entre parenthèse de l'opérativité des produits eux-mêmes. Plus exactement : une forme opérativité est bien reconnue (celle d'un apprentissage de la réception), mais cette opérativité n'est pas considérée comme créatrice de culture (au sens anthropologique); elle ne semble pas pouvoir modifier le système et briser le cercle de la certitude tautologique. Revenons à l'exemple de la photographie. La technologie propre de la production de la photographie est rabattue sur le modèle perspectif de la peinture. Ce modèle a certainement contribué et à faire voir la photographie comme ressemblante et à produire un appareil adéquat (l'appareil photographique) ainsi que des photographies «réalistes». Mais cette approche met hors-champ l'impact sémiotique de la technique de reproduction (l'indiciarité); voire même, l'impact culturel de la capacité, caractéristique de la photographie, d'une part à reproduire des images par un procédé optico-chimique et d'autre part à les conserver par stabilisation chimique (développement et tirage). Or, c'est justement vers la reconnaissance de l'importance culturelle de ces points que conduit l'évolution de la sémiotique des images. Pour avancer, il nous donc faut donc non seulement critiquer la conception selon laquelle toute réception est soit réussie (par adéquation des structures objectivées et des structures incorporées) soit inexistante (voire, désespérée); il convient aussi de critiquer la conception selon laquelle les produits (= objets culturels) sont l'objectivation de structures pré-existantes. Pas plus qu'il n'y a de réception seulement univoque, il ne saurait y avoir de production seulement objectivante de structures mentales préalables — fussent-elles socialement produites : la sémiotique des images a suffisamment montré, par ses essais et ses erreurs, que l'organisation formelle d'une image ne pouvait être réduite à une objectivation de structures préalables — eussent-elles pris la forme et le nom de «codes». A mon sens, c'est seulement à ce prix que l'on pourra vraiment penser la production de la structure (qu'elle soit incorporée ou objectivée); à ce prix aussi que pourra être défini le domaine d'étude de cette production.

3.5. Logique de l'efficacité symbolique et logique de l'inscription

D'un côté, la dialectique des images concrètes et des diverses pratiques qui leur sont attachées, qu'elles soient de réception ou de production, est évidemment tournée vers les processus généraux dont elle reçoit ses contraintes et auxquelles elle participe. De l'autre, cette dialectique s'appuie sur les propriétés formelles des images, sur les schèmes de perception, d'appréhension et d'action incorporés, et enfin sur les caractéristiques de la situation à l'intérieur de laquelle ces propriétés et ces schèmes entrent en action. «Elle s'appuie», cela veut dire à la fois que cette dialectique utilise ces propriétés formelles, ces schèmes incorporés et ces caractéristiques situationnelles; qu'elle les met en œuvre lors de la conjonction (de la rencontre ou de la production) entre une image et un sujet particulier; et qu'elle les modèle, les ajuste, les transforme historiquement. Cette dialectique se situe donc sur une frontière ou, plus précisément, sur une série de frontières dont une nous intéresse plus particulièrement. Il s'agit de la frontière qui se situe entre des processus sociologiques généraux et des processus locaux; entre un abord synchronique et un abord historique des pratiques. Frontière, au bout du compte, entre des processus sociologiques (et socio-historiques) et des processus d'ordre sémiotique qui viennent se rencontrer et inter-agir.

Examinons cette frontière en commençant par la pratique de réception. Dans la réception d'une image quelconque interviennent, en arrière fond, indissociablement : d'une part l'appréciation de l'autorité (entendue à la fois comme reconnaissance d'une maîtrise technique et sociale, et d'une légitimité) de celui qui a produit l'image ou qui l'a commanditée; et d'autre part la mise en œuvre d'une capacité à assurer une «bonne» perception et une «bonne» compréhension de cette image. Voilà pour un premier versant des choses. Mais il en existe un autre qui tient au fait que l'outil premier de cette pratique de réception reste la perception : avant même de représenter le monde ou de dire quelque chose, l'image demande de saisir l'organisation du champ perceptif qu'elle propose. Cette propriété, relevée aussi bien par la sociologie de l'art que reconnue par notre culture comme une des caractéristiques remarquables de l'image, doit faire l'objet d'une attention toute particulière. Car c'est avec elle que nous découvrons l'importance sociale de l'effet : autour d'elle se nouent, au plus près, la mise en jeu du corps, la signifiance et la socialité, de sorte qu'au cours de la réception se mêlent la sollicitation du corps socialisé (avec tout ce que les mécanismes les plus immédiats de la perception comportent de dimension sociale et sémiotique) et la reproduction de la socialisation du corps (l'acquisition de nouvelles façons de «voir», par exemple). En elle, se mêlent le plaisir et l'imposition, le percept et le sens; bref, en elle, l'effet acquiert une efficacité symbolique (Davallon, 1983a; 1983b).

Tournons-nous du côté de la production pour voir comment l'organisation interne des images peut ainsi solliciter les schèmes perceptifs et posséder une efficacité symbolique. Plutôt que de parler d'objectivation des schèmes de perception, d'appréhension et d'action dans les images, il me paraît plus exact de parler d'inscription. Certes, il y a bien mobilisation de tels schèmes par l'instance qui produit l'image concrète, mais il ne s'agit ni d'un stockage, ni d'une simple transcription de ces schèmes. Qu'entendre par «inscription»? Deux caractéristiques me paraissent pouvoir la définir.

Première caractéristique, cette inscription est une pratique sociale qui est régie, comme telle, par la logique des pratiques. Avec les conséquences que l'on peut imaginer (après ce que j'ai rappelé concernant cette logique), tant du point de vue de la manière dont ces schèmes seront convoqués que du point de vue des caractéristiques sociologiques de cette logique. En effet, même si celui qui produit l'image possède une idée claire de ce qu'il veut obtenir et des moyens à mettre en œuvre pour l'obtenir, vient toujours le moment de la réalisation de cette idée, de sa production matérielle. C'est évidemment à ce moment-là que les schèmes de perception (qui constituent la compétence du producteur qui «voit» ce qu'il est en train de faire) sont mobilisés pour résoudre des problèmes pratiques d'organisation formelle. Dans cette phase de haut «bricolage», ces schèmes sont appliqués à la volée, directement et de manière largement inconsciente, dans la mise en forme matérielle de l'image. Voilà pourquoi j'emploie le terme d'inscription : les schèmes ne sont pas présentés par l'image à la manière d'un contenu qui serait sous une forme, ni même à la manière de règles commandant une opération; ils le sont dans la forme même.

Cela a deux conséquences. En premier, l'organisation formelle est à concevoir comme une véritable «mise en réserve» de la pratique de production (des schèmes et de l'activité de bricolage) en des caractéristiques perceptives proposées au regard de celui qui les regardera. Ce dernier pourra «reconnaître» le monde représenté, «lire» le sens de l'image, et utilisera pour ce faire (s'il possède la compétence) des schèmes de perception appelés par l'organisation formelle, puisque celle-ci est au fond l'objectivation non de schèmes mais d'une pratique, c'est-à-dire de leur immobilisation, de leur spatialisation, de leur transformation en traits de la matière de l'expression. Mais, seconde conséquence, il faut aussitôt ajouter que les schèmes sont incontestablement malmenés — consciemment ou inconsciemment — par la pratique qui les utilise. Dans l'urgence et la nécessité de la situation, ou bien au contraire de manière tout à fait délibérée, le producteur se livre a ce haut bricolage, tel qu'il était évoqué à l'instant, dont la finalité est avant tout — ne l'oublions pas — la production d'un objet; c'est la logique de cette production qui commande alors et non le respect ou l'application des schèmes. De ce fait, les schèmes inscrits le sont de manière partielle, erratique, décalée; tandis que la cohérence d'ensemble est alors assurée par la mise en forme. Cette dernière possède de ce fait une importance primordiale puisque c'est à travers elle que s'opère la mise en système de ce qui s'est trouvé par ailleurs «dé-systématisé», si l'on peut ainsi qualifier le travail que subissent les schèmes et les codes au cours de la production de l'objet. Ce double mouvement de dé-systématisation partielle (des schèmes et codes) et de systématisation (en un objet qui est une unité qui «tient» formellement et sémiotiquement) correspond à ce que l'on appelle traditionnellement la «création»[19]. Dans de telles conditions, on comprend que la réception soit autre chose que la simple «application» de schèmes pré-établis : en effet, ce double mouvement implique, de la part du regardant, un travail — à la fois conscient et inconscient — d'exploration (de l'organisation formelle) et d'interprétation (dans la mesure où cette organisation formelle est reconnue comme représentant des objets du monde ou comme dotée d'une signification). Seconde caractéristique de ce que j'ai appelé «inscription» en l'opposant à «objectivation» : elle est une mise en forme de la matière même (espaces, couleurs, formes, traits, etc.). Du côté de la production, il y a par conséquent une sorte d'affrontement avec le matériau pour le former, auquel répondra, lors de la réception, la reconnaissance, la compréhension et le déchiffrement qui passeront nécessairement par cette mise en forme. En plus des conséquences du haut bricolage évoquée à l'instant, il faut rappeler que cette mise en forme de la matière ouvre l'image sur l'univers sémiotique : lorsqu'une mise en forme du sens (de type indicielle, iconique ou symbolique, ou les trois à la fois) lui est associée, l'image devient un ensemble de signification.

On peut d'ailleurs se demander comment il pourrait en être autrement : qu'est-ce que serait, socialement et culturellement parlant, une mise en forme de la matière de l'image qui serait littéralement in-signifiante, qui ne possèderait aucun sens; de quel type d'objet culturel il s'agirait là; quelle en serait la fonction sociale. C'est dire à quel point le sens, la dimension sociale de la pratique et de l'objet, ainsi que l'organisation formelle de l'objet sont ici intimement liés. Mais c'est dire surtout que l'image, comme objet culturel (peut-être en est-il d'ailleurs de même pour d'autres objets culturels comme les objets architecturaux et à coup sûr pour l'exposition), se trouve au point d'articulation du sens et du social, à cause d'une organisation interne qui résulte d'une pratique sociale de mise en forme (de la mise en forme comme pratique sociale). Issue de la pratique de production, l'image est ainsi l'*opus operatum* portant cette articulation du sens et du social; objet de réception, elle est l'opérateur d'une efficacité symbolique, opérateur d'imposition de schèmes sur les sujets sociaux, mais aussi opérateur — sous la forme de l'art — «dans la construction et la déconstruction des systèmes symboliques, à mesure que les individus et les groupes d'individus s'efforcent de donner un sens à la profusion des choses qui leur arrive[20]» (Geertz [1976] 1986, 149). Opérateur symbolique dont l'analyse de l'*actus operandi* relève précisément de l'approche sociosémiotique.

Il semble donc, en conclusion de cette discussion sur l'approche sociologique des images comme produits culturels, qu'une des caractéristiques premières de la sociosémiotique des images est de proposer un «retour à l'œuvre». La spécificité sémiotique de l'image est un fait déjà reconnu par la sémiotique (elle est liée à un type de mise en forme particulière de la matière de l'expression); mais l'éclairage nouveau apporté par la sociosémiotique est que l'organisation formelle de l'image est à aborder du point de vue de la dialectique des produits et des pratiques. Dans ce cadre, l'image est à considérer comme une pratique sociale de signification spécifique donnant lieu à des productions symboliques, au coté de productions issues de l'usage de la langue comme la littérature ou la conversation, ou issues d'autres pratiques telles que l'architecture ou les rituels.

4. APPROCHES SOCIOSÉMIOTIQUES

La difficulté principale à laquelle se heurte la sociosémiotique de l'image est l'absence d'une approche d'ensemble des pratiques et des produits symboliques dans notre culture. Les objets artistiques sont traités d'un côté, la littérature d'un autre; de la même façon, la langue est approchée sans être replacée dans l'ensemble plus vaste d'une économie des modes de signifiance (une répartition des façons de produire de la signification et du sens) au sein de notre société[21]. Le résultat en est, nous l'avons vu, une sorte de partage, aussi spontané que largement partagé, entre l'image et la langue par exemple; l'une étant considérée comme analogique «par nature» et l'autre comme symbolique «par nature». Il manque en effet une analyse de la répartition des fonctions symboliques spécifiques de notre société. Il n'est pas sans intérêt, sur ce point, de revenir sur l'approche barthésienne de l'image. Elle est exemplaire de la direction dans laquelle œuvrer et en même temps des difficultés rencontrées par l'utilisation d'une approche sémiotique des images.

4.1. De la sémiologie barthésienne à la sociosémiotique

En ses débuts, la sémiologie barthésienne s'est inscrite dans la projet saussurien d'une sémiologie étudiant la vie des signes au sein de la vie sociale. Une telle sémiologie était donc une sorte de sociosémiotique. C'est dans ce cadre que l'usage du concept-clé de «connotation» prend son sens. Dans le cas de l'image, le jeu entre social et sémiotique était alors fondé, on s'en souvient, sur l'entrée du social par la connotation (comme mode de signification second renvoyant à l'idéologie) et par la naturalisation des classifications sociales produites par la dénotation. Ce qui intéressait le sémiologue est précisément ce travail sémiotique du social au sein de l'image même (Barthes, [1964] 1982). On connaît tout autant le renversement de la formule de Saussure proposé ensuite par Barthes, faisant de la sémiologie une partie de la linguistique. Le rapport — qui semble aujourd'hui tout a fait contradictoire et conflictuel — entre le «patron» linguistique et l'analyse de la signifiance, s'en trouva exacerbé. Je ferai l'hypothèse que l'image joua alors le rôle de contrepoint à une théorie de la signifiance abordée selon le modèle du langage verbal. L'interrogation sur l'image, fonctionnant comme une analyseur du modèle sémiologique de référence (le linguistique), apparaît en effet à chaque nouvelle posture méthodologique adoptée par Barthes vis-à-vis de l'étude du langage : au moment de la mise en place de l'approche sémiologique, au moment de la théorie du texte, puis enfin au moment de la question du rapport du langage au pouvoir et de la place du sujet dans dans ce rapport. Soit, si l'on met de côté la «rhétorique de l'image» : avec les textes sur la peinture (Barthes, [1969] 1982; [1970], 1982; [1973] 1982), puis ceux sur «l'image» (Barthes, 1978), et enfin avec le retour sur la photographie (Barthes, 1980). Tout se passe comme si les images, en leur réalité même, bouclaient, en un paradoxe institué et matérialisé, fascination et déprise, capture par les signes sociaux et esquive du pouvoir de la langue; à l'interface du réel et de l'imaginaire.

Si l'on examine avec attention ces textes en les replaçant justement dans l'évolution de la pensée de Barthes, on s'aperçoit que l'image, avec une belle constance, oppose à la sémiologie d'héritage saussurien la question du référent et celle de l'énonciation. Barthes, comme le rappelle à juste titre Mikel Dufrenne (1981), ne disqualifia jamais le réel et s'affirma encore dans *La chambre claire* être du côté des «réalistes». Et il précise alors (p. 140) ce qu'il entend par réalisme : «[...] Les réalistes, dont je suis, [...] ne prennent pas du tout la photographie pour une "copie" du réel — mais pour une émanation du réel passé : une magie, non un art». Quant à l'analyse de l'énonciation, elle l'a conduit, dans le même ouvrage, à introduire la notion de «*punctum*», point ni totalement réaliste ni totalement fictif; lieu d'aventure; lieu de rencontre, à vif, du désir et du langage, portant mêlés en lui-même le pouvoir assignatoire de l'image vis-à-vis du sujet et une force effractive vis-à-vis de la consistance du langage. Ainsi, l'exploration phénoménologique de la réception de l'image aboutit-elle à reconnaître deux caractéristiques de l'image photographique : un rapport spécifique au réel (ce que les théoriciens venant après Barthes et se référant à la théorie de Peirce désigneront comme la fonction indicielle de la photo) et un mode de signifiance privilégiant l'énonciation, fondé sur une mobilisation de l'émotion chez le regardant[22].

C'est dans ce cadre problématique qu'il faut entendre l'affirmation de la photographie comme «message sans code» : «Pour la première fois dans son histoire, l'humanité connaîtrait des "messages sans codes"; la photographie ne serait donc pas le dernier terme (amélioré) de la grande famille des images, mais une mutation capitale des économies d'information.» (*Ibid.*, p. 36)

Barthes répond ainsi par avance, si l'on peut dire, à Bourdieu sur la question des rapports entre peinture et photographie. Et cette réponse qui montre à quel point il manque une dimension socio-historique à l'approche sémiotique ou sociologique de l'image; mais surtout, à quel point il manque une approche anthropologique de notre culture. La sociosémiotique des images peut certainement contribuer à une telle anthropologie.

4.2. Éclairage sociosémiotique sur la spécificité de l'image

Nos investigations précédentes, croisant principalement les approches sémiotiques et sociologiques, conduisent à retenir un point comme essentiel : il convient de renverser la perspective habituelle qui va chercher au sein de l'image et ce qui la spécifie et les raisons de son statut social. Mieux vaut envisager ses particularités et ses propriétés à la lumière de sa définition comme opérateur social et signifiant, ou pour reprendre un terme proposé plus haut : comme opérateur symbolique. Telle serait la direction dans laquelle aller pour considérer l'image comme objet de connaissance sociosémiotique. Je voudrais attirer l'attention sur trois points qui vont dans le sens de cette redéfinition : le réglage de la réception, l'interprétance interne et l'institution de l'image.

C'est dans la mesure où le modèle de l'image inclut le regardant que l'on peut concevoir le problème du réglage de la réception. La sémiologie des images (et singulièrement la sémiologie de l'art) a été rendue possible par un déplacement sensible du champ d'investigation depuis l'objet lui-même vers son fonctionnement. On passait ainsi de l'objet seul à l'ensemble objet-lecture, faisant de la lecture un processus interactif qui mobilisait le contexte des différents savoirs implicités dans l'objet et/ou apportés par le regardant. Elargissant cette conception, on pourrait envisager une analyse de cette interaction entre les caractéristiques de l'image et les pratiques des sujets sociaux, c'est-à-dire les façons dont ils utilisent, lisent ou s'approprient les images. Mais ce que nous avons dit à propos de l'inscription des schèmes, et de ses conséquences sur la réception, appellerait une recherche plus approfondie de la manière dont la mise en forme produit un réglage de la réception. Réglage très directement perceptif qui assure une modulation temporelle de la réception au moyen des propriétés formelles de l'image (selon une dialectique de la totalité et de l'élément), faisant que certaines parties — voire certaines images dans leur entier — sont plus rapidement ou au contraire plus lentement perçues et déchiffrées. Réglage plus spécifiquement sémiotique, contrôlant — à la manière de ce qui se passe en poésie — les processus de la production des effets de sens (selon une sorte de programme de production de ces derniers) de sorte que ces effets, qu'ils soient attendus ou non par le regardant, sont cohérents et compréhensibles. Réglage institutionnel surtout : la réception est négociation entre ce qui est proposé par l'image et ce qui est apporté par le regardant ; il faut donc des régles du jeu instituées dans l'image elle-même ou bien dans la situation. Je reviendrai plus en détail sur cette « institution » dans quelques instants.

On peut donc considérer l'organisation formelle comme la matérialisation de «coups» qui seront à effectuer par le regardant au cours de la lecture. Elle préfigure, si l'on veut, les divers essais de celui-ci pour reconstruire le sens global de l'image (s'il y a un sens à construire, évidemment) à partir de la perception et du déchiffrement d'éléments ou de parties. Ce processus est une des bases de la communication publicitaire qui préfigure la lecture en mettant en place une matrice de signification et en faisant de l'image un dispositif énonciatif qui installe et guide le spectateur moins vers un sens, comme on le croît parfois, que d'abord vers l'existence du sens et ensuite vers des séries de significations possibles qui font système (Davallon, 1983c; 1983d). C'est pourquoi, comme l'a montré Louis Porcher (1976), lorsqu'on fait l'inventaire des connotations d'une image publicitaire en demandant ce qu'évoque l'image en question, les réponses, qui sont effectivement très diverses selon les individus, se révèlent à l'analyse appartenir en fait à un champ sémantique tout à fait structuré et renvoyer à une organisation sémiotique très précise de l'image.

Un second problème concerne la question de l'image en tant que faisant sens et donc l'interprétance interne. Chacun connaît l'importance de l'activité de production de l'image : mise en scène, mise en espace par composition et coupure de divers éléments réunis de fait en une image; spatialisation et interprétation. Par analogie avec le cinéma (mais est-ce une simple analogie?), je dirai : montage. Car c'est cette activité qui fait de l'image concrète (= l'image-objet) une matrice de signification, un appareil qui sollicite et organise les apports du regardant, conduisant ce dernier à construire dans sa tête une «image» globale[23]. Activité qui consiste à organiser, à configurer des éléments au statut sémiotique incertain et, en tout état de cause, divers et variable : activité d'assemblage d'éléments qui tantôt renvoient au monde extérieur (par iconisme ou indice), tantôt sont la représentation de ce que Pierre Francastel appelait des «objets de civilisation» (des figures), tantôt renvoient à un contenu verbal (l'allégorie), tantôt à des opérations logico-géométriques (la topologie), etc. Ainsi, l'unité spatiale de l'image concrète subsume de fait une grande variété de composants ainsi qu'un découpage, une refragmentation, possible mais non manifeste, en unités pouvant devenir, sous certaines conditions, unités de signification. Le cas est évidemment patent dans l'image publicitaire dans laquelle le montage entre les divers composants est apparent (par exemple : le produit présenté au premier plan, son utilisation photographiée en arrière-fond et le logo par dessus). Chacun de ces composants demande un type d'appréhension spécifique : certains étant reconnus, d'autres inconnus mais inférés comme devant exister, d'autres encore étant porteur d'information, etc. Le phénomène se vérifie aussi facilement pour le tableau qui fait l'objet d'une composition. Mais cela reste vrai aussi pour la photographie, même si l'effet de réalité nous fait prendre une photographie donnée comme une totalité représentant (découpant) une portion de la réalité dont le *continuum* ne fait pas de doute. Les sémioticiens ont insisté sur cette particularité de la «coupe» photographique qui isole une scène, mais qui - sauf procédures de superposition ou de collage travaillant à partir de plusieurs photographies — garantit l'intégrité et l'homogénéité du champ du représenté. Or, à la lecture, si ce principe d'intégrité fonctionne comme une règle communicationnelle servant de toile de fond à la perception et à la compréhension, il n'en est pas moins vrai que la surface de l'image n'est pas l'objet, en sa totalité, du même fonctionnement sémiotique, ni ne fournit les mêmes informations. La distinction élaborée par Barthes entre le *studium* et le *punctum* en est un bon exemple, auquel il faudrait ajouter bien d'autres processus liés, par exemple, au fait que l'on connaît ou ne connaît pas la réalité photographiée, comme l'a fait remarquer pertinemment Schaeffer (1987, spéc. 41, 89). Dans ce cas comme dans les autres, l'image n'est reçue ni d'un coup, ni uniformément. La réception fait toujours intervenir le temps et par conséquent un déplacement à sa surface, de telle sorte qu'un même composant peut fort bien changer de définition sémiotique au cours de la réception[24].

En fin de compte, que l'image soit montage amène à prendre acte de trois faits. Le premier est l'importance de la temporalité dans la réception. Le second est que, du point de vue sémiotique, l'image n'est pas transmission, mais qu'elle relève d'un processus d'interprétation : la signification s'élabore au cours de la réception. Jan Mukarovsky ([1936] 1970) avait déjà introduit la distinction entre «l'image-chose sensible» et la mise en rapport de celle-ci avec la signification déposée dans la conscience collective; mise en rapport qui définit «l'objet esthétique» proprement dit[25]. Le troisième fait remarquable — peut-être ici le plus important, parce qu'il commande les deux premiers — est que le montage fait de l'image un objet polystratifié. Ce qui est une autre façon de dire qu'elle règle la réception. En effet, par le montage, l'image concrète est organisée en une série de couches proposées successivement à la lecture. Du point de vue de la production du sens, les éléments sont ainsi inter-connectés entre eux; ce qui ouvre, et prévoit au moins partiellement, une «explication» possible de certains éléments de l'image par d'autres au cours de la réception. C'est ce processus que j'appelle «interprétance interne»[26].

4.3. L'institution de l'image : mise en image et médiatisation

De la même manière que le fonctionnement indiciel de la photographie a demandé de revoir le rapport de l'image à sa situation de production, admettre que l'image est polystratifiée par le montage (même si ce dernier se réduit au cadrage ou à la simple distinction de plans étagés en profondeur) et que de surcroît elle inclut l'espace de sa lecture, pose, en des termes nouveaux, la question des rapports de l'image avec son environnement et avec la situation de sa réception ou de sa production.

Lorsque l'on tente une classification des images, on a toujours plus ou moins présent à l'esprit une représentation de l'image comme image concrète. C'est-à-dire comme un ensemble clos et fini dans sa matérialité même d'objet. Or, nous l'avons dit, tel n'est pas le cas du point de vue du fonctionnement sémiotique, ni, nous allons le voir, du point de vue du fonctionnement et de la fonction sociosémiotique. Le fonctionnement sémiotique de l'image est éclaté dans le temps et dans l'espace puisqu'il nécessite l'intervention du regardant et qu'inversement l'objet règle la signification en la préfigurant à l'intérieur d'un espace fini, limité et fermé par sa bi-dimensionalité même. Ainsi le montage, fragmentant et stratifiant, clôt et ouvre à la fois. Il clôt, au sens où il organise les éléments de l'image en un ensemble fini ; et il ouvre en appelant l'activité du regardant. Il est à l'articulation d'un intérieur de l'image et de son extérieur ainsi que l'indique clairement le processus d'interprétance interne qui, comme préfiguration signifiante, n'a au fond de sens qu'au regard de la production qui stratifie les composants (représentations du monde, rapports de couleurs et de forme sur la surface, etc.) et au regard de la réception qui donne son volume sémiotique à cette stratification. De là découle la nécessité d'une autre façon d'envisager l'image.

Tout d'abord, il s'agit de la replacer dans sa situation de production et surtout de réception. L'image apparaît ici comme une clôture localement instituée et constituante. Les composants empruntés au monde des objets, des pratiques ou aux autres productions culturelles, réunis à l'intérieur de l'image et homogénéisés par le fait qu'ils sont donnés à voir dans un espace à deux dimensions, restent en relation avec le monde extérieur. Cependant, dans la mesure où ils sont traités en représentation et organisés de manière à faire sens — où ils sont mis en image —, ils opèrent en retour une modélisation de la représentation que l'on pouvait s'en faire. Pour mieux saisir ce processus, on peut comparer l'image à l'exposition (ou au cinéma) qui met ensemble et articule des composants de nature effectivement hétérogène (objets, tableaux, vitrines, écrits, espace, etc.) et considérer l'image comme une sorte d'exposition à deux dimensions (Davallon, 1986). D'où la capacité de l'image à fonctionner comme un organisateur concret des relations sociales entre sujets sociaux, ou entre sujets sociaux et objets, par la mise en représentation de ces relations[27]. Ensuite, il convient de considérer les caractéristiques de la situation de réception. Nous retrouvons ici les régles institutionnelles de la réception auxquelles j'ai fait allusion plus haut. Le regardant ne s'approprie pas une image publicitaire comme une peinture; et la première ne le sera pas de la même façon selon qu'elle sera affichée dans la rue ou exposée au musée; de même, la réception d'une photographie différera selon qu'elle est dans un album, reproduite dans un journal ou exposée. La mise en situation et l'usage social de l'image interviennent donc comme des facteurs de réglage de la réception. Ce point est d'une importance capitale : une image-objet fait toujours l'objet d'une mise en situation et celle-ci peut prendre des formes variées; voire l'image peut devenir partie d'un ensemble plus vaste donnant naissance à un media qui en contrôle ainsi la réception. C'est donc une des voies de l'approche sociosémiotique de l'image que l'étude de la médiatisation de cette dernière.

4.4. Les niveaux de l'analyse sociosémiotique des images

Si la construction d'un objet de connaissance ne peut s'effectuer en dehors des méthodes et procédures qui la permettent, il est normal de constater que la diversité des éclairages qui caractérisent l'attitude sociosémiotique (sémiotiques, sociologiques, historiques, anthropologiques) conduit à ce que Louis Marin a appelé, lorsqu'il s'est interrogé sur les conditions de possibilité d'une science de l'œuvre d'art, une «dissolution» de l'objet dans les champs théoriques qui en permettent l'approche.

Construire l'objet — et c'est cela-même qui définirait l'approche de l'image comme approche sociosémiotique au-delà des trois points que nous venons d'examiner — consisterait à articuler les divers modèles et méthodes ainsi convoqués[28]. Ce qui reviendrait à élaborer «ce modèle de deuxième ordre dont la syntaxe réglerait les relations des modèles construits par les sciences de l'homme» évoqué par l'auteur. L'approche des images n'en est pas encore là. En revanche, rien n'empêche de faire le point sur les deux niveaux d'analyse où une telle articulation semble aujourd'hui s'amorcer : l'approche pragmatique et l'approche anthropologique.

Le permier niveau d'analyse est dit «pragmatique» car il part des images elles-mêmes. Sous ce chapitre, il semble possible de regrouper deux types de recherches. Tout d'abord, les recherches portant sur la description des interactions entre des images concrètes et les pratiques de réception ou de production dont elles sont l'objet. Ce serait par exemple l'analyse des processus de «négociation» dont la réception est le siège, compte tenu des situations différentes et des usages médiatisés de ces images. Les études amenées par Eliseo Véron (1983) sur la télévision ouvrent la recherche dans cette direction. Ensuite, les recherches visant à montrer comment l'image peut-être l'outil d'un stratégie de communication ou encore outil d'une opération d'organisation de relations sociales en représentant des rapports modélisés entre des agents sociaux et des objets culturels. L'exemple en est l'analyse de l'usage de l'image publicitaire qui représente les rapports et les pratiques des sujets sociaux selon le modèle de l'échange. C'est sous cette rubrique que je rangerai une partie des analyses menées par Louis Marin sur l'usage politique d'images organisatrices de rapports de pouvoir au XVIIe. L'autre partie de ses analyses, traitant de la représentation comme mode d'économie signifiante me semblent plutôt relever du second niveau d'analyse, c'est-à-dire du niveau anthropologique.

Ce niveau est celui de l'analyse de l'opérativité symbolique de l'image. Nous y trouverons les recherches concernant la manière dont l'image modélise les systèmes qui lui sont extérieurs; la façon dont elle s'appuie sur les mécanismes perceptifs pour produire un effet, mais aussi pour constituer de nouvelles modalités de représentations; la façon aussi dont elle intervient (comme opérateur de croyance) dans la reproduction des places des sujets sociaux et dans la constitution des groupes; la façon enfin dont elle partage cette opérativité avec les autres pratiques signifiantes. Il semble que ce niveau a surtout été ouvert par l'histoire et la sociologie de l'art. Outre les travaux de Louis Marin, je signalerai d'autres qui se réfèrent à une approche à la fois sémiotique et sociologique (plus que stylistique) pour traiter du rapport de la peinture et du spectateur au XVIIe et XVIIIe siècles et je pense tout particulièrement à l'ouvrage *Painters and Public Life in Eighteenth-Century Paris* de Thomas Crow. Peut-être ce niveau paraîtra-t-il, à première vue, un peu plus éloigné que le premier d'une approche habituelle de l'image.

Pourtant, si l'on veut construire les «images» comme objet de connaissance «épistémologique», c'est-à-dire en tant que concept, en tant qu'«articulation réglée et théoriquement justifiée de modèles», pour reprendre l'expression de Louis Marin, la mise en place d'un champ théorique plus vaste et plus consistant est nécessaire. Les acquis des recherches récentes, tant en sociologie de l'art qu'en sémiotique des images, montrent que le champ qui s'esquisse aujourd'hui (appelé ici «anthropologique») vient effectivement répondre au projet d'une économie des pratiques signifiantes à partir de laquelle aborder définitivement les images dans leur dimension d'opérateurs symboliques.

NOTES

[1] Conformément à la règle, j'emploie le terme de «sémiotique» au sens général de théorie des langages (par exemple, l'image); en revanche, je réserve le terme «sémiologie» pour désigner les recherches portant sur la prise en charge par le linguistique de la signification (en l'occurence, le discours sur l'image).

[2] On trouvera sans Véron (1987, ch. 6) une réflexion sur la nature sociale du langage à partir d'un rapprochement entre Saussure et Durkheim.

[3] Dans les «Eléments de sémiologie», Barthes (1964) propose de distinguer les signes selon leur matière du signifiant et d'employer le concept de «signe typique» (signe verbal, signe graphique, signe iconique, le signe gestuel). Le passage d'une problématique du signe à celle du texte se dessine très clairement chez Metz (1970).

[4] Metz (1977). Les travaux sur le cinéma prolongeant ceux de Christian Metz sont nombreux ; sur l'émergence du texte, on se reportera tout particulièrement au n° 23 de la revue *Communication* (1975, «psychanalyse et cinéma») et aux actes du Colloque de Lyon sur Théorie du film (Aumont et Leutrat, 1980)

[5] Schefer (1969); Marin ([1969a] 1971); Damisch (1972). Jean-Louis Schefer est, à ma connaissance, le premier à affirmer explicitement une inversion entre les catégories hjelmesleviennes de «système» et de «procès». Dans le tableau, à l'encontre du texte littéraire, c'est le système qui est donné à voir et mise en scène (et non le texte comme résultat du procès) et le procès est reporté dans la lecture.

[6] Voilà, au bout du compte, ce qu'exposerait «iconiquement narrativement» le tableau des Bergers d'Arcadie : la transformation de l'histoire en espace dans l'instant de la représentation. Ce processus est résumé dans l'article «Représentation narrative» de l'*Encyclopædia Universalis* (1980a) : «Si donc le dispositif perspectif est, dans le domaine visuel, la métaphore de l'appareil énonciatif et si le récit ne se constitue que de dénier l'appareil d'énonciation dans les énoncés narratifs, dès lors le dispositif perspectif rend possible l'inscription du récit iconique, mais celui-ci neutralise sa propre condition d'inscription. Le dispositif perspectif est posé comme donnant au récit sa scène et son décor, l'espace ou l'événement raconté est donné à voir, mais il est dissimulé par la figuration narative. » A remarquer la place prépondérante faite par l'auteur à la représentation narrative à la fin de l'article en question : «La représentation narrative est à la fois l'application dans le domaine visuel et spatial de la forme la plus générale des systèmes représentatifs et sa matrice génératrice.»

[7] Voir l'ensemble du livre de Christian Metz et spécialement le chapitre «Histoire/discours : (note sur deux voyeurismes)», initialement publié dans Kristeva, Milner et Ruwet (1975). Cette conception du «discours» dans le film de fiction à fait l'objet de nombreux développements et commentaires. Voir par exemple les travaux de Jean Paul Simon, de François Jost, Michel Marie, Dominique Chateau, Jacques Aumont, Marc Vernet, Michel Odin, Michel Colin, etc.

[8] C'est une telle problématique que l'on trouve développée chez Dominique Chateau dans un article intitulé «Diégèse et énonciation» paru dans *Communications*, 38, 1983, 149, lorsqu'il écrit : «[...] l'iconicité de l'image cinématographique, lorsqu'elle coïncide avec nos prénotions sur ses conditions de production, instaure entre elle et le spectateur la relation indicielle, que celui-ci suppose comme condition de sa production». Voir aussi l'article de Jean Paul Simon, «Enonciation et narration : Gnarus, auctor et Protée», dans la même livraison.

[9] L'analyse de l'annonce publicitaire et de sa lecture fait apparaître ces deux points (Davallon, 1978 et 1983d). Une telle approche peut être comparée aux travaux menés par Eric Landowski sur la communication politique. Il s'agit en effet, au delà des différences, de penser l'entrée des sujets concrets dans le champ de la signification. La manipulation est alors à prendre comme un «acte de langage», au sens le plus fort du terme, qui engage le

sujet agissant et son partenaire : Ces «interlocuteurs réels se transformant mutuellement en actants dotés de compétences (modales) et de rôles (thématiques) spécifiques, ce sont ces déterminations syntaxiques et sémantiques, qui, une fois assumées de part et d'autre, garantiront aux sujets leurs capacités respectives d'interaction, ou plus exactement en ce cas, de manipulation : leur pouvoir de faire faire en tant qu'êtres de langage» Landowski (1983). On retrouve ici l'attirance de la sémiotique greimassienne pour une «fondation» externe de celui-ci, héritée de l'analyse (narrative) des mythes et de l'anthropologie, en contrepoint de la «fondation» interne du sens, héritée de la tradition linguistique saussurienne (le principe d'immanence).

[10] Sur ce point encore Benveniste a innové en attirant l'attention sur le fait que l'image ne possèdait pas de mode de signifiance sémiotique, c'est-à-dire ne possédait pas de signes (Benveniste ([1969] 1974, 58-60).

[11] Ces sytèmes sont à situer, selon la classification de Louis Hjelmslev, entre les «systèmes symboliques» caractérisés par une conformité des éléments des deux plans (dont les exemples les plus connus sont les feux de circulation ou les langages formels) et les «systèmes sémiotiques», caractérisés par une non-conformité entre les deux plans (ce sont les langues naturelles).

[12] Dubois (1983, 36 et 42) note que la ré-émergence de la question de la référence apparaît clairement dans une discussion entre Bergala et Bonitzer dans *Cahiers du Cinéma* en 1970. L'approche de la fonction indicielle de la photographie se situe à la croisée de l'influence de *La chambre claire* de Barthes et de la pénétration de la sémiotique peircienne en France.

[13] Rappelons à ce propos la définition que Roland Barthes ([1978] 1982, 170) donnait de l'«effet» lorsqu'il écrivait sur la peinture de Twombly : "L'effet n'est pas un "truc" rhétorique : c'est une véritable catégorie de la sensation, définie par le paradoxe : unité indécomposable de l'impression (du «message») et complexité des causes, des éléments : la généralité n'est pas mystérieuse (entièrement confiée au pouvoir de l'artiste), mais elle est cependant irréductible. C'est un peu comme une autre logique, une sorte de défi porté par le poète (et le peintre) aux règles aristotéliciennes de la structure.»

[14] Le terme «définition» est à entendre ici comme l'ensemble des caractéristiques qui spécifient l'image comme telle. Il s'agit évidemment d'une définition du sens commun

[15] L'analyse qui suit n'a pas la prétention de présenter dans toute sa complexité la logique de la sociologie de Pierre Bourdieu; elle vise à mettre au jour, pour la discuter, la conception de la réception et de la production de l'œuvre qui est celle de cette sociologie. L'avantage de cette dernière est en effet qu'elle a développé sa conception de manière suffisamment systématique pour que l'on puisse la discuter et en voir les limites.

[16] «En fait, écrit Pierre Bourdieu (1980, 245), les pratiques ordinaires sont d'autant plus réussies socialement, donc plus inconscientes, que les conditions de production des dispositions dont elles sont le produit sont moins éloignées des conditions dans lesquelles elles fonctionnent : l'ajustement objectif des dispositions et des structures assure une conformité aux exigences et aux urgences objectives qui ne doit rien à la règle et à la conformité consciente à la règle, et une apparence de finalité qui n'implique nullement la position consciente des fins objectivement atteintes.»

[17] Un exemple de cette première approche est fourni par le livre de Pierre Boudieu sur *La distinction* (1979). Sur la question de «l'automate spirituel» et plus largement sur celle de la proximité structurale des conditions de production des dispositions et de leurs conditions de fonctionnement — point essentiel dans la théorie de l'auteur bien que j'y fasse référence ici de manière rapide et allusive — on se reportera au chap. «Structures, habitus, pratiques» de son livre sur *Le sens pratique* (1980).

[18] Bourdieu (1969, 174). L'appui théorique de l'analyse énoncée ici par l'auteur se trouve dans la «Postface» à la traduction d'*Architecture gothique et pensée scolastique* d'Erwin Panofsky (Bourdieu, 1967). Une idée similaire (encore que tournée vers la production plus

que vers la réception) est développée par l'anthropologue Clifford Geertz ([1976] 1986, 148) dans «L'art en tant que système culturel» : «L'artiste œuvre avec les capacités de son public — capacités de voir, d'entendre ou de manier, parfois même de goûter et de respirer, avec intelligence. Et bien que les éléments de ces capacités soient en fait innés — en général cela n'aide pas d'être aveugle aux couleurs — ils sont amenés à l'existence véritable par l'expérience de la vie au milieu de certaines sortes d'objets qu'il faut regarder, écouter, manier, au sujet desquels on doit réfléchir, qu'il faut affronter, et auxquels on doit réagir; des variétés particulières de choux, des sortes particulières de rois. *L'art et l'équipement pour le saisir sortent du même atelier.*» (je souligne). Il faut signaler aussi le livre de référence sur ce sujet dans lequel Michael Baxandall (1972) parle d'«équipement mental» ordonnant l'expérience visuelle des hommes de la Renaissance.

[19] Metz (1971) a apporté un éclairage sémiotique sur ce double mouvement à propos du cinéma, ce qui l'amène à distinguer deux systèmes : celui des codes et celui du texte.

[20] J'emploie le terme «art» en un sens large pour désigner la dimension socialement dynamique du processus d'inscription tel que je viens de le définir. Cette définition ne me semble pas trahir ce que l'auteur met sous ce terme. Geertz, en effet, qui est un des pionniers de l'anthropologie interprétative et qui propose une analyse symbolique de la culture en recourant au pouvoir analytique des théories sémiotiques pour l'appliquer aux systèmes de signes non dans l'abstrait mais «dans leur habitat naturel», définit ainsi, un peu avant la passage cité, le rôle d'une sémiotique de l'art : «Si nous devons avoir une sémiotique de l'art (aussi bien que tout système de signes qui ne soit pas par axiome contenu en soi), nous allons devoir nous engager dans une sorte d'histoire naturelle des signes et des symboles, une ethnographie des véhicules du sens. De tels signes et symboles, de tels véhicules de sens, jouent un rôle dans la vie d'une société, ou d'une partie de la société, et c'est cela en fait qui leur donne leur vie. Ici aussi, le sens est l'usage, ou plus soigneusement résulte de l'usage, et c'est en retraçant de tels usages de façon aussi exhaustive que nous avons coutume de le faire pour les techniques d'irrigation ou les coutumes du mariage que nous allons être en mesure de trouver quelque chose de général à leur propos.» (*Ibid.*) Pour replacer l'anthropologie interprétative dans son contexte, on pourra se reporter au livre de Marcus et Fischer (1986) *Anthropology as cultural critique.*

[21] Rares sont les théoriciens à avoir posé explicitement ce problème. Je citerai le projet déjà ancien d'un «grammatologie» de Jacques Derrida (1967) repris par exemple par Marie-Claire Ropars Willeumier (1981) à propos du cinéma; ainsi que les réflexions de Jean-Louis Schefer sur les rapport de la langue et de l'image (1970). Celui qui est allé le plus loin dans ce sens (mais pour la période du XVIIe) est, à mon avis, Louis Marin.

[22] Barthes ([1970] 1982, 55) distingue déjà le sens informatif de l'image, son sens symbolique et un «troisième sens», dit obtus, qui porte une émotion, «qui désigne simplement ce qu'on aime» et qui «est en dehors du langage (articulé), mais cependant à l'intérieur de l'interlocution. [...] grâce à ce qui, dans l'image, est purement image (et qui est à vrai dire peu de chose), nous nous passons de la parole, sans cesser de nous entendre».

[23] Cette «image» globale et sa production (au cinéma) a été théorisée par S.M. Eisenstein. François Albera (1980) dans son Introduction aux écrits de cet auteur sur le sujet explique : «L'"obraz", image globale, permet la saisie du thème, du contenu idéologique : naissant de l'organisation d'images partielles, analogiques (de fragments) — les représentations — l'image globale le construit dans la tête du spectateur au terme d'un mouvement supporté par la composition (du film, du poème, du tableau). "Invisible", elle totalise, reprend l'ensemble des représentations en passant à un niveau supérieur — celui de la saisie globale : idéologique.»

[24] Selon l'exemple donné par Schaeffer (1987, 89-90), un élément d'une photographie peut très bien être reconnu dans un premier temps comme une personne, puis, après

interprétation d'indice localisant le lieu et les circonstance de prise de vue, être ensuite identifié comme mon grand-père.

[25] Jan Mukarovsky ([1936] 1970) avait déjà introduit la distinction entre «l'image-chose sensible» et la mise en rapport de celle-ci avec la signification déposée dans la conscience collective; mise en rapport qui définit «l'objet esthétique» proprement dit.

[26] Les couplages semi-symboliques, qui systématisent l'image, ou les procédures topologiques (emboitement, juxtaposition, etc.), qui servent de support à des phénomènes de mise en abyme ou à une narrativisation de la lecture, entrent, selon moi, dans cette catégorie des opérateurs de réglage sémiotique.

[27] Voir sur ce point les travaux de L. Marin.

[28] Il s'agit alors, précise Louis Marin (1980b, 138-139), «d'élaborer une grammaire des méthodes visant à signifier théoriquement leur articulation comme la signification même du tableau». [...] «Une telle tentative constituerait en même temps l'objet "œuvre d'art" d'une science possible de l'art, non pas comme un objet réel, mais comme un objet épistémologique, un concept, une articulation réglée et théoriquement justifiée de modèles.» [...] «Il s'agit en bref de constituer une science de l'interdisciplinarité quant à un domaine particulier de l'objet.»

[29] Dans un champ un peu plus éloigné de l'axe de notre propos, voir aussi les travaux de Fried (1980) et Bryson (1981). Sur le rapport entre champ sociologique et modèle de peinture à l'Académie au XVIIe, voir l'article de Nathalie Heinich (1983).

Section 3
Des mots, des choses et des lieux

Sylvia OSTROWETSKY
Université d'Amiens
EDRESS

1. L'ESPACE, ENTRE RÉEL ET MÉTAPHORE

Il est des choses du monde que nous nommons une topographie, des emplacements pour ces choses, des positions, des endroits, des coins, des hauts et des périphéries, des maisons et des pavillons, des sites réels ou imaginaires, faits de briques, d'eau, de bitume, d'horizons, d'ombre et de lumière... Il y a la possibilité de réduire ces singularités en données générales et de leur attribuer, non seulement la qualité spatiale mais encore celle de signifier. Des types de dispositifs (la rue...), des occurrences uniques que nous pourrions intégrer dans une même catégorie, tel le point de vue, la distance, l'élévation, la symétrie... On les désignerait du terme d'architecture selon que l'on se place du côté de la construction — le tektôn "ouvrier" — ou du terme d'urbanité, selon que l'on se place du côté de la concentration humaine et de ses formes de civilité.

Or la première difficulté que rencontre le chercheur travaillant sur ces «choses» et leurs diverses dispositions, c'est qu'elles sont aussi utilisées, à l'état de métaphore, comme le moyen privilégié de la pensée scientifique. «Tout se passe comme si (...) les relations intellectuelles et idéelles n'étaient saisissables par la conscience linguistique que si elles sont projetées dans l'espace et reflétées analogiquement en lui. C'est seulement dans les rapports de simultanéité, de contiguïté et d'extériorité qu'il trouve le moyen d'exposer les corrélations, les dépendances, et les oppositions qualitatives les plus diverses» (Cassirer, 1972).

1.1. Habiter le logos

Nous parlons d'espace théorique, de lieu, de terrain de recherche, de découpage, de point de vue, de position... Nous parlons, ô combien, de scène... Habermas titre un ouvrage *Espace public* sans cependant que le caractère physique spatial de cet espace soit analysé en tant que tel. Les termes, plus précisément, d'*espace social*, de *place* (dans le procès de production, notamment), ne permettent jamais de dégager clairement l'objet concret de son utilisation théorique (Decrosse, 1983). S'agit-il de la place réelle occupée — le poste de travail — ou d'une hiérarchie abstraite? En ce cas comment se traduit-elle concrètement? C'est cette concrétude que, à l'évidence, les sciences sociales veulent cerner pourtant. C'est cela qui les amène à cette analyse pointilleuse de la conversation, de l'interaction, de l'interlocution...

Un nouvel empirisme sans complexe s'affirme de nos jours qui veut échapper à la logomachie théoriciste et abstraite qui étouffe le fait avant même de l'analyser et qui ne donne jamais les véritables moyens de l'étonnement et de la découverte. Notre insistance à décrire la dimension spatiale des faits sociaux relève de cette même volonté. Que l'on songe à Simmel, par exemple, qui fonde son épistémologie sur les deux figures de la Porte et du Pont (*Brücke und Tür*...). Dans son introduction à *Sociologie et épistémologie*, de Simmel, Freund précise que «le pont constitue l'image de liaison, de la mise en rapport, la porte celle de la séparation, de la dissociation, parce qu'elle clôt l'espace sur lui-même au lieu de l'infinité». Cette insistance du spatial appartient en fait, à la fois à la façon dont nous percevons les choses, mais aussi dont nous les signifions. «Qu'il s'agisse du sens immédiat, ou du sens symbolique, du sens corporel ou du sens spirituel, nous sommes à tout instant des êtres qui séparons ce qui est lié ou qui lions ce qui est séparé» (Freund, 1981). Le monde perçu rejoint ainsi le monde conçu. Ouverture et fermeture sont non seulement des concepts, ou des notions, mais — et l'existence de la métaphore en fournit la preuve — des choses construites. Dans cette proximité entre métaphore, métalangue, connotation et fonctionnalité pratique, il s'avère difficile de tenir un discours pur de toute contamination spatiale.

En effet, parler d'espace c'est non seulement décrire notre environnement mais c'est aussi parler de notre être individuel et collectif, réel et imaginaire. D'ailleurs l'architecture elle-même a à voir avec cet *être-au-monde* : «Entrez dans la cathédrale de Reims (...) l'homme apparaît dans tout; le monument est fait pour lui et par lui, c'est son vêtement et quelque vaste et riche qu'il soit, il est toujours à sa taille[1].»

On habite dans ce qui vous habite...

Le langage de l'espace qui nous traverse et que nous traversons possède cependant ses règles propres, ses performances et sa propre spécificité[2]. L'enseignement de Saussure est d'ailleurs intéressant à commenter dans cette perpective d'une spécificité de l'espace. Saussure (CLG) distingue nettement l'axe de l'espace, et celui du temps. Ainsi l'axe des simultanéités concerne «les rapports entre des choses coexistantes», et se distingue bien de l'axe de successivité «sur lequel on ne peut jamais considérer qu'une chose à la fois, mais où sont situées pourtant toutes les choses du premier axe avec leurs changements». En d'autres termes, on peut aussi concevoir sur le premier axe la question de la diachronie, et sur le second celle de la synchronie. Mais, surtout, Saussure précise que «le signifiant étant de nature auditive, se déroule dans le temps seul et a les caractères qu'il emprunte au temps», ce qui l'oppose donc «aux signifiants visuels (signaux maritimes,...) qui peuvent offrir des complications simultanées sur plusieurs dimensions». Or, l'approche contemporaine du langage et de la langue insiste de plus en plus sur l'interaction entre le signifiant linguistique et le contexte général. Le rôle de l'environnement dans l'acte de langage est devenu fondamental dans la plupart des analyses, et plus la pragmatique s'engage dans la description de la langue comme usage, plus elle tend à élargir le recueil des données contextuelles, allant jusqu'à référer à des données physiquement construites. Le «texte» s'ouvre au monde présent et possible, et l'espace se réduit de moins en moins au simple site (estrade, salle,...) de la profération. Non seulement le locuteur se voit désormais attribué un compagnon (Jacques, 1979), un temps, un rite d'ouverture et de fermeture, (Goffman, 1981), mais encore un espace, celui «en présence», un geste, une scène, un environnement historique, social, économique. Les territoires qui participent à l'échange locutoire sont en expansion...

Notre projet[3] est de ce point de vue plus ambitieux. La scène, l'environnement n'accompagnent pas simplement la langue. Au contraire, on peut même penser que si celle-ci convoque l'espace avec une telle insistance, c'est bien parce qu'il participe à la fondation du sens et du socius. Paul Ricoeur a montré comment le récit est espace de faire, et comment il construit espace, histoire et temps sociaux, parce que «d'une manière ou d'une autre tous les systèmes de symboles contribuent à configurer la réalité» (Ricoeur, 1983). La fonction référentielle de l'intrigue consiste à donner figure à une expérience personnelle, qui est, elle, «quasi muette». Heiddegger, dans son texte de référence sur l'espace, insiste sur l'intrication entre «habiter», «bâtir» et «penser», sans donner à la langue un rôle particulier fondateur, affirmant nettement l'assimilation de ces trois termes. Cependant, si comme d'autres philosophes, et notamment Deleuze, Heidegger, il s'attache à bien distinguer espace et lieu, par contre à aucun moment il n'assigne à la nomination un rôle «formant», laissant même passer en première place le faire. Ainsi, rappelant la racine grecque du mot «technique», il indique : «Ce mot ne signifie pour les Grecs, ni art, ni métier, mais bien : faire apparaître quelque chose comme ceci ou comme cela, de telle ou telle façon au milieu des choses présentes» (Heidegger, 1958). Selon l'optique Heideggérienne, les grecs pensent donc la technique dans un contexte général du faire, et non du nommable, et on pourrait ajouter du «faire visible». Si l'étymologie est cependant convoquée dans cette réflexion du philosophe puisque l'origine des mots sert à retrouver, notamment dans leur racine, les rapports consubstantiels entre penser et habiter, la langue, loin d'être l'instance de référenciation, ne fait qu'exhiber la fonction habitante de l'être-au-monde. Selon Ricoeur, l'expérience du monde est insaisissable hors du langage, et se construit dans une organisation complexe entre l'expérience et la langue. La poétique en est un cas exemplaire. Bien qu'étant l'accentuation mise sur le langage *for its own sake*, elle fabrique une autre langue en accord avec des valeurs sensorielles, pathiques, axiologiques.

La problématique du langage et de l'espace est fort complexe, et le rôle de cadre, que l'ethnométhodologie assigne à la question spatiale, n'est envisageable qu'à condition de rester au sein d'une épistémologie de la compréhension (*verstehen*). Nous proposons plutôt ici de participer à une autre ordre de réflexion : celui du paraître, du voir, de la monstration, de la composition[4]. On peut se servir, ne serait-ce que pour la méthode, de la langue, tout comme la langue dans sa forme se sert du sens dans l'épreuve de commutation. La réalité, et non pas le réel, qui «est ce qui résiste, insiste, existe irréductiblement et se donne en se dérobant comme puissance, angoisse, mort ou castration» (Leclaire, 1971), est seule prise en charge par les sociétés. Faire advenir le sens, c'est-à-dire la sensibilité comme le savoir, va ainsi des pratiques les plus minutieuses, (celle du bricoleur...), à la plus abstraite (de l'artiste, du mathématicien...), ou à la plus politique (de l'idéologue, du technocrate, du praticien...). Une large partie de l'activité sociale ne consiste pas seulement à entrer en relation avec autrui, par le dialogue, l'interaction, l'interlocution, mais aussi à créer des œuvres, à proposer des projets, à aménager et «ménager[5]» le monde; bref à construire le medium de cette relation à l'autre, activité sémio-génétique et socio-sémiotique à la fois. Ce «faire sens», en outre n'est pas que voué à la circulation négociée ou consensuelle.. mais il peut, dans un splendide ou triste isolement rencontrer un mur d'incompréhension ou un refus violent. Bref, le conflit jouxte dans une mixité quelquefois douteuse, la stratégie et le silence. Ce rôle de l'aesthêsis est clair pour ceux qui s'interrogent sur des modalités dites invisibles, transparentes, cachées, absentes[6]. L'enjeu consiste alors à montrer comment, par la pratique, le réel s'insère dans l'ordre du signifiant, plus reconnaissable que connaissable, su avant d'être conçu, mais, aussi à s'interroger sur la façon dont les processus de socialisation intègrent, organisent et gèrent ces opérations.

«Le principal défaut, jusqu'ici, du matérialisme de tous les philosophes — y compris celui de Feuerbach — est que l'objet, la réalité, le monde sensible n'y sont saisis que sous la forme d'objet ou d'intuition, mais non en tant qu'activité humaine concrète, non en tant que pratique, de façon subjective. C'est ce qui explique pourquoi l'aspect actif fut développé par l'idéalisme, en opposition au matérialisme, — mais seulement de façon abstraite, car l'idéalisme ne connaît naturellement pas l'activité réelle, concrète comme telle[7].» Cette citation, si nous nous y référerions, pourrait laisser croire que l'objectif consiste en une description, d'autant plus qu'elle semble conforter la vieille division entre sociologie et psychologie, exclusive et pratique. Cette opposition qui reconduit la césure traditionnelle entre idéalisme et matérialisme, existence et essence, semble désormais caduque et nous souhaitons dépasser ces antinomies. Car on sait désormais, en effet, que la sensibilité est une activité productrice tout comme la pratique est une forme objectivée de la subjectivité. Aussi nous proposons de déplacer les limites du champ sociologique, de la même manière que la pragmatique a élargi ses domaines d'activité en intégrant, si ce n'est la sociologie, du moins, la psycho-sociologie (Ostrowetsky, 1978, 1984), l'objectif étant de tenter ainsi la rencontre syncrétique du langage, de l'espace et de la société, et ce par le biais de la sémio-genèse[8].

1.2. Représentation des choses, représentation des mots

Dans l'*Ethique de la Psychanalyse*, Lacan souligne que chez Freud la représentation des choses — «*sach Vorstellung*» — est chaque fois opposée à celle des mots — «*Vort vorstellung*». Cette dualité, comme le souligne l'auteur (1986), «paraît faire objection à l'accent que je mets ici sur l'articulation signifiante comme donnant la véritable structure de l'inconscient». Pour Lacan, cette dualité freudienne ne s'explique que par l'état de la science linguistique de l'époque. Et d'ajouter plus loin : «il est bien évident que les choses du monde humain sont des choses d'un univers structuré en parole, que le langage, que les processus symboliques, dominent, gouvernent tout» (Lacan, 1986). Mais ce qui est hors-signifié, Lacan commentant le texte freudien, nous dit que ce n'est plus la chose — *die Sache* — mais la Chose, au sens de *das Ding*, et que le principe de plaisir gouverne la recherche de l'objet (le *das Ding*). Cette distinction suppose dès lors deux questions au lieu d'une : celle de la représentation de choses, de mots, et celle de l'objet. Chez Freud, d'ailleurs, la représentation de chose est nettement opposée à la représentation de mots et relève de l'inconscient. Si l'on y songe bien, cela signifie que le mot, du coup, en tant que mot risque d'être une représentation de chose, puisque les mots n'existent, de fait, à la conscience, que nommés. Il ne reste donc d'innommé que l'innommable : ce par quoi tout se met en branle dans l'ordre du désir, comme de sa sublimation — *le das Ding*. En même temps, Freud indique que l'inconscient fonctionne par le biais des rébus que construisent les représentations de choses. Les représentations de choses servent donc, quant à elles, de sorte de mots pour contourner le refoulement et exprimer envers et contre tout : *das Ding*... Il y aurait donc des représentations de choses, qui fonctionneraient à leur manière[9] comme signifiants d'un autre langage, plus primitif que la langue. Il y aurait ainsi formation d'images de choses et langage à partir d'elles. «La représentation consciente englobe la représentation de chose plus la représentation de mot correspondante, tandis que la représentation inconsciente est la représentation de chose seule» (Laplanche et Pontalis). Dans la seconde topique freudienne, vers 1920-1923, les frontières de l'inconscient et de la conscience deviennent plus floues. Dès lors la question mot/chose se déplace. Il s'agit maintenant de saisir le rapport entre «trace mnésique», de l'ordre de l'inconscient, et la nature du processus, que l'on traduit généralement en français par «représentation[10]». La critique, toutefois, de la représentation comme concept a largement été faite (Ostrowetsky, 1984b). Il est difficile en effet de parler de représentation de chose alors que l'inconscient est un «chaos». La représentation réfère plutôt donc au processus de «sortie» ou de «détournement». Mais alors il devient inadéquat en français. Quant au terme de *Vorstellung*, il n'indique pas un procès de substitution, de type «un représentant pour un représenté absent». Il indique une insistance, une mise en frontalité, voire une disposition spatiale qui peut recevoir dès lors, un ou des signifiés par le moyen des mots. Rappelons que c'est exactement de cette façon que Hjelmslev définit le formant : «par formant on entend en linguistique, une partie de la chaîne du plan de l'expression (... qui) lors de la sémiosis (peut) se constituer en signe (morphème ou mot[11])».

Wittgenstein a critiqué, quant à lui, l'idée d'une hiérarchie représentative entre choses et mots : «Saint Augustin pourrait-on dire, décrit un système de communication, seulement ce système n'embrasse pas tout ce que nous nommons langage ». Ou encore, « Pareilles formes primitives du langage sont celles dont se sert l'enfant lorsqu'il apprend à parler... Ici l'enseignement du langage n'est pas une explication mais un entraînement ». Par ce fait, Wittgenstein montre bien — ce qui peut expliquer son succès auprès des pragmaticiens — combien le langage n'est pas en adéquation avec une supposée représentation. Il est par exemple impossible d'enseigner « démonstrativement les termes "là-bas" et "ici" ». Dans cette perspective nous admettrons qu'espace et temps relèvent d'un apprentissage et d'un usage moins primitif que celui de la représentation, et que, selon Wittgenstein, « la logique des faits ne se laisse pas représenter ». Mais, on doit dire aussi, en reprenant le fameux exemple *du chat sur le tapis*, donné dans le *Tractacus*, qu'il ne s'agit pas seulement de montrer le chat sur le tapis, ni, comme cela est abordé dans les *Investigations*, de donner divers sens possible du tapis, grâce à son utilisation par le chat. La discussion proposée par le philosophe montre bien qu'il ne s'agit pas essentiellement d'une relation entre un signe et un référent, lequel est indiqué grâce au signe, mais qu'il y a bien d'autres enjeux qui ne se soumettent pas à la seule pré-formation de la réalité, même par un signe[12].

1.3. L'avenir perceptif

Il y a en effet une dialectique constante entre morcellement et unité dans l'apprentissage du monde et dans la relation au temps et à l'espace. Cette dialectique doit être envisagée dans l'approche du social et du symbolique et l'on peut se demander si l'expérience du réel et de la parole n'est pas sans analogie avec un stade inaugural comme celui du miroir décrit par Lacan. Cette « assomption triomphante de l'image » est une « "gestalt" grâce à laquelle il (l'enfant) anticipe son unité corporelle ». L'expérience du réel réactiverait cette expérience fondamentale, mettant en question à chaque fois, le narcissisme primaire et la peur du morcellement. L'enjeu ne concerne pas uniquement la psyché individuelle. La société intervient en effet directement dans cette procédure, par l'intermédiaire des parents et de ce qu'ils transmettent souvent à leur insu, comme interdits et autorisations[13], mais aussi par l'intermédiaire d'autres rôles psycho-sociaux qui contrôlent l'adulte. De plus cette proposition d'une scène première permet d'alimenter l'hypothèse théorique d'un langage pré-linguistique des choses du monde. Notre environnement ne serait en conséquences pas uniquement informé par la langue. Le sens d'une ville, d'un paysage, réside dans la reconnaissance de cette forme. Evoquons ici Merleau Ponty : « Il faut donc reconnaître sous le nom de regard, de main et en général de corps un système de systèmes voués à l'inspection du monde, capable d'enjamber les distances, de percer l'avenir perceptif, de dessiner dans la platitude inconcevable de l'être, des creux et des reliefs, des distances et des écarts, un sens».

C'est à la création de cet «avenir perceptif», à cette jubilation esthétique aussi, qu'urbanistes, peintres, modélistes, cinéastes, consacrent leur savoir-faire. Ce langage tacite n'est plus voué aux seuls sacres de l'anthropologie culturelle. «Les schèmes classificatoires, les systèmes de classement, les oppositions de la pensée masculin/féminin, droite/gauche, est/ouest (...) sont des catégories politiques» (P. Bourdieu, 1987). Enfin, si on revient à l'affirmation de Berkeley selon laquelle «être c'est être perçu», on comprend l'intérêt de rompre avec l'enfermement du sujet dans la langue, et celui de le construire en dialectique avec son autre perceptif. «Le monde perçu serait le fond toujours présupposé par toute rationalité, toute valeur et toute existence», remarquait Merleau Ponty. D'où on peut considérer que la perception se constitue dans le paradoxe de l'immanence et de la transcendance puisque d'une part, le perçu est indétachable de l'acte de perception, et parce que d'autre part, le perçu est un constant rappel de ce qui se donne pour immédiatement donné[14].

Pour développer une telle analyse, on doit s'intéresser à ce qui fonctionne dans l'axe de la coexistence selon des dispositifs d'englobement, de proximité, d'élévation, de partage. Si le paysage ou l'image sont des présupposés de la socialisation, alors l'on peut affirmer que l'espace est «construit». Les formes de conflits ne sont d'ailleurs pas uniquement des consciences (de classe), ou des luttes pour des places strictement statutaires. Ce sont aussi des coexistences impossibles, des a-perceptions antinomiques. Mais, il ne s'agit pas de faire, sous le couvert de l'espace, retour à une sociologie empiriste, ou strictement phénoménologique à la suite de Merleau Ponty où «tout est perception, puisqu'il n'y a pas une de nos idées ou de nos réflexions qui ne porte sa date, dont la réalité objective épuise la réalité formelle et qui s'emporte elle-même hors du temps». Insistons au contraire sur le caractère directement actif et social de la perception — conceptualisation qui nous permettra de dépasser l'opposition perception/pratique et d'objectiver un nouveau champ de l'approche micro-sociale. En effet, les acteurs, ou plus simplement «les sociétaires» sont, dans le moment de relations, à l'autre des êtres de l'apparence, que l'on perçoit, avec qui l'on dialogue ou agit, mais que l'on fréquente globalement.

Un tel modèle suppose une approche synthétique car la perception relève déjà de l'action, mais aussi parce que l'interaction comme l'interlocution opère elle-même au sein d'un champ perceptif. C'est d'ailleurs dans cet esprit que l'ethnométhodologie a engagé sa critique épistémologique de la macro-sociologie [15]. Quant à la pragmatique, si elle se fonde sur le caractère actif de toute production du sens, seuls certains courants ont mis en avant le rôle essentiel de la perception, comme la proxémique par exemple.

2. PRATIQUES D'ACCOMPLISSEMENTS, ACCOMPLISSEMENT PRATIQUE

Garfinkel a distingué deux conceptions majeures au sein des sciences sociales. Celle qui considère que les sciences sociales sont différentes des sciences naturelles, mais qui oublie que «certaines règles procédurales se rapportant à l'organisation correcte de la pensée, sont communes à toutes les sciences empiriques. L'autre conception admet que la méthode des sciences naturelles est la seule qui soit scientifique. C'est en réfléchissant à cette différence que Schütz a été amené à formuler la thèse selon laquelle «les constructions utilisées par le chercheur en sciences sociales, sont pour ainsi dire, des constructions au deuxième degré» (Schütz, 1987, 11).

Les auteurs qui ont inspiré Schütz sont Witehead et Husserl, des phénoménologues donc, affirment le caractère rationnel, mais non transcendental, de l'expérience courante. Il reproche au chercheur de réduire ce que nous nommons sociétaire à un «homunculus», une «marionnette», un «pantin»... «Il (l'homunculus) est l'instigateur objectif des objets de pensée construits par le chercheur» (Schütz, 1987, 53).

2.1. Réserve de connaissance et schème d'interprétation

«L'homme, dans son quotidien (...) dispose à tout moment d'une réserve de connaissances qu'il utilise comme schème d'interprétation de ses expériences passées et présentes et qui détermine aussi ses anticipations sur les choses à venir» (Schütz, 1987, 203). Cette réserve s'apparente à des «couches sédimentaires» de signification, déjà appréhendées par Husserl. Mais Schütz montre en plus que ces «couches» renvoient à des «zones» plus ou moins claires de la connaissance pour atteindre jusqu'au point aveugle de l'incompréhension. A ces termes de réserve et de sédiments, il convient d'ajouter ce qui appartient en propre à Garfinkel, à savoir que, plus que la réserve et l'anticipation, c'est surtout la capacité à construire le sens dans l'interlocution qui caractérise le sujet[16].

Pour Schütz, cependant «la signification de l'acte projeté doit nécessairement, pour l'acteur lui-même, différer de la signification de l'acte accompli. Faire des projets, et même plus, les réaliser, s'origine donc dans la réserve de connaissances disponibles avec sa structuration propre au moment où il les fait» (Schütz, 1987, 212). Durkheim appartiendrait donc, de ce point de vue, à la deuxième conception des sciences sociales qui veut ignorer «ce matelas» de l'élaboration entre le réel et son objectivation savante. Garfinkel insiste sur la distinction entre la sociologie de Durkheim et le nouveau champ constitué. «Prenant le contre-pied de l'enseignement de Durkheim selon lequel le principe fondamental de la sociologie est la réalité objective des faits sociaux, on proposera — comme postulat et comme orientation de recherche, que pour les membres qui font la sociologie, la réalité objective des faits sociaux constitue une réalisation continue des activités concertées des membres dans leur existence quotidienne, qui utilisent pour cela des procédures connues utilisées comme allant de soi.» (Quéré, 1986). Cependant cette «réserve» est en un sens déjà présente dans l'action sociale définie par Durkheim. Et pour Durkheim la relation est la substance du lien social, tel le suicide, qui fonctionne comme preuve sociologique que les hommes sont prêts à la mort s'ils ne peuvent continuer à vivre au milieu de tous. S'il est vrai, donc, que le suicide pour Durkheim est un fait social construit *a priori*, l'ethnométhodologie montrera plutôt que ce sont les organismes et les statistiques qui le construisent! La différence consiste donc entre une conception *a priori* ou au contraire constructiviste de l'action sociale.

Le parti pris de l'ethnométhodologie, selon laquelle toute interaction vise à la construction continue de la «solidarité des sociétaires» — quelque soit cette solidarité — est également une façon de renouer avec l'idée d'un ordre social, fédérateur *a priori*. Quant à la sociologie contemporaine de la reproduction, elle perpétue elle-aussi une approche du fait social héritée du structuralisme, en le concevant comme (ré)actualisation, récurrence de la réserve, et... de ses divisions structurales. Pour éviter, donc, le solipsisme qui semble perdurer dans l'horizon ethnométhodologique, il est nécessaire de dépasser l'idée que la société ne fait que s'auto-produire, d'une manière structurale interne à elle-même. Cette production est aussi médiatisée et donc extériorisée à travers des «choses». C'est pourquoi on substituera, en partant de la formule que «la société n'est pas qu'un jeu généralisé de langage», à l'idée d'une pratique d'accomplissement celle «d'accomplissement pratique». Cela signifie aussi que le sociétaire s'accomplit du mieux qu'il peut, grâce à l'artifice s'il le faut, dans le contexte social qu'il considère être le sien. En tant qu'objet, esthétique, le sociétaire se médiatise, se crée et s'offre à des types de négociation, autres que linguistiques ou purement de reproduction sociale. Il est désormais nécessaire de ne plus méconnaître des activités productrices, poétiques, matérielles, en tant qu'objets d'échange et d'appréciation, et qui sont tout aussi indispensable à la production de la société.

Les limites réelles, d'ailleurs, de l'ethnométhodologie par rapport à ces objets sont aussi significatives de l'importance implicite de la convivialité dans son modèle. Parallèlement, on peut concevoir que les «choses» durkheimiennes ne sont pas si simples que cela. Durkheim reconnaît que «la proposition d'après laquelle les faits sociaux doivent être traités comme des choses — proposition qui est ici à la base de notre méthode — est de celles qui ont provoqué le plus de contradictions». Il indique que son propos n'était pas de «ravaler les formes supérieures de l'être aux formes inférieures, mais au contraire de revendiquer pour les premiers un degré de réalité au moins égal à celui que tout le monde reconnaît aux secondes. Les faits sociaux sont des choses au même titre que les choses matérielles quoique d'une autre manière. Et il ajoute : « Traiter des faits d'un certain ordre comme des choses, ce n'est donc pas les classer dans telle catégorie du réel, c'est observer vis-à-vis d'eux une certaine attitude mentale.» Par ailleurs il s'étonne : «Alors que nous avions dit expressément et répété de toutes les manières que la vie sociale était toute entière faite de représentations on nous accuse d'éliminer l'élément mental de la sociologie[17].» Durkheim s'en prenait par cette réplique à la philosophie sociale, au mentalisme, au psychologisme, et en ce sens la position de Garfinkel est la même. Mais il convient de déplacer la question, non plus des faits sociaux comme des choses — propos qui paraîtra désormais trop figé, même au physicien — au profit des *faire sociaux* comme *choses sociales*, ou mieux encore des choses (sociales, produites, vues, lues, interprétées...) comme des *faits sociaux* : le paysage, l'architecture, les faits et gestes, conversations et même les consentements de la vie quotidienne, actions d'éclat ou travaux pratiques. La négociation aussi, qui est un moyen de faire aboutir des idées, de produire des événements politiques, culturels, matériels... Car ce que l'on est tenté de reprocher à Durkheim, comme à un certain structuralisme, comme à un certain marxisme, c'est paradoxalement leur platonicisme ! Un royaume préconçu de structures, d'idées, capable de venir se projeter sur les parois de n'importe quelle caverne comme un théâtre d'ombre où la représentation est réduite à la figure du double. En définitive, à côté d'une société conversationnelle et interactive qui se voue à la pratique plus ou moins chaleureuse de ses propres accomplissements, nous proposons un modèle d'analyse de la société comme s'accomplissant à travers l'œuvre de ses pratiques — une société qui s'accomplit, donc, dans sa capacité à sortir d'elle-même... Au lieu de récuser l'extériorité durkheimienne au profit de la raison intériorisée, on décrira les processus de production sociale comme des *sémioses de production*[18].

2.2. Quand faire c'est dire[19]...

Si l'ethnométhodologie amplifiait ses enjeux, alors perdrait-elle peut-être le caractère populiste qui lui a été reproché. Toute son épistémologie tient à une critique désormais habituelle à l'endroit de ceux qui ont tendance à analyser toute action sociale comme l'actualisation d'une société déjà donnée. Déjà organisée dans ses attributions de pouvoir, dans ses possessions territoriales et financières, dans ses divisions de rôles, dans ses compétences symboliques, cette société est matérialisation de l'idée « sociale », soumission à la Loi, empire de la Structure, car que l'on soit marxiste ou durkheimien, rien ne se produit vraiment puisque tout est pré-dit. Donner son importance à la situation, à l'indexicalité, permet au contraire d'envisager l'interprétation que les sociétaires ont de leurs propres actions, leur «*reflexivity*». Mais, aussi de comprendre comment ils se donnent les moyens de leur propre évaluation («l'*accountability*»). Ce type d'approche constitue un apport de premier ordre face à une sociologie hantée par le modèle des sciences dites dures.

« La signification sociale des objets provient de ce qu'on leur donne sens au cours de nos interactions. Et si certaines de ces significations sont stables dans le temps elles doivent être renégociées à chaque nouvelle interaction» (Coulon, 1987). N'est-ce pas d'ailleurs la seule chance de dépasser les déterminismes économiques et sociaux? «En parlant nous construisons (...) au fur et à mesure de nos énoncés, le sens, l'ordre, la rationalité de ce que nous sommes en train de faire à ce moment-là[20].» Ce nouvel ordre ne se constitue pas par transgression, ou renégociation d'un substrat ou d'une réserve. C'est avec la norme — que nul n'est censé ignorer — que les sociétaires manœuvrent. Pourquoi dès lors vouloir restreindre cette négociation à la vie quotidienne? Des actions plus étendues peuvent être analysées[21]. A l'inverse, on ne voit pas pourquoi, non plus, on dénierait à la conversation courante le droit à l'irrationnel, ou au manque de perspicacité. Là est l'écueil de l'ethnométhodologie qui tend le plus souvent à ignorer violences irraisonnées et jugements à l'emporte-pièce dans l'analyse des faits langagiers. Il est certain qu'une ambiguïté subsiste sur ce point, car on ne sait jamais bien ce que l'ethométhodologie récuse exactement entre la norme comme extériorité, et les présupposés de tout échange social, et, la façon dont un ordre est produit au moment et au sein de l'échange[22]. Il semble qu'entre ordre interne et ordre externe les choses soient finalement peu clarifiées[23]. Certains ont même pu voir dans ce réductionnisme volontaire une ouverture à la manipulation par les «sociétés technologiques».

2.3. L'enseignement... d'Agnès...

Agnès exhibe en permanence ce procès de la norme. Elle est en permanence la femme normale, elle est l'accomplissement pratique continu, renouvelé, jamais achevé, car elle ne possède pas une maîtrise «routinisée» de la féminité. L'«*accountability*» consiste ici dans cette exhibition de la féminité. Ce sont les catégories de la différence sexuelle qui sont reproduites, mais de façon consciente. Voilà qui devra donc obliger Garfinkel à faire sortir en quelque sorte la norme de la coulisse : «dispositions par lesquelles la société cache à ses membres ses activités d'organisation»... Car que nous apprend Agnès?

Essentiellement trois choses. Premièrement que le symbolique fait advenir le féminin comme le masculin. Que chacun œuvre donc en toute innocence à cette reproduction simple, à ce gigantesque enfermement culturel et social. «On ne naît pas femme, on le devient», disait Simone de Beauvoir. Deuxièmement, à ne pas entrer dans cette reproduction, on risque... la névrose, sans doute. C'est donc à ce risque que s'expose l'historicité de toute femme «engagée», qui encourt d'être «récusée» en tant que femme. Et, troisièmement que l'individu n'a que deux voies de sortie : soit se valoriser à travers l'hyper-conformité au modèle; soit le transgresser, même partiellement. Agnès n'est ainsi après tout qu'une formidable hyperconformiste.

Le corps, les gestes, les vêtements sont les (re)producteurs d'une institution normative, impérative. En l'occurence la «fabrique» — métaphore des pratiques d'accomplissement — est industrielle... Mais cela ne veut pas dire pour autant que l'on rejoint la sociologie répétitive de la reproduction, de l'inculcation, voire de l'habitus. Les activités sont d'autant moins induites par les positions sociales qu'elles sont souvent désirées, totalement acceptées, en toute liberté. De même que la nonconformité apparente peut accompagner une conformité plus profonde, et pourquoi pas un conformisme à toute épreuve! La conformité ou la déviance sont aussi affaire de désirs. L'oblativité, le conformisme, la marginalité, la délinquance, la confiance appartiennent à des dialectiques plus sophistiquées. Simmel est à cet égard nuancé en montrant comment, pour prendre un exemple en apparence seulement dérisoire, la parure — et pour suivre ici le cas d'Agnès — fonctionne en même temps à la similitude et à la différence.

La question reste posée de la différence entre règle et norme, ou, ordre et norme, ou encore norme sociale et norme humaine[24]. Mais en définitive ce qui sous-tend tout le champ de cette micro-sociologie a trait au fondement éthique de toute vie sociale : confiance et volonté de s'entendre, participation presque volontaire aux valeurs et institutions[25]. La notion d'un sens commun interne et toujours en acte, moléculaire, permet d'évacuer le poids des divisions, le caractère quelquefois tragique de l'imposition normative, au risque d'ailleurs de friser la naïveté.

Il nous reste à utiliser le cas d'Agnès pour aborder sa question à... notre façon. Le passage du sentiment de soi à l'apparence, de l'intérieur à l'extérieur, de l'identité à l'expressivité recouvre deux mouvements. L'un que la psychanalyse connaît bien, mais que la philosophie a toujours entrevu également, relatif à la dimension identitaire. L'autre à trait au processus spatial proprement dit, d'*être-au-monde*. La tâche d'Agnès consiste — comme l'hystérique, mais consciemment — à signi-fier son corps d'une autre manière que celle qui lui a été inculquée. Cette sémiotisation implique le corps dans l'apparence, mais aussi une manière de ressentir. On touche là à un point central pour les rapports entre espace et société. Avec cet exemple on voit — mais on le verra tout aussi bien avec l'habitat, la ville, l'identité territoriale — comment se nouent l'*objectalité*, c'est-à-dire le soi comme un objet spatieux, et la subjectivité, c'est-à-dire le soi comme sensibilité avec la règle ou la norme langagière (ou institutionnelle). Règle ou norme qui, à la fois engage chacun dans la collectivité, mais encore dégage chacun comme membre. L'objectalité, dans le cas d'Agnès est sexuelle, mais tout membre s'objectalise comme corps, parole, apparence, comme acteur, ou encore mieux comme auteur. La sensibilité est elle, la forme subjective de la spaciosité des êtres sociaux. Elle n'est pas seulement centrée sur la perception de soi par autrui, mais aussi sur la perception d'autrui par soi. Ce Soi comme surface est le moi-peau évoqué par Anzieu, mais aussi surface d'enregistrement analysée par Deleuze et Guattari. Ces langages de la perception sont au-delà d'un niveau disons physiologique, des institutions non écrites mais inscrites du Corps Social...

Ces langages de la spatialité ont leur spécificité; ils commandent la dimension spatieuse des faits sociaux. L'identité peut ainsi se définir en termes topiques comme une dialectique entre espace intérieur et regard extérieur. L'identité collective opère de même avec le corps-territoire, par exemple. Agnès sursignifie la féminité. Elle se sent obligée de la donner à voir parce qu'elle n'en connaît pas les routines, mais surtout, parce que la donner à voir est pour elle le seul moyen d'y accéder. A chaque fois, nous pouvons ainsi déceler à travers une volonté affirmée de reproduction, une renégociation de la règle et sa dérive, ainsi qu'une réflexion sur l'objet et sa signification sociale. C'est dire que l'on passe d'un langage su à un langage conçu, d'une sémiose apprise à une sémiose pensée. On assiste ainsi à la mise en place d'un langage sursignifiant, un «bricolage» qui exprime plus qu'il ne représente, qui présente — même si c'est dans l'objet de série — plus qu'il ne redouble.

3. LA PRAGMATIQUE ET SES ESPACES

Avec la pragmatique, nous retrouvons ce même objectif, qui s'attache à cerner un ordre, non pris au niveau de la structure et de l'invariance, mais de la variation, dans ce qui fait de la pratique action, réaction, création. Françoise Armangaud (1985) a rappelé les trois définitions de la pragmatique. Celle de Morris, la plus ancienne puisqu'elle date de 1938, fait de la pragmatique une partie de la linguistique, qui traite du rapport entre les signes et les usages des signes. Celle de Recanati, celle qui résume un courant français, et qui réitère avec l'emploi du concept «d'utilisation» l'idée d'un usage, mais envisagé du point de vue discursif. Enfin la conception de Jacques permet d'aborder la langue sous le triple point de vue «discursif, communicatif et social». Ces définitions se rejoignent puisqu'elles insistent toutes trois sur le procès inter-actif de l'usage. Cependant même si la dimension d'échange est sise sur le temps, et les procédures logiques, une place est faite à l'environnement spatial. On peut envisager trois degrés, qui ont été définis par Hansonn selon la nature du contexte. La pragmatique de premier degré étudie les symboles indexicaux. Leur sens varie en fonction du contexte de profération. Le contexte est essentiellement existentiel et référentiel, il intègre des coordonnées d'espace et de temps à l'acte d'interlocution. Au second niveau on s'intéresse au contexte en tant qu'informations et croyances partagées. Il s'agit de même vision du monde. Enfin, la pragmatique de troisième degré élargit le contexte dans son ensemble[26], et implique en fait la sociologie[27]. Les interlocuteurs participent à des règles stratégiques autant que la dimension temporelle de l'interaction (F. Jacques, 1979). La pragmatique a ainsi promu l'espace non seulement comme contexte à la façon ethnométhodologique, mais aussi comme véritable «efficace» au sein du fonctionnement langagier. Il est à proprement parler un «circonstanciel de lieu», non pas un état, mais un dispositif relatif à un site de profération. L'acte permet de montrer que la langue n'est pas seulement faite pour représenter le monde. Le contexte place la langue dans un ensemble social complexe et lui fait perdre son autonomie et son homogénéité. La performance draine l'idée d'accomplissement en contexte.

3.1. Approche spinoziste et anthropologie culturelle

Goffman prend soin de signaler que sur la scène publique l'acteur ne joue que sa propre personne, cependant cela ne peut suffire à déjouer l'épistémé de la représentation qui sous-tend l'idée même de «mise en scène». Il s'agit donc, de notre point de vue, d'élargir le domaine de la «compétence communicative», et d'intégrer le *situs* comme partie prenante de l'allocution[28] d'une part, d'autre part de prendre la mesure de sa puissance performative. Cette puissance est non seulement perceptive, esthétique, mais c'est aussi la capacité de conjoindre et disjoindre, de jouer des latéralités comme des frontalités. C'est un sens spatial qui n'a nul besoin de s'éprouver dans la représentation de l'Autre, pour exister.

L'espace est dans cette orientation un sens générique. Il englobe les choses, les éléments composant ces choses et les relations entre ces éléments. Les sujets, en tant que corps en interaction, et les corps comme parties se nouant dans le geste, délimitent ainsi un espace dynamique. Les corps sont non seulement pris dans l'échange social mais sont producteurs et manipulateurs d'outils, d'images, de spectacles, de tableaux, de lieux, de monuments, de paysages, saisis dans l'activité en apparence plus passive de la sensibilité perceptive[29]. Le logos sur la société («socio-logie») élargit son champ et s'étend à la façon dont les hommes organisent, produisent et perçoivent le monde et son environnement, construisent leurs identités territoriales, corporelles, ou plus strictement imaginaires.

Chez Goffman, l'espace fonctionne comme dispositif d'analyse de type scientifique, métaphorique et matérialiste. Scientifique, puisque ce sont des sujets sociaux objectivés qui s'offrent au regard du chercheur; métaphorique, dans la mesure où le vocabulaire scientifique spatialise l'approche et, terrain matériel enfin, puisque le procès sémiotique ne se soutient que de la substance phonique, graphique, picturale, architecturale, gestuelle, qu'il organise à des niveaux de pertinence. On sera peut-être tenté, à nous lire ici, de nous appliquer un point de vue spinoziste. Mais ce serait par là un vaste courant contemporain que nous rejoindrions. «Tout ce qui peut être perçu par un entendement infini comme constituant une essence de substance, appartient à une substance unique, et en conséquence que substance présente et substance étendue, c'est une seule et même substance comprise tantôt sous un attribut, tantôt sous l'autre. De même aussi un mode de l'étendue et l'idée de ce mode, c'est une seule et même chose, mais exprimée en deux manières : c'est ce que quelques hébreux semblent avoir vu comme à travers un nuage[30].» Et, plus loin : «Par exemple un cercle existant dans la nature et l'idée du cercle existant, laquelle est aussi en Dieu, c'est une seule et même chose, qui s'explique par le moyen d'attributs différents.» (idem). Sans doute la présence de Dieu dans l'affaire peut-elle poser quelques questions. Mais le processus inductif, ainsi que d'autres procédures intertextuelles ne peut-il, avec les précautions d'usage, être laïquement et prosaïquement mis à sa place ?

Citons encore Spinoza : «On ne peut percevoir l'être formel de l'idée du cercle que par le moyen d'un autre mode de penser qui en est comme la cause prochaine, qu'on ne peut percevoir à son tour que par le moyen d'un autre encore et aussi à l'infini; de sorte que, aussi longtemps que les choses sont considérées comme des modes de penser nous devons expliquer l'ordre de la nature entière, c'est-à-dire la connexion des causes (...) en tant qu'elles sont considérées comme des modes de l'Etendue.» Ce panthéisme reste, il est vrai, une idéo-logie et certains sont tentés d'y opposer à la manière de Wittgenstein, la logique plus matérialiste de l'usage. Mais l'usage n'est-il pas lui-même une forme matérielle (usagère) de la production symbolique ? Si l'on reprend l'idée — désormais admise depuis les travaux de l'anthropologie culturelle — selon laquelle pensée sociale, procès sémiotique, sont consubstanciels, alors peut-être est-il possible, non pas de récuser le signifié, mais de dépasser, encore une fois la vieille opposition de la matière et de l'idée. Le sens, puisqu'il se met en place par le biais de l'écart différentiel, permet d'appréhender cette question. Non tant que les deux plans (du signifiant et du signifié) se conjoindraient par la seule grâce de l'arbitraire du signe, mais parce que c'est bien une des opérations les plus tenaces des langages que de faire sens. Acte de langage donc s'il en est, celui qui fait signification mais ausssi sensibilité et orientation spatiale.

Cette sémiotisation extensive, abordée par Deleuze[31] (1968) assigne une secondarité permanente par rapport au temps. Il ne lui concède qu'un seul dispositif (scénique) et l'autorise à une efficace propre.

3.2. Le petit théâtre de Goffman

L'œuvre de Goffman représente une véritable prise en charge du caractère visuel de «l'en présence». C'est dans *Façons de parler* (1987,

139) que la chose est la plus nette, bien évidemment parce qu'elle lui permet de se démarquer de la stricte approche conversationnelle. La vision est cruciale, tant pour le locuteur que pour l'auditeur, lesquels s'ils veulent conduire efficacement leur conversation ont tout intérêt à pouvoir se regarder l'un l'autre.

Ainsi, il réinterprète «l'ouverture» et «la fermeture» analysée par les linguistes : «l'ouverture a pour marque typique que les participants se détournent de leurs diverses orientations antérieures, se rassemblent et s'adressent matériellement l'un à l'autre (ou les uns aux autres), la clôture les voit s'éloigner réellement, d'une façon ou d'une autre, de la co-présence qui les réunissait» (Goffman, 1987, 140). L'idée qu'une interlocution consiste en une orchestration interactive lui permet de montrer comment le fait de ne pas toujours occuper (le devant de) la scène n'empêche pas, pour autant, de rester en état de parole. De même il distingue le fait d'écouter le locuteur, et, le lieu social au sein duquel cette activité se déroule. L'espace social est abstrait mais il gère et agit l'espace réel de l'interaction. «Les tiers sont les personnes non ratifiées mais à portée visuelle et auditive des locuteurs, qui malgré peut-être une inattention polie ne pourront pas échapper à quelques éléments d'information.» Cette intervention du tiers lui permet de passer facilement de la rencontre comme point de référence à quelque chose d'un peu plus large, «la situation sociale», véritable «terrain» où les personnes peuvent se voir et s'entendre mutuellement. Autrement dit la situation sociale est un site spatial. Ce dernier décline la place de chacun selon son «statut participationnel».

«Le monologue d'estrade» offre une palette particulièrement nourrie des diverses modalités spatiales de l'audition. C'est «parce que, peut-être leurs membres sont plus éloignés spatialement du locuteur (...) qu'ils ont le droit de scruter celui-ci directement, avec franchise». Goffman complexifie même le tableau : il met un podium sur la scène. Mais c'est encore une fois pour parler de l'audition d'une part, des orateurs et des acteurs de l'autre, et pour les différencier tous deux des «*con-coversants*» critiqués plus haut. L'auditoire, conclut-il, ne se définit pas uniquement par rapport aux événements de paroles[32], mais aussi par rapport aux «événements scéniques», car il faut prendre en compte la totalité de la situation sociale comme environnement.

Pour alimenter notre point de vue on citera sa critique du terme de «locuteur». «On n'a pas tant affaire à un corps ou un esprit qu'à une personne agissant sous une certaine identité, dans un certain rôle social en qualité de membre d'un groupe, d'une fonction, d'une catégorie, d'une relation, d'une association, bref d'une source socialement établie d'auto-identification (...) Le changement de casquette (allusion au changement de code) fait aussi partie de la capacité à jouer sa place dans une situation donnée.»

L'espace fournit donc comme on le voit l'ingrédient nécessaire au passage de la linguistique à la sociologie[33]. Pour une fois l'espace, que la sociologie a tendance à considérer comme un produit-reflet de la société est ici aux premières loges. Mais on regrettera que Goffman ne lui décide qu'une seule forme : la facialité[34]. Cette facialité est de type centré. L'exemple de la conférence démontre bien le mécanisme. La conférence consiste en effet en une célébration du conférencier mais aussi de l'organisme qui l'aura fait venir, et c'est l'enjeu-même du face-à-face. La singularité audible et visible participent d'une volonté sociale particulière qu'aucune variable abstraite, aucune institution ne peut rendre : celle d'une incarnation de groupe. Il ne s'agit pas, en effet, d'y faire connaître un texte. «L'auditoire vient assister — en partie à cause de quelque chose qui s'infuse dans la parole.» Accès au conférencier, contextualisation, matérialité corporelle, mais aussi présence sur les lieux... Cette présence renforce le caractère affectif du lien : «surcroît d'accès à sa personne et son dévouement à l'événement présent». En retour de sa présence — «l'énonciateur est son propre intermédiaire» — le conférencier obtiendra la justification de ses prétentions à la notoriété. En échange donc de cette chorégraphie comique, de cette comédie de la disponiblité, de cette illusion d'accès personnel, en échange de tout cela, il est la voix de l'auditoire et il en reçoit honneur, attention, applaudissements et rénumération.

3.3. La représentation et ses doubles[35]

Cette analyse est prototypique. On y décrit une société à travers les rites de la représentation. On affirme que la société par ce geste même se rend à elle-même visible et compréhensible, c'est-à-dire réflexive et donc représentable. Enfin on s'y donne les moyens de décrire la société de la façon la plus dense possible. les micro-événements techniques[36] sont les représentants de la société en son entier : ils sont comme des petits parlements ! Cette triple définition de la représentation, théâtrale, réflexive et politique, envahit la place, sous couvert de sociologie par le biais de l'espace. Il est cependant facile de montrer qu'en réalité l'espace n'y est jamais analysé que comme dépendance. Il n'est jamais au-devant de la scène, mais décor, balayage du regard, gestes, accessoires. Il est vrai que cela pourrait sembler d'autant mieux justifié qu'il s'agit de «façons de parler». Mais dans *La mise en scène de la vie quotidienne*, le rituel public est appréhendé de la même manière. Avec en outre, fait peut-être encore plus problématique, les concepts animaliers de l'ethologie.

Avant de poursuivre, il faut affirmer notre dette cependant à Goffman, comme à toute l'Ecole de Chicago, qui nous a permis de sortir d'une conception macro-sociale de la société, et d'un économicisme instanciel[37]. Faire la critique de la représentation c'est aussi renouer avec une position sémiotique, et plus précisément sémio-génétique. Mais cette «critique» ne vise en réalité qu'à dépasser une métaphore trop théâtrale, peut-être pratique mais devenue envahissante, et qui a desservi la visée épistémologique de la micro-sociologie. Il s'agit d'étendre donc la critique de la représentation à l'espace. Non que l'espace social soit indemne de toute théâtralité, bien sûr. Mais c'est le théâtre lui-même qu'il faut redéfinir : passer d'un théâtre hanté par la norme à celui désigné par Artaud, comme *Le théâtre de la cruauté*. Goffman n'est d'ailleurs comme on le verra, pas si éloigné que cela de cette notion, quoique de façon plus subjectivante.

Dans *La mise en scène*[38], Goffman précise qu'il travaille sur des règles rituelles, et non des règles linguistiques. La différence, dit-il, c'est que, non respectées, les premières défont l'ordre social, tandis que les secondes défont la langue. La langue ne serait donc plus une institution sociale? Elle resterait à la fois son point focal (ce qui est clair dans *Façons de Parler*), et son extériorité. La clarification faite par Goffman vient sans doute de Saussure, lorsqu'il distingue institution et loi. «La langue étant une institution sociale, on peut penser qu'*a priori* elle est réglée par des principes analogues à ceux des collectivités. Or, toute loi sociale a deux caractères fondamentaux : elle est impérative et elle est générale.» Or, démontre-t-il «la loi synchronique est générale mais non impérative». Si l'on parle de loi en synchronie c'est d'abord dans le sens d'arrangement, de principe de régularité. Et il poursuit «la diachronie suppose au contraire un facteur dynamique (...) les événements diachroniques ont un caractère accidentel et particulier». Langues et sociétés sont deux domaines distincts pour Goffman, qui reste là traditionnel. Cependant il affirme dans l'introduction de *La mise en scène* que si l'ordre est central, ce n'est pas tant qu'il soit contraignant de manière externe, mais à l'inverse interne. L'ordre a à être produit. Trois métaphores spatiales lui permettent de décrire cette vie quotidienne : celle de la circulation (les passants comme unité véhiculaire), celle du droit (les territoires du moi), celle enfin de l'éthologie avec les échanges rituels. Il reconnaît le rôle des signes vestimentaires, verbaux et corporels. Mais ne serait-ce qu'au niveau du vocabulaire général, ce qui en donne aussi la clé, c'est malheureusement pour la civilité, le comportement animal. La notion de public en tant que commun, renvoie a l'«*Umwelt*» tandis que la rencontre et l'échange concerne plus des individus dont l'unique objet est la coexistence. La politesse en ville est extrême parce que l'on est toujours au bord d'une agressivité folle... Le rituel selon Raddcliffe-Browin et Durkheim repris ici est un acte formel par lequel un individu marque son respect de manière absolue. Ainsi les termes de «réserve», de «place», de «marqueurs» sont associés à des micro-règles générales et impératives qui sont les échanges tandis que la marche nous transforme en automobile.

Ce syncrétisme du vocabulaire montre assez l'indépendance de la microsociologie et de ses espaces d'interaction vis-à-vis des langues. Là tout se passe comme si les signes étaient au service au contraire d'une préoccupation centrale de la vie en public : la mise en scène de l'échange. Ce n'est plus tant l'espace cette fois qui en est l'objet mais la représentation du sujet. Cette mise en scène est bien distincte du théâtre *stricto sensu*. Le personnage incarné c'est soi-même, et Goffman reconnaît que, dans ce genre, nous sommes souvent de piètres acteurs. Ainsi «l'acteur qui assume un rôle trop éloigné des personnages réels qu'il pourrait être n'échappera pas longtemps à la détection» (1973, 154). Il précise en note : «en opposant le comportement naturel au jeu ou au semblant de ce modèle, je n'entends pas en revenir à la distinction commune entre l'authentique et le faux. Un individu peut tenir un rôle avec une spontanéité, une absence de sournoiserie et de gêne et une franchise authentique». Théâtre sans théâtralité, ou pour reprendre le terme de R. Sennet dans *The Fall of public man*, «théâtre sans Art». Théâtre qui n'a d'autre ambition que de permettre une confiance mutuelle, indispensable à l'ordre public. Mais, en même temps, quelle intensité dans cette réserve ! Cart être son propre acteur c'est aussi être son propre metteur en scène. Mais cette pratique peut être d'autant plus pénible que ce personnage doit de manière interne à toute heure se construire au gré des situations.

La représentation permet de faire une opération très payante pour la sociologie. La société est ce quelque chose de plus que les individus qui la composent, puisqu'ils sont gérés par les exigences d'une théâtralité plus ou moins débonnaire. N'est-ce pas une remarquable façon de matérialiser la solidarité durkheimienne ? Cependant ce biais ne comporte qu'un seul dispositif : le face à face. Position obligée du théâtre classique : la scène à l'italienne. Si l'on songe à ces rituels, tous plus ou moins réduits à la stricte réparation («pardon», «excusez-moi»), il semble que ce théâtre soit souvent laïcisé à l'extrême : sans transcendance, uniquement voué à la répétition, ou à la glorification comique. Formalisme qui semble engendré par la crainte ou un engouement suspects. C'est la société, en son entier, qui en définitive est vouée à sa propre représentation. Cette auto-référence qui se clôt sur elle-même ne se réduit-elle pas à un immense solipsisme?

Elle correspond en réalité à plusieurs processus. D'une part à la mise en scène du sujet : «*Darstellung*» au sens d'exposition, «*Vorführung*» c'est-à-dire micro-théâtral, «*Aufürhung*» comme dans la conférence... Aussi dans la mesure où cette mise en scène montre en miniature la société globale, on peut la saisir comme «*Vertretung*». Cependant jamais chez Goffman cette mise en scène n'accède à la notion de langue, et jamais la représentation n'y est conçue comme acte jubilatoire de création du sens.

4. VILLES NOUVELLES, NOUVELLES CIVILITÉS

La politique des Villes Nouvelles, qui prend place officiellement en 1965 pour la Région Parisienne se donne pour objectif une structuration polaire afin d'éviter une croissance en couches concentriques, autour de Paris. Les centres villes sont censés donc revivifier les villes et permettre d'échapper à une urbanisation amorphe. L'effort architectural a été intense, mais suffit-il de restituer la place, la rue... la fréquentation d'autres, pour que soit assurée une participation à la scène publique, au sens même minimaliste de Goffman?

4.1. Comportements collectifs et politique de spatialité

Dans *Civilité tiède* nous proposons trois extensions urbaines à la pragmatique goffmanienne. :
– passer de l'espace public au lieu,
– passer de l'individu au groupe,
– passer de l'identité individuelle à l'identité sociale.

Le schéma interactionniste nous a fourni les éléments d'un vocabulaire apte à décrire des comportements typiques de l'espace public : rencontre et socialité entre passants. Mais il nous a fallu complexifier la définition des formes spatiales; et nous donner les moyens de cerner des comportements collectifs plus ou moins organisés; enfin, en mesurer les enjeux identitaires. Bref passer d'un minimum éthique à une prise en charge plus civile et globale de la ville.

La politique des villes nouvelles peut se définir à travers un double objectif. Elle a voulu recréer la ville et lui redonner sens. D'où son organisation nucléaire ce qui a été nommé *Agora* en référence à la tradition méditerranéenne et athénienne. Cette politique a voulu aussi intégrer les éléments de la modernité fonctionnelle tout en évitant une division trop marquée en zones. Enfin, mais partiellement, cette politique a participé à l'idéal de la transparence qui veut que l'activité se traduise directement dans les formes par fonctionnalisation. Cette politique avait pour objectif de concrétiser une accessibilité généralisée et une identification facile des lieux. Mais, au contraire comme un effet pervers face à la bonne volonté urbanistique, les lieux centraux sont le plus souvent vides, alors qu'une animation quasi exclusive envahissait les centres commerciaux. Tandis que l'Agora devenait l'objet d'une appropriation abusive de bandes désœuvrées et de dealers, les espaces de la marchandise s'adonnent à ce minimum passager de la vie sociale en lieu public. Insécurité, illisibilité et dérive sur les lieux de l'achalandage, étalage publicitaire communicatif et ciblé constituent presque l'unique substrat de la socialité. Le citoyen s'est fait consommateur. Le citadin s'est fait coursier. Seuls les adolescents viennent conforter leurs identités mineures aux dispositifs surchargés de la modernité.

Pour reprendre quelques concepts de Goffman, le cadre est trop anomyme d'une part, trop orienté de l'autre. Difficile de changer de code dans ces conditions. On ne peut qu'aboutir à une ségrégation non seulement des groupes sociaux, mais des types d'activité en public. Le cadre participationnel, autrement dit, souffre de trop de lisibilité, au contraire des situation interactives décrites par Goffman, où il n'y a pas d'ambiguïté — le podium comme scène, par exemple, ou, la rue comme espace de passage. Spectacle ou situation d'indifférenciation décrites par Goffman sont justement les deux extrêmes que les urbanistes voulaient éviter : ni surexposition spectaculaire, ni indifférence polie !

Trois exemples, que nous devons à une longue patience, vont nous permettre de démontrer que si il y a bien attestation d'un cadre public, on ne peut en aucune manière en inférer une prégnance, une efficacité en tant que lieu.

Une terrasse de café, tout d'abord. Les deux moments repérés d'animation sont les repas de midi, où les tablées sont affairées d'elles-mêmes entre collègues sortis des bureaux, et la fin d'après-midi où l'on se précipite vers la station RER. Un observateur, installé au café roule son journal et grâce à cette lunette improvisée observe des jeunes femmes. Elles sont des unités véhiculaires, et détectées par le simulacre de papier changent d'un coup de maintien. Puis dans une complicité réciproque et latérale elles s'installent pour un temps (de l'éros) dans ce nouveau cadre dessiné par le champ de vision.

Seconde scène : un groupe d'adolescent. Une esquisse de «break dance» dessine un coup encore, un public, un acteur et ses pairs. Une situation — c'est-à-dire à la fois un moment et un site — est ainsi figurée qui socialise l'espace placide de la déambulation commerciale. Un groupe, par l'intermédiaire d'un de ses membres affiche sa capacité à s'afficher dans un espace public. Il s'agit d'une sorte de défi lancé à la population adulte des acheteurs par un groupe de jeunes dont le «look rocky» vient confirmer l'affirmation d'identité. Si Bordreuil a nommé tension expositionnelle ce type plus investi de face à face. Elle montre que la fréquentation d'un lieu témoigne d'un engagement de soi. Son ordre relève plus du rite initiatique et de ses enjeux d'intégration que de l'échange rituel à la Goffman.

Le troisième exemple donne à voir par les faits une critique de la transparence usagère des nouveaux centres. Il fonctionne comme une sorte de tests ou d'expérimentation. Alors que les deux premiers exemples décrivent des interaction entre inconnus, le troisième fournit l'occasion de décrire à l'inverse une reconnaissance, mais en situation subie. La familiarité des lieux est d'habitude la vocation des quartiers. Celle-ci autorise et même scrute les allées et venues entre vie publique et privée. L'avantage en est l'adhésion, l'ancrage, la racine. Dans le cas des grandes surfaces, c'est aux marchandises, à leurs emballages et à leurs appels du pied qu'on adhère... Conversations simulées dans un espace fluide, facilitant le caddie roulant, mais dans une atmosphère d'aquarium[39]. Si elles ressemblent tant à un écran imaginaire, quoique banal, c'est qu'elles convoquent en permanence un autre lieu, celui du foyer, une autre vie, celle que Marguerite Duras nomme «la vie matérielle», encore qu'elle ne croit pas qu'une quelconque urbanisation puisse la remplir... «Les voisins de palier rangés verticalement dans les immeubles, on se demande comment cela est possible»... dit-elle.

L'accumulation des marchandises pour l'approvisionnement fait d'ailleurs que ce cadre commercial n'induit qu'une seule activité possible. Du coup la rencontre dans une surface de ce type (hyper...) est embarrassante. Un professeur d'université peut ainsi être pris en flagrant délit d'achat «dans un supermarché» par un de «ses» étudiants. La personne publique est dès lors assignée à son intimité, et vice-versa. Dévoilement et inconvenance sont vite réparés par un geste qui avoue le caractère trivial, mais obligé de ce genre d'activité. Mais ce que cet exemple donne à voir, c'est le caractère désocialisant, parce que sans ambiguïté possible, sans ignorance, de la division fonctionnelle et de la stricte division usagère des nouveaux espaces. Ce cadre a un rôle assignataire, alors que chez Goffman le cadre est le plus souvent adhérant, et pourvoyeur du sens de l'interaction.

4.2. Paroles d'architecture

Dans les trois scènes quotidiennes de Villes Nouvelles, le cadre interactionnel est provoqué. Soit qu'il soit construit sur le moment avec le journal ou la danse. Soit qu'il soit déplacé comme dans le cas du professeur et de l'élève. Par ailleurs toutes ces scènes se réalisent dans des endroits vagues (lieux de passage) ou trop marqués (lieu de consommation exclusivement). Pas d'ambivalence, pas de signification singulière du lieu.

Mais on peut comprendre, qu'à l'inverse, l'architecte Gaudin soit tenté par la métaphore implicite de la langue. «Chaque maison à Belleville ou ailleurs, à Paris ou en Province, est une réponse à celle qui lui fait face. Elle joue d'elle. Sa forme en est affectée. Ce n'est pas une forme pure, mais c'est une forme qui répond à d'autres formes», ou, encore «Notre-Dame ou les Invalides n'existent que dans leur rapport avec les espaces de la ville» (*Le monde*, 22 mars 89). Cependant il prend aussi soin de faire la différence entre ce type d'architecture et le post-modernisme : «l'architecture n'est pas là pour parler, elle est là pour ouvrir à la parole (...) C'est spécifique de l'architecture occidentale. Mais celle-ci n'a pas toujours manqué ainsi à l'hospitalité». Serait-ce donc une architecture désinvolte qui jouerait le jeu du clin d'œil, jeu analogue à celui que tient la marchandise?

Mais l'architecture tente aussi autre chose : une esthétique expressive, où la forme s'organise en une véritable rhétorique matérialisée. Ecoutons Bofill : «Partir aussi de ce que j'appelle la récupération de l'histoire, c'est-à-dire la distanciation vis-à-vis de notre époque, prendre conscience de la crise de l'architecture moderne[40].»

On pourrait appliquer enfin la métaphore saussurienne du jeu d'échec à la relation entre espace et société. L'espace, trame architecturale et urbaine, est aussi geste qui entoure l'interlocution et position concrète. Des déplacements sont autorisés ou interdits selon le rang et les places... sociales. Les règles du jeu sont des règles pragmatiques, liées à des position données ou acquises. Avec cette figure, cependant l'espace ne reste qu'une trame relative à la puissance d'action des pièces, mesurées en termes de déplacements et d'éviction. Le lieu n'est alors que dispositif de l'interaction. Il est relatif aux regards, tels ces trous verticaux des galeries marchandes, ces lieux de passages, ou encore ces seuils, qui marquent la division entre public et privé. Cassirer confirme ceci : «la critique générale de la connaissance nous enseigne que l'art de poser et de séparer dans l'espace est la condition *sine qua non* de l'acte d'objectivation». On comprend pourquoi les portes s'ouvrent toutes seules dans les hypermarchés et les aéroports...

Ainsi, si l'on veut se doter des moyens de saisie de l'espace selon un procès de signifiance propre, il est nécessaire d'étendre le concept de langage aux dispositifs spécifiques de *la localité*. Spinoza, on l'a vu plus haut, mais aussi Leibniz notamment avec l'analyse du «situs» peuvent aider à penser ceci. Dans les *Nouveaux essais sur l'entendement humain*, Leibniz répond à Locke sous forme d'un dialogue. Philalète (Locke) définit le lieu en utilisant justement la métaphore de l'échiquier. Mais cette fois l'échiquier monte en bateau... Les pièces, selon Philalète, ne changent pas de position avec le déplacement. Théophile (Leibniz) propose de différencier l'espace «que nous dépouillons de toute action» du «lieu qui contient quelque chose de plus». Ce n'est pas une substance, mais «un ordre non seulement entre les existants, mais encore entre les possibles comme s'ils existaient» qui devient l'objet d'une recherche.

NOTES

[1] Viollet-Le-Duc, *in L'architecture raisonnée*, Paris, Hermann, 1978, cité et commenté dans *L'imaginaire bâtisseur*, S. Ostrowetsky, Méridiens-Klincksieck, 1983.
[2] Ce qui signifie que l'activité signifiante n'est pas indifférente au substrat (phonique... mais aussi physique et spatial, qui la fabrique. On ne peut que regretter que toute une partie de la sémiotique, notamment Hjelmslev et Greimas, affirme l'indifférence de la matérialité au moyen expressif.
[3] Et cela depuis une vingtaine d'années, au sein d'une équipe créée en 1971 : Equipe de Recherches et D'Études en Sciences Sociales (EDRESS).
[4] «Com-positions», *Espaces et Sociétés*, n°ˢ 48-49.
[5] Selon l'acception de ce terme dans *Les terres et les mots*, M. Marié, Klincksieck, 1989.
[6] Sans doute ce propos rejoint-il la définition kantienne de l'esthétique, mais en élargissant les territoires concrets et surtout en tentant plus modestement d'en décrire les procédures.
[7] *Thèse sur Feuerbach*, K. Marx, cité par P. Bourdieu en exergue de *Esquisse d'une théorie de la pratique*.
[8] Du point de vue de l'histoire des disciplines, le terme de socio-sémiotique a été défini pour la première fois au Congrès de l'AIS (Ostrowetsky), en 1974; celui de sémio-genèse avait été suggéré par C. Tardy à Urbino en 1973.
[9] Sans phrase, sans verbe, et où le temps est traduit dans la scène du rêve, comme l'indique toujours Freud, grâce à l'éloignement.
[10] Le terme français de «représentation» peut en recouvrir sept en allemand : *Vorstellung, Vertretung, Darstellung, Vorführung, Schilderung*, et enfin *Repräsentation*. (Cf. S. Ostro-

wetsky, Colloque Représentations sociales et idéologies, Université de Paris X, Nanterre, Laboratoire de Psychologie, 21-23 octobre 1987).

[11] «A la suite de L. Hjelmslev on désigne par plan de l'expression le signifiant saussurien pris dans la totalité de ses articulations.» *Dictionnaire raisonné*, A. Greimas, Courtès, Hachette.

[12] Exemple repris par Searle.

[13] On peut envisager de lier esthétique et image de soi dans ces procédures. Les parents peuvent, plus ou moins, accepter leur enfant, par exemple, au regard de critères culturels dominants; Cf. «De l'utilité du beau et du laid», communication au Colloque d'Urbino, 18-21 juillet 1988.

[14] Ceci est une façon plus «philosophique» de définir le procès inductif de l'indication, tel que le décrit Prieto.

[15] Notamment de la sociologie de Durkheim.

[16] Les «co-conversants» sont ici comme pour Goffman et une grande partie de la littérature anglo-saxonne des sujets, dont l'objectif, sinon la réalisation, est la plénitude. Ceci n'est pas sans poser question aux sociologues qui n'ont pas renoncé au monde amer, mais quotidiennement confirmé, des rapports de force et des mises au pas...

[17] On pourrait d'ailleurs faire un reproche similaire à Lacan quand il affirme que l'inconscient est structuré comme un langage, ou à Lévi-Strauss lorsqu'il renverse la proposition : c'est le langage qui est structuré comme l'inconscient.

[18] Ces faire cristallisés qu'Halbwachs décrit comme des «sociétés silencieuses», *in* la *Mémoire collective*, PUF, 1968.

[19] Renversement de la fameuse formule d'Austin : «Quand dire c'est faire»; voir à ce propos notre article dans *Langage et Société*, n° 28, Fasc. I, 1984.

[20] Le procès de labellisation est subi d'un côté, s'il est produit de l'autre; Cf. Howard Becker, *Studies in the sociology of deviance*, New York, The Free Press, 1963.

[21] Pierre Lantz fournit de beaux exemples avec la vente des montres Lipp et la séquestration, *in* «Toute vérité n'est pas bonne à dire» *in Décrire un impératif*; la séquestration est envisagée à l'instar de «l'acte de langage» comme un «acte symbolique».

[22] Sur la métaphore de la clé, Dulong reste incertain : «ne pas fournir les clefs», «examiner comment les clefs sont produites» laisse entendre qu'elles sont à la fois dedans et dehors, voire qu'elles ne sont pas identiques, *in* «La norme comme outil de description», *in Décrire un impératif*, Tome 2.

[23] «La conception dialectique de la réalité, plutôt que d'être rejetée d'emblée à l'extérieur du champ de l'objectivation scientifique comme le faisait le positivisme classique, se trouve plutôt dissoute de l'intérieur par le biais de la méthodologie de la recherche», M. Freitag, *in* «La quadrature du cercle» *in Décrire un impératif*, Tome 1.

[24] Questions que l'on posera à partir de la lecture des ouvrages de E. Goffman.

[25] Institution est entendu ici du point de vue juridique, au sens de Durkheim.

[26] Comme s'il s'épanouissait *a contrario* de l'immédiateté du fait de langue.

[27] La sociologie a établi un dialogue important avec ce champ de recherche; Cf. P. Bourdieu, *Ce que parler veut dire*, *Choses dites* et Ostrowetsky (1978, 1984).

[28] Pour le dire en d'autres termes montrer qu'il participe des «règles stratégiques» autant que la dimension temporelle (Jacques, 1979, 291).

[29] Ce dernier point impliquant une définition topique de la psyché, que nous n'abordons pas ici.

[30] De la nature et de l'origine de l'âme, *Ethique*, p. 76.

[31] Goffman ajoute que pour les conversations téléphoniques il est nécessaire de faire jouer des substituts.

[32] Les *speech events* de Hymes.

[33] Les concepts d'enchâssement, de ritualisation, l'effet de stratification, fournissent les moyens précis de cette sociologisation.
[34] D'ailleurs *Mise en scène de la vie quotidienne* a pour sous-titre : Formes et circonstances de l'interaction face à face.
[35] En référence et déférence envers A. Artaud *Le théâtre et son double* (1938), qui exprime, avec une certaine provocation, les complicités malheureuses entre théâtre, concept et société. On ne peut cependant manquer de s'étonner que mise à la porte de la philosophie et du théatre, la représentation reprenne si facilement du service dans le domaine des sciences humaines et sociales; Cf. «La représentation et ses doubles», S. Ostrowetsky, communication au colloque international sur la représentation, Lyon, 1982, CNRS, Lyon, publié dans *Communication Information*, vol VI, 1984.
[36] Cf. à la description du «code switchnig» (Bloom, Gumperz), entre le président Nixon et Helen Thomas : «Helen, vous portez encore des pantalons?»...
[37] La question urbaine de M. Castells est à cet égard — sans compter les emprunts abusifs et les inversions de signatures — un morceau d'anthologie...
[38] Voir notre développement à ce propos sur les valeurs urbaines dans les nouveaux Centres Villes, EDRESS, S. Ostrowetsky, S. Bordreuil, *Structures de communication et espace urbain, la centralité*, Copedith, 1975.
[39] «Les objets regardent la jeune fille par ses yeux et ce sont eux les hommes tandis que la jeune fille est une chose»; et encore «Elle était dans une espèce d'aquarium probablement, loin sous la terre, une caverne d'eau sombre peuplée d'animaux phosphorescents (...) Tranquillité est à un bout d'Hyperpolis, et son amie à l'autre bout, et c'est comme si elles étaient côte à côte. Les corps humains flottent dans le vide, particule sans frein. Les corps suivent la route du regard. Ils dérivent dans les courants de pensée». *Les Géants*, Le Clézio, Gallimard, 1973.
[40] Ricardo Bofill *in l'Architecture d'un Homme*, Arthaud, 1978. On pense ici au «Théâtre» à Marne-la-Vallée, reconstituion antique et classique...

Bibliographie

ACHARD P. (1984), «Mémoire et production discursive du sens», in *Histoire et linguistique* (Achard P., Gruenais M.-P., Jaulin D.), Actes de la table ronde «Langage et société», Ecole Normale Supérieure d'Ulm, 28-30 avril 1983, Paris, Editions de la Maison des Sciences de l'Homme.
ALBERA F. (1980), «Introduction», in *Cinématisme : peinture et cinéma* (Eisenstein S.-M.), textes inédits traduits du russe par Zouboff, Bruxelles, Editions Complexe.
ANGENOT M. (1984), «Le discours social : problématique d'ensemble», in *Le discours social et ses usages, Cahiers de Recherche Sociologique*, 1, vol. 2, Québec.
ANSCOMBE G.E.M. (1957), *Intention*, Oxford, P. Winch.
ARC (1984), Actes du colloque de l'association pour la recherche cognitive sur les modes de raisonnement, Paris, Université d'Orsay.
AUMONT J., LEUTRAT J.-L. (éds) (1980), *Théorie du film : Etudes*, Actes du colloque de Lyon, nov. 1979, Paris, Editions Albatros.
AUROUX S. (éd.) (1991), *Histoire des idées linguistiques*, t. 1, *La naissance des métalangages en Occident*, Liège-Bruxelles, Mardaga.
AUSTIN J.L. (1962), *How to do things with words*, Londres, Oxford University Press.
AUTHIER-REVUZ J. (1984), «Hétérogénéité(s) énonciative(s)», in *Langages* 73.
BACH K., HARNISH R.M. (1979), *Linguistic communication and speech acts*, Cambridge, Massachussets and London, England, MIT Press.
BAKHTINE M. (1977), *Le marxisme et la philosophie du langage*, Paris, Editions de Minuit.
— (1984), *Esthétique de la création verbale*, Paris, Gallimard.
BANGE P. (éd.) (1987), *L'analyse des interactions verbales. La dame de Caluire : une consultation*, Berne, Peter Lang.
BARTHES R. (1961), «Le message photographique», in *Communications*, 1, (1982), repris dans *L'obvie et l'obtus : Essais critiques III*, Paris, Seuil (coll. «Tel Quel»).
— (1964a), «Rhétorique de l'image», in *Communications*, 4, (1982), repris dans *L'obvie et l'obtus : Essais critiques III*, Paris, Seuil (coll. «Tel Quel»).
— (1964b), «Eléments de sémiologie», in *Communications*; 4, republié avec *Le degré zéro de l'écriture*, suivi de *Eléments de sémiologie*, Paris, Gonthier.
— (1969), «La peinture est-elle un langage?», Quinzaine littéraire, 1er mars, p. 16, (1982), repris dans *L'obvie et l'obtus : Essais critiques III*, Paris, Seuil (coll. «Tel Quel»).
— (1970), «Le troisième sens : Notes de recherches sur quelques photogrammes de S.M. Eisenstein», in *Cahiers du cinéma*, 222, juill., (1982), repris dans *L'obvie et l'obtus : Essais critiques III*, Paris, Seuil (coll. «Tel Quel»).

— (1973), « Sémiographie d'André Masson », Préface au Catalogue de l'exposition André Masson, Galerie Jacques Davidson, Tours, 1973, (1982), repris dans *L'obvie et l'obtus : Essais critiques III*, Paris, Seuil (coll. « Tel Quel »).
— (1978), « L'image », in (Compagnon A. éd.) *Prétexte : Roland Barthes*, (Actes du Colloque, 22-29 juin 1977, Cerisy-la-Salle), Paris, Union Générale d'Editions.
— (1979), « Sagesse de l'art », in *Paintings and Drawings : 1954-1977* (Cy Twombly), catalogue de l'exposition, New York, Withney Museum of American Art, 10 avr.-10 juin, (1982), repris dans *L'obvie et l'obtus : Essais critiques III*, Paris, Seuil (coll. « Tel Quel »).
— (1980), *La chambre claire : Note sur la photographie*, Paris, Cahiers du cinéma, Gallimard, Seuil.
BAXANDALL M. (1972), *Painting and experience in fifteenth Century Italy : A primer in social history of pictorial style*, Oxford, Oxford University Press.
BEAUGRANDE R. de (1979), « Text and Sentence in discourse planning », in *Text vs Sentence - Basic questions of text linguistics*, (Petöfi ed.), Hamburg, Burske.
BEAUGRANDE R. de, DRESSLER W. (1981), *Introduction to text linguistics*, London, Longuan.
BEAUVOIS J.L. et GHIGLIONE R. (1981), *L'Homme et son Langage*, Paris, PUF.
BENVENISTE E. (1946), « Structure des relations de personne dans le verbe », in *Bulletin de la société linguistique de Paris*, 43, (1966), repris dans *Problèmes de linguistique générale*, t. 1, Paris, Gallimard.
— (1958), « De la subjectivité dans le langage », in *Journal de psychologie*, juill.-sept., (1966), repris dans *Problèmes de linguistique générale*, t. 1, Paris, Gallimard.
— (1959), « Les relations de temps dans le verbe français », in *Bulletin de la société linguistique de Paris*, 54, (1966), repris dans *Problèmes de linguistique générale*, t. 1, Paris, Gallimard.
— (1969), *Le vocabulaire des institutions européennes*, Paris, Editions de Minuit, 2 tomes.
— (1969), « Sémiologie de la langue », in *Semiotica*, 1(1) et 1(2), (1974), repris dans *Problèmes de linguistique générale*, t. 2, Paris, Gallimard.
— (1970), « L'appareil formel de l'énonciation », in *Langages*, 17, (1974), repris dans *Problèmes de linguistique générale*, t. 2, Paris, Gallimard.
— (1969, 1974), *Problèmes de linguistique générale*, t. 1 et 2, Paris, Gallimard.
BERRENDONNER A. (1979), « De "ci", de "là". Exploration dans la structure textuelle », in (Petöfi Ed.), *Text vs Sentence - Basic questions of text linguistics*, Hamburg, Burske.
— (1981), *Elements de pragmatique linguistique*, Paris, Editions de minuit.
BERTIN J. (1967), *Sémiologie graphique : Les diagrammes, les réseaux, les cartes*, Paris, Gauthier-Villars/La Haye, Mouton.
BLANCHE BENVENISTE C. (1987), *Syntaxe, choix de lexique et lieux de bafouillage*, in DRLAV, 36-37, Université de Paris VIII.
BOUDON P. (1987), *Figures d'un logos sémiotique*, Thèse d'Etat, Paris.
BOURDIEU P. (1967), « Postface », in (Panofsky éd.) *Architecture gothique et pensée scolastique*, préc. de *L'abbé Suger de Saint-Denis*, Paris, Editions de Minuit.
— (1969), « Sociologie de la perception esthétique », in *Les sciences humaines et l'œuvre d'art*, Bruxelles, Edition La Connaissance.
— (1979), *La distinction : Critique sociale du jugement*, Paris, Editions de Minuit (coll. « Le sens commun »).
— (1980a), *Le sens pratique*, Paris, Editions de Minuit (coll. « Le sens commun »).
— (1980b), « Eléments pour une réflexion critique sur l'idée de région », in *Actes de la Recherche*, 35.
— (1981), « Pour une sociologie de la perception », en collaboration avec Delsaut Y., in *Actes de la Recherche*, 40.
— (1982), *Ce que parler veut dire*, Paris, Fayard.
BOUVERESSE J. (1978), *La parole malheureuse, de l'alchimie linguistique à la grammaire philosophique*, Paris, Editions de Minuit.
BRANDT P.Aa. (1987), « Echanges et narrativité », in (Arrivé M. *et al.* eds), *Sémiotique en jeu*.
— (1991), « Pour une sémiotique de la promesse », in (Brandt P.Aa., Prassaloff A. eds), *Qu'est-ce qu'une promesse ?*, Aarhus, Aarhus University Press.

— (1992), *La charpente modale du sens. Pour une sémio-linguistique morphogénétique et dynamique*, Amsterdam, Benjamins.
BRØNDAL V. (1937), «Omnis et totus : analyse et étymologie», (1986), republié in *Actes Sémiotiques, Documents*, VIII, 72.
— (1943), *Essais de linguistique générale*, Copenhague.
BRUNER J. (1985), *The role of interactions formats in Language acquisition*, in Forgas J. ed.
BRYSON N. (1981), *Word and Image : Frenc Painting of the Ancien Régime*, Cambridge, Cambridge University Press.
BUSCILA (1989), *L'interaction*, Actes du colloque à l'Ecole Normale Supérieure d'Ulm, 1986, Paris, Association des Sciences du Langage.
BUSSET J. de B. (1984), «Le silence et la joie», in *Corps Ecrit*, 12, Paris, PUF.
CALAME C. (1986), *Le récit en Grèce ancienne*, Paris, Méridiens-Klinckseck.
CARON J. (1983), *Régulations discursives*, Paris, PUF.
CASSIRER E. (1953), *Philosophie der symbolischen Formen*, New Haven; (1972), *Philosophie des formes symboliques*, Paris, traduit aux Editions de Minuit.
CERVONI J. (1987), *L'énonciation*, Paris, PUF.
CHABROL C. (1984), «Psycho-socio-sémiotique», in (Decrosse A. éd.) *Sociosémiotique, Langage et Société*, 25, MSH-CNRS.
— (1985a), *Eléments de Psycho-sociologie du Langage*, Thèse d'Etat, Paris X.
— (1985b), «Fonctions régulatrices de la parole : une réunion d'internat rééducatif» in *Connexions*, 46, Paris, EPI.
— (1987), «Enonciation, interlocution, interaction», in (Arrivé M. *et al.* eds), *Sémiotique en jeu*, Paris, Amsterdam, Hadès Benjamins.
— (1988), «Le lecteur : fantôme ou réalité, étude des processus de réception», in *La Presse Produit, Production, Réception*, Paris, Didier Erudition (coll. Langages, Discours et Sociétés).
— (1989a) «Régulations psycho-socio-langagières dans les interlocutions», in *L'interaction*, Paris, BUSCILA, Association des Sciences du Langage.
— (1989b), «Réceptions et interlocutions médiatiques : l'apport du point de vue de l'observateur», in *Verbum*, Actes du Colloque Conversation en perspectives, Université de Nancy II.
— (1990), «Réguler la construction de l'identité du sujet du discours», in (Berrendonner A. et Parret H. éds) *L'interaction communicative*, Berne, Peter Lang.
— (1991), «La réception», in (Charaudeau P. éd.) *La Télévision, les débats culturels*, Paris, Didier Erudition.
CHABROL C. et CAMUS-MALAVERGNE O. (1989), «Coopération et analyse de conversation», in *Connexions*, 53, Erès, Paris.
CHABROL C. et CHARAUDEAU P. (1989), «Lecteurs cibles et destinataires visés, à propos de l'argumentation publicitaire», in *Versus*, 52-53, Bompiani, Milano.
CHARAUDEAU P. (1972), «Sens et signification», in *Cahiers de Lexicologie*, 21, Paris, Didier Larousse.
— (1983a), «Eléments de sémiolinguistique d'une théorie du langage à une analyse du discours», in *Langage en situation, Connexion*, 38, Paris, EPS.
— (1983b), *Langage et Discours*, Paris, Hachette-Université.
— (1984a), «Une théorie des sujets du langage», in (Decrosse A. éd.) *Sociosémiotique, Langage et Société*, 28, Paris, MSH-CNRS.
— (1984b), «L'interlocution comme interaction des stratégies discursives», in *Verbum*, VII, (2-3), Université de Nancy III.
— (1989a), «Le dispositif socio-communicatif des échanges langagiers», in *La Conversation en Perspectives, Verbum*, Université de Nancy II.
— (1989b), «La conversation entre le situationnel et le linguistique», in *Connexions*, ARIP, Paris.
— (1991), (éd.), *La Télévision, les débats culturels*, Paris, Didier Erudition (coll. Langage, discours, sociétés).
— (1991), *Grammaire du sens et de l'expression*, Paris, Hachette-Université.
COSNIER J., KERBRAT-ORECCHIONI C. (1987), (eds), *Décrire la conversation*, Lyon, Presses Universitaires de Lyon.

COSNIER J., GELAS N., KERBRAT-ORECCHIONI (1988), (eds), *Echanges sur la conversation*, Paris, Editions du CNRS.
CHATEAU D. (1983), «Diégèse et énonciation», *in Communications*, 38.
COULON, (), *L'ethnométhodologie*, Paris, Que sais-je?, PUF.
COURTINE J.J. (1982), «Définition d'orientations théoriques et construction de procédure en analyse de discours», *in Philosophiques*, 2, vol. IX.
CROW T.E. (1985), *Painters and public life in Eighteen-Century*, Paris, New Haven & London, Yale University Press.
DAMISCH H. (1963), «Cinq notes pour une phénoménologie de l'image photographique», *in L'arc*, 21.
— (1972), *Théorie du /nuage/ : Pour une histoire de la peinture*, Paris, Seuil.
DAVALLON J. (1981), «A propos du sujet et de la publicité du sujet», *in Espaces et sociétés*, 38-39.
— (1983a), «Représenter le Législateur, portrait du Citoyen ou effigie du Héros», *in Procès : Cahiers d'analyse politique et juridique*, 11-12.
— (1983b), «Réflexions sur l'efficacité des productions culturelles», *in Langage et société*, 24, Paris, MSH-CNRS.
— (1983c), «Image, représentation de l'espace et symbolisation dans une publicité d'Air France», *in* Actes de la Table, «Ronde Relations sociales, espaces et signification dans les moyens de communication de masse», Aix en Provence, 9-11 juin 1983, *Sociologie du Sud-Est*, 37-38.
— (1983d), «Voyages au Pays d'Air France ou l'espace de la lecture dans l'image», *in Actes sémiotiques-Documents*, 48.
— (1984), «Sociosémiotique des images», *in* (Decrosse A. éd.) *Sociosémiotique, Langage et Société*, 28, Paris, MSH-CNRS.
— (1986), *Claquemurer, pour ainsi dire, tout l'univers : La mise en exposition*, (Davallon J. éd.), Paris, CCI-Centre Georges Pompidou (coll. «Alors»).
— (1988), «Un outil pour voir et penser sa culture», *in Etudes de linguistique appliquée*, 69, Paris, Didier.
— (1991), *L'image médiatisée : de l'approche sémiotique des images à l'archéologie de l'image comme production symbolique*, Thèse d'Etat, Paris.
DECROSSE A. (1979), «L'effet féminité et le sujet linguistique», *in Langage et Société*, 3, MSH (1980), traduit aux Editions de Vérone, Italie.
— (1981), «La région niçoise et son arrière-pays : imaginaires linguistiques en conflit», *in* (Walter H. éd.) *Diversité du français, Bulletin de la Société de linguistique fonctionnelle*, EPHE-Sorbonne.
— (1982a), «Enquête Nice», «Enquête St Martin Vésubie», *in Enquêtes phonologiques et variétés régionales du français*, (Walter H.), Paris, PUF.
— (1982b), «L'Enceinte de la langue maternelle», *in Quelques aspects du rapport entre linguistique et littérature, Langage et Société*, 20, Paris, MSH-CNRS.
— (1982c), «Métaphores spatiales et rhétoriques des pratiques», *in Espace et représentation*, Paris, Les éditions de la Villette.
— (1984), *Sociosémiotique, Langage et société*, 28, 2 Fasc., numéro spécial, textes réunis par Decrosse A., Paris, EHESS-MSH-CNRS.
— (1986), «Généalogie du français : purisme et langue savante», *in Etats de Langue*, Paris, Fayard et Encyclopédie Diderot.
— (1987a), «Un mythe historique : la langue maternelle», *in France pays multilingue*, (Vermès G. et Boutet J. éds), Paris, L'Harmattan (1989); (1990), traduit par les Presses de l'Université de Campinas, Brésil.
— (1987b), «Socio-critique de la raison sémiotique», en collaboration avec J. Davallon, *in Langage et société*, 42, MSH-CNRS.
— (1987c), «La situation de contact multilinguistique Gawat/Nissart/Français régional», *in Travaux du cercle linguistique de Nice*, 9.
— (1988a), «En quoi les musées diffèrent des bibliothèques?», *in Protée*, 16, Université de Chicoutimi, Québec.
— (1988b), «Une question sociosémiotique : l'état imaginaire des sciences», en collaboration avec J.P. Natali, *in Langage et Société*, 45, Paris, MSH-CNRS.

— (1989a), (éd.), *Sciences & Médias, penser, imaginer, connaître*, Didier Erudition (coll. Langage, discours, sociétés), publié avec le soutien du CNRS-DIST; (1991), traduit par les Presses de l'Université de Stanford, U.S.A..
— (1989b), Sociosémiotique *in Encyclopédie Philosophique*, Tome 2, *Les Notions philosophiques*, sous la direction de Auroux S., Paris, PUF.
— (1993), *Généalogie des systèmes de signes*, Paris, Hermann, recherche menée avec le concours du Centre National des Lettres.
— (1993), (éd.), *Muséologie des sciences*, publié avec le concours du Ministère de la Recherche et du Ministère de la Culture, Paris, Hermann.
— (1993), *De l'influence de la botanique sur la langue française*, Paris, Belin.
DECROSSE A., NEF F., RECANATI F. (1982), «La philosophie du langage», *in BUSCILLA*, 1, Paris, Asssociation des Sciences du Langage, publié avec le soutien du Ministère de la Recherche et du Ministère de l'Education Nationale.
DECROSSE A., KASSAI G., SABEAU-JOUANNET E. (1982), «Linguistique et communication» *in BUSCILLA*, 2, Paris, Asssociation des Sciences du Langage, publié avec le soutien du Ministère de la Recherche et du Ministère de l'Education Nationale.
DELEUZE G. (1968), *Spinoza et le problème de l'expression*, Paris, Minuit.
DERRIDA J. (1967), *De la grammatologie*, Paris, Editions de Minuit.
DESCLES J.P. (1988), «Langage et cognition» *in Intellectica*, 6.
VAN DIJK (1979), «New developments and problems in text linguistics», *in Text vs Sentence - Basic questions of text linguistics*, (Petöfi éd.), Hamburg, Burske.
DUBOIS P. (1983), *L'acte photographique*, Paris, Fernand Nathan/Bruxelles, Edition Labor.
DUCROT O. (1972) *Dire et ne pas Dire*, Paris, Herman.
— (1980), *Les Mots du Discours*, Paris, Editions de Minuit.
— (1984), *Le dire et le dit*, Paris, Editions de Minuit.
— (1988), «Topoï et formes topiques», *in Bulletin d'Etudes de Linguistique française*, 22, Tokyo.
DUCROT O., ANSCOMBRE J.C. (1983), *L'argumentation dans la langue*, Liège-Bruxelles, Mardaga.
DUFRENNE M. (1981), «Du signifiant au référent», *in Revue d'esthétique*, 2.
DURKHEIM (1895), *Les règles de la méthode sociologique*, (1956), republié, Paris, PUF.
ECO U. (1970), «Sémiologie des messages visuels», *in Communications*, 15.
— (1972), *La structure absente*, Paris, Mercure de France, traduit de l'italien par Esposito-Torrigiani U. [*La struttura assente*, Milan, Bompiani, 1968].
— (1978), «Pour une reformulation du concept de signe iconique», *in Communications*, 29.
— (1988), *Sémiotique et philosophie du langage*, Paris, PUF.
ENCREVE P. et DE FORNEL M. (1983), «Le sens en pratique», *in Actes de la Recherche*, 46, Paris, MSH-CNRS.
FABBRI P. (1979), «Champ de manœuvres didactiques», *in Actes Sémiotiques, Bulletin*, II, 7.
— (1983), (*et al.*), «Explorations stratégiques», *in Actes Sémiotiques, Bulletin*, VI, 25.
— (1987), «Il vaglio semiotico», *in Versus*, 47-48.
FABBRI P., SBISA M. (1981), «Models for a pragmatic analysis», *in Journal of Pragmatics*, 4.
FABBRI P., PEZZINI I. (1987), (eds), «Affettività e sistemi semiotici. Le passioni nel discorso», *in Versus*, 47-48.
FAUCONNIER G. (1979), «Comment contrôler la vérité; remarques illustrées par des assertions dangereuses et pernicieuses en tout genre», *in Actes de la Recherche en Sciences sociales*, 25, Paris, MSH-CNRS.
— (1984), *Espaces mentaux, aspects de la construction du sens dans les langues naturelles*, Paris, Minuit.
FISHER (1976), *The urban experience*, New York, Harcourt.
FISHMAN J.A. (1971, 1972) *Advances in the sociology of language*, 2 Tomes, La Haye, Mouton.
FLAHAUT F. (1978), *La parole intermédiaire*, Paris, Seuil.
FLOCH J.-M. (1982), «L'iconicité : enjeu d'une énonciation manipulatoire : Analyse sémiotique d'une photographie de R. Doisneau», *in Actes Sémiotiques, Bulletin*, 5, 23.
— (1985), *Petites mythologies de l'œil et de l'esprit, pour une sémiotique plastique*, Paris, Amsterdam, Hadès Benjamins.
FODOR G. (1983), *The modularity of mind*, Cambridge, Mass., MIT Press.

FODOR J.A., PYLYSHYN Z.W. (1988), «Connectionism and cognitive architecture : a critical analysis», *in Cognition*, 28.
FONTANILLE J. (1983), «Observateur, identification et espace énoncé dans Nuit bleue (campagne publicitaire «Gitanes» par Havas Conseil)», *in Sociologie du Sud-Est*, 37-38.
— (1984), «Sémiotique et enseignement», *in Langue française*, 61, (Fontanille eds).
— (1987), *Le savoir partagé*, Paris, Amsterdam, Hadès Benjamins.
FLAHAUT F. (1979), «Le fonctionnement de la parole», *in Communications*, 30.
DE FORNEL M. (1983), «Légitimité et actes de langage», *in Actes de la Recherche*, 46, Paris, MSH-CNRS.
FOUCAULT M. (1971), *L'Archéologie du Savoir*, Paris, Gallimard.
FRANÇOIS F. (1990), (éd.), *La communication inégale. Heurts et malheurs de l'interaction verbale*, Paris, Delachaux et Niestlé.
FRIED M. (1980), *Absorption and Theatricality : Painting and Beholder in the Age of Diderot*, Berkeley et Los Angeles, University of California Press, XVIII.
GEERTZ C. (1986), *Savoir local, savoir global : Les lieux du savoir*, Paris, PUF, traduit de l'anglais par Paulme D. [*Local knowledge : Further essays in interpretative anthropology*, New York, Basic books, 1983].
GENOT G. (1984), *Grammaire et Récit*, Documents du C.R.L.L.I., Paris X-Nanterre.
GHIGLIONE R. (1986), *L'homme communiquant*, Paris, A. Colin.
— (1972), (éd.), *Language and social context*, Harmondsworth, Penguin Books.
GOFFMAN E. (1973), *La mise en scène de la vie quotidienne*, Paris, Editions de Minuit.
— (1974), *Frame analysis*, New York, Harper and Row.
— (1981), *Forms of talk*, Oxford, Blacwell; (1987), traduit, *Façons de parler*, Paris, Editions de Minuit.
GREIMAS A.J. (1966), *Sémantique structurale*, Paris, Larousse.
— (1970, 1983), *Du Sens*, I et II, Paris, Seuil.
— (1976), *Sémiotique et sciences sociales*, Paris, Seuil.
— (1984), «Sémiotique figurative et sémiotique plastique», *in Actes sémiotiques, Documents*, 4, 60.
GREIMAS A.J, COURTES J. (1979, 1986), *Sémiotique. Dictionnaire raisonné de la théorie du langage*, Tomes 1 et 2, Paris, Hachette.
GRICE P. (1975a), «Logic and conversation» *in Syntax and semantics : speech acts*, New York, Academic Press (Cole P. , Morgan J.L. eds), (1979).
— (1975b), «Indirect speech act in Syntax and semantics : speech acts», New York, Academic Press (Cole P., Morgan J.L. eds).
GRIZE J.B., APOTHELOZ D. (1987), «Langage, processus cognitif et genèse de la communication», *in Travaux du centre de recherche sémiologique*, 54, Université de Neuchâtel.
GRIZE J.B., BOREL M.J., MIEVILLE D. (1983), *Essai de logique naturelle*, Berne, Peter Lang.
GROUPE µ (DUBOIS J., DUBOIS P., EDELINE F., KLINKENBERG J.-M., MINGUET P.) (1979), «Iconique et plastique : Sur un fondement de la sémiotique visuelle», *in Revue d'esthétique*, 1-2, Paris, Union Générale d'Editions.
GUMPERZ J. (1982), *Discourses strategies*, New York, Cambridge university Press.
HABERMAS (1978), *L'espace public*, Paris, Payot.
— (1981), *Theorie des Kommunikativen Handelns*, 2 tomes, Frankfurt am Main, Surkramp Verlag; (1987a), traduit, *Théorie de l'agir communicationnel*, Paris, Fayard.
— (1987b), *Logique des sciences sociales et autres essais*, Paris, PUF.
— (1987c), «Langage, action sociale et communication», *in Publications du Centre d'étude des mouvements sociaux*, Paris, EHESS.
HALLIDAY M.A.K. (1973), *The functional basis of language in Bernstein*.
— (1975), «Language as a social semiotic», *in* (Makkai A. éd.) *FIRST L.A.C.U.S. Forum*, Columbia, Hornbeam.
HAMMAD M. (1987), «La cérémonie du thé», *in Actes sémiotiques, Documents*, IX, 84.
HART H.L.A. (1961), *The concept of law*, Oxford, Clarendon Press.
HEGER K. (1969a), «L'analyse sémantique du signe linguistique», *in Langue française*, 4.
— (1969 b), «La sémantique et la dichotomie de langue et parole», *in Travaux de linguistique et de Littérature*, VIII, 1, Strasbourg.

HEINICH N. (1983), « La perspective académique : Peinture et tradition lettrée : la référence aux mathématiques dans les théories de l'art au 17e siècle», in *Actes de la recherche en sciences sociales*, 49, Paris, MSH-CNRS.
HENRY P. (1988), «Sens, sujet, origine», in *Linx*, 19.
HJELMSLEV L. (1966), *Le langage*, Paris, Editions de Minuit.
— (1968), *Prolégomènes à une théorie du langage*, Paris, Editions de Minuit.
— (1971), *Essais Linguistiques*, Paris, Editions de Minuit.
HOFSTADTER D. (1985), *Metamagical themas : questing for the essence of mind and patterns*, New York, Basic Book.
HYMES D. (1974), *Foundations in Sociolinguistics, an Ethnographic Approach*, Philadelphia, University of Pennsylvania Press.
IMBERT G. (1988), *Le discours du journal El Pais*, Paris, Editions du CNRS.
JACQUES F. (1979), *Dialogiques*, Paris, PUF.
— (1983), «La mise en communauté de l'énonciation», in *La mise en discours, Langage*, 70, Paris, Larousse.
JACKSON B.S. (1985), *Semiotic and legal theory*, Londres, Routledge and Kagan Paul.
— (1989), *Law, fact and narrative coherence*, Merseyside, Deborah Charles publications.
JAKOBSON (1963), *Essais de linguistique générale*, Paris, Editions de minuit.
JENKS (1979), *L'architecture post-moderne*, Paris, Dunod.
JONES R.F. (1908), «Silence», in (Schribners, J. Hastings *et al.*) *Encyclopaedia of Religion and Ethics*, New York, 22, vol. XI.
JONSHON-LAIRD P. (1983), *Mental Models*, Cambridge, Mass., Harvard University Press.
JURANVILLE A. (1984), «Au-delà du silence», in *Corps Ecrit*, 12, Paris, PUF.
KERBRAT-ORECCHIONI C. (1990), *Les interactions verbales*, Paris, A. Colin.
KRIPKE A. (1982), *Wittgenstein : on rules and private language*, Cambridge, Mass., Harvard University Press.
KRISTEVA J. (1969), *Semiotkê*, Paris, Seuil.
— (1974), *La révolution du langage poétique*, Paris, Seuil.
— (1977), *Polylogue*, Paris, Seuil.
LABOV W. (1972), *Language in the inner city*, Philadelphia, University of Philadelphia Press.
— (1978), *Le parler ordinaire*, 2 tomes, Paris, Editions de Minuit avec le concours de la Fondation de la Maison des Sciences de l'Homme.
— (1973), *Sociolinguistics Patterns*, Pennsylvania, University of Pennsylvania Press; (1976), traduit, *Sociolinguistique*, préface de Encrevé P., Paris, Editions de Minuit.
LACAN J. (1986), *Ethique de la psychanalyse*, Paris, Seuil.
LAFFONT R. (1978), *Le travail et la langue*, Paris, Flammarion.
LAGAZZI S. (1988), *O Desafio de Dizer Nao*, Campinas, Pontes.
LAKOFF G. (1982), *Categories and cognitive models*, Mass., UC Berkeley.
LANDOWSKI E. (1983), «De quelques conditions sémiotiques de l'interaction», in *Actes sémiotiques, Documents*, 5, 50.
— (1984), «Les chantiers sociaux de la sémiotique», in (Decrosse A. éd.) *Sociosémiotique, Langage et Société*, 28, Paris, MSH-CNRS.
— (1988), (éd.), *Le discours juridique, Droits et société*, 8.
— (1989), *La société réfléchie*, Paris, Seuil.
LANDOWSKI E., STOCKINGER P. (1985), «Problématiques de la manipulation», in *Degrés*, 44.
LE BOT M. (1984), «Le silence dans les mots», in *Corps Ecrit*, 12, Paris, PUF.
LECLAIRE S. (1971), *Démasquer le réel*, Paris, Seuil.
LE NY J.F. (1989), *Sciences cognitives et compréhension du langage*, Paris, PUF.
LEVESQUE H.J. (1984), «Foundations of a functional approach to knowledge representation», in *Artificial intelligence*, 23.
LEVINSON S. (1983), *Pragmatics*, Cambridge.
LEVI-STRAUSS C. (1958), *Anthropologie structurale*, Paris, Plon.
— (1962), *La pensée sauvage*, Paris, Plon.
— (1964, 1971), *Mythologiques*, Paris, Plon.
LINDEKENS René. (1971), *Eléments pour une sémiotique de la photographie*, Bruxelles, AIMAV/Paris, Didier.
— (1976), *Essai de sémiotique visuelle : (le photographique, le filmique, le graphique)*, Paris, Klincksieck.

LINDENFELD J. (1990), *Speech and Sociability at french urban marketplaces*, Amsterdam, Philadelphia, John Benjamin Publishing company.
LUCIOLE (1991), *La politique s'affiche*. *Les affiches de la politique*, Paris, Didier Erudition, Aix-en-Provence, Université de Provence.
LYONS J. (1970), *Linguistique Générale*, Paris, Larousse.
— (1982), *Language, meaning and context*, Londres, Fontana.
MAINGUENEAU D. (1983), *Sémantique de la polémique*, Lausanne, l'Age d'Homme.
— (1984), *Genèses du discours*, Liège-Bruxelles, Mardaga.
MALDIDIER D. (éd.) (1986), *Analyse de discours, nouveaux parcours, Langage*, 81, Paris, Larousse.
MARC E., PICARD J. (1989), *L'interaction sociale*, Paris, PUF.
MARIN L. (1969a), «Eléments pour une sémiologie picturale», in (Tesseydre B., Backes C., Lascault G., éds) *Les sciences humaines et l'œuvre d'art*, Bruxelles, Editions de La connaissance; (1971), repris in *Etudes sémiologiques : Ecritures, peintures*, Paris, Klincksieck.
— (1969b), «Le discours de la figure», in *Critique*, nov.; (1971), repris in *Etudes sémiologiques : Ecritures, peintures*, Paris, Klincksieck.
— (1977), *Détruire la peinture*, Paris, Galilée.
— (1980a), «Représentation narrative», in *Encyclopaedia Universalis*, suppl. tome 2, Paris, Encyclopaedia Universalis.
— (1980b), «Les sciences humaines et œuvre d'art», in *Encyclopaedia Universalis*, vol. 17, Paris, Encyclopaedia Universalis.
— (1981), *Le portrait du roi*, Paris, Editions de Minuit.
MARTINET A. (1962), *Langue et fonction*, Paris, Denoel.
— (1970), «Les deux a du français», in *The french Language*, Studies présenté to Lewis Charles Hamer, Londres.
MEAD M. (1963), *L'esprit, le soi et la société*, Paris, PUF.
MENDRAS H. (1975), *Elements de sociologie*, Paris, Colin.
MERLEAU PONTY (1945), *La phénoménologie de la perception*; (1976), republié, Paris, Gallimard.
METZ C. (1965), «A propos de l'impression de réalité au cinéma», in *Cahiers du cinéma*, mai-juin, Paris, Édition de l'Etoile; (1968), repris in *Essais sur la signification au cinéma*, tome 1, Paris, Klincksieck.
— (1968), «Problèmes de dénotation dans le film de fiction», in *Essais sur la signification au cinéma*, tome 1, Paris, Klincksieck.
— (1970), «Au delà de l'analogie, l'image», in *Communications*, 15; (1972), repris in *Essais sur la signification au cinéma*, tome 2, Paris, Klincksieck.
— (1971), Langage et cinéma, Paris, Larousse; (1977), réédité, Paris, Albatros.
— (1977), *Le signifiant imaginaire : Psychanalyse et cinéma*, Paris, Union Générale d'Edition; (1975), «Histoire/discours : (Note sur deux voyeurismes)», in (Kristeva J., Milner J.-C., Ruwet N., éds) *Langue, discours, société : Pour Emile Benveniste*, Paris, Seuil; (1977), repris in *Le signifiant imaginaire : Psychanalyse et cinéma*, Paris, Union Générale d'Edition.
— (1987), «L'énonciation impersonnelle, ou le site du film : (En marge de travaux récents sur l'énonciation au cinéma)», in *Vertigo*, 1.
MEYER M. (1986), De la Problématologie, Liège-Bruxelles, Mardaga.
— (1988), «The interrogative Theory of Meaning and Reference», in (Meyer M. éd.) *Questions and Questioning*, Berlin/New York, Walter de Gruyter.
MOSCOVICI S. (1988), *La machine à faire les dieux*, Paris, Fayard.
MUKAROVSKY J. (1936), «L'art comme fait sémiologique», in Actes du 3ᵉ Congrès International de Philosophie, Prague, 2-7 sept. 1934; (1970), repris in *Poétique*, 4.
ODIN R. (1976), «Quelques réflexions sur le fonctionnement des isotopies minimales et des isotopies élémentaires dans l'image», in *Linguistique et sémiologie*, 1, Lyon, Travaux du Centre de Recherches Linguistiques et Sémiologiques de Lyon.
OGDEN C.K., RICHARDS I.A. (1923), *The meaning of meaning*, London.
ORLANDI E.P. (1990), «Silence,Sens», in Actes du Colloque d'Urbino, juil. 1987, (Parret H. éd.), *L'hétérogénéité linguistique*, Paris, Editions du CNRS.
— (1989), «Parole à Plusieurs Tranchants», in *Praxematique*, Montpellier.

OSTROWETSKY S. (1972), «De l'urbain à l'urbain», in *Cahiers internationaux de sociologie*, LII.
— (1977), «Langage et fait social», in *Langage et Société*, 1, Paris, MSH.
— (1979), «Logique du lieu», in *Sémiotique de l'espace*, Paris, Denoël-Gonthier.
— (1983a), *L'imaginaire bâtisseur*, Paris, Méridien, Klincksieck.
— (1983b), «Sémiotique et mass media», in (Ostrowestky S. éd.) *Sociologie du Sud Est*, 37-38.
— (1984), «La représentation et ses doubles», in *Communication, Information*, 6, 2/3, Université de Laval, Québec.
— (1987), en coll. avec BORDREUIL S. *et al.*, La Ferme urbaine, Rapport de Recherche au Plan Urbain, Ministère de l'Equipement.
— (1988), (Ostrowetsky S. *et al.*), Civilité tiède, Rapport de recherche au Plan Urbain.
— (1990), (so. dir. Ostrowetsky S.), *Parler l'architecture, Espace et Société*, 60-61.
OSTROWETSKY S., BORDREUIL S. (1979), «Pour une réévaluation de la puissance des dispositifs spatiaux», in *Espaces et Sociétés*, 28-29.
— (1980), *Le néo-style régional*, Paris, Dunod.
— (1984), «Le social comme sémio-genèse», in (Decrosse A. éd.) *Sociosémiotique, Langage et Société*, 28, Paris, MSH-CNRS.
PARK R.E. (1950), Race and culture, New York, The Free Press.
PARRET H. (1983), «L'énonciation en tant que déictisation et modalisation», in *La mise en discours, Langages*, 70, Larousse, Paris.
— (1983), *Semiotics and Pragmatics*, Amsterdam, Benjamins.
— (1988), *Le sublime du quotidien*, Paris, Amsterdam, Hadès-Benjamins.
PECHEUX M. (1975a), «Analyse du Discours - langue et idéologies», in *Langages*, 37, Paris, Didier-Larousse.
— (1975b), *Les Vérités de la Palice*, Paris, Maspero.
PECHEUX M., HAROCHE C., HENRY P. (1971), «La Sémantique et la Coupure Saussurienne : langue, langage, discours», in *Langages*, 24, Paris, Didier-Larousse.
PECHEUX *et al.* (1981), *Matérialités discursives*, Lille, Presse Universitaire de lille.
PEIRCE C.S. (1978), *Ecrits sur le signe*, textes réunis, traduits et présentés par Gérard Deledalle, Paris, Seuil.
PETITOT J. (1992), *Physique du sens - De la théorie des singularités aux structures sémio-narratives*, Paris, Editions du CNRS.
PORCHER L. (1976), *Introduction à une sémiotique de l'image : Sur quelques exemples d'images publicitaires*, Paris, Didier.
QUERE L. (1982), *Des miroirs équivoques, aux origines de la communication moderne*, Paris, Aubier, Res Babel.
— (1986), «L'argument sociologique de Garfinkel», in *Publications du Centre d'Etude des mouvements sociaux*, 3, Paris, EHESS.
QUINE W. (1978), *Le mot et la chose*, Paris, Flammarion.
RECANATI F. (1979), «Insinuation et sous-entendu», in *Communications*, 30.
RICOEUR P. (1965), *De l'interprétation. Essai sur Freud*, Paris, Seuil.
— (1983, 1984, 1985), *Temps et Récit*, 3 tomes, Paris, Seuil.
— (1985), *Philosophie et sociologie, histoire d'une rencontre*, édité par le Groupe de sociologie de l'éthique et le centre d'étude des mouvements sociaux, EHESS-CNRS.
ROULET E. (1985), *L'articulation du discours en français contemporain*, Berne, Peter Lang.
ROPARS WILLEUMIER M.C. (1981), *Le texte divisé : Essai sur l'écriture filmique*, Paris, PUF.
SAUSSURE F. (1916 et réed.), Cours de Linguistique générale, Paris, Payot.
SBISA M. (1985), «Manipulation et sanction dans la dynamique des actes de langage», in (Ruprecht H.G. éd.) *Exigences et perspectives de la sémiotique*, Amsterdam, Benjamins.
— (1989), *Linguaggio, ragione, interazione. Per una teoria pragmatica degli atti linguistici*, Bologne, Il Mulino.
SCHEFER J.-L. (1969), *Scénographie d'un tableau*, Paris, Seuil.
— (1970), «Notes sur les systèmes représentatifs», in *Tel Quel*, 41.
SCHEGLOFF E.A. (1968), «Sequencing in conversational openings», in *American Anthropologist*, 70.
SCHUTZ (1962, 1966), *A collected Papers*, 3 tomes, La Haye.
— (1987), *Le chercheur et le quotidien*, Paris, Méridiens Klincksieck.

SEARLE J.R. (1969), *Speech acts. An essay in the philosophy of language*, Londres, Cambridge University Press.
— (1979), *Expression and meaning*, Cambridge University Press.
— (1982), *Sens et expression*, Paris, Editions de Minuit.
— (1985), *L'intentionalité*, Editions de Minuit.
— (1986), « Notes on conversation », in (Ellis D.G., Donahue W.A. eds) *Contemporary Issues in Language and Discourse Processing*, Hills Dale, New Jersey, Lawrence Erlbaum Associates inc.
SERRES M. (1990), *Le Contrat naturel*, Paris, Ed. François Bourin.
SHADBOLT N. (1983), « Processing reference », in *Journal of semantics*, II, 1.
SIMON J.-P. (1983), « Enonciation et narration : Gnarus, auctor et Protée », in *Communications*, 38.
SIMMEL (), *Sociologie et épistémologie*.
SPERBER D., WILSON D. (1979), « L'interprétation des énoncés », in *Communication*, 30.
— (1986), *Relevance : Communication and Cognition*, Oxford, Basil Blackwell.
STOCKINGER P. (1985), « Prolégomènes à une théorie de l'action », in *Actes Sémiotiques, Documents*, VII, 62.
— (1985), « L'actant collectif et l'univers actoriel », in *Actes Sémiotiques, Bulletin*, VIII, 34.
— (1987), *De la structure conceptuelle*, Thèse d'Etat, Paris.
THAKERAR J.N., GILLES H., CHESHIRE J. (1982), « Psychological and linguistic parameters of Speech Accomodation Theory », in (Fraser C., Scherer K.R. eds) *Advances in the Social Psychology of Language*, Cambridge, Mass., Cambridge University Press, Paris, Editions de la Maison des Sciences de l'Homme.
THOM R. (1972), *Stabilité structurelle et morphogenèse*, Massachusetts, W.A. Benjamin.
— (1988), *Esquisse d'une sémiophysique. Physique aristotélicienne et théorie des catastrophes*, Paris, Interéditions.
— (1990), *Apologies du logos*, Paris, Hachette.
THOM R., PETITOT J. (1983), « Sémiotique et théorie des catastrophes », in *Actes Sémiotiques, Documents*, V.
THÜLERMANN F. (1980a), « La fonction de l'admiration dans l'esthétique du XVIIe siècle », in *Actes Sémiotiques, Documents*, 11.
— (1980b), « Fonctions cognitive d'une figure de perspective picturale à propos du "Christ en raccourci" de Mantegna », in *Actes sémiotiques, Bulletin*, 15.
VANDERVEKEN D. (1988), *Les Actes de Discours*, Liège-Bruxelles, Mardaga.
VARII (DESCLES, GUENTCHEVA, PETITOT, BRANDT, OLSEN, STOCKINGER, OSTERGAARD) (1989), *Epistémologie du sens et Mathématisation, in Poetica et Analytica*, 6, Séminaire de Sémiotique générale d'Aarhus.
VERON E. (1984), « Matière linguistique et analyse de discours », in (Decrosse A. éd.) *Sociosémiotique, Langage et Société*, 28, Paris, MSH-CNRS.
— (1987), *La semiosis sociale. Fragments d'une théorie de la discursivité*, St Denis, Presses Universitaires de Vincennes.
— (1988), « Presse écrite et théorie des discours sociaux », in *La Presse, Produit, Production, Réception*, Paris, Didier Erudition (Coll. Langages, Discours et Sociétés).
VION R. (1991), « Les modèles de description de l'affiche », in *LUCIOLE*.
— (1993), *L'interaction verbale. Communication, linguistique et sciences humaines*, Paris, Hachette-Université.
WALTER H. (1977), *La phonologie du français*, Paris, PUF.
WARNOCK G.J. (1973), « Some types of performative utterance », in (Berlin J. *et al.*) *Essays on J.L. Austin*, Oxford, Clarendon.
WATZLAWICK P. (1967), *Pragmatics of Human Communication*, New York, WW Norton & Company.
— (1972), *Une logique de la communication*, Paris, Seuil.
WEBER M. (), *Economie et Société*.
WITTGENSTEIN L. (1929), *Some remarks on logical form*, L. Wittgenstein, Aristotelian Society.
— (1961), *Tractatus Philosophicus*, Paris, Gallimard.
— (1971), *Leçons et conversations, suivies de conférences sur l'éthique*, Paris, Gallimard.
— (1975), *Remarques Philosophiques*, Paris, Gallimard.

Glossaire des concepts

actant
acte de langage
activités langières
analyse de discours
architecture

calcul effectif du sens
catégorisation
communication
comportements
connaissance
contexte
contrat

diégèse
discours
domaine de référence
domination

énoncé
énonciation
énoncive
espace
esthétique

fonction cryptique

genèse
genres
grammaire

habiter
histoire

identité
image
implicite
indexation
intention
interaction
interdiscursivité
interprétation
intersubjectivité
intertextualité

langage
langue
légitimité/crédibilité
lien social

pratique

media
mise en scène
morpho-genèse
mondes

norme

ontique
ontologie

organisation

physis
polis
postulat d'intentionalité
pragmatique
projet

règles
représentation
rituel
rôles
RSP (représentations supposées partagées)

sémio-genèse
sémiose (sémiosis)
sémiotique
sens
signification

silence
situation
sociétaire
socio-genèse
sociolinguistique
socio-sémiotique
stratégie
structure
sujet
symbolique
système

théorie du social

univers de discours
urbain

validation

Index nominum

Abelson, 95
Althusser, 109
Angenot, 236
Anscombe, 10
Anscombre, 86
Armangaud, 295
Arnauld et Nicole, 192
Austin, 8, 31, 35, 121

Bach, 90
Bakhtine, 8, 30, 68, 69, 74, 198, 203, 218
Bange, 67
Barthes, 186, 199, 201, 244, 246, 251, 257, 260, 269, 270, 271, 273
Beaugrande, 84
Beauvois, 96
Benveniste, 7, 8, 20, 28, 30, 82, 83, 110, 120, 121, 188, 205, 210, 236, 247, 248, 249
Bergson, 10
Bernstein, 37
Birdwhistell, 206
Blanche Benveniste, 34
Bofill, 305
Bordreuil, 304
Boudon, 110
Bourdieu, 37, 38, 59, 61, 93, 109, 236, 255, 258, 259, 261, 262, 263, 271, 288
Bremond, 85, 87
Brøndal, 110
Bruner, 189

Caron, 84, 101
Cassirer, 21, 281, 306
Cheschire, 96
Chomsky, 7
Collingwood, 14

Coulon, 292
Courtès, 105, 112
Courtine, 237
Culioli, 85

Danto, 13
Damish, 245, 251
Deleuze, 284, 294, 297
Dressler, 84
Ducrot, 33, 34, 40, 54, 85, 86, 87, 196, 226, 227
Dumézil, 107, 138
Durkheim, 109, 110, 290, 291, 301

Eco, 244, 245, 251
Ecole de Chicago, 206, 299
Ecole de Genève, 40, 41, 42, 70, 86
Ecole de Palo Alto, 37, 207
Ecole de Tartu, 203
Encrevé, 38

Fabbri, 105, 106, 107, 110, 124
Fanshel, 35
Fauconnier, 189, 195
Fisher, 207
Fishman, 37
Flahaut, 36, 71, 72
Floch, 105, 249
Fontanille, 106
Fornel de, 33, 38
Foucault, 109, 238
Freud, 11, 285, 286
Freund, 282

Garfinkel, 68, 209, 283, 289, 290, 291, 293, 296, 297, 298, 300, 302
Ghiglione, 96, 97

Giglioli, 115
Gilles, 96
Goffman, 35, 37, 44, 68, 69, 74, 128, 206, 283, 296, 297, 298, 299, 300, 302, 304
Greimas, 6, 84, 85, 86, 87, 105, 108, 110, 112, 114, 200, 201, 248, 249, 250
Grice, 7, 35, 49, 54, 121, 122, 124, 126, 158, 186
Grize, 85
Groupe Mu, 245
Guillaume, 210
Gumperz, 128, 189

Habermas, 9, 68, 213, 282
Hall, 206
Halliday, 37, 123
Hammad, 105
Harnish, 90
Haroche, 233
Harris, 83
Hart, 115, 127
Hegel, 7
Heger, 28
Heidegger, 283, 284
Henry, 229, 233
Hjelmslev, 6, 107, 109, 110, 198, 202, 286
Hume, 10
Husserl, 289
Hymes, 97, 124, 207, 209

Jacques, 30, 52, 60, 75, 208, 283, 295
Jakobson, 6, 28, 207, 213
Jakson, 105

Kassaï, 192
Kelsen, 110
Kerbrat-Orecchioni, 52, 67, 71, 73
Kristeva, 202
Kuhn, 109

Labov, 35, 117, 210, 211
Lacan, 285, 286, 287
Lagazzi, 234
Le Bot, 229
Leclaire, 284
Leibniz, 306
Locke, 306
Lévi-Strauss, 102, 107, 186, 187, 205, 206, 262
Lindenfeld, 208
Lotman, 203
Lyons, 83, 119

Malcolm, 10
Marin, 245, 246, 247, 248, 275, 276
Martinet, 193, 194, 208
Marx, 5
Mauss, 109, 206

Mc Luhan, 182
Mead, 68, 69, 74, 206
Melher, 93
Merleau Ponty, 11, 13, 287, 288
Metz, 244, 248, 251, 254, 255
Minch, 10
Morris, 295
Mukarovsky, 273

Ogden, 28

Parret, 30, 50, 61, 105, 109
Pêcheux, 109, 233, 237
Pierce, 251, 270
Platon, 10
Pottier, 201
Propp, 85, 111, 201

Quéré, 290

Recanati, 295
Richard, 28
Ricœur, 283, 284
Roulet, 40, 42, 70, 83, 85, 87

Sabeau-Jouannet, 192
Sacks, 35
Saussure, 6, 82, 110, 185, 186, 187, 188, 198, 243, 251, 269, 283
Sbisà, 124, 125
Schegloff, 35, 128
Schank, 95
Schütz, 68, 75, 184, 209, 289, 290
Searle, 8, 35, 87, 89, 121, 122
Sennet, 301
Simmel, 283, 294
Shannon, 207
Serres, 138
Sperber, 35, 36, 86
Spinoza, 297

Thakerar, 96
Thom, 44
Trognon, 166

Ullman, 28

Vanderveken, 87, 88
Van Dijk, 84, 86
Veron, 37, 63, 84, 95, 101
Von Wright, 12, 13

Walter, 194
Weber, 9, 12, 110, 184
Wiener, 207
Wilson, 35, 36, 75, 86
Wittgenstein, 9, 12, 23, 190, 226, 286, 287, 296, 297

Table des Matières

Préface
Paul Ricœur 5

Introduction
Anne Decrosse 17

CHAPITRE 1
LA RELATION INTERDISCURSIVE 25

Section 1
Des conditions de la «mise en scène» du langage
Patrick Charaudeau 27

1. Linguistique et situationnel 27
   1.1. Les consensus 28
   1.2. Pour une théorie du discours 29
2. Parcours critique 30
   2.1. Austin : conditions, procédures et forces 31
   2.2. La pragmatique linguistique et le problème du sujet parlant 32
   2.3. La pragmatique ethnométhodologique et le problème des règles ... 34
   2.4. La pragmatique sociologique et le problème de la légitimité 37
   2.5. Du bilan critique à la proposition d'un point de vue 39
3. Le fondement du langage 42
   3.1. Le choix d'un postulat 42
   3.2. La justification du postulat 45
   3.3. Le postulat d'intentionalité et le droit à la parole 48
4. Le dispositif socio-communicatif de mise en scène 56
   4.1. Le stituationnel et la structuration du savoir 56
   4.2. Le situationnel, le communicationnel et la validation
        du pouvoir 58
   4.3. La mise en scène langagière entre contraintes et choix 60

Section 2
Hétérogénéité énonciative et espace interactif
Robert Vion 67

1. Le sujet, la linguistique et les sciences humaines 67
   1.1. De nouvelles formes de pluridisciplinarité 67
   1.2. Situation de communication, interactants et rôles 68

2. Macro et micro-analyse 70
   2.1. Les catégories de l'interaction 70
   2.2. Le concept de rapport de places 71
3. Instances énonciatives et espace interactif 72
   3.1. La co-activité des sujets 72
   3.2. L'affiche politique 73
4. L'hétérogénéité interactive 75
   4.1. Hérérogénéité et multicanalité 75
   4.2. Hétérogénéité et coopérativité 76
   4.3. Hétérogénéité et gestion des rôles 76
   4.4. Hétérogénéité et stratégie 77
5. Conclusions 79

Section 3
Psycho-sociologie du langage : vers un calcul effectif du sens
Claude Chabrol 81

1. Points de départ 81
   1.1. Langue et Signifiance 82
   1.2. Le choix d'une stratégie de recherche 85
2. Les niveaux de l'analyse 87
   2.1. Le choix du niveau 87
   2.2. Les modèles hypothétiques de combinaison des séquences
        de base en macro-séquences 89
   2.3. Genres textuels et Encyclopédie des connaissances 91
3. Hypothèses en psycho-sociologie du langage 92
   3.1. Le genre comme mécanisme psychique 92
   3.2. Définitions d'hypothèses psycho-socio-langagières 94
   3.3. Pré-requis de la capacité contractuelle. 95
   3.4. Les Attitudes psycho-socio-langagières. 97
   3.5. Régulations psycho-socio-langagières 100

CHAPITRE II
ASPECTS DE LA SIGNIFICATION EN SOCIÉTÉ 103

Section 1
Etapes en socio-sémiotique
Eric Landowski 105

1. Sémiotique et modèle actantiel 105
2. Deux points de vue pour une socio-sémiotique 106
   2.1. De l'intersubjectif au «social» 106
   2.2. De l'interactionnel à l'institutionnel 111
3. Du langage en contexte au discours en situation 115
   3.1. Texte *versus* contexte 116
   3.2. Référence *versus* compétence 118
   3.3. Des règles et de leur négociation 123
4. Conclusion 128

Section 2
Réflexions sur le sens, le sujet et le temps
Per Aage Brandt 129
1. Comment se fabriquent les ontologies?.................................. 130
2. Syntaxe et morphologie des discours 135
3. Enonciation et narration 140
4. Les récits : diégèses et genèses 144
5. Les normes 154
6. Du logique 164
7. Du temps comme tel 172
8. La subjectivité et l'«esprit» du social.................................... 181

Section 3
La fonction cryptique du langage
Anne Decrosse 183
1. Epistémologie du sens en linguistique 183
   1.1. La question du langage et de la fonction symbolique 183
   1.2. Communication/Signification 187
   1.3. L'activité de langage et la catégorisation du sens........... 192
2. L'historicité et les systèmes symbolisant 197
   2.1. Linguistique ou Sémiologie générale?.............................. 197
   2.2. La sémio-morpho-genèse comme approche de l'histoire du sens... 199
   2.3. Idéologie et dialogisme 202
3. Un cogito linguistico-social 204
   3.1. Contre la théorie de la langue reflet-social 205
   3.2. L'activité de langage et la pensée du conflit social 210
4. Le modèle de la fonction cryptique...................................... 212
   4.1. Langage, Langue, Monde 213
   4.2. Exemples 215
   4.3. Discussion 218

CHAPITRE III
PRATIQUES DU SENS 223

Section 1
Silence, sujet, histoire
Eni Pulcinelli Orlandi.. 225
1. Silence et discursivité 225
   1.1. Silence et/ou implicite 226
   1.2. Le silence et la signification.. 227
2. Propositions pour une analyse du silence 230
   2.1. Le Travail du Silence dans le Langage 230
   2.2. La politique du Silence 231
3. Silence et voix sociales 232
   3.1. Domination et Résistance 232
   3.2. Un Cas Exemplaire : les Autobiographies...................... 234
4. Du silence au dicible 236
   4.1. Le silence dans la politique du sens 236
   4.2. Le silence comme indice de l'histoire particulière du sujet............ 237

Section 2
Sociosémiotique des Images
Jean Davallon 241

1. Est-il opportun de revenir sur la sémiotique des images? 241
   1.1. L'approche sémiotique des images : un enjeu théorique 242
   1.2. Le chantier de la sémiotique des images 244
   1.3. L'image, entre le texte et l'énonciation 245
2. Etat des questions de problématique dans les développements récents
   de la sémiotique des images 246
   2.1. Les dispositifs énonciatifs et l'image 247
   2.2. La relation sémiotique : les couplages semi-symboliques 249
   2.3. La relation au monde : la fonction indicielle 250
3. La question de la spécificité de l'image 252
   3.1. Taxinomies savantes, sens commun et approche sémiotique 252
   3.2. L'image comme ensemble technologique et social :
        pour une approche sociologique de l'image 255
   3.3. La réception des images comme pratique sociale 259
   3.4. La dialectique des produits et des pratiques 260
   3.5. La logique de l'efficacité symbolique 265
4. Approches sociosémiotiques 269
   4.1. De la sémiologie barthésienne à la sociosémiotique 269
   4.2. Éclairage sociosémiotique sur la spécificité de l'image 271
   4.3. L'institution de l'image : mise en image et médiatisation 274
   4.4. Les niveaux de l'analyse sociosémiotique des images 275

Section 3
Des mots, des choses et des lieux
Sylvia Ostrowetsky 281

1. L'espace, entre réel et métaphore 281
   1.1. Habiter le logos 282
   1.2. Représentation des choses, représentation des mots 285
   1.3. L'avenir perceptif 287
2. Pratiques d'accomplissements, accomplissement pratique 289
   2.1. Réserve de connaissance et schème d'interprétation 289
   2.2. Quand faire c'est dire... 292
   2.3. L'enseignement... d'Agnès 293
3. La pragmatique et ses espaces 295
   3.1. Approche spinoziste et anthropologie culturelle 296
   3.2. Le petit théâtre de Goffman 297
   3.3. La représentation et ses doubles 299
4. Villes nouvelles, nouvelles civilités 302
   4.1. Comportements collectifs et politique de spatialité 302
   4.2. Paroles d'architecture 305

Bibliographie 309

Glossaire des concepts 319

Index nominum 321

PHILOSOPHIE ET LANGAGE
Collection publiée sous la direction de Sylvain AUROUX, Claudine NORMAND, Irène ROSIER

Ouvrages déjà parus dans la même collection :

ADAM : Eléments de linguistique textuelle.
ANDLER et al. : Philosophie et cognition - Colloque de Cerisy.
ANSCOMBRE / DUCROT : L'argumentation dans la langue.
AUROUX : Histoire des idées linguistiques - Tome 1.
AUROUX : Histoire des idées linguistiques - Tome 2.
BESSIERE : Dire le littéraire.
BORILLO : Information pour les sciences de l'homme.
CASEBEER : Hermann Hesse.
COMETTI : Musil.
COUTURE : Ethique et rationalité.
DECROSSE : L'esprit de société.
DOMINICY : La naissance de la grammaire moderne.
EVERAERT-DESMEDT : Le Processus interprétatif - Introduction à la sémiotique de Ch. S. Peirce.
GELVEN : Etre et temps de Heidegger.
HAARSCHER : La raison du plus fort.
HEYNDELS : La pensée fragmentée.
HINTIKKA : Investigations sur Wittgenstein.
ISER : L'acte de lecture.
JACOB : Anthropologie du langage.
KIBEDI-VARGA : Discours, récit, image.
KREMER-MARIETTI : Les racines philosophiques de la science moderne.
LAMIZET : Les lieux de la communication.
LARUELLE : Philosophie et non-philosophie.
LATRAVERSE : La pragmatique.
LAUDAN : Dynamique de la science.
LEMPEREUR : L'argumentation - Colloque de Cerisy
MAINGUENEAU : Genèse du discours.
MARTIN : Langage et croyance.
MEYER : De la problématologie.
MOUREY : Borges, vérité et univers fictionnels.
NEUBERG : Théorie de l'action.
PARRET : Les passions.
PARRET : La communauté en paroles.
SHERIDAN : Discours, sexualité et pouvoir (Michel Foucault).
STUART MILL : Système de logique.
TRABANT : Humboldt ou le sens du langage.
VANDERVEKEN : Les actes de discours.
VECK : Francis Ponge ou le refus de l'absolu littéraire.
VERNANT : Introduction à la philosophie de la logique.

A paraître :

AUROUX : Histoire des idées linguistiques - Tome 3.
FAIVRE : Antoine Court de Gébelin.
FORMIGARI : Les théories du langage à l'époque de Kant.
GUILHAUMOU-MALDIDIER-ROBIN : Discours et archives. Expérimentation en analyse de discours.
LAURIER : Introduction à la philosophie du langage.
McCLOSKEY : La rhétorique de l'économie.
SCHLIEBEN-LANGE : Idéologie, révolution & uniformité de la langue.